"十二五"普通高等教育本科国家级规划教材
高等院校市场营销专业系列教材

营销渠道：理论与实务

常永胜　戈维丽　编著

電子工業出版社
Publishing House of Electronics Industry
北京·BEIJING

图书在版编目（CIP）数据

营销渠道：理论与实务 / 常永胜，戈维丽编著. —2版. —北京：电子工业出版社，2013.9
高等院校市场营销专业系列教材
ISBN 978-7-121-19472-6

Ⅰ. ①营… Ⅱ. ①常… ②戈… Ⅲ. ①购销渠道－销售管理－高等学校－教材 Ⅳ. ①F713.1

中国版本图书馆 CIP 数据核字(2013)第 016265 号

策划编辑：晋　晶
责任编辑：晋　晶
印　　刷：北京虎彩文化传播有限公司
装　　订：北京虎彩文化传播有限公司
出版发行：电子工业出版社
　　　　　北京市海淀区万寿路 173 信箱　邮编 100036
开　　本：787×980　1/16　印张：23.75　字数：553 千字
版　　次：2009 年 3 月第 1 版
　　　　　2013 年 9 月第 2 版
印　　次：2020 年12月第 6 次印刷
定　　价：39.00 元

凡所购买电子工业出版社图书有缺损问题，请向购买书店调换。若书店售缺，请与本社发行部联系，联系及邮购电话：（010）88254888，88258888。
质量投诉请发邮件至 zlts@phei.com.cn，盗版侵权举报请发邮件至 dbqq@phei.com.cn。
本书咨询联系方式：（010）88254199，sjb@phei.com.cn。

第 2 版前言

教材是教学研究的重要组成部分，是专业建设的关键环节。为完成广东外语外贸大学市场营销国家特色专业建设的任务，我们潜心研究教材半年之久，并结合多年的教学经验，编写出版了本书第 1 版（2009 年 2 月）。4 年来所取得的成效：一是为部分“211”高校和很多教学研究型、教学型大学所采用；二是 2012 年蒙广大师生和专家厚爱入选第一批“十二五”普通高等教育本科国家级规划教材。这是目前国内出版的十几本营销渠道教材中唯一入选的一本，也是我们没有想到的成果。现在应出版社的再版要求，也为不辜负本书的上述荣誉，我们对第 1 版进行了修改与完善，主要调整如下。

（1）对结构进行了微调。渠道设计既是教学的重点，也是难点。基于学生意见、教学总结和为广东部分产业集群咨询的体会，我们把原第 4 章“渠道设计的原则与流程”、第 5 章“渠道结构设计与选择”、第 6 章“选择渠道成员”调整为现在的结构。同时，建议老师们一是要一气呵成地向学生讲授这 3 章；二是讲完后再用至少两个视频案例或教学案例来让学生经过专题讨论后体会这些理论的应用；三是如果能请企业的销售经理做一次专业讲座或组织一次移动课堂就更好了。

（2）对部分案例进行了更新。本科阶段教学中应用的案例严格地说，既不是生成新理论的“案例研究”，也不是再现现有理论的“案例教学”，而应该称为“举例教学”和“事例教学”，目的是让学生更好地理解某一理论要点或掌握某一分析工具。基于这一理解，我们对第 1 版中针对性不强或可读性不强的案例进行了更新。在此基础上，建议老师们利用“嵌入制”或实训实践的时间引导学生把商业案例“改写”为教学案例或利用现有案例进行“案例分析”，这样学生在掌握理论的同时也就实现了能力的提升。

（3）充实了“实务”方面的内容。我们一直认为：大众化阶段的本科教育仍然应该坚持“精英教学”的理念，应该推广探讨式的研究型教学。由此推之，本科教学应该坚持培养具有创新精神、创业能力的渠道管理者。为此，我们增加了文献、学生习作、实践项目等方面的内容。建议老师们一要促使学生利用数据库读文献、写述评；二要把 MBA、EDP 学生提出的问题、企业的问题、校友单位的问题拿出来让学生讨论，以实现教学相长的目的。高职高专院校的师生可不做文献述评，因为本书理论已经“够用”。可要求学生对部分章节进行 PPT 讲解，在此过程中实现三个层次的知识加工：一看是否理解吃透了教材内容；

二是在“西方理论，中国案例”或现有框架下增添新的案例；三是提出新问题，补充新观点。

（4）对 PPT 进行了更新。一是按本书现有的体系重新制作；二是取消了原来的大学 Logo、版权保护、只读格式等不符合资源共享精神的做法，以方便大家使用。同时，也特别欢迎各位提出批评意见，以利我们以后改进。

感谢暨南大学管理学院 2011 级研究生戈维丽、广东外语外贸大学管理学院营销专业 2010 级全英（教学）班黄婉屏二位同学的加盟与辛勤劳动；感谢 2009 年以来国内外出版的同类教材（见参考文献），特别是西安交大管理学院庄贵军教授编写的教材和专著；感谢电子工业出版社同人高度负责的职业精神和卓越的沟通能力。

最后需要说明的是：由于编写本书和将省级精品课程升级为精品资源共享课的工作，一直以来我们未对索取教学资源的来电来邮进行回复。现在我们的东西较为成熟了，欢迎大家登录广东外语外贸大学主页—教务处—精品课程—营销渠道管理参考相关资源。

编　者

前　言

分销和分销渠道管理是营销学理论体系的重要组成部分。近30年来特别是20世纪90年代以来，随着我国流通体制改革的深入和厂商之间竞争合作关系的演进，营销渠道管理在“问题导向”的推动下，正日益成为我国市场营销学科中的前沿学科，成为我国营销学科成长的重要标志，也成为我国绝大多数高校营销专业的核心课程或专业必修课程。

在这一理论与实践背景下，电子工业出版社策划并出版了高等院校市场营销专业系列教材，本书即这套丛书中的一本。本书的主要服务对象或客户是我国各高校市场营销专业本科开设营销渠道管理课程的教师和学生，同时，我们也较好地兼顾了专科层次培养高层次技术应用型人才的需要。

本书是在作者营销渠道管理教学讲义的基础上修改、补充与完善而成的！它一方面是作者多年从事这一课程教学的经验总结，另一方面也是对10年来我国出版的近20本营销渠道管理教材的扬弃和梳理。本书与同类教材的差异化主要体现在以下几个方面。

1．体系新颖

为使学生对本课程有一个系统化、模块化的掌握，我们按照基础篇（第1~3章）、设计篇（第4~6章）、管理篇（第7~10章）、绩效篇（最后两章）4大模块安排内容。这一方面体现了管理学计划、组织、领导、控制在营销渠道中的应用，另一方面也是我们不断思考本课程“如何形成一个完整的有内在联系的内容体系”的结果。在一些教材中设有电子网络渠道、服务渠道、国际渠道3章，我们本想作为扩展篇以求体系的完整，但实际上，这部分内容老师们在课堂教学中一般都不讲了。思考再三，我们还是把它们删掉了。但是建议老师们在第一节课和最后一节课说明这个问题。

2．反映前沿

出于“授业”的使命，本书注重稳定的内容和大家公认的结论。同时，又力求反映渠道理论与实践中的新问题、新观点，注意解决学生提出的疑难问题。比如，什么是直销？直销是不是直接渠道？传销是不是都非法？又如，关系、关系营销、关系质量目前成为营销理论热点甚至营销的新范式，我们设专章（第11章）讨论关系型渠道，并认为它是渠道绩效质量的反映，具体可以通过“渠道双向满意”的程度来测量。

3．注重实务

应用型学科应十分注重学生复合型知识的构建和能力的培养。因此，在理论讲解的基础上，我们力求培养学生自主学习的能力、运用知识解决实际问题的能力和创业能力。为此，在形式上，我们以新颖的案例导出内容；在内容上，增加了分析顾客渠道需求的方法（第 4 章）、渠道构建的方法（第 5 章）、资金流管理（第 10 章）。在教材中，我们设立了“特别关注”这一栏目以具体说明这些理论与实务问题。

4．也是最重要的一点，即为教师提供了全套教学工具

按照教材编写理论，这本“主教材”主要是给学生“看”的，不是给教师“用”的。为了好用，我们准备了“立体教材”，提供下列“售后服务”：一是教学进度表，分 3 学时和 2 学时两种；二是电子课件（PPT 格式）；三是录像资料，供课堂视听使用；四是课堂讨论题及参考答案；五是五套试题及参考答案，这些试题的重复率不超过 20%，难度中等，认知层次为了解、掌握（领会）与简单应用。这些资源专供教师使用，所以不采取随书送盘的形式。如您需要可与出版社直接联系，也可发电子邮件到 changys@mail.gdufs.edu.cn，直接与作者联系。

本书作者无权定价，也未精耕“终端”教师，更未多式促销，我们相信产品因素是最重要的，相信它能给各位带来更多的效用与价值！愿你们积极介入并提出宝贵意见。

本书由广东外语外贸大学管理学院常永胜教授拟订框架并撰写部分章节，管理学院刘石兰博士编写第 11 章，周德峰副教授编写第 10 章 10.3 节，广东外语外贸大学南国商学院营销教研室主任张艳老师编写第 2～4、9、10 章。

感谢电子工业出版社特别是晋晶、刘淑敏女士，是她们的策划思路和不懈努力催生了本书的面世。

本书体系

第 2 版前言

I 基础篇（我们在哪里？）

第 1 章	第 2 章	第 3 章
营销渠道与渠道管理	渠道参与者	渠道结构与渠道组织模式

II 设计篇（我们要去哪里？）

第 4 章	第 5 章	第 6 章
新设渠道	选择渠道成员	改进现有渠道

III 管理篇（如何去？）

第 7 章	第 8 章	第 9 章	第 10 章
渠道权力与成员激励	渠道冲突与控制	渠道中的产品、价格与促销管理	渠道中的物流、信息流与资金流管理

IV 绩效篇（如何确保达到目的地？）

第 11 章	第 12 章
渠道经济绩效评估	渠道关系绩效展望

目　录

Ⅰ 基础篇

第 1 章　营销渠道与渠道管理……1

1.1　营销渠道及其功能……3
1.2　营销渠道管理……14
1.3　渠道理论研究的演变……25
实务训练……28

第 2 章　渠道参与者……29

2.1　渠道参与者概述……30
2.2　生产商或制造商……33
2.3　批发商……35
2.4　零售商……47
2.5　辅助机构……54
实务训练……55

第 3 章　渠道结构与渠道组织模式……57

3.1　渠道长度结构……59
3.2　渠道宽度结构……68
3.3　渠道广度结构……70
3.4　渠道系统组织模式……73
3.5　渠道结构的演变趋势……83
实务训练……86
扩展阅读……86

II 设计篇

第 4 章 新设渠道 …… 90

4.1 渠道设计的含义、原则与流程 …… 91
4.2 渠道设计的影响因素 …… 93
4.3 建立和协调渠道目标 …… 96
4.4 渠道结构决策 …… 104
4.5 渠道结构模式的评估与选择 …… 106
4.6 渠道构建方法 …… 114
实务训练 …… 117

第 5 章 选择渠道成员 …… 120

5.1 成员选择的重要性 …… 121
5.2 寻找渠道成员的途径 …… 123
5.3 选择渠道成员的标准 …… 126
5.4 选择渠道成员的方法 …… 130
5.5 成员间的任务分配与效率模板 …… 132
实务训练 …… 139

第 6 章 改进现有渠道 …… 141

6.1 渠道差距（缺口）分析 …… 143
6.2 渠道改进 …… 149
6.3 渠道整合 …… 152
实务训练 …… 160

III 管理篇

第 7 章 渠道权力与成员激励 …… 163

7.1 渠道权力 …… 165
7.2 渠道激励 …… 175
实务训练 …… 194

第 8 章 渠道冲突与控制 …… 197

8.1 渠道冲突 …… 198
8.2 渠道冲突的典型——窜货 …… 210
8.3 渠道控制 …… 214

实务训练 …… 226

第 9 章　渠道中的产品、价格与促销管理 …… 229

9.1　渠道中的产品管理 …… 231
9.2　渠道中的价格管理 …… 244
9.3　渠道中的促销管理 …… 251
实务训练 …… 259

第 10 章　渠道中的物流、信息流与资金流管理 …… 262

10.1　渠道中的物流管理 …… 263
10.2　渠道中的信息流管理 …… 277
10.3　渠道中的资金流管理 …… 284
实务训练 …… 293

Ⅳ 绩效篇

第 11 章　渠道经济绩效评估 …… 298

11.1　渠道评估的定义与流程 …… 299
11.2　渠道整体绩效评估 …… 302
11.3　渠道成员综合评价 …… 315

第 12 章　渠道关系绩效展望 …… 325

12.1　渠道关系管理的理论基础 …… 326
12.2　渠道关系的基本认识 …… 332
12.3　渠道成员关系的主要影响因素 …… 338
12.4　基于关系导向的渠道管理创新 …… 344
实务训练 …… 355

参考文献 …… 370

I 基础篇

第1章 营销渠道与渠道管理

学习目标

1. 认识营销渠道研究的背景
2. 掌握营销渠道概念与特点
3. 掌握营销渠道的功能及其作用
4. 了解营销渠道管理的内容、特点及过程
5. 了解渠道管理者的职责、职业成长及其在企业营销中的地位

引导案例

新燕藤器厂

李新燕先生原是湖北省山区的一个农民，家传一手编织藤器的好手艺。家乡到处都是细竹、野藤，采集来经过梳理和软化后，李先生就可以将其编织成各种家庭用具，如竹椅、藤椅、竹桌、沙发、花架、花篮等。过去编织藤器是凭兴致，高兴的时候就做，不高兴的话就可不做。做出来的产品要么是自用，要么是送人，没有销售赚钱的念头。改革开放以后，政府鼓励农民发展多元化经营，发家致富，李先生就打起了办藤器编织厂的主意。

刚创立时的藤器厂人员仅有李先生一家人，工人就是他的妻子和两个刚成年的孩子。李先生既是经理，也是工人。白天在外跑业务，是经理；晚上回到家里，当工人。由于技术精湛，李先生工厂编织的藤器人见人爱。

刚开始，李先生在自家门口开了个小店，后来又请求乡里的小商店代销他的产品。但是销售量十分小，出现了产品积压问题。一出现积压，“工厂”就得“放假”几天。当时李先生面临的最大问题是如何将“批量生产”的产品卖出去。根据过去的经验，李先生知道很多城里人喜欢藤器制品，于是他说服城里的亲戚帮助他销售藤器。城里的亲戚开始找到县土产公司的经理，经过软磨硬泡，好不容易让土产公司的经理答应为李先生这家无名“企业”代销产品。县土产公司有五个门市部，分布在县城各个街道。李先生每次将产品送到土产公司的仓库，再由公司销售部发往各个门市部销售，货款由总部财务部统一结算。

看到前几批货很好销，县土产公司经理提出改代销为“经销”。原先是李先生供货和定价，土产公司帮助销售，货款扣除代销劳务费后全部返还给李先生。现在土产公司要从李先生手上把藤器全部收购过来，由土产公司定价和销售，当然货款和利润都归土产公司。土产公司还提出要大量订货，转卖给其他地方的土产公司。这对李先生来说，并不是坏消息，土产公司的收购价格虽然比市场零售价低一些，但是李先生的利润基本没有损失。重要的是，李先生现在可以扩大工厂规模，大量生产了。

扩大工厂规模对李先生来说，不是什么很困难的事情。周围山区的农民像李先生那样会编织藤器的人还真不少，虽然技术水平参差不齐，但统一标准后就比较好办。李先生的工厂实行计件工资制，即根据工人完成的合格产品的数量给工人计算和发放工资。对于山区农民来说，过去没地方挣钱，现在有了挣钱的机会，都愿意跟随李先生大干一番。这样一来，无论土产公司需要多少货，生产上都没有问题。工厂也有了名字——新燕藤器厂。名正言顺嘛!为了更好地适应市场需要，李先生还请城里的亲戚进行市场调查，了解消费者的需要、收集行情。

正当新燕藤器厂生意如日中天时，市场上传来了一些不利的消息：附近山区又冒出了不少藤器厂，甚至别的地方也建立了藤器厂。竞争激烈起来，藤器的出厂价被压到了一个很低的水平，土产公司的订货数量也越来越少了。面对严峻的市场形势，李先生不得不寻找新的销售出路……

（案例来源：张传忠. 分销渠道管理. 广州：广东高等教育出版社，2004.

📖 思考

1. 什么是分销？
2. 分销与一般的销售活动有何不同？
3. 现在让同学们把家乡的特产拿到学校来卖，大家需要解决哪些问题？

上述案例主要讨论的是李先生和新燕藤器厂的分销或营销渠道问题。需要注意的是，李先生不只是在做产品销售工作，更主要的是利用一定的力量或途径（如借助土产公司或其他商店的力量）来销售本厂的产品。藤器的最终购买者主要是家庭消费者，他们不可能亲自驱车前来李先生的工厂或门市部购买，因此，必须借助外部的力量将工厂的产品带到消费者身边去，才能达到较好的销售效果。家庭消费者数量多，分布广，完成销售绝不是李先生一人或一厂力所能及的。于是，李先生就要设法发动各种零售商甚至批发商来帮助销售，而李先生的这种工作就是分销或营销渠道工作。

1.1 营销渠道及其功能

1. 营销渠道研究的背景

如同品牌管理一样，营销渠道管理是营销专业的两大支柱性课程。近年来，营销渠道越来越受到重视的原因在理论上至少有以下几点。

第一，渠道是介于制造商和终端用户之间的“守门员”。这意味着如果不能够彻底理解和主动管理渠道伙伴的行为，制造商的产品与消费者的有效接触及其吸引力就会大打折扣。举例来说，一部电影成功的最主要因素是其公映之后电影院放映该影片的次数。所以，制片人对于电影院放映哪部影片、放映多久、在多少屏幕上进行放映的决策很感兴趣。

第二，渠道经验会在很大程度上影响终端用户对于品牌形象和满意度的整体感知。举例来说，在汽车市场中，研究表明，对于汽车保养较好的消费者对汽车的质量有更高的感知；而购买高质量汽车的消费者更多地选择经销商的店内服务。这些发现说明经销商售后服务是维持汽车长期的高质量形象的关键。

第三，渠道是其他公司所不能轻易复制的竞争资产，因而成为保持竞争优势的强有力来源。基础的营销课程教导我们，差异化是建立和维持竞争优势的基础。但问题是：如何进行差异化？现在的企业越来越难以通过产品、价格和促销方面的策略获得让竞争者难以模仿或跟进的竞争优势。在这样的困境下，企业就要转向开发渠道战略以获取新的竞争优势。由于分销渠道战略具有长期特性，通常会存在一个组织结构来保持其生命力，而且渠道生命力建立在关系和人员的基础上，所以，一个企业的分销渠道战略难以被竞争对手快速模仿。特别重要的是：对于终端用户，产品本身只是整个购买集合中的一部分，渠道成员所提供的服务同样也是整个集合中的一部分，而且在最终购买决策中起到决定性的作用。这意味着有效的差异化不仅可以通过产品属性来定义，同样也可以通过渠道创新来获得。

第四，公司和行业普遍缺乏将营销渠道作为关键战略资产的意识。分销过程被错误地看成让产品到达有急切需求的消费者手中所必须承受的昂贵代价，然而在竞争环境中，能够发现渠道价值，通过有效渠道设计和高效的渠道投资进行定位的制造商将最终在竞争中胜出。

比如，新的技术成就在改变生产和营销方式的同时，也在改变产品销售方式及分销渠道的功能。成千上万的顾客从光顾商店转变成光顾因特网，迫使企业重新构思分销渠道体系；分销渠道从传统的销售环节转变成信息通道，迫使决策者们在制定决策之前必须听听渠道的声音。

第五，即使意识到了渠道设计和管理的价值，很多企业仍然觉得，创造和维持一个运转良好的渠道非常困难。建立和重组渠道系统会导致高昂且无法回收的投资，这意味着渠道建立和重组需要在第一时间就做出正确决策，在此犯错误会将公司置于长期的不利局面。因此，建立起一个分析渠道问题的框架对公司非常有用。这将帮助在渠道不同层面的公司更经济地运营，同时更好地满足终端用户的需求和偏好。

从实践背景看，在中国十多年短暂的营销实践中，虽然营销的重心数度游离，但渠道始终处于重要的位置，今天的渠道重新成为营销的重心，成为企业间竞争制胜的关键。

20 世纪 80 年代的中国，只有销售，没有营销，靠产品和关系渠道制胜。产品主要通过国有商业系统一层层往下配销，靠的也就是渠道，当然主要是“配销渠道”。当时的主要工作就是打通关系渠道。

20 世纪 90 年代初，国有商业衰退，个体经济崛起。全国各地批发市场如雨后春笋，个体批发成为当时主要的流通渠道，产品通过层层批发，流到市场的每个角落。这是一个广告制胜的时代，广告引领销售潮流，厂家的主要工作就是打广告，广告一响产品就不愁畅销。

从 2000 年开始，中国营销界的目光开始投向营销渠道，并掀起了一轮“渠道革命”。营销渠道日益取代广告、品牌成为企业竞争的焦点。生产企业积极建构和调整自己的营销渠道，流通企业则大力并购、扩张自己的终端零售网络。一时间风起云涌，渠道的争夺日趋白热化。2000 年中石化与中石油对加油站的争夺、2001 年 TCL 对自身销售队伍和网络进行整顿、娃哈哈实施“蜘蛛战役”、达能的中国并购布局、宝洁的经销商职能调整、沃尔玛家乐福麦德龙的大步推进、华润联华等连锁企业的快速并购扩张，无不体现中国企业营销战对渠道的关注和争夺。可以说，在产品、广告、促销等营销手段泛化和高度同质化的今天，营销渠道以其特有的本地化、排他性、独特性（不可替代性）及持久性成为企业营销的亮点，成为企业间竞争制胜的关键。

娃哈哈、联想、京东商城、苏宁易购等成功企业，以其对渠道的成功建构和运作，为中国企业树立了典范；同时展示出渠道本身所具有的内在力量及渠道在现代企业竞争中所处的举足轻重的地位，由此开启了一个“渠道制胜”的时代。可以说，渠道是营销过程中最具弹性和张力的环节，它本身蕴涵着巨大的能量，是企业能够持续发展的动力和保障。因此，营销渠道是现代企业竞争的焦点，也是现代营销工作的重心所在。

2．营销渠道的概念与特征

营销渠道（Marketing Channel）的概念可以从生产企业、中间商、消费者和营销研究者四个视角来观察和理解。在生产企业看来，它需要集中不同的中间商，将自己生产的产品送到消费者手中，因而通常以产品在不同的渠道成员之间的流转来理解营销渠道。一般来说，生产企业总是希望批发商和零售商能够承担更多的库存和经营风险，因而在其理解中，营销渠道基本等同于产品或商品的产权变动和形态流动，因而它往往被认为是产品从生产企业到消费者或其他最终用户的一条通路。但是与此不同的是，消费者并不这样理解营销渠道。消费者在更多的时候，把营销渠道理解为介于他们与产品生产企业之间的大量中间商，因而渠道有时是通过各种不同的代理商的名称来定义的。而中间商作为营销渠道的主要成员，它们也是基于自身的经济利益来认识营销渠道的，因此有时渠道又被认为是以贸易为目的而联合在一起的松散企业联盟。这种在概念理解上的不一致，使人们不能够准确地把握营销渠道的实质内容。营销研究工作者则独立于上述三者之外，能够比较客观地从全方位角度出发，观察经济和管理体系中营销渠道的结构和效率。

美国市场营销协会对于营销渠道的定义是："企业内部和外部的代理商和经销商的组织机构，通过他们的运作，商品才能得以上市销售。"

著名的渠道学家科兰等（Anne T. Coughlan）对营销渠道所下的定义是："营销渠道就是一系列相互依存的组织，它们致力于使一项产品或服务能够被使用或消费的过程。"①

美国学者迈克尔·R·辛科塔（Michael R. Czinkota）、彼德·R·迪克森（Peter R. Dkkson）、帕翠克·邓恩（Patrkk Dunne）、伯特·罗森布罗姆（Bert Rosenbloom）等在其合著的《营销学：最佳实践》② 中是这样定义营销渠道的："营销渠道又叫做分销渠道，是由为消费者和商业用户创造时间、地点和所有权效用的机构所构成的网络。"该书指出："营销渠道的任务是将产品送到消费者手中，在此过程中，它所采取的形式或方式就是通常所说的渠道结构。如运输公司、仓储公司、保险公司之类的公司叫做协助机构，因为它们不涉及购买、销售和转移商品的所有权，所以，它们不被看做渠道结构的一部分。"

罗森布罗姆在其《营销渠道管理》中指出："营销渠道的概念容易混淆，有时被认为是商品从生产企业到消费者或其他最终用户的通路，有时是通过各种不同代理商品的名称来定义的，还有其他以贸易为目的而联合在一起的松散企业联盟构成的营销渠道。"他采取营销渠道管理决策观点，即通过生产企业的管理决策角度来观察问题，进一步将营销渠道定义为："与公司外部关联的、达到公司分销目的的经营组织。"③

菲利普·科特勒在《市场营销管理》一书中采用了斯特恩和艾斯利（Ansary，A.I）对营销渠道所下的定义，指出："大多数生产商都要和营销中介机构打交道，以便将其产品提供给市场，营销中介机构组成了营销渠道（也称贸易渠道或分销渠道），营销渠道是促使产品或服务顺利地被使用或消费的一整套相互依存的组织。"④

美国学者斯特恩、艾斯利、科兰等在《市场营销渠道》一书中指出："营销渠道可以看成一系列相互独立的组织机构，它主要从事为最终的消费或使用提供产品或服务的活动。"

---

① 科兰等著．蒋青云等译．营销渠道[M]．第7版．北京：中国人民大学出版社，2008.

② 迈克尔·R·辛科塔，彼德·R·迪克森，帕翠克·邓恩，伯特·罗森布罗姆等合著．营销学：最佳实践[M]．北京：中信出版社，2003.

③ 伯特·罗森布罗姆．营销渠道管理[M]．第6版．北京：机械工业出版社，2002.

④ 菲利普·科特勒．市场营销管理[M]．亚洲版．第2版．北京：中国人民大学出版，2001.

“营销渠道不仅仅以适当的地点、价格、数量和质量来提供商品和服务以满足人们的需求，并且能通过有关单位（如零售商、批发商、企业销售部、办事处）的促销活动刺激需求。因此，我们应当把营销渠道看成一个和谐的网络系统，它通过提供时间、地点、销售形式、产品和服务为最终用户创造价值。”①

美国学者佩尔顿（Pelton，L.E.）在《营销渠道：一种关系管理方法》中将营销渠道定义为：“在获得、消费、处置产品和服务过程中，为了创造顾客价值而建立的各种交换关系。”“这个定义暗含交换关系是作为一种服务于市场需要的方式，因市场需要而产生的。在进入市场之前，渠道成员必须做好充分准备，才能满足不断变化的市场需要和欲望。”②

我国学者李飞在其《分销渠道设计与管理》一书中，对于分销渠道、营销渠道、流通渠道的范畴进行了界定：“分销渠道是指商品所有权从生产者或商人手中转移至消费者手中所经过的路径。营销渠道是指采购原材料和销售成品引起所有权转移所经过的路径。分销渠道是营销渠道的重要组成部分，仅指销售渠道，而营销渠道既包括销售渠道，也包括采购渠道。”③ 他还指出：“商品流通渠道与分销渠道、营销渠道没有本质上的差别，只是所属学科和分析问题角度略有差异。”

本书从生产企业的视角出发，认为：营销渠道是存在于企业外部的、促使产品或服务顺利地经由市场交换过程转移给消费者使用或消费的一整套相互依存的组织。它具有以下特征。

第一，分销渠道处于企业外部，反映某一特定产品或服务价值实现的全过程。营销渠道其一端连接生产，另一端连接消费，是联结生产企业与最终用户的桥梁。因此，它必然介于生产企业与最终用户之间，必须处在企业的外部。一般来说，企业内部可能也会有些部门与营销渠道的建设、管理和维护有关系，但是，这些部门并不是渠道本身，持有这样的认识是非常重要的。既然营销渠道存在于企业的外部，它并不是企业组织内部机构的一部分，因而营销渠道管理就涉及跨组织的管理（管理多个企业），而不仅仅涉及组织内部的管理（管理一个企业）。

第二，分销渠道是由一系列相互依存的组织按一定目标结合起来的网络系统。其组织成员通常包括生产者、批发商、零售商和消费者，以及一些支持分销的机构如运输公司、独立仓库、银行和市场研究公司、广告公司等。这些组织为实现其共同目标发挥各自营销功能，因共同利益而合作，也会因不同利益和其他原因发生矛盾和冲突，需要协调和管理。

---

① 斯特恩，艾斯利，科兰著．赵平，廖建军，孙燕军译．市场营销渠道[M]．第 5 版．北京：清华大学出版社，2000．

② 佩尔顿等著．张永强，彭敬巧译．营销渠道：一种关系管理方法[M]．第 2 版．北京：机械工业出版社，2004．

③ 李飞．分销渠道设计与管理[M]．北京：清华大学出版社，2003．

第三，分销渠道是一个多功能系统。它不仅要发挥调研、购销、融资、储运等多种职能，在适当的地点，以适当的质量、数量和价格供应产品和服务，满足目标市场需求；而且要通过各渠道成员的营销努力，开拓市场，刺激需求。在系统之间，面对竞争渠道，分销系统还需要有自我调节与创新功能，以便建立与细分市场之间的更精确有效的联系。

图 1-1 表示被联想兼并前 IBM PC 产品的分销渠道系统。这里，IBM 根据自己的特点，针对不同用户对计算机产品及服务的不同要求，采用了多渠道网络系统，以便充分发挥渠道功能。IBM 销售公司主要面向大中型企业客户；直销公司则主要负责向小型企业和个人职业用户如律师、会计师等销售计算机及其配件，销售方式是电话订购和邮购。这两条分销渠道由 IBM 所属并直接管理。IBM 的第三条分销渠道由一些独立的中间商组成。这些中间商包括计算机专营商店、代理商和各类经销商，负责向数据处理、保险、会计、审计、石油等行业的用户销售 IBM 计算机及相关软件、配件。各机构均要根据渠道目标要求完成相应功能。

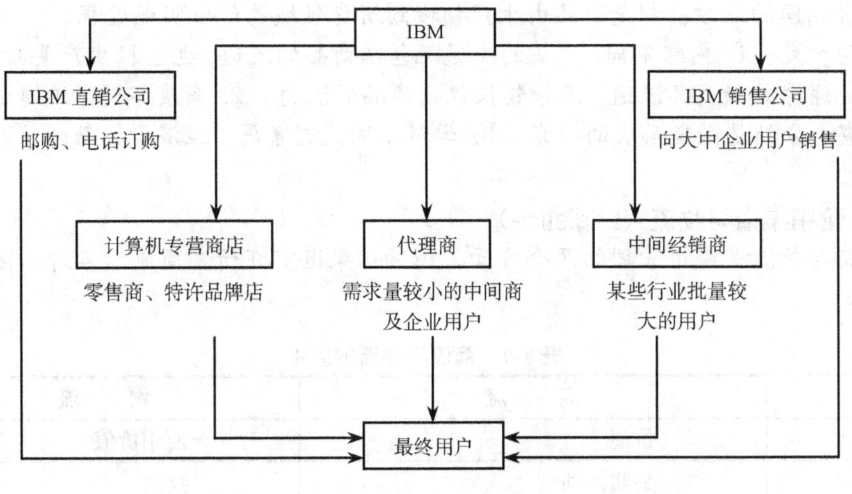

图 1-1　IBM 的计算机分销系统

特别关注

为了更好地理解渠道的概念，也因为长期以来，营销渠道经常与分销、物流、流通、销售等概念交织在一起，因此，我们需要辨析这几个概念之间的相互关系。

1. 营销渠道与分销渠道（Distribution Channel）

有两种理解：一是把它们看做同义词。正如我们在引导案例中看到的，分销是指生产商利用外部组织实现产品销售的行为，分销渠道与营销渠道的含义相同、功能相同。二是把营销渠道做广义、狭义两种理解：广义的营销渠道是指从原材料到生产商再到消费者的整个商流渠道或通路，而狭义的营销渠道是指产品从生产商到消费者的商流渠道或分销渠道。这样，分销渠道就是狭义的营销渠道，它是广义营销渠道的一部分。

本书将营销渠道与分销渠道视为同义词，交替使用。

2．营销渠道与销售（Sale）

销售有狭义和广义两种含义。狭义销售是一次性的"卖"的行为，如小家电生产商把豆浆机卖给国美、苏宁，由其经销。分销是指由若干个一次性交易活动即销售活动连接起来的过程，是有买有卖地从生产商到最终顾客的连续性行为，如小家电生产商不仅关注把豆浆机卖给国美、苏宁的数量、价格，而且关心豆浆机在国美、苏宁的陈列、促销，顾客对豆浆机的反应、评价，国美、苏宁销售和专卖店销售的矛盾、成本、效果等。这时，分销的范畴大于狭义的销售。

广义销售是指与产品销售有关的一切活动，包括狭义销售和促销。这时，分销的范畴又部分小于广义销售。

3．营销渠道与流通（Circulation）

二者相同的地方：都是商品由生产领域到消费领域的价值实现过程。

不同之处：① 内容不同。广义的流通既包括商品的流通，也包括生产要素的流通；狭义的流通才是指商品流通。而分销仅仅指商品的流通。② 角度不同。流通是宏观层次的研究，分销是微观层次的研究。③ 学科不同。流通属于经济学，而分销则属于管理学。

4．营销渠道与物流（Logistice）

商流与物流是渠道管理的两个方面，但营销渠道重在研究商流。二者的区别如表1-1所示。

表1-1　商流与物流的区别

	商　流	物　流
目的	价值	使用价值
实体	买卖活动	物理
主体	生产与消费的人分离	时空分离
功能	所有权	形式、时空
内容	订货、合同、计价、结算	运输、仓储

大家思考一下：哪些商品只有商流没有物流？又在什么情况下，商品只有物流没有商流？

3．营销渠道的功能与流程

（1）营销渠道的功能

生产的功能是把自然的原料按照人类的需要转换成有某种效用或价值（使人们能够得

到某种形式或某种程度的满足）的产品组合，营销渠道的功能则是使产品从生产者转移到消费者的整个过程顺畅、高效，消除或缩小产品供应与消费需求之间在时间、地点、产品品种和数量上存在的差异。表 1-2 显示的是营销渠道的一般功能。

表 1-2　营销渠道的一般功能

活动类别	功　能
交换活动	销售、购买
物流活动	运输、储存
支持性活动	融资、专业化、承担风险、市场信息

具体而言，分销渠道的基本功能是将产品（服务）顺利地分销给消费者。在这一过程中，需要参与各方共同努力，完成一系列价值创造活动，实现产品的形式效用、所有权效用、时间效用和地点效用。由此形成的分销渠道功能主要包括：

1）调研。收集、分析和传递有关顾客、行情、竞争者及其他市场营销环境信息。

2）寻求。解决买者与卖者“双寻”过程中的矛盾，寻找潜在顾客，为不同细分市场客户提供便利的营销服务。

3）分类。协调专业化厂商产品（服务）单一品类与消费者多样化需要之间的矛盾，按买方要求整理供应品。如按产品相关性分类组合、分级分等、改变包装大小等。

4）促销。传递与供应品相关的各类信息，与顾客充分沟通并吸引顾客。

5）洽谈。在供销双方达成产品价格和其他条件的协议，实现所有权或持有权转移。

6）物流。组织供应品的运输和储存，保证正常供货。

7）财务。融资、收付货款，将信用延伸至消费者。

8）风险。在执行分销任务过程中承担相关风险。

上述功能构成分销渠道的功能集。研究与实践表明，要完成产品分销，这些功能是不可或缺的，它们必须全部被执行。由于渠道成员在执行各类功能时会有专长、成本、效率和效益的差异，构建与管理良好渠道问题的焦点也就集中在选择谁来执行这些功能上。制造商可以承担全部功能（如图 1-1 中 IBM 通过自己的直销公司或销售公司向最终用户销售产品），也可以将其中一部分甚至全部功能转给中间商执行（如上例中 IBM 通过代理商、经销商或专营商店销售计算机）。

管理者在考虑渠道功能组合时应当遵循下列三个重要原则：

1）分销渠道的所有功能不能增加或减少。

2）分销渠道的参与成员可以增减或被替代。

3）渠道成员增减或被替代，其承担的功能必须在渠道中向前或向后转移，交由其他成员来承担。

（2）营销渠道流程

渠道流程（Marketing Flows in Channels）是指渠道成员一次执行的一系列功能，是描述各成员的活动或业务的概念。图 1-2 显示了 9 种广义的渠道流程，这些流程将所有的渠道成员联系起来。

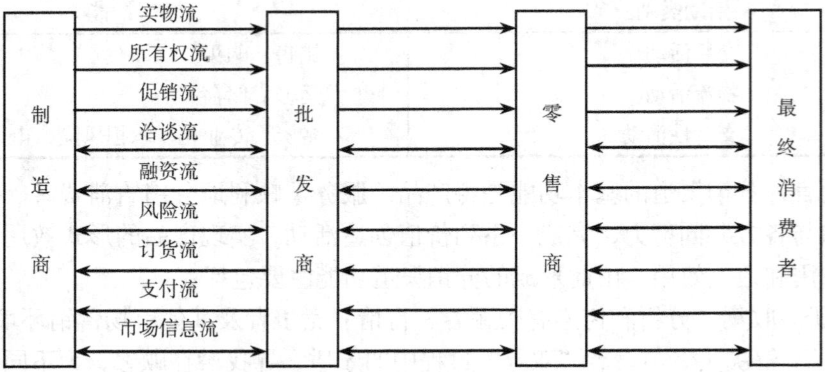

图 1-2　营销渠道流程图示

1）实物流也称物流，是产品实体在渠道中的运动，其主要部分是产品运输和储存。合理组织商品储运或物流，是提高分销渠道效率和效益的关键之一。

2）所有权流指产品所有权或持有权从一个渠道成员转到另一成员手中的流转过程，这一流程通常伴随购销环节在渠道中向前移动。在租赁业务中，该流程转移的是持有权和使用权。

3）促销流是渠道成员的促销活动流程。促销流从制造商流向中间商，称为贸易促销，直接流向最终消费者则称为最终使用者促销。所有渠道成员都有对顾客的促销责任，既可以采用广告、公共关系和营业推广等大规模促销方式，也可以采用人员推销等针对个人的促销方式。

4）洽谈流贯穿于整个渠道。产品实体和所有权在各成员间每转移一次，通常就要进行一次洽谈。如制造商、批发商和零售商之间为产品种类、价格和促销条件的洽谈。

5）融资流是渠道成员之间的融通资金的过程。分销渠道的融资流有前向融资和后向融资两种形式。前向融资的例子是某汽车制造商设立专门机构，不仅为汽车用户提供财务帮助，而且为持有其汽车存货的经销商融资；后向融资的例子是住房消费者购买“楼花”（预付购房款）、某百货商店承诺预付一定数额款项、大量订购某种款式的时装等。

6）风险流是分销渠道成员之间分担或转移风险的流程。渠道风险不仅与交易过程中的产品报废、过时、丢失、返修、违约、保险和税金等相关，也与存货量过大、影响资金周转，或者处理存货的损失相关。

7）订货流是指渠道成员定期或不定期地向供货机构发出的订货决定。订货流通常是由用户向零售商、零售商向批发商、批发商向制造商的后向流程。

8）支付流是指货款在渠道各成员间的流动。例如，客户通过银行账户向代理商支付货款账单，代理商扣除佣金后再付给制造商，并支付运费和仓储费。

9）市场信息流是各成员相互传递信息的流程。这一流程在渠道的每一环节均必不可少。

在以上各种功能流中，实体流、所有权流、促销流的流向是从生产者流向最终消费者或用户；支付流、订货流是从消费者或用户流向制造商；而融资流、洽谈流、信息流和风险流则是双向的，因为不同成员之间达成交易，谈判、风险承担及资金往来均是双向的。

在实际的经济生活中，营销渠道的功能流并不一定都是按上述所描述的方式流动的，它会有各种各样不同的变化，体现在：① 在生产制造商和零售商之间有时可能没有批发环节，因此营销渠道变短了；② 在零售商与消费者之间可能减少了某些流程，如所有权流、洽谈流和订货流与信息流，这时零售商在营销渠道中扮演的角色少了，经营管理活动被大大简化；③ 供应商通过零售商提供的平台，与消费者可能有了更密切的接触，虽然因此将承担更多的责任和风险，增加了流通费用，但对于渠道的控制力度增大了。国内大部分百货商场在销售服装、家用电器和化妆品时，大多采用第三种模式。这一改变的实质是：不管自愿还是被迫，供应商通过更多的付出，得到了更大的渠道控制权；当然，与之对应，零售商得到了一些利益，但同时也放弃了一部分渠道控制权。

在现代市场营销中，一个企业很少会自己完成所有的渠道功能，它或多或少地会需要别人帮助，完成一些必要的功能。即使一个采用直销渠道的企业，也经常会需要银行提供金融业务支持，完成商品所有权的转移；需要广告公司帮助进行促销活动，传送商品和企业的信息；需要物流企业提供运输与存储服务，实现商品的空间位移。因此，每个企业在进行营销渠道管理活动时，都涉及渠道合作伙伴的功能安排问题。

（3）营销渠道功能与流程的关系

分销渠道的功能通过渠道流程来完成，流程效率决定功能产出效率， 这是分销渠道功能与流程的基本关系。

如上所述，营销渠道理论的一个基本原理是：各种不同的渠道功能可以由不同的成员完成，但任何一种功能都不可缺失。可以通过渠道的结构调整，取消或替代一些渠道参与者，但那些参与者所发挥的功能不能被取消。当一些渠道参与者被取消之后，它们的功能将随之上移或下移，由其他的参与者承担。事实上，分销渠道通常都要通过某类机构专门参与一种或几种流程，形成一系列专业化的分工体系，以便更有效地完成分销功能。

从管理角度看，分销渠道是一个大规模劳动分工系统。渠道成员参与不同流程，相应地构成了分销渠道的一个个亚渠道，如所有权渠道、洽谈渠道、物流渠道、融资渠道和促销渠道，这些流程渠道需要协调和协作。实践表明，制造商引入新产品失败常见的原因是物流与促销流缺乏配合，尽管市场促销有声有色地进行，但运输延误和分销仓库不足却阻碍了终端零售点获得产品。

渠道流程协调的关键是渠道成员信息共享。信息交换在每一渠道流程中必不可少。制造商、批发商、零售商、银行和其他渠道成员需要发展应用信息通信技术，以确保渠道运作的协调和提高为顾客服务质量所需的信息交换。例如，美国大型零售商凯玛特公司采用电子数据交换系统，联系 200 家供应商，并为其 2 300 家商店配备了快速反应的通信装置，即时查价并自动记录和变更存货，有效协调和提高了系统效率。

4．营销渠道的作用

（1）调节产销矛盾

分销活动要服从市场营销战略的安排，同时要为提高市场营销效率发挥应有的作用。分销在市场营销中承担创造条件或通道，消除所有权归属差异、空间差异、时间差异及信息沟通差异的任务。

1）建立商品销售的渠道，消除所有权归属差异。分销的核心就是要把商品销售给需要它的顾客，商品销售的本质就是所有权交换，让需要商品的消费者或最终用户能够及时从生产商处获得商品，并有效地消费使用，从而创造所有权效用。分销管理还包括所有权转让形式的创新，如多环节接续销售的通道，代销、经销、地域销售独占、融资促销等多种销售形式。

2）在消费者面前组织销售，消除空间差异。在市场营销组合的英文表述中，与分销对应的营销功能要素是“Place”即地点，其含义就是要到消费者需要的地点销售商品，让顾客能够零距离地购买和最便利地使用，创造空间效用。分销功能偏重分销渠道的创立和维护，就是为了适应消费者需要的时间和地点高度分散的状况，建立起一个能够面对面地对每个消费者销售商品的分销网络，而不论消费者是近在咫尺还是远在天涯海角。

3）建立和组织物流体系，消除时间差异。商品销售只有在消费者需要的地点和需要的时间进行才能创造应有的价值。为减少顾客需要时商品供应的短缺和顾客不需要时商品的积压，分销功能还包括建立和管理物流体系的功能，重视物流管理，追求合理的库存、快速的运输及灵敏的需求响应。

4）建立信息沟通渠道和促销渠道。消除信息沟通的差异。“生产商有商品要销售”的信息必须让消费者知道。分销功能还包括商品展示、人员推介、现场促销等多方面的工作，旨在向顾客传递企业和商品信息，创造知识信息效用。除此之外，“消费者需要商品”的信息，也要让市场营销者知道，让他们能够向消费者提供正确的产品，而且在消费者需要的时间和地点组织销售。作为与消费者直接联系的接触点，分销还承担着收集市场信息、适时反馈调节的功能。

（2）降低成本，提高效率

生产者之间或生产者与消费者之间通过分销渠道重要成员 ——中间商进行集中交易，比他们各自分散交易效率更高。图 1-3 显示了中间商参与交易提高效率的情况。（a）部分显示四家厂商均利用直销分别同 10 个顾客交易，这时，需要发生 40 次（M×C）交易联系。

（b）部分显示通过一个中间商交易，其交易联系减少到 14 次（M+C）。

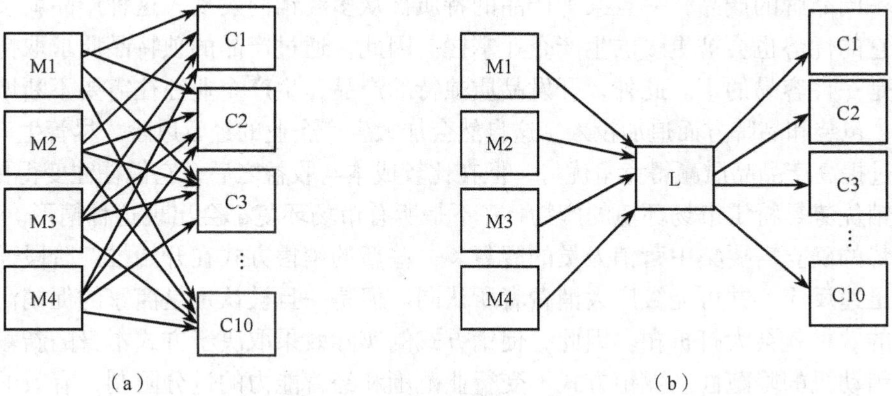

图 1-3　分销商的经济效率

特别关注

同学们想想：如果上例中，4 家厂商使用两家同类分销商，结果会怎么样呢？若使用 4 家同类分销商呢？直观来看，若使用两家同类分销商其联系次数就从 14 增加到 28；若使用 4 家同类分销商则联系次数增至 56。那么到底选择几家分销商比较科学？我们的回答是：如图 1-3 设厂商为 M、顾客为 C、分销商为 L，只要 $L < M \times C/(M+C)$，那么利用中间商就是有效率的！这也说明，对分销渠道的选择和管理，会对分销效率产生重要影响。

（3）增强企业竞争优势

企业竞争优势是指生产企业在市场竞争中获得的，竞争对手无法迅速模仿或者不容易被竞争对手模仿的竞争优势，主要标志是本企业能够获得超过行业平均利润的利润。

从企业战略管理的角度看，一个企业的竞争优势来源于资源垄断（自然资源和政策资源的垄断）、成本优势（源于规模经济和范围经济）和供应链控制优势三大方面。从市场营销学的角度看，4P 都可以充当竞争的手段。价格优势形成的基础是低成本。低成本通常建立在价格低廉的生产资料或劳动力基础之上，或者由于生产技术提升导致生产成本下降。一家生产企业如果拥有生产资料或劳动力价格优势，在封闭的经济环境中，这些优势可能会维持下去；但在开放的经济环境中，受资源配置变化、技术外溢等因素的综合影响，这些优势可能会被竞争对手所获取。在信息社会里，建立在低成本基础之上的价格优势，已经不再是一种可以长期依赖的竞争优势，这种优势随时会面临新产品、新技术带来的冲击。

产品优势通常与价格优势共同发挥作用，撇开价格谈论产品优势没有实际意义。产品优势主要体现在产品内在的品质、属性、技术含量等方面，品质独特的产品是生产企业有力的竞争武器。对于经销商而言，产品优势并不一定为其所独有。一家经销商可能同时经营多种不同品牌的产品，一旦某种产品的特质被众多经销商发现，这种产品就会被市场所追捧，它的优势也会被更多的生产企业掌握。因此，通过产品的独特品质求取持久竞争优势并不是一件容易的事。此外，开发品质独特的产品，生产企业往往需要不断增大投资，在技术、包装和品牌方面追加投入，这自然会加大生产企业的经营风险。尽管生产企业一直倡导通过提高产品品质赢得竞争优势，但在比较成本与收益之后，它们往往变得更为理性。

促销优势是特定市场环境的产物，并不是所有市场环境都会出现这种情形。一般来讲，促销优势的确立需要集中营销人员的智慧。一些新的销售方式在开始推广阶段通常会引起市场的迅速反应，并可能被广大消费者所认同。但是一旦被认定是商家的促销活动，这些新方式的效果就会大打折扣。因此，促销方式的实际效果取决于方式本身的新颖性、独特性和促销动机的隐蔽性。促销方式不受行业范围和经营能力的过分限制，有效的促销方式产生之后，通常在短时间内就会被竞争对手所模仿和采用。这表明促销优势并不是一种可以依赖的长期优势。

营销渠道是供应链控制优势的主要体现。今天，越来越多的企业认识到：市场竞争已经不是单个企业之间的竞争，而是一个个完整的分销系统之间的竞争。一家企业的长期生存与发展，很大程度上依赖其所在的分销渠道系统的协调与效率，以及能否最好地满足最终消费者的需求。营销渠道的建设有别于其他营销要素的关键之处，就在于它不仅能够帮助生产企业获得持久的竞争优势，而且能够使这种竞争优势得到固化，甚至能够与企业的组织结构和文化建设有效地融为一体。

在上述与产品优势、价格优势、分销优势的比较中，可以得出结论：营销渠道优势应当是生产企业可以长期依赖的重要资源优势。

1.2 营销渠道管理

1. 营销渠道管理的内涵

基于生产商的视角，我们将营销渠道管理（Marketing Channel Management）定义为：在市场需求的驱动下，对各种渠道流进行计划、组织、协调和控制；并通过协调和整合营销渠道中所有参与者的行为，实现以最低分销成本为顾客创造最大价值的管理过程。

根据上述定义，营销渠道管理的内涵可以从以下几个方面来理解。

1）管理的目的，是通过渠道成员的职能分工与合作，实现渠道的高效（包括 Efficiency 和 Effectiveness）运作，为顾客创造价值。

2）管理的对象，是营销渠道中的所有参与者，既包括企业内部的员工或销售机构，也包括企业外部的其他组织或个人，如中间商、消费者、经纪人等。由于管理对象的复杂性，导致了营销渠道管理的复杂性。

3）管理的内容，是对营销渠道的功能流所进行的所有管理活动。

4）管理所采用的主要措施是计划、组织、协调、激励和控制。渠道管理者通过执行这些管理职能，协调和整合营销渠道中所有参与者的活动以顺利完成分销目标。

2. 营销渠道管理的特点

营销渠道管理是管理活动在营销渠道领域中的体现，同一般管理最大的区别在于管理对象的不同。营销渠道管理是以营销渠道为对象的管理活动，由于渠道涉及组织间活动和关系，因此营销渠道管理更为复杂，有着与一般管理活动不同的特点（见表 1-3）。

表 1-3　管理的一般职能与渠道管理的特点

管理分层	渠道管理职能			
	渠道设计	渠道组织	渠道激励	渠道控制
企业内部	企业的渠道目标和渠道类型、比重及覆盖范围	企业内部渠道管理人员和销售人员的配置和职责	对企业内部渠道管理人员和销售人员的领导和激励	对企业营销渠道的运行情况进行监测和评价，并在必要时纠偏
跨组织	企业采取中间商渠道的层次、参与者和覆盖范围，渠道的跨组织目标	中间商渠道合作伙伴的选择、渠道功能安排及各渠道成员责任和权利的确定	对渠道合作伙伴的影响和激励	对渠道合作伙伴的投机行为进行监督和约束

（资料来源：庄贵军. 中国企业的营销渠道行为研究. 北京：北京大学出版社，2007.）

第一，营销渠道管理是一种交叉着企业内部管理的跨组织管理。渠道管理虽然也涉及本企业的员工及部门，但是大多情况下，它涉及的当事人不属于同一个企业，而是分属于不同利益主体的组织或个人。因此，除了一些自己开设的专卖店和下属的分支机构外，企业与这些当事人的关系是平等的合作关系，而不是主从关系。

第二，营销渠道管理有一个跨组织目标体系。由于是跨组织管理，所以目标也是跨组织的。这意味着：① 渠道成员有一些共同目标，如它们有共同的最终服务对象，它们都要使渠道的运行更有效率和更有成效，它们都希望通过专业化与合作提高自己的竞争实力；② 每个渠道成员还有其独立目标，如它们的销售目标、利润目标和发展目标；③ 渠道成员的独立目标之间，并非总是相容的；④ 渠道管理的首要任务，就是要把渠道的共同目标和渠道中不同成员的独立目标整合起来，让渠道成员充分认识到共同目标的存在和重要性。当然，最好是设计一套目标体系，使渠道成员只有很好地完成渠道共同的目标，才能很好地完成自己的目标。所以，不同于一般管理的目标，在营销渠道管理中，一个企业除了要考虑它自己的销售额、利润等目标外，还要考虑其他渠道成员的目标和所有渠道成员的共同目标。只考虑自己怎样实现目标，而不管其他企业的目标和整个渠道共同目标的实现，将危及整个渠道运行的有效性和效率，并最终阻碍本企业渠道任务的实现。

第三，营销渠道管理，从管理职能上讲，也有自身的特点。如计划，不仅要考虑本企业做什么、怎么做，还要考虑渠道中其他成员做什么、怎么做；组织，更多地意味着选择机构而不是人员，以及对于机构而非个人的角色分配；领导和控制，更多地意味着是影响而不是命令与指挥。

第四，在管理方式上，营销渠道管理较少地依靠制度或权利，较多地依靠合同、契约或一些规范。当然，主要靠利益协调各方面力量。营销渠道从本质上讲就是一张以一个企业为轴心而组成的利益关系网，一旦一方不能从中获利了，这张网就破裂了。因此，企业在进行渠道管理时，如何处理不同环节、不同销售渠道之间的利益关系，减少冲突，提高各环节的积极性，就成为成败的关键。

3. 营销渠道管理的内容

渠道管理的内容主要包括渠道结构与渠道行为。

营销渠道结构是指参与完成商品所有权由生产制造者向消费者或用户转移的所有组织或个人的构成方式。它涉及很多方面的问题，如营销渠道是由哪几个层级构成，每个层级又由哪些类型的渠道参与者构成，每个区域需要设置多少网点，营销渠道都需要发挥什么功能，渠道一体化程度需要达到什么水平，渠道功能如何在渠道参与者之间进行分配或安排，渠道的集中程度、规范程度、标准化程度如何？……营销渠道结构的本质，是分销任务或渠道功能在渠道参与者之间的分解与分配。

营销渠道行为是指渠道参与者为了完成渠道任务所进行的渠道领导、激励与控制活动及与其他参与者之间的互动行为。涉及的问题主要包括：渠道成员的关系基础是什么，渠道成员为什么要相互依赖，哪些因素会影响渠道成员之间的互依关系，互依关系怎样影响渠道权力、冲突与合作，渠道成员怎样进行渠道控制，怎样合作，怎样处理合作中的冲突，怎样抑制投机行为等。渠道行为的核心是渠道控制。

渠道结构与渠道行为共同决定营销渠道的效率，三者之间的关系如图 1-4 所示。渠道结构与渠道行为互为因果——渠道结构的不同会导致渠道行为的差异，渠道行为的变化最终也会表现在渠道结构上，两者单独或共同的变化会导致渠道效率的不同。营销渠道管理实际上就是通过控制渠道结构与渠道行为的变化，提高渠道效率。

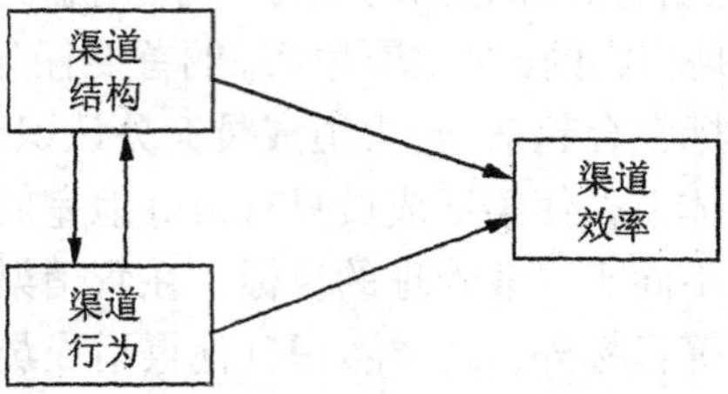

图 1-4　渠道结构、渠道行为与渠道效率之间的关系

在实际的商业活动中，控制渠道结构与渠道行为是很难区分开的。渠道结构强调的是

设计，而渠道行为强调的是执行。有设计而没有执行，设计没有意义；有执行没有设计，执行有很大的盲目性。二者相辅相成。不过，在观察与研究营销渠道时，却需要把二者分开。这样才能把问题看得更清楚，才更易于研究与解决。

4. 渠道管理的主要步骤

渠道设计、渠道组织、渠道激励和渠道控制等职能，主要通过渠道管理来实现，而渠道管理的过程可以分为以下几个主要步骤：① 渠道的调查与分析；② 渠道目标的确定；③ 渠道策略的确定；④ 渠道策略的实施；⑤ 渠道的控制；⑥ 渠道效率的评估；⑦ 渠道和渠道策略的调整。其中，前三步主要对应于渠道的设计职能，渠道策略的实施主要对应于渠道组织和激励职能，后三步则主要对应于渠道的控制职能。

如图 1-5 所示，虚线框“企业总体战略与营销战略”及与其连接的虚线和箭头，表示企业的渠道管理要以企业的总体战略和营销战略为前提，主要贯穿于前三个环节之中——营销渠道的调查与分析要围绕着如何最有效地实现企业的战略目标而进行，渠道目标要根据企业的战略目标和营销目标来确定，渠道策略要根据企业的发展战略、竞争战略和营销战略来制定、评价和选择。

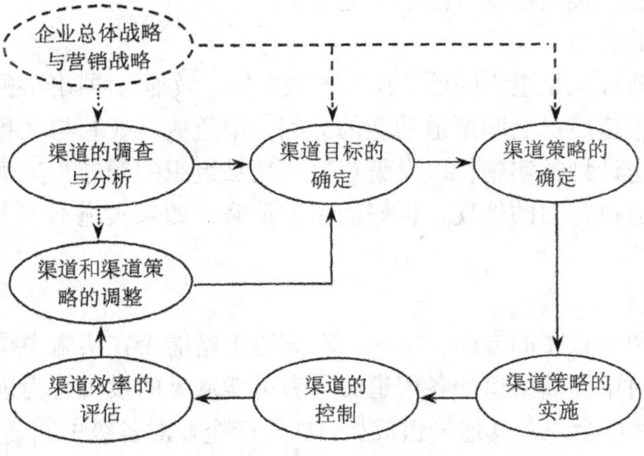

图 1-5　渠道管理的主要步骤

（1）渠道的调查与分析

渠道调查与分析的目的是了解企业的营销渠道环境，从而为企业的渠道管理提供真实可靠的信息。其主要内容包括：第一，企业渠道外部环境的调查与分析；第二，企业渠道内部环境的调查与分析；第三，企业渠道的 SWOT 分析，即以企业渠道的优势、劣势、机会与威胁为分析框架，对以上关于企业渠道内外部环境的调查分析结果进行整理，作为确定渠道目标和渠道策略的依据。

（2）渠道目标的确定

企业的渠道目标是指企业为了实施总体战略和营销战略，希望通过渠道管理活动在一定时间内达到的结果。渠道目标的确定，就是确定企业渠道管理活动的方向和目的，主要包括三个方面的内容：确定目标市场、确定可量化目标及确定不可量化目标。确定目标市场，主要是回答企业通过渠道管理活动为谁服务和怎样服务的问题；确定可量化目标，主要是决定企业通过渠道管理活动要达到的经济利益指标，如销售额、利润额、市场占有率、市场覆盖率等；确定不可量化目标，主要是决定在完成可量化目标时，企业要兼顾的其他难以量化的内容，如目标顾客与渠道成员的满意度、渠道发展、渠道合作、渠道氛围等。不可量化目标虽然难以测量，大多数企业可能不把它们当做渠道目标提出来，但它们对于可量化目标的实现却有着重要的影响。

（3）渠道策略的确定

企业的渠道管理人员要根据企业的总体战略、营销战略和渠道目标，确定企业的渠道策略。这一工作一般可分为三步：第一，制定多套可行的渠道策略；第二，对每套可行的渠道策略进行评价；第三，在评价的基础上，综合考虑各种方案的优劣，选择一套渠道策略或将多套渠道策略进行组合。确定渠道策略涉及很多方面，如渠道结构的决定、销售终端的选择、渠道参与者的决定、渠道覆盖面的决定、物流配送规划、渠道联盟方式的决定、信息沟通方式的决定、渠道控制方法的决定等。

（4）渠道策略的实施

渠道策略的实施首先是组织问题，其次才是领导、激励与协调问题。涉及的内容包括：渠道成员的选择、渠道成员之间渠道功能的分配、渠道成员权利与义务的规定、合约的签订和执行、物流配送计划的实施，以及渠道这一超级组织的领导、激励和协调。渠道策略的实施，是企业渠道执行力的体现，再好的渠道策略，如果实施不当，也难以达到企业的渠道目标。

（5）渠道的控制

渠道的控制有两个重要的方面：第一，对渠道策略能否在实施中得到有效贯彻进行监督和调控；第二，对中间商渠道中各渠道参与者可能从事的投机行为进行监控。第一个方面的渠道控制，虽然也会涉及其他渠道成员，如生产企业对各级中间商的存货水准、仓库、地位及运输方式等进行评价、分析，并提出改进意见，但是从根本上讲，它是站在一个企业的角度对渠道策略实施的过程进行控制，是企业内部控制。第二个方面的渠道控制，与一般的组织内部控制有很大区别，它是要对中间商渠道中其他渠道参与者的投机行为进行控制，属于渠道控制中特有的跨组织控制问题。

这两个方面的控制互相补充。第一个方面的渠道控制是要从企业自身的角度保证企业的渠道策略在实施中得到有效贯彻，第二个方面的渠道控制则是要保证企业的渠道策略在实施中得到合作伙伴的有效配合。一般而言，第一个方面的渠道控制相对容易些，因为它主要涉及的是组织内部控制问题，第二个方面的渠道控制则非常困难，因为它涉及的是跨组织控制问题。

（6）渠道效率的评估

渠道效率就是渠道活动的投入-产出比。与渠道目标相对应，渠道效率也有可量化和不可量化两种。可量化渠道效率由经济利益指标测量，如销售额、利润额、市场占有率、市场覆盖范围等；不可量化渠道效率则可以通过一些主观判断或认知来测量，如目标顾客与渠道成员的满意度、渠道发展、渠道合作、渠道氛围等。

对渠道效率的评估，就是将上述渠道效率的可量化指标及不可量化指标，与企业过去的表现相对比；与竞争者的表现相对比；与企业的渠道任务相对比，由此找出企业渠道的差距和问题所在，为渠道和渠道策略的调整提供依据。

（7）渠道和渠道策略的调整

渠道管理过程的最后一步，是在必要时对渠道及渠道策略做出调整。渠道和渠道策略的调整可以是局部的——只调整和改进某个或某些环节，也可以是全面的——对企业的整个渠道或渠道策略进行重建，如调整渠道结构、调整渠道政策、调整渠道关系、调整局部市场区域的渠道，以及更新整个渠道网络。

渠道和渠道策略的调整，既是渠道管理过程的最后一步，也是新一轮渠道管理活动的开始。它一方面要以渠道效率评估为依据，另一方面也需要向新一轮渠道的调查与分析提供信息，形成新的渠道目标和渠道策略。企业的营销渠道管理由此循环往复，不断进行下去。

5．渠道管理的新动向

目前，营销渠道管理问题正受到社会的普遍关注。对企业营销渠道中的物流、信息流进行高效协调和集成是营销渠道管理成功的关键。那么，现代管理面临的以下几个重要转变将会为企业进行营销渠道管理实践活动提供重要的指导意义。

（1）从功能管理向过程管理的转变

传统的管理将营销渠道中的制造、仓储、销售、配送等功能活动分割开来、独立运作，而这些功能都具有各自独立的目标和计划，这些目标和计划经常冲突。现代管理就是将营销渠道中的各种功能活动有效集成，实现以提高顾客服务水平及顾客价值最大化为目标的面向过程的管理。不仅在企业内部要向过程管理过渡，在企业外部，管理渠道中的各个合作伙伴的业务活动，也需要从功能管理向过程管理过渡。

（2）从利润管理向营利性管理转变

传统的管理将利润作为企业管理的重点，但现代管理认为利润管理还是很粗放的，因为利润只是一个绝对指标，并不具有可比性；应该用相对指标来衡量企业的经营业绩，而营利性就是一个相对指标。所以，国外企业界现在强调要进行营利性管理。这种营利性是建立在“双赢”基础上的，只有营销渠道中的各方均具有较好的营利性，企业自身的营利性才有可能得到保证。

（3）从产品管理向顾客管理转变

在买方市场上，是顾客（而不是产品）主导企业的生产、销售活动，因此顾客是核心，顾客是主要的市场驱动力。而营销渠道上非常关键的一环就是顾客。在买方市场上，营销渠道管理的中心是由生产者向消费者倾斜的，顾客管理就成为营销渠道管理的重要内容。

（4）从交易管理向关系管理转变

传统的营销渠道成员之间的关系是交易关系，所考虑的主要是眼前的既得利益，因此不可避免地出现渠道成员之间为了自身利益而损害他人利益的情况。现代管理理论认为，可以找到一种途径，能同时增加营销渠道各方的利益。这种途径就是：要协调营销渠道成员之间的关系，并以此为基础进行交易，以使营销渠道整体的交易成本最小化、收益最大化。特别是企业之间的竞争转变为供应链之间的竞争时，只有倡导竞合精神，企业才能求得最佳的生存空间与发展，获得最大的市场份额或利益。这种“双赢模式”，要求从传统的销售关系中“非赢即输”的单纯交易关系改变为更具合作性共同为谋求更大利益而努力的关系。

（5）从库存管理向信息管理转变

企业对待库存的心理一直都十分矛盾，在营销渠道成员之间，一会儿排斥库存、一会儿囤积库存，造成巨大浪费。可以换一个角度去考虑问题：用信息代替库存。企业持有的是“虚拟库存”而不是实物库存，只有到营销渠道的最后一个环节才交付实物库存，从而可以大大降低企业持有库存的风险。因此，用及时、准确的信息代替实物库存就成为现代营销渠道管理理论的一个重要观点。

以上这些转变，发生在一个企业内部，作用于所有的相关企业，现代管理转变产生的效应将影响到整个营销渠道。因此，发生这样的转变后，企业如果不能跟上时代变革的步伐，最终将会被市场所淘汰。

6. 渠道经理

（1）渠道经理的含义

渠道经理是指生产企业中负责渠道管理与决策的人。渠道工作团队通常由渠道经理和渠道业务员组成。渠道经理一般分为三个层次：高层渠道经理、中层渠道经理和基层渠道经理。渠道经理的主要工作有三项：渠道工作的管理、渠道工作人员的管理和对于下级渠道经理的管理。不同生产企业由于生产经营规模不同，渠道经理的层次设置和人员数量也不尽相同。在大型的生产企业，通常会有这三个层次的经理人员工作在不同的业务领域，但是在一些小型的生产企业，有时企业的总经理就是渠道经理。在实际工作中，具体到营销渠道的运行与管理，很少有生产企业会单独设立渠道经理的职位，但在这些组织中确实有类似的职位，它们部分或全部地履行了渠道经理的职责。有关渠道经理的称谓如表1-4所示。

表 1-4　营销渠道经理

营销渠道团队（理论划分）		营销渠道团队（实际称谓）		
		大型企业	中型企业	小型企业
渠道经理	高层渠道经理	营销总经理	总经理	总经理
	中层渠道经理	营销部门经理、地区销售经理、产品部门经理	渠道主任、销售总经理	
	基层渠道经理	销售业务经理、品牌经理	销售网点经理	销售经理
渠道员工	销售人员	营销员	推销员	业务员

在一些并不具有实际性生产内容的企业，渠道经理与营销经理职能通常交叉在一起，有的甚至很难辨别。在具有实质性生产内容的企业，一般来讲，营销经理更为通用。实际上，营销经理的称谓也是多样的，表 1-5 列出了部分美国企业渠道管理职位的名称。

表 1-5　部分美国企业渠道管理职位的名称

公司名称	渠道管理的职位名称
American Cyanamid 公司	业务发展经理
美国贺卡公司	团队营销经理
博士伦公司	贸易营销主任
Borden 公司	销售合作部长
康柏计算机公司	渠道管理主任
可口可乐公司	客户业务发展主任
金霸王公司	贸易营销经理
Ergodyne 公司	市场团队顾问
惠普公司	渠道规划经理
强生公司	贸易营销主任
Leaf Brands 公司	贸易营销副总
飞利浦・莫利斯公司	贸易关系经理
宝丽来公司	贸易营销经理
Sandoz 药业公司	国内事务主任
莎莉公司	客户营销副总
时代华纳公司	销售开发主管

（资料来源：伯特・罗森布罗姆（Bert Rosenbloom）. 营销渠道——管理的视野. 宋华等译. 北京：中国人民大学出版社，2006.）

这些发展经理、团队经理、贸易主任、销售经理、客户经理、贸易经理、团队顾问、市场顾问、贸易副总裁、贸易关系经理、销售开发主任等职位，都从事营销工作和事务，且与渠道管理和决策高度相关，因此也可以归为渠道经理。由于渠道决策涉及不同的职能部门和企业类别，所以，撇开生产企业中管理职务的具体名称，而认真判断管理者是否从事渠道决策，才是定义渠道经理的关键。即使企业的组织结构中并不含有渠道经理这一职位，也没有把与渠道管理和决策的任务放在这样的职位中进行归类，但是，如果确实存在渠道管理和渠道决策性质的工作，那么担任此类工作的管理人员就是实质上的渠道经理。

（2）渠道经理的职责

与管理的职能相对应，渠道经理的具体职责主要包括：渠道设计、渠道组织、渠道激励和渠道控制。

1）渠道设计。渠道设计是指在市场调研的基础上，根据企业外部环境和企业的战略目标、自身的优劣势，对企业的渠道目标、渠道结构、渠道管理办法和政策等进行的规划活动，也可以称为渠道策划。具体内容包括：对现状的理解和对未来趋势的预测，建立渠道目标，制定各种方案、政策及达到目标的具体步骤等。

2）渠道组织。渠道组织一方面是指为了实施渠道设计方案而建立起来的组织结构，另一方面是指为了实现渠道目标所进行的组织过程。具体工作有两项：一是根据渠道设计的结构选择渠道参与者；二是在不同主体之间进行分工和协作，以保证渠道目标的完成。

3）渠道激励。在选择和确定了中间商之后，为了高效率地实现企业的渠道目标，就要促使中间商与自己合作。当然，如果企业在渠道中处于领导者地位，那么渠道经理就要领导整个渠道的所有成员完成渠道任务；如果处于从属地位，也要采取各种措施激励其他成员与本企业建立一种良好的合作关系。激励职能包括的主要内容是：研究渠道过程中不同渠道商的需要、动机与行为；采取措施调动其他渠道成员的积极性；协调渠道关系，避免大的渠道冲突或矛盾发生等。

4）渠道控制。如果是直销渠道，渠道控制就是对于企业销售队伍或企业销售分支机构的控制；如果是中间商的渠道，渠道控制则指一个渠道成员对于另一个渠道成员在某些决策内容方面的影响。一般情况下，渠道控制指后一种情况。控制的内容，从纵向方面讲包括制定各种控制标准；检查工作是否按计划进行及是否符合既定的标准；对各渠道成员经营状况进行监测；对渠道网络运行效率和效益进行评估，并适时加以调整；消除渠道成员间无益的利益冲突和内部耗损，防止渠道混乱。从横向方面讲，包括对产品和服务质量的控制；对价格和费用的控制；对销售区域的控制；对广告与促销方式的控制。

表 1-6 为 AA 公司渠道经理的岗位手册。

表 1-6　AA 公司渠道经理的岗位手册

岗位任务	1. 为上级主管制定销售指标提供意见 2. 制定科学的渠道管理计划，保证向渠道及时供应产品

续表

岗位职责	1. 协助营销总监制定事业部、区域营销中心及营销分公司的营销额、利润及营销费用等指标 2. 协助事业部经理和财务部经理制定经营计划、资金预算计划 3. 参与制定事业部的产品生产计划和营销计划 4. 负责货源调配管理、总部展厅管理、渠道网络建设与管理 5. 负责营销渠道中所涉及的劳动、人事、工资等管理 6. 负责考核区域营销中心、营销分公司的库存、营销业绩、渠道网络建设情况 7. 负责本部门的日常行政事务（如公文、档案、清洁卫生）的管理 8. 完成领导交办的其他相关任务
岗位技能要求	1. 组织领导能力和团队精神 2. 沟通、协调能力 3. 较强的数据分析能力 4. 熟悉行业竞争状况
岗位资格要求	1. 工商管理硕士，最好是营销专业 2. 两年以上相关工作经验，具备管理工作经验，或者通过某种方式能够证明自己具备渠道管理的素质

（3）渠道经理的素质提升

对于渠道管理一知半解的人，往往会迷信技巧、战术的效力。但是，富有成效的渠道管理者都清楚地知道，真正决定渠道运营成败的是习惯。这里所说的习惯，指的是解决问题时通常采用的思维与行动模式。它包括愿望与知识两部分内容，前者解决“愿意做”的问题，而后者则解决“如何做”的问题。

成功的渠道管理者的习惯修炼，也同样会经历一个从低到高，逐步提升的演进过程。最初，需要培养沟通和灵活韧性来使自己具备渠道经理的基础素质；获得了上述的基础能力之后，下一步的修炼，则是包括平衡利益、顺应全局及包容公平在内的正确思路和方法。最后，在前两者的基础上，渠道管理者要进一步培养价值发掘的能力，以增强整个渠道系统的竞争力，实现共赢，谋求与伙伴长期稳定的合作。

1）沟通。沟通的失败，绝大多数根源在于沟通的片面性。成功的渠道经理，必须善于从对方的角度来思考问题，总是力争先去了解合作伙伴，从对方的角度来思考问题；同时，渠道经理也非常重视了解自己。沟通的过程，实际上也是一个参与沟通各方之间思维模式、办事习惯、管理思路交流与融合的过程。因此，如果合作各方之间能够建立起共同的合作文化，那么对于深化彼此间的沟通效果将会大有裨益。在沟通的过程中，有时理性未必是最重要的，更重要的可能是态度。

2）韧性。在许多企业内部，渠道部门被视为最出力不讨好的部门之一。对于渠道经理们来说，那种企图通过“毕大功于一役”来解决渠道问题的想法是错误的。真实的情况是，渠道运作是一个需要持续不断地加以维护和改进的过程。从某种意义上说，它是永无止境的。与此同时，渠道工作自身的特殊性，决定了渠道经理们必须协调好各种复杂的关系，因此渠道管理者需要全面的知识，包括产品、市场、渠道、公司战略等，否则将无法适应渠道经理所需要扮演的多重角色。这些角色至少包括：外交官角色、教练角色、市场策划顾问角色。

3）利益平衡。成功的渠道经理们都清楚，解决渠道冲突的关键，不是如何“分蛋糕”，而是如何“把蛋糕做大”。渠道系统是由不同的利益群体组成的一个相对松散的联盟。利益不同，势必导致各种冲突并存于这一联盟体内外。平衡渠道利益，最重要的是平衡渠道伙伴共同发展的利益。渠道管理过程中的利益平衡涉及多个方面，渠道经理必须善于解决直销和分销的冲突、资源分配的冲突、长期利益和短期利益的冲突、不同级别代理之间的冲突、新老代理之间的冲突等。

4）全局观念。作为成功的渠道经理，必须树立起系统的“全局”观念，从公司运作的全局来看渠道问题。如果一个渠道经理全心全意地为代理商着想，他会是一个好的渠道管理者吗？答案是“未必”。这样的渠道经理可能是一个好人，但是通常他们并不是成功的渠道经理。因为他们的思路往往过度局限于自己部门的运作，尽管他们是真心实意地为渠道伙伴着想，可是结果却往往适得其反。渠道经理只有根据企业战略的要求，引导代理商顺应这些变化，才有可能为合作伙伴争取到更多的支持，从而为渠道带来更大的利益。同时，渠道经理不应坐等决策者的关注，而要对其施加影响，帮助决策层制定出与企业发展战略契合的渠道策略；帮助企业的决策者规划出完整的营销组合，使得渠道部门和其他部门实现有效的分工与资源整合。

5）包容与公平。由于合作是渠道运作的基本存在形式。作为渠道经理，你无权对别人的团队指手画脚。因此在渠道运作过程中，有时候妥协比精明算计更加重要，豁达比斤斤计较更重要，“难得糊涂”比“算无遗策”更重要。但是仅凭包容，渠道经理还不足以建立起足够的个人影响力，除了包容外，渠道经理还需要时刻注意保持公平的心态。渠道经理们必须明白，公平不是绝对的，而是相对的，你对于一些伙伴的公平，往往造成了对其他伙伴的不公平。在实际运营的渠道中，没有绝对的公平，衡量渠道经理工作成败的关键标准在于你是否能够把最重要的资源投放到最重要、最有价值的伙伴身上。

6）教练功能。成功的渠道经理对于代理商来说，最重要的价值在于，他有能力帮助代理商建立起一种永不停顿的学习文化，持续不断地对自己的过去进行改进，不断挑战自我，追求卓越！成功的渠道经理，应当是能够帮助自己的核心代理商实现持续成长的推动者，就好像优秀球队的教练。

7）为客户创造价值。我们正在步入一个服务为王的时代，厂商要实现对客户高质量的终身服务，仅依靠自己的直销和服务团队是无法做到的，而通过渠道为客户提供高品质的服务，从而最终使客户认可厂商，这一点正在得到越来越多的厂商认同。因此，要实现客户的终身价值最大化，渠道经理首先要帮助代理商实现自身价值的最大化，要把代理商当做自己最重要的客户来加以经营，使代理商通过与自己的合作，获得最大的增值，从而实现价值的最大化。

1.3 渠道理论研究的演变

渠道管理研究是营销学研究的一个较为特殊的领域。Wilkinson（2001）按照学者们所关注的重点差异，将 20 世纪的营销渠道管理研究分为三个发展阶段：渠道管理结构、渠道管理行为及渠道管理关系。渠道管理结构研究在于寻求渠道管理的效率和效益的优化途径；渠道管理行为研究在于揭示渠道管理中出现的权力与冲突现象；渠道管理关系研究则是通过发现渠道管理成员之间的相互承诺和信任，以减少或者消除渠道管理成员之间的机会主义行为。

1．效率和效益：渠道管理的结构及其治理研究

该阶段的研究特点：持续时间最长；关注点由技术层面转向系统的结构设计；最后则将对交易费用节约作为判断标准；效率因素由技术指标分析转向经济指标分析。

（1）前期的研究

一般认为，Weld 是渠道管理结构研究的奠基人（刘伟宇，2000）。他首先论及营销渠道管理的效率，认为职能专业化产生经济效益，因而专业化的中间商所从事的分销是合理的。Breyer（1924）吸收了心理学和社会心理学的观点，试图发展出一个整体的营销观点，并提供了一种系统导向的方法来描述、表达和量化渠道管理，从而有助于进行渠道管理控制和提高效率。Breyer（1949）还试图发展一种更系统的方法来分析渠道管理成本。Converse 等（1940）研究了营销纵向一体化的潜在优势，即营销费用的降低和原材料或商品销路的确定性；同时指出，一体化也带来了相应的管理和协调问题。

（2）中期的研究

在 20 世纪 40 年代末期和 50 年代，对于营销理论的发展现状的不满越来越多（Wilkinson，2001）。Alderson 等（1948）指出，可使用制度经济学、地理学和行为科学中的观点来推动营销理论的发展，由此推动了 20 世纪 50 年代营销理论的发展。1954—1973 年，渠道管理结构理论研究达到一个高峰。营销学者利用经济学理论分析营销渠道管理产生、结构演变、渠道管理设计等问题。Alderson（1950、1954、1957、1965）将一个系统的功能和结构区别开来，提出以延期原则作为在执行营销活动时追求效率的一种方法。Balderston（1958）提出了一种显示了专业化经济性和竞争过程之间的互动的模型，指出设立在一组买卖双方之间的中间商如何通过减少交易的数量来减少系统成本。

Cox 等（1965）从更宏观的角度审视了分销渠道管理的结构，使用“营销流程”（Marketing

Flows）这一概念来描述通过分销网络发生的营销活动。McCammon（1965）认为，协调营销体系的潜在经济效益日益明显，可以用公司型、管理型和契约型 3 种方式有效地协调营销渠道管理体系。Bucklin（1960、1965、1966、1972）集中研究了分销渠道管理中主要的功能，以及在渠道管理中的各组织之间使用不同模式的专业化来执行这些功能所花费的成本。Baligh 等（1967）进一步扩展了 Bolderston（1958）的有关渠道管理结构的经济分析，涉及了更多种类的营销活动。还有一些学者试图了解环境因素如何影响渠道管理网络的发展和经济发展如何影响渠道管理的变化（Moyer 等，1968）。

（3）后期的研究

渠道管理结构理论吸收了制度和功能营销理论及新古典经济学的观点来解释单个的营销职能如何在不同的机构之间分配。这些微观经济模型中的治理决策是在内部组织和外部组织之间做出的，本质上与交易费用理论中所使用的方式相似（Heide，1994）。这些模型的基本决策标准是经济效率（Mallen，1973）和效益。于是，渠道管理结构治理的重点是优化渠道管理结构来提高效率和效益。

2．权力与冲突：渠道管理的行为及其治理

随着营销理论的发展和企业所面临的环境越来越复杂，渠道管理结构理论中提出的微观经济模型越来越难以解释营销渠道管理中出现的很多新的现象，特别是它们无法解释渠道管理成员之间的权力和冲突，难以刻画渠道管理成员之间的关系的过程。在 20 世纪 60 年代末期，营销学者们开始研究渠道管理控制和冲突，逐步转向研究渠道管理行为，渠道管理治理理论也随之发生变化。

（1）权力和冲突为研究重心的渠道管理行为

以权力和冲突为研究重心的学者将渠道管理看做渠道管理成员间既有合作又有竞争的联合体。Stern（1969）认为，渠道管理由一组专业机构组成，劳动分工广泛，每个成员在某种程度上依赖其他成员。依赖和承诺是理解渠道管理中权力关系的关键。Stern 还研究了分销渠道管理中的冲突问题，认为渠道管理成员被锁定在相互依存的网络中，如果一个成员认为其他成员阻碍其实现目标，将不可避免地发生冲突。

（2）权力的来源、使用和衡量

Lusch 等（1982）认为渠道管理领导者成功实施非经济权力来源，非经济权力来源的使用质量越高，受影响的渠道管理成员对渠道管理领导者权力的认同程度也就越低。Kasulis 等（1980）认为，管理者应培育认同系统价值观和目标的渠道管理成员，并使用能够长期合作的渠道管理成员。Gaski 等（1985）发现，供应商实际使用强制权力比仅主张这些权力对经销商满意和渠道管理冲突产生的影响更强烈。Frazier（1983）认为权力与实施交换关系直接相关，如果“目标企业”认为“源企业”任务执行的水平越高，它受到的激励将越高，“目标企业”能获得替代“源企业”的可能性越小。通过详细说明“源企业”在渠道管理中的作用，则可确定“目标企业”在关系中对“源企业”的依存范围。

（3）权力和冲突的关系及冲突的衡量

使用一定的权力来源将产生多重影响，非强制性权力来源常常降低渠道管理内冲突，而强制性权力来源则可能强化渠道管理内冲突。Brown 等（1981）认为分销渠道管理中冲突是一个动态过程，冲突从不和谐的潜在状态向可察觉的冲突、再向感觉到的冲突、到最后显著冲突行为阶段不断发展。衡量显著冲突最有效的方法是观察争议频率和冲突强度。

（4）组织间的合作和谈判

为实现组织间和组织内部的目标，渠道管理成员的共同行为需要资源，合作是对资源对等交换的一种期待。Dwyer 等（1981）发现不对称市场的谈判过程更“有效率”。Kramer（1987）认为权力关系和谈判者特征（文化/国籍、人际导向、聆听技巧等）影响谈判过程（问题的使用、最初要求、程序和主题控制等），而谈判过程影响谈判结果（报酬、满意和人际吸引力等）。

3．承诺与信任：渠道管理关系及其治理

以关系和联盟为重心的渠道管理关系理论认为，由于利益之争，组织间合作常以失败告终，为此渠道管理战略联盟应运而生。

（1）渠道管理联盟的实质、目的和绩效

Coughlan 等（2001）认为渠道管理联盟的实质是承诺和信任。Kramer（1999）认为信任是社会资本，是重要的资本项目。Siguaw 等（1998）的研究表明，一些分销商与市场导向的供应商结成联盟，使自己差异化，在财务绩效上获得了相当大的改进。

（2）连续性、忠诚、双向沟通及日常互动行为与渠道管理联盟

Heide 等（1992）认为渠道管理成员都希望联盟具有连续性，建立联盟的下一步是获得对方的忠诚。Coughlan 等（2001）认为双向沟通是建立忠诚的重要因素。Mohr 等（1990）认为信任和沟通相互加强了渠道管理联盟关系。

（3）选择合作者和环境

Coughlan 等（2001）认为，企业应选择具有互补能力的企业作为建立联盟的对象。Gulati（1998）认为，企业应与其知晓的企业发展商业往来，并不断延伸，拓展商业网络，增进业已深植的社会资本。在联盟的环境方面，信任程度与决策结构有关。

（4）渠道管理关系的生命周期

渠道管理关系生命周期经历知晓、探索、拓展、忠诚和衰退及解散等不同阶段，联盟是渠道管理关系中最高、最好的形式。Anderson（1995）的研究表明，实际商业活动中，渠道管理成员通过重复的互动行为，经历足够的关键性事件，交易关系就发展到真正的合作关系。

进入 20 世纪 80 年代和 90 年代，渠道管理的关系治理目标已经不仅仅是协调不同渠道管理成员的努力，减少或者消除渠道管理成员之间的冲突和机会主义行为，而且还要建立和维护渠道管理成员之间的长期关系，以此创造价值以获得持续竞争优势。

（资料来源：郭毅等. 渠道治理与研究深化：渠道管理研究及其创新途径. 管理学报，2005年第1期.）

实务训练

1．学习德鲁克的“现代管理学说”，从理论上弄清“管理”不仅是韦伯意义上的上级科层对下级科层的管理，还包括管理者自身的管理、管理团队的管理、向上管理、向外管理等。

2．说明渠道与产品、价格、促销的关系，说明渠道管理与销售管理的关系。

3．2009年年初，面对国际金融危机的影响，中粮集团公司提出打造“全产业链的食品企业，全服务链的城市综合体”的战略定位。全产业链是以消费者为导向，从产业链源头做起，经过种植与采购、贸易及物流、食品原料和饲料原料的加工、养殖屠宰、食品加工、分销及物流、品牌推广、食品销售等每个环节，实现食品安全可追溯，形成安全、营养、健康的食品供应全过程。

中粮全产业链战略模式可以分为两个层次：单一产业价值链（上下游之间在产品、服务和信息等环节的纵向一体化）与多个产业空间链（不同产业链之间在物流、渠道、财务和品牌等环节的横向一体化）。以消费者为导向，通过对原料获取、物流加工、产品营销等关键环节的有效管控，实现“从田间到餐桌”的全产业链贯通。

上述战略是食品安全形势严峻的必然要求。随着市场上重大食品安全事件频频曝光，瘦肉精、毒奶粉、三聚氰胺等食品安全事件的出现。食品安全问题严重损害了消费者的切身利益，民众对食品行业缺乏信心，制约了食品产业的可持续发展。食品安全成为政府重视、社会关注和全球瞩目的热点问题。中粮集团作为粮油食品界的领军企业，控制食品安全，稳定消费者的情绪，为消费者提供安全健康的食品迫在眉睫。基于此，全产业链从产业链源头做起，严格控制各个环节，实现食品安全可追溯的构想应运而生。

全产业链战略中，产业链多，价值链长，对于企业来说管控难度必然加大。

问题

“从田园到餐桌”的整个过程中，设计的环节纷繁复杂，中粮集团要对其实行管制，难度可想而知。您有何建议？

第2章 渠道参与者

学习目标

1. 掌握营销渠道参与者的分类标准与类型
2. 了解生产商在渠道中的作用与优劣势
3. 掌握批发商的分类与特征
4. 掌握零售商的分类与功能
5. 了解辅助机构在营销渠道中的角色

引导案例

台湾地区茶叶销售：茶叶中间商的关键作用

台湾的茶叶工业始于 19 世纪中期，茶树自中国内地引进并种植于台湾山地。到了 20 世纪 20 年代后期，台湾总共有 20 000 名茶农。他们通过 280 名茶叶中间商中的一位销售他们的产品（所谓的生茶），然后中间商将茶叶卖给 60 个坐落在大稻埕海滨的加工厂，准备进行贸易和出口。中间商进山搜寻购买茶叶，再将其带到码头地区卖给加工厂。

中间商在茶农和加工厂两边的声誉都不佳。他们被指责通过低买高卖来剥削市场，并指出行业需要一个简单的直接交易系统来彻底摆脱中间商渠道。作为回应，台湾当局于1923年在大稻埕设立了茶叶拍卖行。茶农可以直接将茶叶运输到拍卖行，通过一级密封价格拍卖来决定卖给加工厂的茶叶的价格。拍卖行通过收取茶农们会员费、交易佣金和政府补助来弥补其运营费用。在这样的情况下，中间商需要和拍卖行竞争，尽管如此，中间商还是幸存了下来，而拍卖行却不得不关门。如果中间商只是市场的盘剥者，为什么会出现这样的状况呢？

答案就在于台湾茶叶中间商所扮演的角色。第一，中间商促进了市场搜寻。一个中间商会访问很多的茶庄，找到可以卖的茶叶——于是为产品供应搜寻了渠道上游。然后，中间商会带着茶叶的样本去一些加工厂寻求订单。访问很多的加工厂是必需的，因为每个加工厂对于相同茶叶的用途不同，对于相同质量和品种茶叶的报价也会不同。另外，中间商还必须在每个季节都重复这样的搜寻，因为加工厂在不同季节的订单存在差异。所以，中间商既为茶农收获的茶叶找到了买家，也为加工厂找到了茶叶供应来源。

第二，中间商从事多种分类工作。生茶是一种非常多样化的产品，即使同一种茶树，由于种植环境的差异也会产出质量不等的茶叶。更重要的是，在台湾的山区有25种不同的茶树科目。中间商和加工厂都会进行挑选，因此需要相当的专业技术。加工厂会雇用一些专家对中间商送来的茶叶进行审核。中间商在此过程中起到的作用是将不同茶农生产的茶叶聚集和分类，然后送往加工厂。

第三，中间商减少了渠道系统中的接触次数。假设有20 000名茶农和60个加工厂，总共需要进行1 200 000次接触来确保每个茶农以最优价格卖出他们的茶叶（即使所有茶农都只种植一种茶树）。相反的是，每个茶农只需要将茶叶卖给一个中间商，他们在茶农和中间商渠道层面要完成20 000次接触。如果一个中间商平均收集2种茶叶，让280名中间商分别代表茶农与60个加工厂进行谈判，会产生[60×280×n]次谈判。所以在存在中间商的情况下，整个渠道当中总共发生[20 000+16 800×n]次谈判。只有当茶叶的种类超过70种的时候（[20 000+16 800×n]=1 200 000，解出n），渠道中的谈判次数才会超过1 200 000次。然而，台湾当时只有25种茶叶，所以，中间商将渠道接触的数量由1 200 000次降到了440 000次。

这些增加价值的行为被攻击中间商为市场盘剥者的声音所忽略了。当局资助的拍卖行的失败意味着茶叶中间商不仅不是市场盘剥者，而是效率加强者。显然，在这种情况下，中间商不仅增加了价值，同时节约了成本。

（资料来源：安妮·科兰等. 营销渠道. 第7版. 蒋青云等译. 北京：中国人民大学出版社，2008.）

📖 思考

1. 营销渠道是由哪些组织构成的？
2. 这些组织各自面临着哪些问题和挑战？

通过上一章的学习，我们知道：营销渠道是产品从制造商手中传至消费者手中所经过的各种组织连接起来的通道。那么，到底有哪些组织呢？渠道经理应特别关注哪些外部机构呢？本章讨论构成渠道的主要成员，包括生产者、中间商和消费者（用户）的基本形态；重点分析批发商和零售商的基本职能、主要类型和经营特征。

2.1 渠道参与者概述

1. 含义与划分标准

渠道参与者是指与生产企业的产品分销有关的所有组织和机构。一件产品从生产开始到最终为消费者所接受，其间可能会经历许多环节。在每个具体的环节中，又会有许多组织和机构参与。市场营销渠道参与者就是产品流经的各个环节的参与者的总称。这个概念在广义上是一个集合概念，在狭义上是一个单体概念。即在一些场合，渠道参与者指的是所有参与产品分销的组织和机构；而在另一些场合，渠道参与者仅是指某个具体的机构或组织。

为了明确营销渠道参与者的具体范围，我们按照是否执行谈判职能，将这个概念分为两个部分：渠道成员参与者、非渠道成员参与者。用谈判职能作为渠道成员的标准，主要原因在于产品的分销涉及购买、出售、运输等环节，其中会有许多问题、矛盾交织在一起。在分销过程中，各个环节的参与者都希望通过参与获得更多的利益，但这只是问题的一个方面。从另一个方面来看，产品在没有完成销售之前，严格来讲并没有实现其内在的商业价值，所有的参与者都不应当获得利益，有的甚至会发生亏损。虽然有些参与者可能在产品尚未实现市场销售之前，已事先获得了自己应得的一部分收益，但这种获得利益的方式既不是稳定的，也不会是长久的。

将渠道参与者分为渠道成员和非渠道成员，主要在于强调渠道成员在执行一种有别于非渠道成员的职能——谈判职能。这种谈判职能往往与商品谈判或所有权谈判联系在一起。它们的谈判结果直接决定了产品的市场定价。因此，每个环节的渠道成员之间的利益既是共同的，又是相互对立的。作为生产企业的渠道管理者，准确地判定渠道成员的范围，能够明确地掌握谁与谁的利益是共同的，同时又是相互对立的。此外，渠道管理者也能够更好地发现利益相关者的基本矛盾，以及他们所关心的主要问题。掌握渠道成员的主要意向，有助于渠道管理者更好地把握营销渠道的基本方向。

非渠道成员在这个方面的作用则不太明显。它们的作用对于所有的生产企业而言可能是基本相同的，因而在生产企业看来，它们只是一种辅助性质的组织和机构。从营销渠道的建设和发展来看，这些组织和机构虽然也是必不可少的，有时甚至会直接影响营销渠道的效率，但是一般来讲，在充分的市场经济中，这些组织和机构不应当是生产企业在渠道管理中重点研究的对象。

2．渠道参与者的构成

渠道参与者的分类如图 2-1 所示。

营销渠道成员由三个基本部分组成：生产企业、中间商、最终用户。其中，中间商由批发中间商和零售中间商构成；最终用户分为一般顾客和企业用户。

最终用户履行谈判职能多见于企业用户。企业用户作为有要价实力和能力的组织，通常能够创造一个相对公平的环境与中间商进行谈判。但是，对于绝大多数消费者来说，虽然他们也被视为最终用户，但是他们与中间商的谈判显然既不公平，在实力上也并不对称，这主要是由于双方经济力量的不平衡造成的。一般来说，理性的消费者需要通过谈判来压缩中间商的获利空间，但是，他们往往会发现在不成熟市场或高度垄断市场上，自己是商业谈判中的弱者。由于受信息不对称、力量过于分散等因素的制约，广大消费者往往无法与中间商进行有效的谈判。因此，对于他们而言，与谈判相比更为现实的选择是在中间商现有产品供应组合中做出合理挑选。所以，用“挑选”一词来描述最终消费者的谈判职能可能更确切。

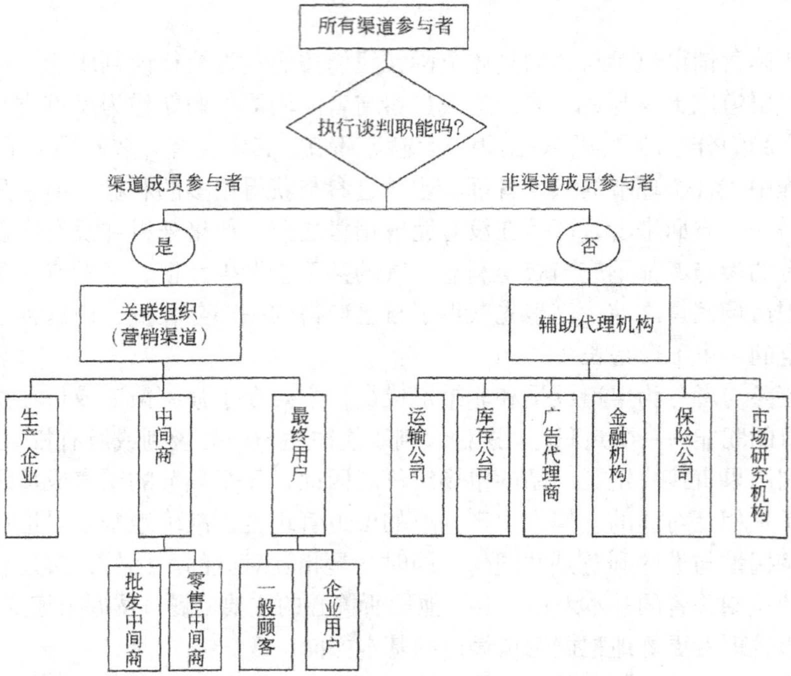

图 2-1　渠道参与者分类

（资料来源：伯特·罗森布罗姆. 营销渠道管理[M]. 北京：机械工业出版社，2006.）

虽然最终消费者在定义上被认为是市场营销渠道的成员，甚至有时他们也会组织在一起执行谈判职能，但是在实际工作中，由于消费者行为的复杂性，以及衡量和评价消费者购买行为的难度，生产企业一般不把他们视为营销渠道成员。在市场营销著作中，“最终用户”往往与“目标市场”联系在一起使用，这两个概念有时是可以相互替代的。因此，狭义的营销渠道并不包括最终用户。后面章节讲述的内容主要是从狭义上理解营销渠道的，狭义的营销渠道仅包括生产企业和中间商。把营销渠道从广义和狭义上进行区分，有助于更清晰地理解市场营销渠道的本质内容。

图 2-1 中，根据是否执行谈判职能这一标准，把所有渠道参与者区分为两类：渠道成员与非渠道成员。非渠道成员也被称为非渠道成员参与者，是指在营销渠道中参与了与渠道经营有关的一些活动，但是并不执行谈判职能的组织和机构。这些组织和机构一般属于辅助代理机构，主要包括运输公司、库存公司、广告代理商、金融机构、保险公司和市场研究机构。其共同之处在于，并不过多地关心产品特质、功能、款式，也不会过多地关心

产品的价格，以及价格要素在渠道各成员之间的分配比例，而较为关心在分销中需要承担的职能，以及能否比较好地执行这些职能。一般来讲，非渠道成员的主要职能是帮助生产企业顺利实现分销任务，这些职能的专业化程度比较高，通常是一些常规的工作，如果履行的不够好，就会被其他组织和机构所取代。由于它们不被看做渠道成员，生产企业基本不需要对其进行产品知识培训。

2.2　生产商或制造商

1．生产企业的基本含义和类型

生产企业又称生产者、生产商、制造商（Manufacturers），在一般意义上是指那些直接从事产品生产与服务提供的组织和机构。生产企业可以涵盖许多行业、领域。广义农业中的农业、林业、牧业、副业、渔业；工业中的生产、制造加工业、建筑业；第三产业中的旅游、餐饮、咨询等服务业等，都是依靠取得利润而存在的。所以，这些行业中的为赢利而生产的单位，就是我们在研究市场营销渠道时所指的生产企业。

生产者类型极其复杂，一般有三种分法。一是按其提供的产品或服务特征，可以划分为第一产业、第二产业和第三产业的生产者，其中每一产业又有不同的行业。二是按规模分，因其资产额、年销售额和人员的多少，划分为特大型企业、大型企业、规模以上企业和中小型企业。三是按产权性质划分为国有企业、集体企业、私营企业、股份制企业、外资企业等。一般来说，各类型生产者对产品分销渠道均有不同的要求。

根据生产者对分销业务的参与程度，可以将生产者划分为两种类型：① 专业型生产者。这类生产者专注于生产活动，其交易活动往往只限于购入资源和产品的一次卖出，对产品的进一步分销业务的组织和管理则交给中间商负责。有些并不重视渠道的研究，有的甚至对于营销渠道这一概念与提法一无所知，当然也很少有人会关注它们的存在方式和渠道的运作情况。专业型生产者多为中小型生产单位，其专业化生产程度较高，产品品种、性能和用途通常也比较单一。② 复合型生产者。该类生产者不仅从事生产活动，而且在较大程度上参与产品的市场分销业务。如生产企业组建自己的分销网络系统直接销售产品，或者通过管理、兼并手段控制渠道服务产出，以提高渠道系统效率和效益。复合型生产者往往具有资本规模大、产品技术含量高、市场面宽和服务要求高等特点。这些企业往往能够在市场中扮演非常重要的角色，它们比较重视市场营销渠道的建设和维护，人们也比较关注它们的存在方式和渠道的运作情况。

2．生产者在渠道中的作用

生产企业作为营销渠道的第一个环节，在市场营销渠道的建设和拓展中占有非常重要的地位。一般来讲，生产企业既是营销渠道的建设者，也是市场营销渠道的维护者和使用者。生产企业根据业务发展需要建设营销渠道，又根据市场的需求调整和扩展营销渠道，最后还需要按照最终用户的评价来决定渠道成员的取舍。生产企业是对营销渠道进行有效管理的核心组织，它不仅需要为整个渠道的建设制定计划（包括短期计划、中期计划和长期规划），还需要为营销渠道的畅通建立组织和机构，配置相应的人员，并对整个渠道的管理工作进行指挥、协调和控制。生产者的这种地位和作用主要表现在以下几方面。

1）生产者为渠道提供作为交换对象的产品或服务，构成分销渠道的源头和起点。没有生产者的产品，就无所谓分销，也就不可能有渠道。由生产者推出的产品（服务）适合市场需要的程度、质量和数量，从根本上决定着分销渠道效率和效益。因此，生产者的素质、能力、品牌和影响力，是分销渠道的首要资源。

2）生产者是分销渠道的主要组织者。在某一条分销渠道中，生产者最关心同行产品市场及自身产品的销售状况，因而也就会更自觉、主动地致力于分销渠道的组织与建设工作，对产品分销模式的选择、分销网络的设计、建设有极大热情和责任心， 是渠道管理的中坚力量。

3）生产者是渠道创新的主要推动者。渠道结构变迁的历史表明，创新渠道模式的出现和普及，主要是由生产者推动的。生产者根据市场环境变化的要求，在促进渠道整合、结构扁平化、战略结盟等方面起着关键作用。

3．生产商的优势与劣势

一般来说，生产商精于产品制造和成本的降低而疏于销售和市场的管理。在市场经济条件下，虽然所有生产企业都必须坚持一条生存原则：它们都需要以市场需求为导向，生产符合最终消费者需求的产品。但是，生产符合市场需求的产品本身并不意味着生产企业必须亲自把这些产品放到市场上销售，毕竟生产制造和市场销售是两种不同性质的工作。在这一点上，生产企业与分销商是有巨大差别的。生产企业主要关注生产和制造成本的投入，也就是说，用尽可能少的投入达到产品应有的技术水平和质量保证。而分销商关注用最少的销售费用，达到一定批量产品的销售水平，或者一定数额的产品的销售水平。也就是说，生产企业关心的是产品价值的形成过程，而分销商关心的是产品价值如何实现的问题。因此，在生产企业看来，只要生产投入小于销售收入就可以了。而分销商则必须保证分销费用小于分销收入。所以，两种类型的企业所关心的主要问题是不一致的。图 2-2 反映了生产企业与分销商的关注差异。

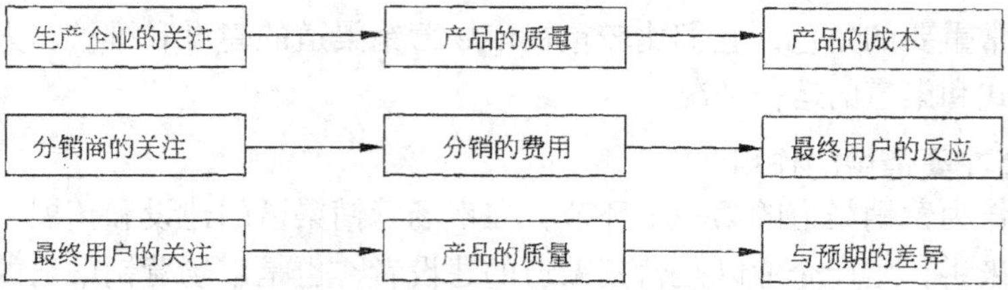

图 2-2　不同市场主体对同一产品的关注差异

在图 2-2 中，生产企业在技术上重点关注产品的质量，而在经济上则比较关注产品的成本。分销商在产品的销售过程中比较关注分销的费用支出，在市场上则比较关注最终用户的反应。最终用户主要关心产品的质量、价格、性能等方面的情况，以及购买后在使用过程中发现的与心理预期的差异。这说明对于同一个产品，不同的市场参与者的认识角度是不一致的。也就是说，对于生产企业而言，它要在技术和成本上领先其他竞争者，从而拥有生存和发展的权利；而对于分销商而言，产品的质量和成本并不是最重要的，能否以较低的分销费用把这些产品送到最终用户的手中，并赢得最终用户的满意才是关键。

对于最终用户而言，产品所用的技术、产品的质量可能是他首先要寻求的，但是更为重要的是在使用过程中的心理感受。一旦发现所购产品虽然技术先进、价格适中，但是不能带来心理上的满足感，则会减少对这种产品的实际需求。

如果一家生产企业既需要关注产品的成本和质量，又需要关注分销中需要支出的费用，同时还需要关注顾客的消费心理，那么显然比仅仅关注产品的成本和质量这一项工作投入了更高的生产运作资本和管理费用。也就是说，如果不与渠道成员共同承担分销业务，生产企业就需要同时研究生产、销售、市场（目标顾客）这三个方面的问题，并且需要把这三个方面有机地结合在一起，任何一个环节的问题解决不好，就有可能导致生产过程的中断，而且全部经营风险都要由自己来承担。在消费变得更加理性的时代，越来越多的生产企业发现，它们对于市场的判断能力在减弱，而且随着中间商的成熟与壮大，它们与市场的距离似乎越来越远。因此，向外转移一部分经营业务，同时就会向外转移一部分经营风险，这似乎是一种符合时代潮流的客观选择。

2.3 批发商

本节和下一节我们研究中间商。中间商可以按不同的标准进行分类：按其服务的市场类型，可划分为工业品市场中间商和消费品市场中间商；按其直接销售对象，可划分为批发商和零售商；按其在交易过程中是否拥有产品所有权，可划分为经销商和代理商。此外，还可以按行业或产品类型（如化工、机械、房地产、钢铁、农产品等）来划分中间商。本书采用常见的分类方法，即按其销售（服务）对象的性质，将中间商分类为批发商和零售商，再按其他标准将批发商、零售商进一步分类。

1. 批发商的含义、性质

（1）批发商的含义

批发（Wholesaling）是指一切将物品或服务销售给那些为了转卖或其他经营用途的客户的商业活动。根据这一定义，批发首先是指一种商业活动，是中间商的一类职能。该职能承担的是“流通中介”任务，即在生产者与商业机构、生产经营组织和其他组织用户之间搭起桥梁，满足产品分销业务在不同地区、不同时间和不同层次市场对产品（服务）的批量、种类和花色品种的需求。批发的基本特征是其销售服务对象是中间型消费用户。这些用户包括生产者、机构和商业用户，而不是最终消费者。这意味着任何组织或个人所从事的交易，除了对最终消费者之外的所有销售活动都属于“批发交易”。

批发商（Wholesaler）是指那些其主要业务是从事批发经营的组织或个人。也就是说，批发商是以批发业务为其主营业务的组织和机构或个人，那些只把批发作为附带业务的组织，不是这里讲的批发商。

（2）批发商与零售商在性质上的区别

在性质上，批发商不同于零售商，主要表现在以下几个方面。

1）销售对象不同。批发商从事的是企业之间的商品买卖，一般不直接同消费者发生交易，批发商的交易结束后，商品没有成为最终消费品。而零售商从事的交易是把商品直接卖给个人消费者。

2）销售批量不同。零售商的销售对象是最终消费者，而最终消费者购买商品是为了个人或家庭的生活消费，因此购买量较小。而批发商的销售对象是企业、机关用户，这些用户的购买量都较大。人们往往有一种误解：零售商的销售额大于批发商，理由是零售商从批发商进货以后，加上一定的毛利再转卖给消费者。其实，批发商的销售额要大于零售商的，因为零售商只将商品转卖一次，而商品在各级批发商之间有时要经过多次转卖。

3）地区分布不同。零售商特别是为数众多的小零售商分散在全国各地的消费者聚居处，而批发商是为生产企业、各种公司用户和广大零售商服务的，所以一般集中在经济中心城市或交通枢纽地。

2．批发商的类型

现代批发由三种主要类型的批发商组成，即商人批发商、代理商及制造商自营销售组织（如分销机构销售办事处），如图 2-3 所示。三者都具有分销功能，但后两者在发展过程中又进一步形成了自身的鲜明特点。

（1）商人批发商

商人批发商即经销商，是指不依附于其他组织、具有法人资格的独立批发企业。其经营特点是自己进货，取得商品所有权后再批售给零售商或组织用户。商人批发商是当代批发商的主要类型。

1）根据经营商品的范围，商人批发商可大致划分为三类。

a．综合批发商，也称普通批发商。它经营商品的范围较广，通常包括日用百货、五金交电、化妆品、常用零配件等，商品货色一般，以商场、百货商店为主要销售对象。

b．大类商品批发商，即只经营某一类或几类商品的批发商。在其经营范围内，商品的花色、品种、品牌、规格较为齐全。通常以地区批发商、大型零售店和机关团体为主要销售对象。

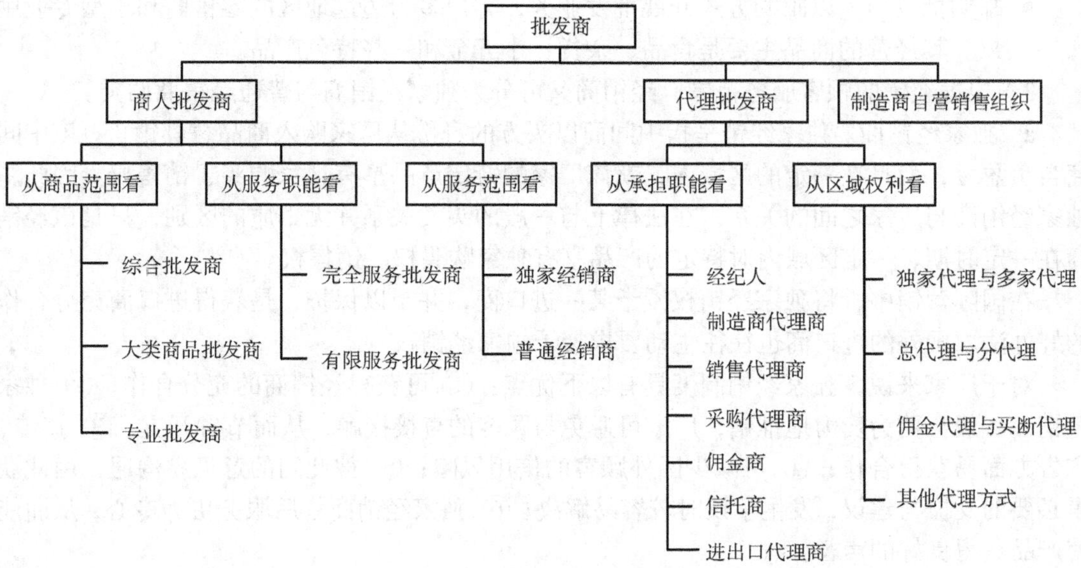

图 2-3　批发商的类型

c. 专业批发商，即专门经营某类产品中某种产品的批发商。其专业化程度高，主要以专业商店和专业用户为销售对象。

2）根据提供服务职能的多寡，商人批发商则又可以分为完全服务批发商和有限服务批发商。

a. 完全服务批发商。完全服务批发商具有广泛的批发职能，包括提供购销、产品储存、运输、财务援助、信息和咨询等服务。也就是说，这类批发商参与分销渠道的业务流程较多，因而从渠道获得的补偿也相应较多。

b. 有限服务批发商。有限服务批发商是指只承担部分批发职能的商人批发商。这类批发商又可细分为下列五种。

- 现购自运批发商。其特点是不赊销、不送货，客户自备运输工具将货物运回，当面货款两清。主要经营食品、杂货，客户多为小商品杂货店、酒楼等。
- 桌上批发商。其特点是不设仓库，不提供仓储服务，在办公室或营业所做批发经营，也称“写字台批发商”。主要经营不方便运输的大宗商品，如木材、钢材、煤炭等。
- 卡车批发商。其经营方式是用卡车从供应商处进货并直接将商品运送给零售店、宾馆、酒楼等客户，承担类似购销员、送货员的职能。与桌上批发商相似，也不提供仓储服务，以及时、频繁、快速送货为经营特点。
- 货架批发商。该类批发商在超市或商场设有自己的货架，展销其经营的商品，并以赊销方式向零售商供货。其经营的商品主要为家用器皿、化妆品、玩具等。

- 邮购批发商。以邮购方式开展批发业务，客户多为边远地区的零售商和小型专业用户。其经营的商品主要是食品、杂货、小五金和一些特色产品。

3）根据经销的顾客服务范围，经销商又可分为独家经销商与普通经销商两类。

a. 独家经销商。独家经销是指中间商以买方的身份从厂家购入商品替其销售，该中间商自负盈亏，而且在一定的区域内，就该厂家的特定产品享有独家购买、销售权。因此，独家经销商与厂家之间的关系，在法律上与一般的买卖关系并无本质的区别，只是该经销商在一定时期、一定区域内对特定的产品享有独家购买权、销售权。

在国际营销中，将独家经销权授予某一进口商，并予以保护，是获得进口商充分合作的好办法。国外的进口商也往往主动要求授予独家经销权。

对于厂家来说，独家经销制度具有以下优点：① 可获得经销商的充分合作；② 独家经销商一般会更为卖力地推销，厂家可避免与顾客的直接接触，从而节省开支；③ 宣传、广告方面易获得合作；④ 可减少国外顾客的信用风险；⑤ 彼此间的意见易沟通，由此获得必要的支援与建议，发生争议时较容易解决；⑥ 独家经销商售后服务更为专心，从而能使产品获得良好的声誉。

b. 普通经销商。普通经销也称为非独家经销，是指由几家经销商共同经销生产商的某一特定产品。在这种经销方式下，供货人（厂家）的商品除了可以通过这几家经销商销售外，还可以通过招揽更多的经销商或通过其他通路进行销售。

普通经销方式可以避免独家经销方式的许多弊端，这种经销方式有以下优点：① 厂家由于有较多的经销商，于是不易被某个经销商控制其销售；② 在普通经销商制度下，经销商数目众多，诸多经销商的销售力量更为强大；③ 在独家经销商制度下，中间商一旦取得独家经销权，较容易变得消极依赖生产商；而在普通经销商制度下，经销商之间相互竞争，共同开拓市场；④ 独家经销商由于有独家经销权，买卖之权系于一身，有可能服务态度不如普通经销商好。

（2）代理商

代理商是指从事购买或销售或二者兼备的洽谈业务，但不取得商品所有权的批发商类型。它与商人批发商的主要区别是：代理商不拥有其经营商品的所有权，而是促成交易、赚取佣金，佣金占销售额的2%～6%。

1）根据承担职能的不同，代理批发商可以分为7种。

a. 经纪人。经纪人为买卖双方牵线搭桥，协助谈判，由雇用方付费，不备存货，也不参与融资或承担风险。在我国牲口市场历来有大量经纪人，故被称为“牙行”；在房地产、劳务等市场，经纪人则被称为“中介”。此外，还有食品经纪人、不动产经纪人、保险经纪人和证券经纪人等。

b. 制造商代理商。制造商代理商也称制造商代表，在代理商中所占比例最大，主要任务是为签约的制造商寻找顾客，推销产品。不过，这类代理商只被委托代理制造商的部分产品，而且无权选定交易条件和价格。他们一般与两个或多个生产互补产品的制造商签约，在制造商分配的销售领域按与制造商约定的价格政策、订单处理程序、送货服务和各种保证为制造商推销产品。可见，这些制造商代理商更像是制造商的推销员。虽然他们同时为几家企业做代理，但产品是互补的，而且代理的商品品种范围有限。

c. 销售代理商。销售代理商和制造商代理商有很大的不同。销售代理商被授权销售制造商的全部产品，并对交易条件、销售价格有较大的影响；销售代理商的推销范围一般不受地区限制；每个制造商只能使用一个销售代理商，而不得再委托其他代理，或者设置自己的推销机构。此外，委托的销售代理商也经营与被委托人相竞争的产品。

一般来说，那些需要集中精力解决生产和技术问题的企业，或者自感营销力不从心的企业会利用销售代理商。销售代理商通常规模较大，不仅负责推销，还负责广告促销，参加国内外展销，调查市场需求的变化，向生产企业提出改变产品设计、款式、定价等方面的建议。

d. 采购代理商。采购代理商是一种替买主寻找货源、采购所需物资（全部或部分）的购买型代理商。他们不是代理批发某一类产品，而是专为一家或几家企业代理采购物品。采购代理商俗称“买手”，通常熟悉市场，消息灵通，能向企业提供质量高、价格低的采购品。采购代理商通常要负责代理采购、收货、验货、储运并将货物运交买主等业务。

e. 佣金商。佣金商又称为代办行，是在一定时期内，为委托人运送、保管、代销产品、收取佣金的代理商。他们对受托产品有较大的经营权，可不经委托人同意，以自己的名义销售产品，可以多家代理，代理时间可长可短。佣金商代制造商销售产品后，扣除佣金和费用，将余款交给制造商。制造商对佣金商一般也比较了解，可以放心地将产品交其经营。

f. 信托商。信托商接受他人的委托，以自己的名义向他人购销或寄售物品，并取得报酬。信托商具有法人地位，在交易活动中多选择远期合约交易，一般要签订信托合同，明确委托事宜及相应的权利。信托商的具体形式有以下几种。

- 委托商行，是面对消费者进行零售的信托商形式。以零售形式接受顾客委托，代办转让出售。
- 贸易货栈，是从事批发业的信托商形式，是一种古老的居间性商人。贸易货栈的主要功能是在买卖双方之间起代理作用，即代客买卖、代购、代销，同时兼其他服务功能，如代存、代运等。委托人一般要付一定的佣金。
- 拍卖行，是接受委托人委托，以公开拍卖的方式，组织买卖成交的信托商。拍卖方式在零售中较少见，主要在批发行业中采用，而且通过拍卖行以公开拍卖的方式进行批发的主要是质量、规格不标准，不易分列等级的蔬菜、水果、茶叶、烟草、羊毛皮等农产品和工艺品。

g. 进出口代理商。进出口代理商是替委托人代办进出口贸易的代理商。一般设在各大口岸，专门替委托人从国外寻求货源和向国外出口销售产品。

2）在区域权利上，代理商可分为4种。

a. 独家代理与多家代理。独家代理是指厂商授予代理商在某一市场（可能以地域、产品、消费者群体等区分）独家代理销售的权利，厂商的某种特定的商品全部由该代理商代理销售。以地域划分的独家代理是指该代理商在某地区拥有独家代理权，这一地区的销售事务由其负责。各地区代理不得“越区代理”，厂家也不得在该地区进行直销或批发商品。以产品划分，设立独家代理商是指某代理商拥有厂商的某种或某几种产品的独家代理权的情况。独家销售代理的特点是：① 厂家可获得代理商的充分合作，立场容易统一，双方都易获得对方的支持；② 代理商更乐意做广告宣传与售后服务工作；③ 厂家对销售代理商更易于管理，一个市场区域只有一家代理商，从发货到费用、佣金控制到视察代理商的工作都较为方便；④ 厂家易受代理商的要挟。

多家代理是指某厂家在某一市场区域上有多家销售代理商，它们共同开发该市场的代理形式。多家代理的特点有以下几个。

- 代理商之间相互牵制，厂家居于主动地位。
- 厂家所拥有的销售网络更为宽广。多一家代理商，厂家就多一条市场通路。多家代理商的销售网络自然比一家代理商的销售网络要宽广。
- 更易为某些国家与地区所接受。一些国家或地区如欧盟等认为独家代理的方式违背了货物自由流通的原则，而采用多家代理的方式，从法律上更易躲避这一嫌疑。
- 容易造成代理商之间的恶性竞争。多家代理造成的竞争往往表现为价格上的竞争。当某家代理商降价时，另一家虽然可以向厂商反映，但往往也不得不跟着降价。
- 代理商的士气不那么高。

制造商应考虑产品不同的生命周期、市场潜力及现有代理商的能力而灵活地选择运用独家代理方式或多家代理方式。

新上市的产品，也就是处于投入期与成长期的产品，由于厂商要求代理商能对顾客提供使用指导、技术服务、售后维修等服务，因此，代理商必然会要求在某一市场区域内拥有独家代理权。当产品处于成熟期或衰退期的前期时，厂家便可以考虑增加代理商的数量。

市场潜力不同应选择不同的代理方式。采取多家代理方式的前提是市场潜力较大，需要多家代理商共同开发市场。若市场潜力过小，多家代理商同时代理，反而有一些代理商无业务可做，有僧多粥少的嫌疑。这时一般就采用独家代理的方式，不但节省了厂家的佣金支出，而且代理的效率比多家代理更高。

当厂家的产品类型区分十分明显时，如高级品与低级品的不同顾客区隔十分清楚时，厂家便可作更细的市场区隔，对不同的市场授予各家代理商独家代理权，以掌握不同特性的顾客。若厂家的产品之间并无明显的区分，而市场容量较大时，还是以采用多家代理的方式为宜。若这时厂家还采取独家代理权的方式，则各家代理商会陷入争夺顾客的泥潭。

从代理商的能力看，独家代理商应当有较强的销售能力，较宽的销售网络并且应当有较为雄厚的实力。否则，厂家便得考虑采用多家代理的方式。

b. 总代理与分代理。总代理是指代理商统一代理某厂家的某产品在某地区的销售事务，同时有权指定分代理商，有权代表厂家处理其他事务。由此可见，总代理一定是独家代理，但独家代理不一定是总代理。一般来说，总代理商通常会选择并统一管理二级或三级分代理商，并报请厂家批准备案，有时也会由厂家来直接指定分代理商。

c. 佣金代理与买断代理。佣金代理是指厂商不授予代理商在某一地区、产品上的独家代理权，代理商之间也无代理区域划分，都为厂家收集订单，无所谓“越区代理”，厂家也可在各地直销或批发商品。佣金代理方式的特点有以下几个。

- 厂家更容易控制代理商。佣金代理商一般资金力量都不太强，而且代理合同对佣金代理商的约束更严，在进货方式、价格、费用发生、成本核算方面受厂家的控制也更严。在产品未到消费者手中之前，产品的所有权一直都归厂家所有。
- 产品价格更为统一，竞争力更强。由于佣金代理方式下，产品价格决策权基本上掌握在厂家手中，厂家就能依市场的不同，制定比较统一与完整的价格体系，从而使企业的价格策略与厂家的总体营销目标相符合。这一点正是厂家最感兴趣的一点。佣金代理下，由于代理商的收入主要是佣金，即使是买卖关系的佣金代理商，其收入也不过是佣金加上售价超过最低价的那一部分销售收入，因此，产品的销售费用低，销售价格也就低，使产品的竞争力更强。
- 对代理商而言，进行佣金代理需要的资金较少。进行代理关系的佣金代理的代理商，最重要的是要有销售网络，至于资本并不是很重要，因为该情形下代理商的营运周转资本只要能对付货运、报关、仓储、顾客信用方面发货的费用等所需的资金量即可。

买断代理是指代理商先购得厂家产品后再售给客户，代理商获得买卖差价收入，同时代理商还得负担广告宣传费用的一种代理方式。其特点有以下几个。

- 买断代理商资金雄厚，销售能力一般来说更强。进行买断代理的代理商大多从经销商、自营贸易商转化而来，故其销售网络一般都相当宽广。
- 产品价格无法统一。买断代理商取得产品的所有权后，产品的价格一般就应由买断代理商来决定，从而导致市场价格的不统一，厂家基本上无价格策略可言。但是，对于有名的企业而言，由于厂家的品牌十分响亮，因此，在谈判时处于强势地位，有能力控制买断代理产品的最终售价。
- 买断代理商所承担的风险较大，经营收入一般要高于佣金代理商的收入。厂家一旦将产品售给买断代理商后，其后的风险一概由买断代理商负责。当然，当买断代理商是以到岸价格（CIF）条款与厂家订立买卖合同时，厂家还得对货运中发生的意外事故承担连带责任。佣金代理商的收入主要是佣金收入，一般在 10%～15%，而买断代理商的收入则主要是买卖价差收入，其赢利状况是由其买卖能力而导致的买卖价差的大小来决定的，因此，收入一般都较高。买断代理商的高收入是与其在买卖中承担的较多的职能与较大的风险成正比的。

选择佣金代理与买断代理时应考虑产品内容、代理商的实力、价格策略等因素。企业产品若是处于投入期或成长期时，还是采取佣金代理的方式为好。因为这时企业急需的是要找到代理商，打开市场。若企业采用买断代理方式，让代理商承担买卖中的风险，代理商一般是不乐意的。买断代理方式一般适用于成熟期的产品或名牌产品，尤其是名牌的消费品。

企业若选用买断代理方式则要求该代理商有较为雄厚的资本、较大的影响力、较好的商誉。采取买断代理方式，企业的营销基本上由买断代理商接手过去，这时代理商的能力就决定了厂家的生死存亡，因此，采用买断代理时，企业更应注重代理商的能力，若没有合适的代理商，绝不可勉强采用此方式。

企业若是十分重视统一的价格策略，最好还是采用佣金代理方式；低价竞争导向强的产品采用佣金代理方式也更佳；高价促销的产品，如名牌产品、高档、奢侈消费品则可考虑采用买断代理的方式。

d. 其他代理方式。企业在设计营销渠道时，还可以将销售代理与其他分销渠道结合起来使用。具体形式主要有代理商与原厂相互代理方式、经销与代理混合使用方式及分支机构指导下的代理方式。

- 代理商与原厂互为代理。它是指两厂家互为代理商，相互帮助对方开拓自己所在国或地区的市场。采用互为代理的方式的两厂家的产品性质应当相同或相近，互为代理的两厂家应当规模相近、声誉相当，两厂家所拥有的权利与所承担的义务必须对等。
- 经销与代理混合使用。有两种情况：一种是总代理下设经销商。在此种情况下，厂家与中间商的关系总体来说是代理关系，如 DEC 微机在我国总代理商是北大方正集团公司，而北大方正集团公司下设有经销商。另一种则是总经销商下设代理商。这时，厂家与中间商的关系总体来说是买卖关系。总经销商下设代理商的情况在我国也不少，如汉王 991 型笔、汉王 99 汉字识别系统，由北京中自技术公司担任总经销商，而总经销商下既有代理商，也有分经销商。

还得指出，在实务中，总代理商与总经销商并存的情况也是存在的。这是因为有部分公司在取得国外厂商的代理权后，往往不想花费大量的配销成本担当“买断代理商”，而仅仅担任“佣金代理商”抽取佣金，将营销业务另找一家在当地拥有大量配销网的批发商担任总经销，从而产生了总代理与总经销并存的现象。如瑞士雀巢（Nestle）奶粉公司收购了美国以三花（Carnation）奶精出名的三花公司的半数股权，而在取得经营权之后，遂将原先中国台湾地区三花奶品代理权转让给雀巢公司原先在中国台湾地区的总代理商恩平公司。而后恩平公司再找德记公司担任总经销，负责销售事宜，但恩平公司仍为总代理，故仍须负责产品的广告、促销及售后服务等销售以外的营销功能。可见，总代理与总经销并存的情况下，总代理商与总经销商在职能上是分工负责的。

- 分支机构指导下的代理方式。它指厂家一方面设立分支机构对代理商进行指导与监督；另一方面分支机构又不具体从事销售事务，销售事务由代理商进行。这种分支机构指导的代理方式下，分支机构仅负责指导、协调与监督代理商，维修与售后服务由代理商进行。如美国数字设备公司授权中国台湾地区华光电脑公司为其中国台湾地区总代理的同时，另设立了“中国台湾德聚企业有限公司”为其在中国台湾地区的子公司，以指导监督代理商。

特别关注

在理论上，代理关系与经销关系的区别主要表现在以下三点。

1）经销双方是一种买卖关系，代理双方是一种代理关系。

2）经销商以自己的名义销售商品，而代理商以厂家的名义销售商品、签订销售合同。

3）经销商的收入是买卖差价收入，而代理商的收入是佣金收入。

在实务上，代理商与经销商也有许多不同之处。比如，在存货和交货期方面，经销商以买卖商品为专业，为应付客户需要，故需配备适当的库存，而且自己多半拥有销售组织；而代理商则多半只有样品而无库存，依订单进货。在售后服务方面，经销商常自行负责售后服务工作；代理商则常委托其他机构代为处理。发生索赔事件时，经销商一般是自己承担，代理商则一般在合同中订明不包括此类责任。这些差别将经销合同与代销合同的精神从具体条文上反映出来。

（3）除经销商和代理商外，批发机构还有制造商和零售商的分部和营业所

这类批发商是制造商或零售商从事商品批发业务的一种分支机构，不是独立商业企业，又分为两种形式。

1）销售分部和营业所。制造商为了加强存货控制，改进销售和促销工作，经常开设自己的销售分部和营业所。销售分部备有存货；而营业所没有存货。

2）采购办事处。一些零售商的采购机构或采购办事处被授权在保障零售商供应的前提下，可以从事商品批发业务，即将采购或库存的部分货物批发给其他商人。

此外，在某些特殊的经济领域，还有一些特殊的批发商，如棉花、谷物、苎麻、蚕丝等农产品的收购商；联合购买石油钻井公司石油的散装石油厂和石油站；拍卖汽车和没收物品给经销商或其他商人的拍卖公司等。

3．批发商的功能

作为批发中间商的主要类型，商人批发商在市场营销中发挥着重要的作用。我们以商

人批发商为例，说明一般批发商的功能。商人批发商的职能主要体现在两个方面：对于生产企业所履行的职能和对于最终用户所履行的职能。

（1）商人批发商对于生产企业的作用

作为专业的商品流通中间组织，商人批发商通常能够比生产企业和零售商更有效率地从事分销业务。这主要取决于他们不仅拥有专业化的员工队伍和健全的经营管理组织，而且拥有便捷的信息网络和丰富的客户资源，以及对于市场发展态势和顾客心理行为的正确判断能力。因此，对于商人批发商而言，他们执行分销任务的平均成本是较低的，通常比生产企业更容易接近分销成本曲线的最低点。

一般来讲，商人批发商为生产企业执行下列分销任务：

- 达到和控制一定的市场份额。
- 充当销售联系纽带。
- 保持一定的库存数量，分担产品的经营风险。
- 处理客户的订单。
- 收集产品市场的信息。
- 向顾客提供服务和支持。

（2）商人批发商对于最终用户的作用

商人中间商作为联系生产企业与最终用户的重要环节，除为生产企业执行分销任务外，对于最终用户的作用也是十分明显的。他在更多的情形下扮演了最终用户的“守门人”这一重要角色。也就是说，商人批发商需要为最终用户挑选合适的产品，以恰当的方式送给最终用户。这些作用归纳起来分为以下几个方面：

- 确保所售产品的有效性。
- 为顾客提供消费信贷支持。
- 对所售产品进行分类。
- 向顾客提供消费建议和技术支持。

总体来看，批发商的价值与收益如图 2-4 所示。

4．我国批发业的变迁、现状与发展创新

（1）我国批发业的变迁

在计划经济时代，制造、批发、零售三部分企业的管理线条是有严格区别的。制造企业属经委系统，批发网络的核心是商业系统的一、二、三级批发供应站，零售商店则是由各地的商业局管理。批发体系非常完整，物资系统有一个生产资料的批发体系，还有农副产品的批发体系，包括粮食、棉花等，整个批发业实行无所不包的垄断计划。在物品短缺的计划经济时代，这样一个比较完备的批发体系对保证我们国家生产建设的运营及保障人民的生活，起了非常大的作用。

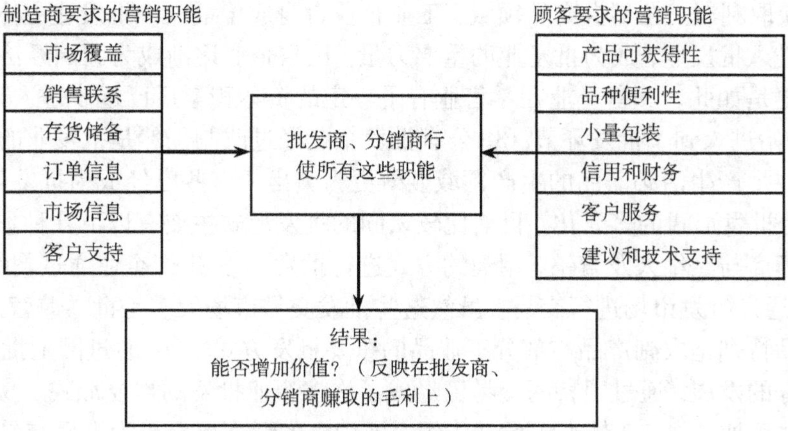

图 2-4 营销流程中通过批发商增加的价值

20 世纪 50 年代开始，当时的商业部在上海、天津、广州三地，分 6 个行业（纺织、针织、五金、交电、百货、文化）成立了面向全国的采购供应站，这是一级站，负责收购这三个中心城市相应制造企业的产品，向全国销售。以后又逐步成立各省市、地区、县的相应的二、三级站，从而建立起面向全国的流通百货供销网络。这种销售网络基本上是摊派式的。对列入一级站收购目录的产品，基本上是包购包销。由于内地工业的不发达，国内流通百货商品总体来说是供不应求，在一个相当长的时期内，沿海的工业产品通过这种方式输送到全国各地，能达到商品流通的目的。但到了 70 年代，随着各地工业的逐步发展，二、三级站所在地的工业产品也纳入联销网络（以珠江三角洲和江浙等地最为突出），由一级站收购产品的制造企业，大都缺乏迅速更新换代的动力，这种体系就开始受到冲击。

改革开放以来，大量国外流通百货商品涌进了国内市场，国内制造业的竞争压力越来越大。零售商为了减少中间层次，往往尽可能地直接从制造企业进货，以降低成本。这样一来，计划经济体制下的批发企业对于上、下游企业的作用越来越小。20 世纪 80 年代末，由于我国的信息渠道还不畅通，只要有上述两方面的“关系”，就可能开一家公司，作为供应商来获得批发商业利润。拥有销售渠道的供销人员，就变得奇货可居。这就是“全民经商”的由来，这种情况至今还没有完全消失。

（2）我国批发业的发展现状

20 世纪 90 年代以来，我国的批发业经过改革后的重组，已形成国有批发企业和非国有批发企业、商业批发商和制造批发商、批发机构和小商品批发市场并存的多元化新格局，从而在根本上扭转了商品批发渠道单一化的局面，实现了当初“搞活流通”的改革初衷。一是批发主体的多元化。改革开放后我国逐渐放开了企业的经营权，特别是加入 WTO 后，允许外商进入国内的批发和分销领域，由此就逐步形成三大批发业主体。① 工业企业成为批发业的主体。这是由历史原因形成的，改革开放后工业企业资本投入到商品资本和自营批发，直接获取利润。在不少产品领域，工业企业自身成了最大的批发业主体。② 非公有制经济逐步进入批发业，成为批发业的重要力量。民营企业逐渐成为我国经济的重要部分，在流通领域更是如此，民营企业在零售业有了一定的资本积累后已逐步进入到批发业。另外，外资也开始进入到了批发环节。③ 公有批发企业经过改制仍然是批发业的一支主力军。特别是在一些生产生活必需品的生产领域显得更为突出，有些已经成为批发代理商和批发经纪人。二是批发形式的多元化。目前比较认同的批发形式主要有以下几种形式。① 生产企业通过代理商与经纪人及直销，用契约方式进行批发。② 生产企业通过契约直接批发给需求者。③ 通过批发市场进行交易。虽然这些批发交易市场大多是批零兼营，但仍是目前中国许多商品特别是农副产品与部分工业品的重要批发方式。④ 通过网上批发进行交易。随着电子商务的发展，通过因特网交易已经成了许多企业批发的重要形式。⑤ 通过展销会批发交易。由于加入 WTO 带来的推动作用，展销会的形式也会成为批发交易的重要形式，但目前中国除上海和广州外并没有形成真正的会展中心城市。

（3）我国批发业存在的主要问题与发展创新

1）认识上的误区。目前在流通领域，“重零售、轻批发”的思想烙印还很深。有人提出，在现代市场经济和流通方式充分发展的情况下，根本没有必要存在批发业；有人则认为生产商越过批发环节进行直销是一条更好的发展路径。这些认识都完全否定了消费通过流通决定生产这一规律，不愿向批发环节让利，否定了流通所固有的规律性。

2）批发组织缺位。改革后，生产企业自主扩大批发体系，零售企业不断向批发体系延伸；大量兴起的商品交易市场形成了各种批发中心，各种经济主体和自然人均可从事批发业务。这种格局的更换在很大程度上繁荣了市场，搞活了商品流通，但却存在一个严重问题，就是适应市场经济发展的以专业化分工为特征的新型批发组织的形成，严重滞后于旧的批发组织的瓦解，特别是在一些重要的商品经营领域，缺乏一些发挥商品流通枢纽作用的批发组织。

3）批发市场体系逐步形成，但整体经济效益低下。目前，已形成了以深圳布吉农产品批发市场、浙江义乌小商品批发市场、山东寿光蔬菜批发市场等全国性的特大型批发市场为主体，以农副产品批发市场为主要形式，有形市场和无形市场相结合的、门类齐全的批发市场体系。据统计，通过批发市场交易的商品销售额已占全社会商品零售总额的 1/3，但总体看，批发市场效益不高。

4）批发业竞争压力加大。加入 WTO 后，批发零售业的进一步开放使传统批发市场面临生存压力。我国零售业自 1992 年引进外资，其开放发展的步伐大大快于批发业。发展至今，不少仓储式零售业实际具备了批发功能。由于其灵活的经营方式、先进的管理手段，正抢占着传统批发市场的客源。

5）批发业管理的滞后。自改革以来，特别是加入 WTO 后，随着商品市场的不断繁荣，批发业务的不断扩大，与之相适应的新型批发管理体制尚未真正建立，特别是非综合性的批发市场的管理基础极为薄弱，这在很大程度上影响了我国批发业的发展。

总体上看，市场经济的发展，极大地刺激了零售商业和流通百货制造业的发展。流通领域的繁荣，使中国的消费者从此摆脱了长期凭票证购物的局面，中国的市场由卖方市场向买方市场转变。现在的问题是，无论制造商扩大销售网点，还是零售商扩大自己的经营品种及数量，都无法回避企业销售成本不断增加且难以控制的局面；对于许多尚未打出产品知名度的中小制造企业来说，其产品往往只能通过零售点代销；对于目前参与流通的大部分新老批发企业来说，由于渠道的随机和不规范，都难以做大规模。怎样才能塑造一个适合中国市场经济的批发业和批发体系，市场经济条件下批发业该向何处发展，是中国商业经济发展的现实提出来的严峻课题。

2.4 零售商

1. 零售商的含义、特点与类型

（1）零售商的含义

零售是指将商品和服务直接销售给最终消费者，从而实现商品和服务价值的一种商业活动，是分销过程的最终环节。零售商是指以零售为其主营业务的机构或个人。零售的概念具有以下要点。

1）零售是对最终消费者的活动。零售活动与生产制造商和批发商的活动相比有不同的对象。生产制造商和批发商活动的对象主要是生产者和转售者，他们购买商品的目的是生产加工和再出售，而零售是向最终消费者出售商品，最终消费者购买商品的目的是自己消费。

2）零售向最终消费者不仅出售有形的商品，同时也出售服务。零售伴随着商品的出售还提供劳务，如送货等。到一家五星级酒店与一家小饭店就餐甚至宴请宾客，其服务虽然有很大的差别，但它们都属于用于出售的服务。

3）最终消费者是指购买商品或服务的具体消费者，其不仅局限于家庭和个人，非生产性的集团购买也可归为最终消费者范畴。

4）零售是商品流通的最后一个环节，商品一旦出售就表明商品离开了流通领域进入了消费领域。表 2-1 和表 2-2 所示分别为零售与制造商、批发商不同活动的比较。

表 2-1　零售活动与制造商、批发商活动的比较

零售活动特征	制造商、批发商活动特征
交易频次高，数额较小	交易频次低，数额较大
现货交易	期货交易
消费者购买的冲动性	理性、计划性
商品种类广泛性	商品种类单一
店铺形式与无店铺形式	店铺形式

表 2-2 零售营销活动与制造商、批发商营销活动的比较

零售营销活动着眼点	制造商、批发商营销活动着眼点
结算的速度、存储	物流、运输、回款
保证充足的商品、存货管理、物流	存款方式和支付手段
促销、服务	价格、质量
采购人员的才能	价格和品牌优势
店铺内的布局和店铺外的装饰与环境、娱乐性	突出实力

（2）零售活动的特征

与制造活动和批发活动相比，零售活动有以下特点。

1）交易次数多，但平均每笔交易金额少。由于零售主要面对的是数量众多的个人消费者，他们在一定的时间内交易次数比较多，但每次的需求量少、平均每笔交易金额有限。因而零售商品要批量购进，零散售出；而制造商和批发商的活动则是批量购进，批量售出。零售活动的这一特点，要求零售商对进货和每笔交易的费用——采购、仓储、运输、送货、包装等，都要进行严格的控制。

2）零售多为当面挑选的现货交易。消费者通过到商店现场选购，能够一次性的完成交易。而制造商和批发商的活动多为看样订货，期货交易。零售活动的这一特点，要求零售商必须重视和做好市场需求预测，购进适销对路，最好是畅销的商品，否则会造成商品的积压。

3）零售交易中，消费者多表现为较强的随机性。即消费者逛商店时，有的无购买目的，有的事先计划购买的商品也仅占一定比例，在很多的情况下是即兴购买。这就要求零售商要重视店面的布局、商品部门划分、商品陈列、橱窗、模特广告、商场灯光、商场音乐环境气氛等的设计。而制造商和批发商的交易活动则严格按计划交易商品。

4）零售商提供的商品种类具有一定的广度，品种具有一定的深度。当今的市场需求变化快，消费者的需求呈现多样化、个性化和层次化，因此，面对这一特点，零售商为满足消费者的不同需求，经营的商品种类既要有综合性，同时，畅销的商品品种又要多。即零售商应视市场的供求变化，提供的商品种类要具有一定的广度，品种要具有一定的深度。而制造商和批发商多为专业化的生产者和经营者，一般只向用户提供单一的或数量有限的商品种类或品种。

5）零售活动不仅可以在店铺内进行，也能以无店铺进行。如登门推销、自动售货机销售、电话或电视直销、邮售、网上营销等。根据这一特点，零售商可以利用现代营销手段降低成本，适应各种需求。而制造商的生产活动需要有厂房、设备等，批发商则必须有仓储设施、商品样品室等。

（3）零售商类型

零售业态（Retail Institution）的概念来源于日本。根据近年来我国零售业发展的趋势，并借鉴发达国家对零售业态的划分方式，我国商务部组织有关单位对原国家标准《零售业态分类》（GB/T 18106—2000）进行了修订。国家质量监督检验检疫总局、国家标准化管理委员会已联合颁布了新国家标准《零售业态分类》（GB/T 18106—2004）（国标委标批函[2004]102 号），新标准已于 2004 年 10 月 1 日起开始实施。按有无店铺可将零售业态分为有店铺类（12 种）和无店铺类（5 种），共 17 种。

按销售方式分，零售商主要有店铺零售商、非店铺零售商和零售组织三种类型。

1）店铺零售商。店铺零售商是指设店经营的零售商。其特点是设有摆放商品和顾客购物的店面，其商品（服务）购销活动主要是在商店内完成的。根据其经营的产品线、规模、价格和服务方式的差异，又可以进一步将零售商店划分为不同的类型，如百货商店、专业店、专卖店、超级市场、大型综合超市、便利店、仓储店、购物中心（Shopping Mall）。

2）非店铺零售商。非店铺零售商是指不设店面的零售经营者，又称非商店零售商。这类零售商可分为直复零售、直接零售、自动售货和购买服务社等几种经营类型。

a. 直复零售。直复零售是指利用现代通信工具、多种广告媒体传递销售信息，使之相互作用于消费者，并通常需要消费者做出直接反应的一类零售方式。按利用通信工具的不同，又可分为以下几种。

- 邮购。消费者通过各种广告获取信息后，向邮购部汇款并说明需购买的商品，邮购部收到汇款后即按时向消费者寄出商品。广告通常刊登在报刊上或通过广播电视发出，也有由邮购部向潜在的消费者寄发信息。
- 电话购物。如果消费者不是用信函而是用电话向供货部求购商品，而供货部除邮寄商品外，还可通知求购者所在地的分部送货上门，这就是电话购物。电话购物的关键是付款方法，如果不能保证供货者收到货款或方便求购者，就会影响电话购物的质量和效率。
- 电视购物。如果邮购的信息是通过电视发布的，交易办法则包括邮寄和送货上门，这就是电视购物。电视购物同样要解决电话购物的难题。
- 网络营销。如果商品的信息媒体是因特网，就成了网络营销了。这是很有发展前途的一种零售方式。

b. 直接零售。直接零售是指制造商生产的商品，不经过任何中介，只依靠人与人之间的联系，或由这种联系形成的网络直接销售给消费者。这种销售方式目前比较普遍的有以下几种。

- 上门推销，又称单层推销。即由推销员登门拜访，介绍商品并成交。如美国雅芳化妆品就是由雅芳小姐（营销员）通过面对面、人对人的方式销售的。
- 家庭销售会。现代的家庭邻里之间常会互相邀请聚会。把产品带到这种聚会上去推销，往往既能推销产品，又增加聚会的热烈气氛。这种家庭聚会传到中国，具有诱人的前景。

- 多层次直销（传销），业内称为“市场倍增学”。这是由消费者（同时又是分销商）及其发展的下线形成的销售网络。在这个网络中，每个成员都要接受培训，提高能力与素质。这种方式以强激励功能提高了销售效率，所以得以迅速发展。多层次直销的基础是需要有健全的法制和较高素质的消费者，否则会产生许多消极作用。目前，中国尚不具备这一条件，因而被政府明令禁止。

c. 自动售货，即采用自动销售设备进行的零售服务。

- 自动售货机售货。可用于多种商品销售，如饮料、糖果、书报、胶卷、化妆品等。自动售货机可以放在商店，也可以放在其他公共场所。
- 自动柜员机。主要是供银行用于自动存取款、查询服务等。
- 自动服务机。可以自动向顾客提供咨询、游戏、点歌、博彩等服务。

d. 购买服务社。购买服务社是一种上门服务的无店面销售方式。例如，配送公司专为某些特定顾客（如学校、医院、工会和政府机关等大型组织的雇员）提供购买服务，在顾客有所求时送货上门，价格上比一般零售低。

3）零售组织。零售形式往往要有一定的组织结构来保证。在高度发展的时代，个体夫妻店形式虽可存在，但要发展必须走组织之路。目前零售组织主要有以下几种。

a. 连锁经营，即一个企业以同样的方式，同样的价格在多处同样命名的店铺里出售某一种商品或提供某种服务的经营模式。美国贸易法规定：连锁企业是至少有在一家总店控制下的 10 家以上的经营相同业务的分店。

连锁经营的本质是把独立的、分散的商店联合起来，形成覆盖面很广的大规模销售体系。它是现代工业发展到一定阶段的产物，其实质是把社会大生产的分工理论运用到商业领域里，它们分工明确，相互协调，形成规模效应，共同提升企业的竞争力。

连锁经营的类型有三种：

- 公司连锁，又称“直营连锁”。这是由两个以上独立零售店，按照一定的规则连接运作的零售组织。其通过店名、品牌、店容、商品、服务的统一化和标准化，采购、送货、销售、经营的专业化，信息汇集、广告宣传、员工培训、管理规范的一致化，采用高科技手段来处理定位、促销、销售、存货控制、销售量预测等过程，大大提高了效率，降低了成本。
- 自愿连锁商店和零售商合作社。连锁店的优势与竞争使独立商店开始组成两种契约式联盟。一种是由批发商牵头组成的独立零售商店联盟，称为自愿连锁店，盟员联合起来从事大量采购和共同销售业务；另一种则是独立零售商店组成的一个集中采购组织，称零售合作社。它们也实行联合促销以降低成本，提高销售额。
- 特许经营，又叫特许专卖，是由特许人（生产商、批发商或服务机构）将自己的商品、商誉、商标、品牌、专利等，包括其独特的经营管理方式，通过契约授予零售商（被特许人）的一种契约性联合经营方式。特许人一般可按契约获得以下利益：首期使用费（又称承包费）、利润分成和对被特许人提供的设备装置核收的租金，有的还收取定期特许执照费和管理咨询费。特许经营主要用于快餐业、音像商店、保健中心、旅行社、理发美容、汽车租赁、汽车旅馆等。麦当劳公司就是一个非常成功的特许经营体系。

三种连锁形态的异同如表 2-3 所示。

表 2-3 三种连锁形态的异同

连锁经营形态	正规连锁	自由连锁	特许连锁
决策	总部做出	参考总部意旨，分店有较大自主权	以总部为主，加盟店为辅
资金	总部出资	加盟店出资	加盟店出资
经营权	非独立	独立	独立
分店经理	总部任命	加盟店主	加盟店主
商品来源	经由总部供应	大部分经由分公司，部分自己进货	经由总部供应
价格管理	总部规定	自由	原则上总部规定
促销	总部统一实施	自由	总部统一实施
总部与分店关系	完全一体	任意共同体	经营理念共同体
分店建议对总部的影响	无	大	小
分店上交总部的指导费	无	5%以下	5%以上
合同约束力	总部规定	松散	强硬
合同规定加盟时间	无	多为 1 年	多为 5 年以上
外观形象	完全一致	基本一样	完全一样

b. 消费者合作社。这是社区居民自发组织的一种商店性合作社。居民出资联合开设商店，商店地址设在社区内，营销决策由投资者决定，价格与管理也采用民主决策，一般要做到价廉物美，年终再根据每个人的购货多寡给予惠顾红利。

c. 销售联合大企业。这是以民主形式集中不同的零售方式组合在一起的企业，是一种自由形式的公司。这种多样化的零售能产生优秀的管理系统，并使所有独立零售商均能得到经济节约的好处。销售联合大企业成败的关键是是否有优秀的管理者及其管理系统。

2. 零售商的职能

零售商处于连接制造商、批发商和消费者的分销渠道中的最终业务环节。零售商提供商品分类及服务，为消费者提供购物环境，并为制造商、批发商提供市场信息、分担风险。

其具体职能包括以下几个。

（1）组织商品职能

消费者为了生存和发展，需要衣、食、住、行、用、玩等多方面的商品，由于时间、空间、数量、质量、花色品种和信息沟通等原因，消费者个人不可能自己寻找制造商，购买自己所需要的商品。而作为制造商又是一个大群体，每一制造商只能生产其中较少的产品品种，即使其数量较多，其产品也不可能一次性地全部售给某一消费者，因此在很多情况下，必然存在产销之间的矛盾。为解决这一矛盾，零售商必须实施组织商品职能，首先代替消费者垫支资金，从制造商、批发商甚至其他供应商那里大量购进商品，并按照消费者的要求分类、组合，使消费者不仅能方便购买，而且能在零售商店里得到需求的满足。

（2）储存商品及承担风险职能

零售商的采购是批量购进，但销售却是零散的。为此，零售商为了满足消费者随时购买商品的需要，必须储备一定数量的各种商品。但是商品在储存期间会伴随着各种风险，如数量过多或过少引起的积压与脱销、商品的自然损耗、自然灾害、商品被窃以及商品的时尚更新和技术废弃等。这些风险的损失皆由零售商承担。

（3）服务职能

顾客是上帝。零售商必须服务于消费者。首先，要准确及时地掌握市场供求趋势，组织适销对路的商品，扩大花色品种，保证商品质量，使消费者能及时、充分地选购商品；其次，要正确贯彻商品销售政策，不断研究、改进商品的销售方式、方法，以良好的经营作风、文明语言，保证与消费者之间的良好关系；最后，提供与商品销售直接相关的服务，如包装、免费送货、电话预约、经营礼品、停车场、临时保管物品、为儿童提供游乐场、照看婴儿、提供休息椅等，真正把消费者视为宾客。周到的服务才能给消费者留下良好的印象，使消费者成为回头客，并带来新的顾客。

（4）信息传递职能

零售商处于商品流通的最终环节，能够较快地获得生产与消费的信息。通过广告、促销活动、POP 海报展示、商店销售人员等手段及时地将商品的有关信息传递给消费者，平等沟通，解决认知上的矛盾，激发购买欲，让顾客明明白白的消费。制造商、批发商及其他机构则可以对零售商反馈的市场信息进行分析，得出相应的市场营销结论，加强对市场营销的了解。零售商是消费者和制造商彼此双向了解的桥梁。

（5）娱乐职能

以顾客需求为导向是零售商经营活动成功的关键，零售商不仅为消费者提供商品，而且还要为最终消费者提供抽象需求的满足，如消费者对购物环境、文化氛围等的需求。零售商通过对商品的艺术陈列、店堂的布局装饰和悠扬音乐、灯光照明、绿色花草等创造出具有魅力的购物环境，不仅陶冶了消费者情趣，同时，还为消费者提供了休闲娱乐和休息的去处，带来美的享受。作为最接近消费者的环节，零售商需要给消费者最直观的娱乐体验。

3. 我国零售业的变迁与发展趋势

改革开放以来，我国零售业的发展可以分为以下几个阶段。

（1）第一阶段：改革开放初至 1989 年年底，传统百货商店在零售市场上占据绝对主导地位

改革开放以前，中国主流零售组织形式是百货商店。然而，日益蓬勃发展的工业生产并没有消极等待零售业自身的相应调整，而是寻找另一条出路将商品送上市场，这就是当时遍地可见的专业商品市场和个体经营者。20 世纪 90 年代以前，中国的个体商贩成为商业最为壮观的一道景观，从传统零售组织中夺去了相当一部分市场，也为中国商业民营资本的积累打下了基础。

（2）第二阶段：1990—1992 年年底，超级市场开始涌现，动摇了百货商店的市场基础

20 世纪 90 年代以来，中国零售业才发生了根本性的变化，并呈阶段性跳跃，开始出现真正意义上的现代零售组织。1990 年年底，东莞虎门镇出现了中国第一家连锁超市——美佳超级市场，其开架自选的售货方式、较低的价格和面向居民区的选址都对后来者产生了极大的影响，步其后尘者甚众，从此宣布百货商店一统天下的格局已经结束，新旧零售组织之间为抢夺市场进行了一种低层次的竞争——价格竞争。而上海的联华超市和华联超市，一开始就科学规范地运作，终于脱颖而出，成为中国零售界瞩目之星。

（3）第三阶段：1993—1995 年年底，各种新型零售组织崭露头角，出现百花齐放的局面

1993 年，这是新型零售组织出现最多的一年，其中发展最迅速的要数品牌专卖店。在这一时期，中国品牌专卖店的发展呈现如火如荼的形势，不到一年，中国几个大城市的主要商业街，如广州的北京路、北京的王府井大街、上海的南京路周边都迅速地被各种品牌专卖店所充斥，大大改换了容颜。而且为了超速发展，专卖店最早在国内成功尝试了特许经营。此外，折扣商店和仓储式商店的概念也悄悄引入国内，广州新开的“广客隆”曾风光无限，并引发了其他城市的一阵“客隆”之风，但终归不是真正意义上的仓储式商店，也就没有拥有真正的竞争优势而逐渐衰落下去。这一时期，另一些新业态也跃跃欲试，如便利店、邮购公司、电视直销、电话直销、上门访问推销等，都因不适应国人的消费习惯而退出零售舞台。值得一提的是，尽管此时国务院已经批准允许外资在北京、上海、广州、天津、大连和青岛 6 个城市及 5 个经济特区投资零售业，但大型跨国零售集团的进入仍然推迟了几年。

（4）第四阶段：1996—1999 年，跨国零售商进入，加速了零售业的现代化进程

1996 年，这是中国零售市场发生巨大变化的一年，世界顶级零售巨人在中国开始了“圈地运动”。全球第一大零售集团沃尔玛于 1996 年进驻深圳；全球第二大零售集团家乐福于 1995 年年底进入北京；全球最大的货仓式零售集团麦德龙于 1996 年进入上海；世界第一家仓储式商店万客隆于 1996 年进入广州。中国零售界传来一片悲观的声音，这些重量级的

竞争对手给中国零售企业带来了巨大的冲击和压力，迫使中国零售商不得不重新思考出路，并开始向现代零售组织形式转化。此时，最受影响的是百货商店，原先“一网打尽”的模糊市场定位和传统的经营方式不仅不能带来利润，甚至成为生存道路上的绊脚石，百货业开始出现全面衰退。

（5）第五阶段：1999年以后，零售竞争日益加剧，连锁经营趋势增强

1999年以后，中国零售业出现了微妙的变化，各种新型零售组织纷纷涌现，包括前几年试探失败的组织形式。如全球最大的邮购公司也开始涉足中国市场，引发了一场零售业的春秋战国时代。此时，在市场竞争中，一方面是外资企业继续扩张，发展迅速；另一方面是国内土生土长的新型现代零售商逐渐成长起来。1999年，上海联华超市销售额终于超过了上海第一百货公司名列中国零售企业榜首，标志着中国零售主导的组织形式已成功转型。从此，持续了多年的百货商店的辉煌历史终告结束，中国零售业在顺利进行西方发达国家的第二、第三次变革的同时，也悄悄开始了第四次变革。

进入2000年以来，尽管中国零售企业排行榜上仍由国内超市集团占据前列，但不可否认的是，跨国零售集团在中国的这几年仅仅只是摸索阶段，真正的威力尚未显现出来。因此，中国零售竞争的格局将变得越来越复杂，竞争程度也越来越激烈。

2.5 辅助机构

渠道参与者除渠道成员外，还有辅助机构即辅助代理商。下面列出了几种常见的辅助代理商。

1. 运输代理商

运输代理商包括所有基于公共交通基础设施提供运输服务的公司。例如，UPS 和 Federal Express。由于能够实现规模经济，这些运输机构以及其他的运输公司就能够比制造商、批发商以及零售商以较低的成本更为有效地提供服务。

2. 库存代理商

库存代理商主要是包括那些专门从事出租场地进行货物储存的公共仓库。其中许多公司在执行分销任务的过程中表现出非常高的弹性。例如，有时候，渠道成员（制造商、批发商以及零售商）的货物储存在库存公司的仓库之中，而不是储存在渠道成员自己的仓库之中。在这种被称为中转仓储的安排之中，库存代理商锁上货物并给委托人一个收据，即可证明自己收到了货物。

3. 订单处理代理商

订单处理代理商指的是那些专门从事订单处理的公司。这些公司代替制造商、批发商以及零售商来执行一些或者全部的订单处理任务，使这些公司从自己订单处理的烦琐工作之中解脱出来。

4．广告代理商

广告代理商是指专门向渠道成员提供销售策略的公司。这个任务小到为一个公司写出一个广告，大到帮助一个公司设计和执行整个广告策略。

5．保险公司

保险公司是转移渠道成员业务风险的公司。例如，火灾、盗窃损失及在运输过程中的损坏，有时候还包括恶劣的天气。

6．市场研究机构

在过去的30年中，市场研究机构得到了非常大的发展。现在大多数的大城市中都有许多市场研究机构来提供广泛的市场研究服务。当渠道成员自己的公司缺少获得与分销有关的市场信息的必要技能的时候，他们就会使用这些市场研究机构来获得必要的信息。

从渠道管理者的角度来看，辅助代理商可能被看做是次级承包商，可以把许多不同的分销任务转交给他们。通过准确地定位辅助代理商的分销任务，渠道管理者将会得到一个能够有效实现公司分销目标的辅助机构。

实务训练

1．实地调查三个店长（店主），说明零售每一业态的成功关键因素（KSF）是什么？

2．思考：渠道管理与零售学的关系？能否合并为一门课？

3．分析下述案例

可的便利店经营模式

上海可的便利店有限公司于1996年正式成立，现属于光明乳业股份有限公司旗下的控股子公司。目前，公司拥有集直营、委托和特许加盟三种经营模式于一体的专业便利店达1 000余家，遍及上海市和江浙两省，年营业总额突破13亿元。连续五年成为全国百强连锁企业。

便利店顾名思义为“便利”，其生命力也在于能否为顾客提供更多的商品销售和服务便利。可的的经营定位就是不断追求“便利性”的服务，成为人们生活的伙伴，人们的“好邻居”。

在组建初期，当时的许多门店都是柜台式销售，这显然是一种传统模式。要改进，苦于没有一种可参照的模板。当时只知道封闭自选式，其中的配置、陈列都一无所知，把商店的门都开在当中。这时，正好有一家日资的便利店进入上海，真是送上门的好事，可的就近学习与模仿，逐步形成了“可的”的形象与风格。1997年，“可的”基本完成了对原有门店的改造，全部实行了开架自选式销售，为市民购物提供了方便。

可的实行24小时全年无休经营，也经过了逐步推行的过程。在1997年前，沪上除了罗森的几家门店实行24小时营业外，很少有通宵营业的商店。我们想，便利店实行24小时服务是一种趋势，人们的消费习惯，可以通过创造与培养形成。于是在1997年春节前，可的首先选择了几家较有可能成功的门店试行。起初效果不是很明显，下半夜的销售额只有几十元、上百元。情况确实很叫人担心。但可的一直坚持，相信随着经济的增长，人们消费习惯的变化，市场需求一定会出现。果然，没过一年，当可的的大多数门店都实行了24小时营业时，夜间销售需求有了明显的增长，日夜销售比逐步在变化，基本达到6∶4，个别门店达到5∶5。而当可的在外地开设便利店时，在当地都是首创了24小时全年无休营业，给人们的购物带来了时间上的便利。

便利店经营什么，主要满足顾客哪部分的需求，一直是经营者的困惑。严格地说，沪上几家国内便利店公司，基本是沿袭了超市的模式，是缩小门店面积的“小超市”，人们很难看出它们与超市的差异。难怪在与超市比商品品种和价格时，便利店很难有特有的个性。这个课题对于比较早进入便利店业态的可的来说，也是一个很难的课题。可的的优势在哪里？经再三考虑可的就从光明牛奶的销售与服务入手。因牛奶是人人喜欢的健康食品，“光明”也是一个知名品牌，而且上海市民又养成了全月预订的习惯。但碍于条件，人们对于预付交款与储存都感到不方便。而可的店实行24小时服务，又增添了冷藏设备，正好可以弥补这些不足。于是，可的相继在全市所有门店推出了“24小时付款，24小时取奶”的服务。这样几个月后，就吸引了几万名顾客，方便了市民，提升了企业知名度，牛奶销售就成为可的的一个强项。可的的光明牛奶销售额在全市连锁企业中名列第一，销售比例一直在10%以上。在以后的摸索中，可的争取了方方面面的支持与理解，推出了公用电话、传真、复印业务，销售报刊、杂志、IP卡、交通卡，代收冲扩件，代收部分公用事业费，个别门店设立ATM机，销售人们喜欢食用的中华大包、茶叶蛋、鲜肉月饼、串煮食品等。目前，便捷性商品与服务约占销售收入的55%～60%。店内的设施与陈列也做了很大的改进，分为功能服务区、冷藏冷柜区、传统货架区。

消费者的成熟和日新月异的现代化进程将赋予便利业更多的发展契机，可的将在未来5年内，以2 500家门店的规模（加盟店数占总数的50%以上）和超过40亿元的营业总额，成为中国便利店行业中集规模和管理、技术和服务于一体的领先企业，并努力为社会及认同和钟爱它的投资者和顾客创造更大的价值。

📖 问题

1．可的便利店的经营定位是什么？便利店与超市的差异在哪里？

2．可的是否发挥了便利店这种业态的长处？你认为还有哪些可以改进之处？

3．你认为目前便利店在我国城市有发展前景吗？为什么？

4．观察你所能接触到的便利店，分析影响便利店成功的因素。

第3章

渠道结构与渠道组织模式

学习目标

1. 掌握渠道结构长度、宽度和广度的概念和类型
2. 掌握直接渠道的定义与特点，它与无店铺销售的区别
3. 掌握渠道各长度结构、宽度结构的利弊，为渠道设计打好基础
4. 掌握垂直渠道系统的类型和特点
5. 了解某一行业渠道结构的现状
6. 了解同一行业不同企业的渠道结构及其原因

引导案例

中国平安人寿保险公司的多渠道发展

中国平安人寿保险公司（以下简称平安人寿）是一家国有股份制公司，总部设在深圳。

它是中国保险市场上勇猛、敢拼的主要竞争者之一，也是一个善于学习、乐于学习的有实力的竞争者。按照对平安人寿公司品牌价值的专业估算，它在2009年“胡润中国品牌100强榜单”中被列于中国民营企业类之首（其CEO从境外招聘而来）。在中国品牌研究院的保险业品牌榜单中，平安人寿公司仅次于中国人寿公司。由于其长期、持续不断的努力，它很早就选择了多渠道并举的发展战略。

在中国人寿保险业重新对外开放以来，平安快速引进在经济发达国家曾经有广泛影响力的保险代理人（Agency of Insurance）营销模式与渠道。在与美国友邦保险公司（American International Assurance，AIA）、中国人寿保险公司等展开激烈的市场竞争中显得有后劲、有实力。在北京等区域市场上，平安人寿的市场份额有超过中国人寿公司的历史纪录。在代理人渠道上，它广泛招募和签约了35万人的队伍。与其他主要人寿保险公司乃至中国寿险行业一样，代理人这个渠道是平安的主渠道。

平安的第二个渠道是银行保险（Bank-assurance）。在中国，平安是最早搞银行保险的

公司之一。1997 年，平安开始与中国工商银行合作，在银行出售“夕阳红”保险产品。2000 年，平安又首先在沪、京两市通过银行，推出“千禧红”保险产品。2000 年，为推动此渠道的顺利发展，平安专门设立银行保险事业部。新千年之初，有五家主要保险公司分别与十多家银行联手搞银行保险（如信诚人寿保险公司与中信银行、新华保险公司与中国工商银行等都结成了对子）。银行代理保险的业务主要是代收保费、代支保险“理赔金”、销售保险产品、办理保单质押贷款等。此外，平安又大胆引进海外“银保”专业人才，试图在银行保险上更加专业化地发展。

目前，平安人寿第三位的营销渠道是通过交通机构发售的系列保险产品。它与航空公司、铁路系统和长途汽车交通管理部门及其相关的公司有很广泛的合作。准客户在机场、火车站、长途汽车站、轮船码头等地方很容易找到平安人寿的保险代理商，从他们那里可买到经过平安人寿公司特别设计的保险产品（特别是航空意外险种，包括按航程的和期间的保险产品）。

第四则是平安人寿公司的保险经纪人（Brokers）渠道。由于中国是发展中国家，平安人寿可以学习经济发达国家的寿险公司在保险领域的许多先进经验。与保险代理人仅代理一家保险公司的若干种产品不同，保险经纪人可以销售若干家保险公司的某几种相互之间有关联性的产品。通过保险经纪人这一渠道，平安人寿保险公司也获得了可观的保费收入与利润。

接下来，平安寿险公司在与许多国内外人寿保险公司的激烈竞争中领先与“淘宝网”公司签约开发人寿保险产品的网络渠道。在平安人寿公司开发基于“因特网”的销售渠道的同时，先后有泰康人寿、太平洋人寿、安邦等保险公司决定进入销售保险产品的网络渠道。据报道，2009 年，在中国市场上，保险公司通过网络渠道实现的保险费收入达到了 77.7 亿元人民币。

最后，平安人寿还对其他渠道正在进行积极认真的研究与探索，其中包括人寿保险的电视直销渠道。在这方面，有两家人寿保险公司走在了平安人寿的前面。太平人寿公司（Taiping Life Insurance Company）于 2010 年 7 月在电视购物栏目首开在电视上直接买人寿保险。首个跟进者是中美大都会人寿保险公司（Metropolitan Life），它于 2010 年 8 月在北京电视台（BTV-5）电视购物节目中推出其“重大疾病”人寿保险产品。首次播出后，即有准客户打电话到其呼叫中心（Call Center）咨询。据报道，在电话咨询的人当中，有 5% 的人已经正式签单了。因此，该公司很快在广州也推出了电视直销渠道。如果确认其前景看好，平安就会果断开通保险的电视直销渠道。

总之，平安确实有多渠道战略的长期指引。只要通过严密论证，有确凿的事实、数据证明与支持某一渠道的开通，平安的高层管理者就会毫不犹豫地在适当的时机在其多渠道营销战略中引进、加入新的渠道。

思考

1. 在金融服务业，中国平安保险公司的渠道运行有什么特色？

2. 多渠道运行的实践如何对案例公司的业绩发展做出贡献？

3. 平安公司的多渠道运行对于金融业中的其他企业，以及其他服务业有何启迪？

（案例来源：倪跃峰. 渠道运行管理. 北京：清华大学出版社，2012.）

上一章我们讨论了渠道成员生产企业、批发商、零售商的特点与发展问题，那么这些组织是如何相互依赖形成一种“渠道”的呢？它们的合作”是以什么形式、什么关系实现的呢？这些问题就是本章要讨论的渠道结构问题。

3.1 渠道长度结构

营销渠道长度是指产品从制造商手中转移至消费者手中所经过的中间环节的多少。如图 3-1 所示，环节越多，表明渠道越长；反之则越短。营销渠道长度有四种类型。

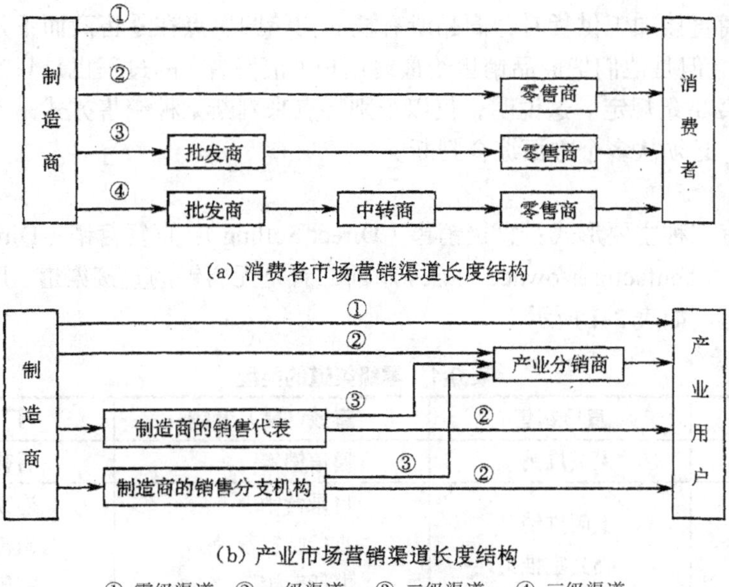

图 3-1　营销渠道长度结构

1. 零级渠道

（1）含义

零级渠道（Zero-level Channel）又叫直接渠道（Direct-marketing Channel）、短渠道（Short Channel），指生产制造企业直接将产品销售给最终购买者，没有其他中间环节的参与。直接营销渠道的基本特点是销售的一次性，即产品从生产商到消费者和最终用户之间的销售活动。其中包括这样几个特点。

1）分销渠道上只有处于起点的生产商和终点的用户，没有中间商环节，所以我们又称为零层营销渠道。

2）商品在销售到消费者和最终用户之前，商品所有权属于生产商。

3）商品所有权从生产商直接转移到消费者或最终用户，仅发生一次所有权的转移。

4）消费者所获得商品的价值基本上全部来自生产商或者生产性活动，因而生产商获得全部的销售收入和利润。

5）商品的销售者同时也是生产者，具有双重身份。

6）把商品直接销售给消费者或最终用户的人员是生产商的派出人员或者说是生产商的销售代表。这些人受雇于生产商，不具备独立商人的资格，也不是以消费者或者代理人身份出现。

这些特点看起来有点同义反复，但它们却是判断是否是直接渠道的标准。因为在实际工作中，往往发现有些中间商也能够具备其中某些特点。例如，在一个零售商采用外包生产方式要生产商直接加工供货时，商品所有权的初始归属点在零售商而不是生产商（不符合第 2 条规定），但是他们把商品销售给最终用户（消费者）的过程也是只有一次所有权的转移，却符合第 3 条规定。这说明，仅以个别特点来判断某种销售方式是不是直接渠道，是欠说服力的，必须从多个方面综合判断。

（2）形式

直接渠道有三种主要形式：直接销售（Direct Selling）、直复营销（Direct Marketing）和厂家自办店（Manufacturer-owned Stores）。前二者是无店铺的直接渠道，厂家自办店是有店铺的直接渠道。如表 3-1 所示。

表 3-1　零级渠道的类型

项　目	直接销售	直效（复）营销	厂家自办店
媒介特征	人员推销	通信销售	店铺售卖
营销方式	上门推销 办公室推销 家庭销售会 寄放销售 多层传销	目录营销 直接邮寄营销 电话营销 电视营销 电台报刊营销 网络营销	连锁专卖店 销售门市部 销售陈列室 销售服务部 合资分销店 租赁卖场

这里要特别注意的是：直接销售和直复营销只是两种销售形式，它们只有被制造商开办和使用时，才能称为直接渠道，这两种形式大家已很熟悉。厂家自办店接触较少，下面简略介绍。

为了方便商品销售和方便顾客购买，制造商在某些城市租赁店铺或自建门店，从事商品展示、销售、服务及技术支持等活动。尤其是对于那些顾客购买与寻求服务相对频繁、顾客愿意到门店购买的商品来说，通过店铺来开展直销，就能够达到更加理想的效果。按照门店的功能与性质，可分为以下几种。

1）制造商专卖店。由消费品制造商在各个销售区域设立具有独立法人地位的专门店，经营他的一条产品线或某个品牌的产品，产品线所含的花色品种较多。如佐丹奴、苹果在各地开设的服装、手机专卖店；康柏（COMPAQ）在各大城市开设的电脑专卖店。这些专卖店往往采用连锁经营方式以提高效率，通常还为顾客提供完善的服务。

2）销售门市部。在消费者市场上，一些生产商设立的门市部本身就是作为企业分支的销售机构，如大学出版社开办的书店、面包房开设的面包店。有的生产商为扩大销售业绩，甚至在消费者相当密集的居民区或者街道设立门市部。

一些产业用品制造商则在目标市场设立销售办事处，为当地产业用户直接提供产品。销售办事处本身不具备独立的法人地位，但它是与制造部门相对独立的销售组织，直接分销，这样的销售分支机构类似于公司的门市部。如徐州工程机械有限公司在各大城市都设有销售办事处，在摆放陈列产品的同时，作为客户洽谈业务的场所。

实际上，在产业用品市场上那些专业性较强的产品（如生产设备、原材料、零部件等），由于用户相对集中于某些行业或地区，生产企业自组分销网具有明显的优势。如美国的金属及矿产品、电器制品、石油制品、汽车及零部件由制造商分支机构销售的比重均超过50%。消费品市场上，一些生鲜食品因其要求尽可能短的周转时间及特殊的贮运条件（如冷藏、冷冻设备），也采用这种模式。如美国最大的肉品公司阿穆尔公司，其产品都是通过其各地的近300个分支机构和拥有几万节冷藏车厢的列车贮运线直接售给消费者或零售商，从而实现了销售的集约化，降低了销售成本。

3）销售陈列室。对于一些毛利高、有品牌、周转快的消费品，如金银、珠宝、照相器材、玩具、电动工具，厂家通过开设销售陈列室，以低于百货公司的价格吸引大量消费者。如周大福金银珠宝店、美能达摄影器材专卖店都属于这种形式。

4）销售服务部。像汽车、电脑、照相（摄像）机、手机等一些技术性强且需要技术性服务的产品制造商通常都在各地设立销售服务部，兼有销售和服务双重功能。

5）合资分销店。生产商可以通过自建直销商店来实现商品直接销售（如上述的各种方式），也可以通过与专业的商业机构合资或购买商业机构股份的方式，来利用一定的商店进行直销。珠海格力空调有限公司就采用过这种合资经营方式，与国内部分省市的商业机构（经销商）建立格力空调销售公司，进行格力空调产品的直接销售。

6）租赁卖场。有些制造商已经培养了一批针对最终顾客或消费者的销售人员。他们在那些规模较大的超市、百货店或者专业店，租赁一块地盘和货架，由自己的销售人员从事销售和服务工作。

特别关注

有一种流传很广但不正确的观点，就是将直销（Direct Selling）等同于直销渠道（Direct Channel）或直接渠道。实际上，直接销售、直复营销（Direct Marketing）并不等于直销渠道。直销渠道是相对于间接营销渠道而言的，而直接销售则是无店铺营销渠道的一种形式。它既可以是直销渠道（如企业的推销人员上门推销），也可以是间接渠道（如一家日化公司委托一家直销公司销售自己的化妆品）。那么，什么是直销？为什么直销并不等于直销渠道呢？

1. 什么是直销？

（1）渊源

1886年，雅芳公司在美国创造性地通过“雅芳小姐”以单层次直销方式销售香水，展开了现代直销史的篇章。1945年，纽崔莱公司发展出多层次直销“团队计酬”的奖金制度，多层次直销开始渐成风尚。20世纪90年代初，直销模式引入中国 。标志性的事件是1990年11月，美国雅芳公司经中国广州市人民政府批准，投资2 795万美元与广州化妆品厂合资成立广州雅芳有限公司。

（2）定义

国内学界、咨询界和媒体对直销的理解随意甚至混乱。第一种情况是把直销与零渠道或直接渠道相混淆，把以制造商为主体的各种店铺和非店铺的销售形式理解为直销，俗称为厂家直销。这实际上讲的是直接渠道而不是直销。第二种情况是把各种形式、各类组织经营的无店铺销售统统理解为直销，并以Dell为典型案例。第三种情况是把面对面的、无店铺的经营模式理解为直销，但又往往把Direct Selling与Personal Selling（人员推销）相混淆。

直销有狭义和广义两重含义。对狭义的直销，长期以来，我们没有明确的定义。直到2005年9月2日，中国直销法规的核心组成部分《直销管理条例》第三条才把直销明确定义为：“本条例所称直销，是指直销企业招募直销员，由直销员在固定营业场所之外直接向最终消费者（以下简称消费者）推销产品的经销方式。”据此定义，直销的基本特征是：第一，人对人的销售或面对面的销售，由此把它与直复营销相区别；第二，通常不是在店铺内完成的销售，由此排除了有店铺的直接销售方式 。这就是狭义的直销，而这种意义上的直销与人员推销的不同之处在于：① 行为的主体及关系不同。直销行为是两个主体的行为，即直销企业和直销员，两者的关系是契约关系；推销行为是一个主体的行为，即企业行为，推销员与公司是雇佣关系。② 职能不同。推销员是做终端销售，而直销员不仅做终端销售，还做市场开发业务，做营销通路的组织、建设、管理和投资，即做多层次销售（传销）中的上线经理。因此，狭义的直销或直接销售是通过直销人员访问顾客并向顾客推销产品的无店铺渠道形式，它包括单层次销售和多层次销售（传销）两种形式。

广义的直销除直接销售外还包括各种形式的直复营销。在性质上，直销既是一种赢利模式或商业模式，又是一种渠道形式。

2．什么是传销？什么是合法的传销？什么是不合法的传销？

国内的学者大都将 Multi-level Marketing 译为传销，表示传递销售的含义（卢致新，1995）；还有一些学者将 Multi-level Direct Selling 译为传销（曾路，1997）。另一些学者将 Illegal Pyramid Selling 或 Pyramid Schemes 译为传销，说明传销的目的在于建立非法的“金字塔”组织结构（何永祺、侯轩娇，1995）。但是，不论上述三种界定有多大的分歧，它所表述的基本含义是一样的，即传销商通过精心编织的销售网络，将产品销售给网络成员及用户，形成了以销结网，以网促销的方式。但在对国外的文献综述中，作者发现国外并无对应传销的直接说明，国外几乎没有文献讲到 Multi-level Marketing，而将 Multi-level Direct Selling、Pyramid Schemes 译为传销还不如译成多层次直销与金字塔式销售更为准确。国外学者将直销组织分为两类，即多层次的直销组织和单层次的直销组织。

在多层次直销方式中，国外学者又明确区分了合法的多层次直销与非法的直销方式（金字塔式直销方式）。具体如表 3-2 所示。

表 3-2　直销的分类与多层次直销

直销类型		单层次直销	多层次直销	
细类		单层次直销	合法的多层次直销	非法传销（金字塔式直销）
表现特征	组织层次	单层次	多层次	多层次
	收入构成	产品销售提成	产品销售提成加公司的招聘与培训补偿	产品销售提成加上发展下线与入会费的提成
	主要收入来源	产品销售提成	产品销售提成	发展下线与入会费的提成
	加入是否收取费用	不收取	不收取	高价购入产品或交入会费
	直销员是否购买产品	不购买	可以，也可以不	一定要购买
	直销员的主要工作目的	销售产品	销售产品	发展下线人员
	是否容易退货	容易	容易	很难
	是否以标准价格出售	统一价格	统一价格	有很多差价

从上面的论述，可以看出：直销方式包括单层次直销与多层次直销，而多层次直销中又包括合法的多层次直销与非法的金字塔式的多层次直销方式。从这一点出发，对应国内学者对传销的研究，可以得出，传销方式在我国与非法的金字塔式销售方式相对应。

我国政府对多层次直销（传销）的认识也有一个演变的过程。首先，1998 年，国家工商行政管理总局、对外贸易经济合作部、国家经济贸易委员会下发的《关于外商投资传销企业转变销售方式有关问题的通知》中，规定了传销行为的违法性，但并未对传销予以明确说明，这个时期政府将所有从事多层次直销的组织都视为传销。到2000年8月，国务院办公厅转发了国家工商局、公安部、中国人民银行《关于严厉打击传销和变相传销等非法经营活动意见》，才真正明确规定了传销的六大特征，这时政府对传销的界定已经同国外学者所讲到的非法金字塔经营活动的内涵是一样的。所以，国家对传销的认识是逐渐深化的过程，即将传销等同于多层次直销过渡到传销等同于非法的金字塔销售。这种认识的深入也反映在了我国直销行业发展的四个阶段上。第一个阶段（1990—1998），直销行业的不规范发展阶段：以销售产品与发展销售网络为目的直销企业与以收取入伙费及现货购买费用为目标的金字塔式组织同时存在。第二阶段（1999—2000）：政府对于所有的多层次直销企业进行强制性管理，将金字塔式直销组织驱逐出市场，但同时也迫使合法的多层次直销企业转变经营方式，采用直销与店铺销售同时进行的分销方式。第三个阶段（2001—2004）：政府对传销做出了十分明确的界定，将传销与合法的多层次直销区别开来。《禁止传销条例》第二条规定：本条例所称传销，是指组织者或者经营者发展人员，通过对被发展人员以其直接或者间接发展的人员数量或者销售业绩为依据计算和给付报酬，或者要求被发展人员以交纳一定费用为条件取得加入资格等方式牟取非法利益，扰乱经济秩序，影响社会稳定的行为。同时，乘着2001年“入世”承诺“3年内开放无店铺销售模式”的东风，这一时期成了我国直销恢复元气的黄金期。第四阶段：2005年以来正式立法、谨慎发展并向合法多层次直销过渡的时期。目前的《直销管理条例》有几个逻辑依次递进的特色：①明确直销公司与直销员是契约关系而不是雇佣关系，接受《合同法》的约束；②承认单层次直销而不接受多层次直销，以打击非法多层次直销；③单层次直销必须实行直销员加服务网点的形式；④只容许保健品、保健器材、化妆品、保洁用具、小型厨具五大类产品采取直销形式；⑤直销公司须从商务部领取牌照并遵守直销员计酬制度、保证金制度、信息披露制度、无条件退货制度等方面的规定。

3. 为什么直销并不等于直销渠道呢？

这是因为直销、直复营销都是销售的一种形式，如果它不是由制造商主办、经营、维持和使用，那么它就不等于直接渠道。我们看看罗森布罗姆对直复营销与直接渠道关系的论述：有些学者认为，电子营销渠道敲响了“中间商”的丧钟，出现了非中间化（Disintermediation）的现象。就是说，中间商现在已经变成多余的，因为即使是最小的生产者，也能在电子市场中与大规模的顾客进行接触，他们所需要做的，仅仅是建立一个与大型跨国企业看上去一样好的网站。因此，成千上万登录因特网的顾客可以搜寻他们所需要的产品，与生产商直接接触，用电子方式进行交易。在这种情形下谁还会需要中间商呢？

事实果真如此吗？

实际上，现实与非中间化的理论并不一致。事实表明，一些广为人知，并被经常提起的认为非中间化将会凸显的网络企业，恰恰反映出了再中间化（Re-intermediation）

的情况——转换、改变或增加新的渠道中间商。

亚马逊可以说是世界上最著名的电子商务公司，而它恰恰就是中间商。也许，它是一个零售商，通过因特网而不是商店或邮购来销售它的商品。但是，亚马逊仍然从大量的制造商（还有一些批发商）那里购买所有的书籍、CD、玩具、消费性电子产品、家用高档产品和其他的许多产品，然后用自己的仓库存储，并通过因特网再卖给最终的消费者。正如图 3-2 中所显示的那样，非中间化在一定程度上是指，零售商从渠道中能够被去除，生产商直接将产品卖给消费者。但是，这种情况并没有出现。相反，实际发生的却是以在线零售商（如亚马逊）的形式进行再中间化，并不断增加。

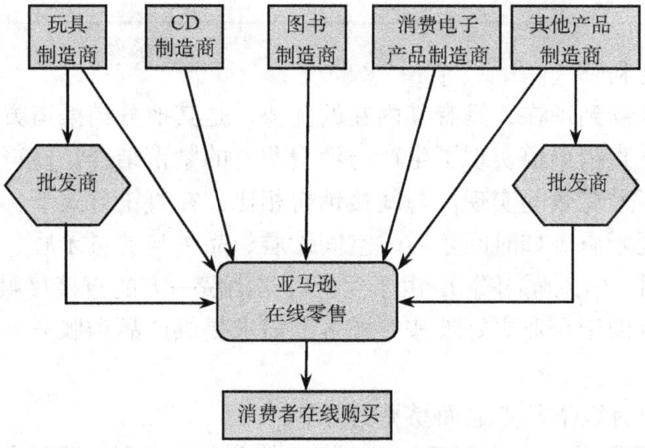

图 3-2　亚马逊在电子营销渠道中作为网络中间商

网络营销渠道可以分为两大类，即网络直接营销渠道和网络间接营销渠道，如图 3-3 所示。

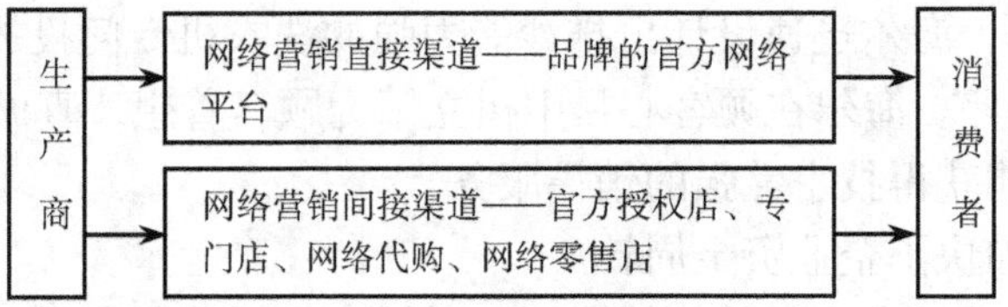

图 3-3　网络营销渠道分类

当然，这并不是说，电子营销渠道一定会促进再中间化而不是非中间化。毕竟，渠道非中间化的例子也是有很多的，例如，戴尔电脑公司每天通过因特网向消费者出售计算机达 4 000 多万美元，所有订单的处理和运输都是由它自己进行的。

思考：这样的公司是在进行直销吗？

从 20 世纪 90 年代初开始，国内就出现了一些直销机构。许多直销机构本身不是制造性公司，而是专业的销售公司。公司通过“入会”方式发展直销人员。这些直销人员首先要缴纳一笔会员费（如 800 元），获得“会员”或直销人员资格，然后可以两种方式获得公司的报酬：一是自己掏钱购买公司的产品，推销给其他消费者，由此获得销售佣金；二是介绍别的消费者入会（发展下线队伍），一旦下线队伍建立起来，他们就“自然”上升为“经理”，可从公司获得“经理”佣金。公司通常要求直销人员填表登记，但事实上与他们不存在聘用或代理关系，如公司并不为这些直销人员上缴社会保险基金，也不给予其他内部员工所能获得的各种福利待遇。这些直销公司的收入来源也分两个部分：一部分是商品销售收入，另一部分则是发展会员的会员费。

这样的公司是在从事直销吗？制造性公司通过这些直销机构接触顾客，是直接渠道吗？

（3）直接渠道的利弊

直接渠道一直延续到现在，具有其内在的优势，是其他分销渠道方式不可替代的。这种优势主要表现在，直销渠道实现了生产与消费两者的紧密结合，使得两者之间的相互理解和依赖关系得到了最有效的实现。与间接销售相比，在直销方式下，生产者与消费者之间的陌生、隔阂乃至矛盾（如时间矛盾、空间矛盾、品种与数量矛盾、价格矛盾、产品设计与实际需求的矛盾、信息隔阂等），由于生产者与消费一方的直接接触，都能很好地减轻和化解。直接渠道有助于企业更好地按照顾客的需求提供产品和服务，并与顾客建立更为密切而牢靠的关系。

直接渠道对企业有以下几点显而易见的好处。

1）它免去了层层加价、多次倒手、多次搬运等环节，有利于降低营销成本和售价，提高产品竞争能力。

2）生产者与使用者、消费者直接接触，既有利于改进产品和服务，也便于控制价格。例如，海尔电器公司在四川的直销店人员向公司反映，当地农民喜欢用洗衣机洗红薯上的泥沙，根据这一信息，海尔迅速设计出排沙能力强的洗衣机专门投放四川市场，受到了农民消费者的欢迎与好评。海尔在顾客心目中树立了为顾客着想，真诚到永远的良好形象。

3）使人们有可能获得技术性强的销售服务。

4）回款迅速，加快了企业资金周转。

当然，这不是说任何企业在任何情况下，采用直接渠道都是最佳的选择。一般来说，企业考虑是否进行直接营销，取决于生产与消费在时间、空间、数量上矛盾的大小与企业解决上述矛盾的能力。如果产销矛盾不大，企业能够自行解决，或者自行解决上述矛盾所需的费用不太大，可考虑采用直接营销渠道来完成商品销售。但是，如果不是这样，采用直接渠道则可能带来负面效应。包括：①由于一切流通职能均由生产者承担，增加资金占用时间和流通费用；②生产者承担全部市场营销风险，无法由中间商分担；③由于消费者居住分散，购买数量零星，因而单凭企业自己的力量，不借助中间商，无法使产品接触到广大消费者。但是，在间接销售方式下，这些负面因素都可以在一定程度上得到克服。由此看来，直接渠道与间接渠道的优缺点是相互补充的。分销经理应当根据所面临的市场形势和自身条件，在直销渠道与间接分销渠道之间进行合理选择或者综合运用。

2．间接渠道

一级、二级、三级渠道又叫间接渠道（Indirect-marketing Channel）、长渠道（Long-marketing Channel），是制造商通过中间商转移产品的渠道类型。

一级渠道指生产制造企业通过一级中间商将产品转移至消费者或用户手中。在消费品市场，这个中间商通常是零售商；而在工业品市场，则通常是销售代理商。

二级渠道指生产制造企业通过二级中间商将产品转移至消费者或用户手中。在消费品市场，它们通常是批发商和零售商；而在工业品市场，则通常是代理商和批发商。

三级渠道指生产制造企业通过三级中间商将产品转移至消费者或用户手中。一些消费面宽的日用品，如肉类食品及包装方便面，需要大量零售机构分销，其中许多小型零售商通常不是大型批发商的服务对象。对此，有必要在批发商和零售商之间增加一级专业性经销商，为小型零售商服务。

间接分销渠道模式具有以下长处。

（1）简化交易

在间接分销渠道模式中，由于有了中间商，生产商不用花大量的人力物力和财力去和众多的消费者直接打交道。尤其是在潜在顾客数量多、分布面广的情况下，采用间接分销渠道模式的生产商不必直接面对最终潜在顾客，他们只要与若干个中间商进行交易，这样就简化了交易过程，并且可借助中间商的力量扩大市场占有率，取得更好的分销效率。

（2）优质服务

多数中间商拥有丰富的营销经验和较完备的服务设施，可以更好地为商品提供展示、介绍、打理包装、送货上门以及其他辅助加工服务。中间商直接与潜在顾客交往，比较了解市场，能有效地将信息传达给消费者和反馈给企业。间接分销模式也有利于发挥各渠道成员集配、存储、扩散产品、融通资金的职能，有效调节产销关系。解决商品供求间数量、品种、时间间隔等方面的矛盾，加速商品的合理分流。

（3）分担风险

间接分销渠道模式在生产商和有关中间商之间建立起一种共享的利益关系，即生产商与中间商要么共享将商品变为货币后的利润，要么共同承担商品未能变成货币的风险。

间接分销渠道模式具有以下短处。

1）中间商的出现，增加了销售环节。首先增加了谈判以及交易费用，其次增加了信息沟通渠道的长度，有时会造成沟通不及时或信息传递速度较慢的问题。

2）对于那些技术性强、要求较高专业服务的产品（如机械设备类产品），中间商由于缺乏专业技术而会造成服务不到位的问题。

3）由于中间商要追逐自身利益，可能不顾企业的分销政策而自行其是。因此造成间接分销渠道的运行效率低下，且生产商无法施加有效控制。

为了借用间接分销渠道模式的长处，同时又要避开其短处，一些企业将销售与服务分开，分别交由两类专业中间商去完成；或者将销售交给中间商，而企业组建专业的销售服务队伍，为顾客提供专业服务。

3.2 渠道宽度结构

营销渠道宽度，是指同一渠道层次上经销某种产品的批发商、零售商、代理商的数量的多少。受产品性质、市场特征和企业营销渠道战略等因素的影响，营销渠道的宽窄有三种类型。

1. 密集性分销渠道（Intensive Distribution）

在这种渠道中，制造商在同一类型的中间环节中选用尽可能多的中间商经销自己的产品，使产品在目标市场上有铺天盖地之势，达到最广泛地占领目标市场的目的。在市场上，日用品和大部分食品、工业品中的标准化和通用化商品、需要经常补充和替换或用于维修的商品、替代性强的商品等多采用这种分销渠道，它是一种宽渠道结构。

进行密集分销的好处主要有市场覆盖面大，扩展市场迅速；顾客接触率高，提升销售业绩；分销支持度强，充分利用中间商。

进行密集分销也有不好的一面：厂商控制渠道较难；厂商需花费大量的费用（打开渠道，狂轰广告）；分销商竞争会异常激烈；分销、促销不专一。

2. 选择性分销渠道（Selective Distribution）

在这种渠道中，制造商在同一类型的中间环节中选择少数中间商进行商品分销。这类渠道多为消费品中的选购品和特殊品、工业品中的零配件等，它是一种中宽渠道结构。

选择性分销渠道政策，根据一定标准对销售企业产品的经销商进行选择，以形成高效合作型的销售渠道。通过限制渠道，生产者对渠道的控制力得到加强。采用这种政策，选择经销商是关键环节。经销商的选择标准主要有资本金、销售额、销售能力、资金力、价格遵守度、物流能力和信息处理能力等。选择范围不止限于批发商，还包括特定的零售商。

采用选择分销的好处是控制渠道较易、市场覆盖面较大、顾客接触率较高。比如，生产者可根据选择出的经销商与其重点交易，加强渠道控制力，求得销售的高效化。

采用选择分销所带来的问题主要有分销商竞争较激烈；选择中间商难。例如，企业产品的流通仅依靠选定的少数经销商，存在一定的风险，与未选择的经销商之间存在协调问题；由于经销商也可以销售竞争对手的产品，企业不能完全控制经销商。

特别关注

确定中间商数目的实际做法：一开始要估计某一产品在某一地域市场的总营业收入，然后再为每位中间商算出一个符合实际的业绩标杆，最后再以营业收入除以业绩标准，得到一个最接近的中间商数目。

3．独家分销渠道（Exclusive Distribution）

在这种渠道中，制造商在同一类型的中间环节中只选用唯一的一家中间商来进行商品的分销。它是一种最为极端的专营型分销渠道，即为窄渠道结构，主要适用于一些技术性强、价值高的商品。

采用独家分销的好处是：控制渠道容易；分销商竞争程度低；促销费用省。采用独家分销也有不利的一面：市场覆盖面小；顾客接触率低；过分依赖中间商。

当渠道成员转向独家分销时，角色预期变得更为鲜明。独家分销协议必须对双方的权利和义务详细规定，否则日后很可能出现争议和冲突。具体来说，采用独家分销政策需要明确：

1）包括的产品。对于一些产品尤其是高技术性产品，生产商往往希望通过自己经过特殊训练的销售人员出售，而其他产品则可以通过独家分销商交易，为了避免将来由于产品线责任的划分而出现的冲突，渠道成员必须就产品线每一领域内的职责予以清楚说明。对于那些被分配给分销商的产品，供应者在分销区域内的任何销售都必须授权给分销商。

2）顾客的分类或类型。必须签订一个谁负责向何种顾客提供产品和服务的协议以减少将来可能出现的冲突。

3）包括的区域。在许多情况下，对区域边界的协定可以防止将来在处理生产商产品分配中的法律纠纷。

4）库存。这里要解决的问题是谁承担库存的责任和库存将以多大的数量在何处被持有。在价格波动的状态下，这些问题就变得更为敏感。如果经济情况混乱时，生产商可能还必须实行价格保证或托售商品。

5）安装和维修费用。这一讨价还价问题不论对于工业品还是消费品，都十分重要。

6）价格。在独家分销政策中，生产商在市场价格下跌时，可能会同意某种形式的价格和利润的担保。分销商则可能同意对终极用户在其价格上保留“合理收益”。但是，法律禁止在这种事情中生产商和分销商的任何共谋行为。

7）销售配额。不实际的销售配额会引起渠道冲突。当同意一项独家分销安排时，相关的各方应在配额计算上达成一致意见。同时，对于高于或低于配额而受到的奖励或惩罚达成共识。

8）广告和促销业务。在协议中，必须详细说明对于目录、出售展示工作、销售帮助、地方广告和促销行为等的责任。计算合作广告津贴的基础也应该详细地写出来，这样，每个当事人就可以清晰明了他对其他各方的责任。

9）排他交易。在某些情况下，供应者希望他们的分销商不销售与自己直接竞争的产品。在这种情况下，生产商经常会被要求增加对分销商的促销支持以确保后者在其产品上达到一个令人满意的销售量。

10）生效期、更新条款和终止。如果需要进行排他分销，就前 9 点达成书面协议是很重要的。但是，建立的条约应该给予各方足够的灵活性以应付外部事件和意外的出现。另外，各方就协定生效的时间和更新的条款达成一致也很重要。尤其重要的是，在法律范围内必须详细说明条约何时和如何能被签约的一方终止。

不同宽度营销渠道的利弊分析如表 3-3 所示。

表 3-3 营销渠道宽度利弊分析

渠道宽度结构	利	弊
密集分销渠道（宽渠道）	市场覆盖面大，扩展市场迅速 顾客接触率高，提升销售业绩 分销支持度强，充分利用中间商	厂商控制渠道较难 厂商需要花费大量的费用 分销商竞争会异常激烈 分销、促销不专一
选择性分销渠道（中宽渠道）	控制渠道较易 市场覆盖面较大 顾客接触率较高	分销商竞争较激烈 选择分销商难
独家分销渠道（窄渠道）	控制渠道容易 分销商竞争程度低 促销费用省	市场覆盖面小 顾客接触率低 过低依赖中间商

3.3 渠道广度结构

营销渠道广度，是指生产制造企业选择渠道条数的多少。条数单一（生产制造企业仅利用一条渠道进行某种产品的分销），表明营销渠道窄；条数多，表明营销渠道广。二条和二条以上的渠道又称多渠道组合。

1. 多渠道组合的主要类型

1）集中型组合方式。在单一产品市场组合多条分销渠道，这些渠道互相重叠，彼此竞争。如某公司在个人消费者和小公司的现货、大规模定制市场采取了无差异的人员推销、电话营销、网上分销 3 种渠道形式（见图 3-4）。

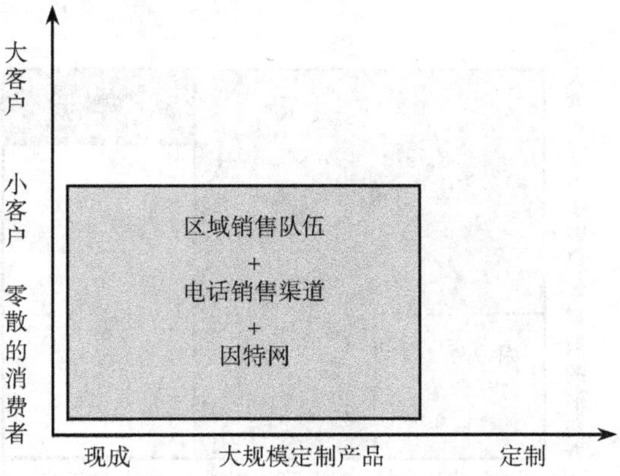

图 3-4 集中型组合方式

2）选择型组合方式。对产品市场进行细分，对不同的市场选择不同的分销渠道，这些渠道不互相重叠，也不彼此竞争。如公司将市场分割为个人消费者的现货购买、小公司的大规模定制和大公司的独特解决方案 3 个子市场，分别采用网上分销、电话分销和推销员推销 3 种方式，各负其责，互不干扰（见图 3-5）。

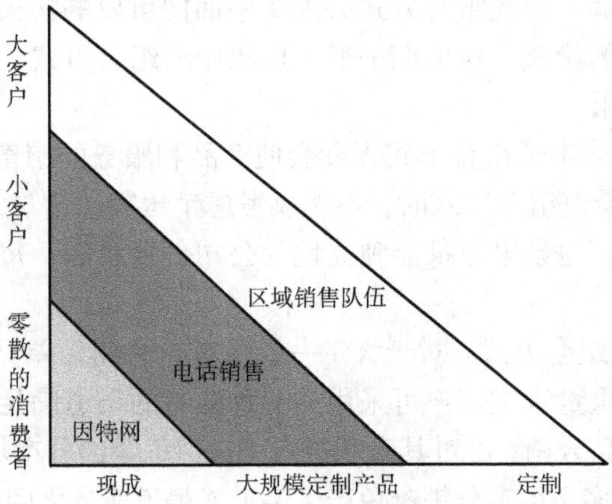

图 3-5 选择型组合方式

3）混合型组合方式。综合运用集中型和选择型两种组合方式。一般的情况是选择型单一渠道用于某种优先权市场，集中型渠道用于较大规模的市场。如英国航空公司业务拓展的多条渠道组合，对于大型业务活动的客户服务由人员推销单一渠道去开拓；对于团体业务中的订票、度假规划经营，则采用了旅行社、因特网、电话营销、旅游商店等多条渠道；对于个体旅游者也采用的是因特网、电话营销、旅游商店等多条渠道的组合（见图 3-6）。

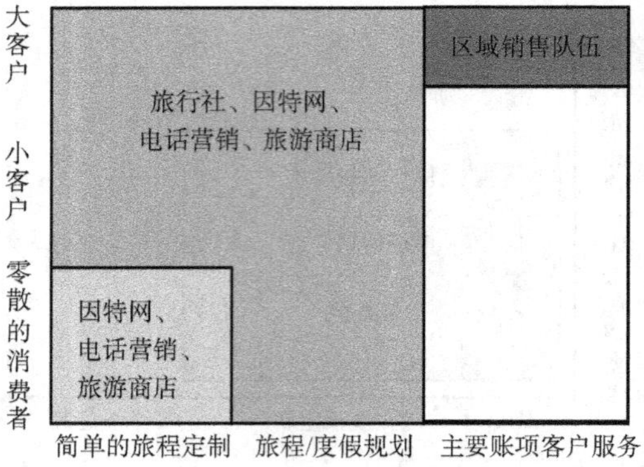

图 3-6　混合型组合方式（以英国航空公司为例）

2．多条渠道组合的原则

弗里德曼和弗瑞在《创建销售渠道优势》一书中，提出了多条渠道组合所必须遵循的 4 条原则。

1）用集中型组合方式满足重要顾客的要求。渠道组合的目的是满足目标顾客的服务需求，进而扩大市场销售额，因此组合方式必须集中面向重要的购买群体，即这个群体在公司整体业务中占有较大的份额，对他们一般采取集中型组合方式，即采取多种渠道形式，满足这个群体的各种需求。

2）追求利润目标。多渠道组合形式无疑会使产品和服务的销售额增加，但也会使成本增加，因此在设计多条渠道组合方式时，不能仅考虑销售额的增加，而且要考虑能否获利。避免利润下降的方法是：每条渠道都能独立地为公司创造利润，每条渠道都能为产品创造新的销售机会。

3）适时采用选择型组合方式。对于大量一般性客户采用无差异性的多渠道策略，让他们各取所需；对少量的重量级大客户可采用另一种独特的渠道满足其特殊的需求。当然，对于客户明显差异的产品分销，可对其市场进行细分，每个细分市场采用不同的分销渠道。

4）化解渠道冲突。多条渠道分销难免产生渠道或渠道成员之间的冲突，一旦冲突发生，产品利润会自然下降，渠道成员也会受到不同程度的伤害，影响合作的进行。解决的方法是：一方面尽量使不同的渠道满足不同的目标顾客群；另一方面通过分销政策来调整。例如，不同渠道实行同一的价格体系，实行不同价格体系的渠道可适宜改变产品包装和促销方法，或者限制新渠道的启用。

3．广渠道的利弊分析

广渠道有以下优势。

1）增加市场覆盖面：如增加乡村代理商开拓农村市场。

2）降低渠道成本：如增加新渠道节省了费用。弗里德曼等认为，混合型渠道可以使企业的销售成本降低 20% ~ 30%。

3）更好地满足顾客需要：如使用专业推销员销售复杂的设备。

4）提高产品交易量：不少企业销售量的 70% ~ 80%是由两三条渠道实现的。

广渠道的不利之处主要有两个方面。

1）两条以上渠道对准一个细分市场时，容易产生渠道冲突。

2）新渠道独立性较强，合作困难，不易控制。

3.4　渠道系统组织模式

任何一条营销渠道都包括若干成员，这些成员像接力赛一样，完成商品的传递过程，而这些成员的关系状况就表现为营销渠道系统。按渠道成员相互联系的紧密程度，营销渠道系统可以分为传统渠道系统（Traditional Distribution Systems）、垂直渠道系统（Vertical Distribution System）和水平渠道系统（Level Distribution System），如图 3-7 所示。

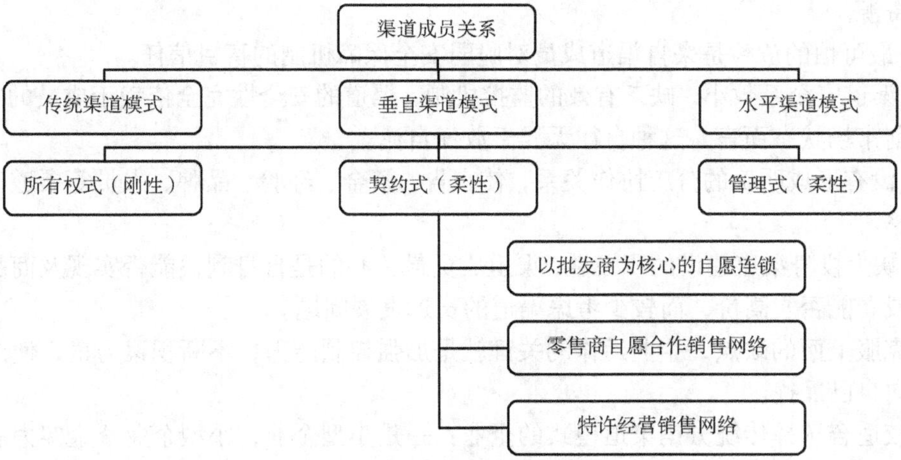

图 3-7　渠道模式类型

1．传统渠道模式

传统渠道模式指渠道中各成员之间是一种松散的合作关系，各自都为追求自身利益最大化而激烈竞争，甚至不惜牺牲整个渠道系统的利益，最终使整个营销渠道效率低下。这种渠道关系也称为松散型渠道系统。麦克康门把传统渠道系统描述为：“高度松散的网络，其中制造商、批发商和零售商松散地联络在一起，相互间进行不亲密的讨价还价，对于销售条件各执己见，互不相让，所以各自为政，各行其是。”

（1）松散型渠道关系的优点

从严格意义上来讲，松散型渠道关系还算不上一种较为定型的模式，但对于实力较弱的中小企业来讲，参与其中要比单枪匹马、独闯天下强得多。它会为渠道成员提供如下几方面的好处。

1）渠道成员有较强的独立性，无太多义务需要承担，谁都可以凭借实力谋求老大的位置。

2）进退灵活，进入或退出完全由各个成员自主决策，根据局势需要可以自由结盟。

3）由于缺少强有力的“外援”，促使企业不断创新，增强自身实力。

4）中小企业由于知名度、财力和销售力的缺乏，在进入市场时可以借助这种关系迅速成长。

应当指出：要想做大的企业，不应满足于这种松散的市场联络方式，应该积极地去构筑更稳定、更持久、更可靠的关系网络，因为松散型渠道关系所体现的毕竟只是一种“松散”型经营方式。

（2）松散型渠道关系的弱点

1）临时交易关系，缺乏长期合作的根基。

2）成员之间的关系不涉及产权和契约关系，不具有长期性、战略性，无法充分利用渠道积累资源。

3）最可怕的危险是来自渠道成员对脆弱安全保障机制的盲目信任。

4）渠道安全系数小，缺乏有效的监控机制，渠道的安全性完全依赖于成员的自律。以中国目前市场状态而言，这种自律无异于放任自流。

5）没有形成明确的分工协作关系，使广告、资金、经验、品牌、人员等渠道资源无法有效共享。

6）缺少投身渠道建设的积极性，渠道成员最关心的是自身利益能否实现及商品能否卖得出去或者能否卖高价，而较少考虑渠道的长远发展问题。

要克服上面的缺点，企业运作的关键就是加强控制能力，不断积聚力量，使众多企业自觉地向自己靠拢。

比较适合选择传统分销渠道模式的企业：一是小型企业，小型企业资金实力有限，产品类型与标准处于不稳定状态，不适合采取固定的分销系统形式。例如，今年它生产服装，明年就有可能生产床垫；今年卖米面，明年有可能卖蔬菜，必然要求渠道变革。二是小规模生产企业，产品数量太少，不可能形成一个稳定的分销系统。因为大分销商不会与一个经营规模相差悬殊的企业形成紧密型关系，小分销商也常常寻找大生产商合作。在市场营销不发达的时期，传统分销模式非常流行，如过去电影分销不叫分销而叫发行，生产商与分销商之间就是利用松散型分销渠道模式，如图 3-8 所示。在生产较为分散的日常用品、小商品生产领域，也普遍存在传统的分销模式。

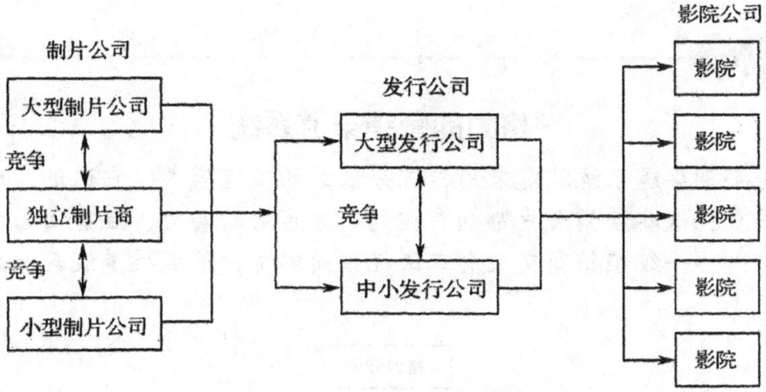

图 3-8　传统的电影发行网络

2．公司式垂直渠道系统

公司式渠道系统也叫产权式垂直渠道系统或"刚性"一体化渠道模式（Rigid Integration）。

所谓公司型渠道关系，是指一家公司通过建立自己的销售分公司、办事处或通过实施产供销一体化及横向战略而形成的一种关系模式。公司型渠道关系是渠道关系中最紧密的一种，是制造商、经销商以产权为纽带，通过企业内部的管理组织及管理制度而建立起来的。相对于松散型和管理型渠道关系而言，根基更为牢固，这与它所采取的"步步为营"的渠道拓展战略有关。

企业可以通过以下两种方式来建立公司型渠道关系：① 制造商设立销售分公司、建立分支机构或兼并商业机构，采用工商一体化的战略而形成的销售网络。曾经显赫一时的"三株"、"沈阳飞龙"等都依靠自建网络而取得巨大成功，但也留下很多遗憾。② 大型商业企业拥有或统一控制众多制造性企业和中小商业企业，形成贸工商一体化的销售网络。如日本的"综合商社"、美国的"西尔斯"都属于这种类型，相对于前者，贸工商一体化具有更为强大的信息及融资优势。

公司型渠道关系以产权为纽带凝聚而成，关系紧密，建立这种关系会使其成员获得如下好处。① 行动的一体化。在公司型关系中从生产到销售的各个环节都在总公司的严密控制之下，统一指挥，公司的经营战略能够很好地被贯彻，减少了网络变动的成本和风险。② 品牌的统一化。有利于树立统一的公司形象。③ 最大限度接近消费者。④ 节省费用。将市场交易成本内部化，减少流通环节，节省成本。⑤ 摆脱大零售商的控制。

纵向一体化是以威廉姆森的"交易费用分析"理论为基础的。这种理论认为，当"纯粹市场"的交易费用远远超过纵向一体化带来的内部交易费用时，追求利润最大化的企业会选择采用纵向一体化策略。

小链接

格力的营销渠道系统

格力公司早期渠道系统就是采用传统分散式的渠道模式，它通过多个一级经销商直接向厂家进货，这些经销大户都拥有控制一方市场的实力，且有实力向厂家争取较低价格，同时这些一级经销商交叉向二级经销商供货，造成渠道混乱及恶性竞争，如图3-9所示。

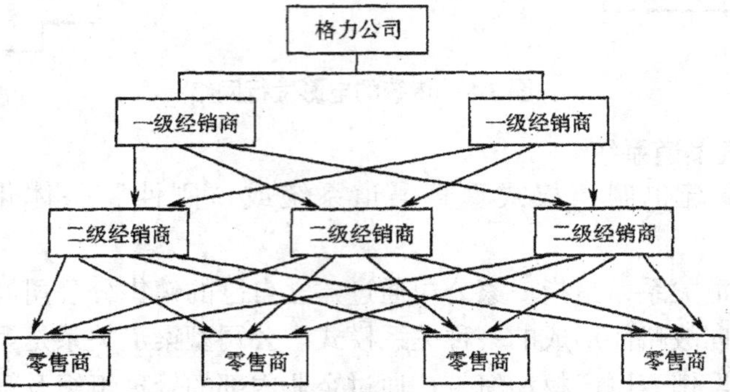

图3-9　格力的传统营销渠道系统

格力公司为了控制由传统渠道系统造成的渠道混乱局面，1997年11月28日，格力组建了第一家试验制的股份制销售公司——湖北销售公司。航天、中南航运、国防科工委、湖北省五交公司各出资160万元，格力则出资200万元控股。这种系统真正推行是在1998年到2000年三年间。具体做法是：格力各分公司均由格力总公司的一位负责人统一担任董事长，总经理则按参股经销商的出资数目共同推举产生，各股东年终按股本结构分红。入股经销商必须是当地大户，格力产品占其经营业务的70%以上。这样，新成立的公司成为格力与各大经销商合资组建的公司，并由格力控股。在这种新型的产权垂直渠道系统中，格力增强了对渠道的控制，规范了进货渠道，避免了渠道成员间的恶性竞争，如图3-10所示。

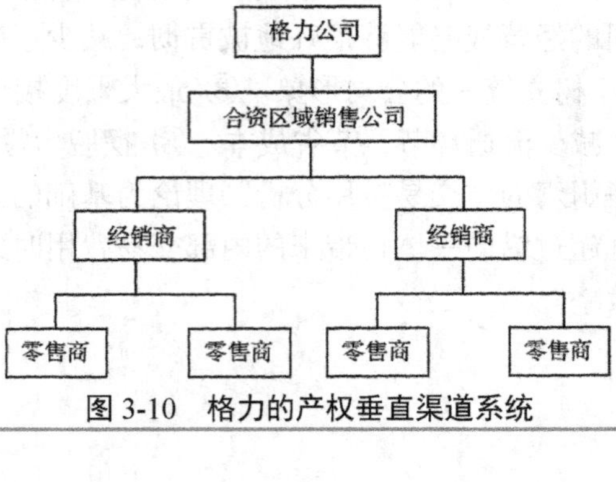

图3-10　格力的产权垂直渠道系统

3．管理式垂直渠道系统

管理式渠道系统和合同式渠道系统并称为“柔性”一体化渠道模式（“Flexibility” Integration），由这两种形式形成的企业关系就是渠道战略联盟。

所谓管理型渠道关系，是指由一个或少数几个实力强大、具有良好品牌声望的大公司依靠自身影响，通过强有力的管理而将众多分销商聚集在一起而形成的渠道关系。其特点是：

（1）系统会形成一个核心

管理型渠道系统形成的基础是规模大、实力强的企业作为系统核心，分销策略、规划、目标都出自这个核心，各个渠道成员围绕着这个核心从事各种各样的分销活动，自然地构成一个相对紧密、团结互助的分销系统。这比过去分散型的渠道系统，有着更高的分销效率。

（2）渠道成员之间的关系相对稳定

无论是渠道关系，还是渠道系统，一旦建立之后，最好保持相对稳定性，除非到了非改不可的程度。因为每一次渠道的调整与变革都会带来一些损失，甚至出现渠道阻塞。管理型渠道系统是围绕着一个核心企业建立的，核心企业对于每一个渠道来说，都有一定的信誉度和赢利力，形成了一种互相依存的平衡关系，只要核心企业没有发生大起大落的变化，就会保持相对稳定的成员关系。

（3）渠道成员目标趋于一致

分销渠道由多个环节组成，整体分销效率的高低，不仅取决于每个成员的分销效率，更取决于每个成员之间的合作效率。在传统的松散型渠道系统中，各个成员都在追求自己利益最大化，最终导致整条渠道效率受到影响，每个成员无法实现利益最大化。管理型渠道系统的效率评价，不是以个别成员和短期收益为标准，而是以全体成员和长期收益为标准。这样，才能最终保证各成员都实现利益最大化。

（4）实现社会资源的有机组合

并不是每种产品和服务都适合自己投资建立分销网络。自建网络一方面会增加投资风险；另一方面会陷入多元化发展的泥坑；还可能使产品的分销范围变小。最聪明的银行家是用别人的钱来赚钱，最聪明的商人也应学会用别人的网络来分销自己的产品，这样会化解一部分分销风险。垂直型渠道系统，就是利用他人网络分销产品，而渠道各成员背靠大企业之树也可取得稳定的生意。

管理型纵向营销系统产生的一个重要原因是它比制造商自己的销售队伍具有更高的效率。目前许多行业分销商已经强大到能够管理渠道的地步，这表现在：他们有足够的经济力量来独立行动而不是作为生产者销售力量的延伸；他们在营销战略、协同宣传、物流管理等方面比他们所代表的生产商更有能力；拥有一流的信息系统，具备强大的金融能力和分销能力。因此制造商愿意与零售商进行这种关系管理型的合作。著名的宝玛模式即宝洁与沃尔玛之间的合作就是这种管理型渠道关系的范例。

4．合同式垂直渠道系统

作为“柔性”一体化渠道模式的一种形式，合同式渠道系统又叫契约型渠道关系，是指厂商与分销商之间通过法律契约来确定他们之间的分销权利与义务关系，形成一个独立的分销系统。它与产权型渠道系统的最大区别是成员之间不形成产权关系，与管理型渠道系统的最大区别是用契约来规范各方的行为，而不是用权利和实力。

契约型纵向营销系统的成员也有着不同的目标，但其决策的制定总是从内在结构顶端做出的，并得到渠道成员们的认可。契约系统中的成员虽然独立运作，但通常总会同意承担某一部分渠道功能。在这种渠道中，存在着系统稳定的标准。可见，契约型系统的内部结构比管理型系统更为紧密。

企业通过建立契约型渠道关系的好处是：第一，系统建立容易。对于许多生产企业来说，自己投资组建渠道系统并非是一件容易的事，同时涉及产权关系的兼并、收购也相对复杂，契约型垂直渠道系统是在不改变各方产权关系的基础上实行的一种合作，并用契约这种胶合剂使其稳定化，是渠道系统建立的一种快速而有效的方法，组建成本较低。第二，系统资源配置较佳。契约型垂直渠道系统可以实现较佳的资源配置，使有钱的人出钱，有经验的人出经验，有场地的人出场地。这不是通过新增加生产资料而增加社会财富，更多的是对现有社会资源进行一种新的排列组合，通过这种排列组合实现最佳的效益和 1+1>2 的效果，最终由社会和系统各成员分享。第三，系统具有灵活性。我们希望一个系统建立后相对稳定，但是随着生产、消费和渠道本身的变化，必然引起企业自身分销系统的调整。由于契约型渠道系统不涉及产权关系，调整起来相对容易，变更起来也具有一定的灵活性，可以及时修改和补充契约的有关条款，以适应不断变化的市场和分销要求。

在长期的商业实践中，涌现了多种形式的契约型渠道关系，下面，我们将对这几种类型进行介绍。

（1）以批发商为核心的自愿连锁

在实践中，许多批发商将独立的零售商组织起来，批发商不仅为其零售商提供各种货物，还在许多方面提供服务，如销售活动的标准化、共同店标、订货、共同采购、库存管理、配送货、融资、培训等。这种分销网络往往集中在日杂用品、五金配件等领域。这种自愿连锁和一般连锁商店的差异在于以下几方面。

第一，独立性不同。自愿连锁是若干个独立的中小零售商为了和连锁商店这种大零售商进行竞争而自愿组成的联营组织，参加联营的各个中小零售商仍然保持自己的独立性和经营特色。而连锁商店则隶属于一个大零售公司，在经营上要服从总部的指导。

第二，职能不同。自愿连锁实行联合采购分别销售，即联购分销，它执行的是批发职能。而连锁商店的总公司虽设有批发机构，但其本身是零售组织。

第三，目的不同。自愿连锁通常是一个或一个以上独立批发商倡办的，它通过帮助与其有业务往来的一群独立中小零售商组成自愿连锁，统一进货推销其经营的产品，从而达到与大制造商、大零售商竞争，维护自身利益的目的。

最著名的批发商倡办的自愿连锁集团是美国的独立杂货联盟（IGA）。加拿大轮胎公司也是一个很大的自愿批发商，它向有关的商店提供一系列不同的商品，如汽车部件及附件、五金器具、家用品、小用具及运动品。

（2）零售商自愿合作销售网络

在这一网络中，网络成员通过零售商合作社这一商业实体进行集中采购、共同开拓市场、共同广告策划。成员间最重要的合作是集中采购，可获得较大的价格折扣，所得利润按采购比例分配。相对以批发商为核心组织起来的销售网络，这种关系网络成员间的联系程度要松散一些，合作事项也少一些。

零售商的合作在食品营销上非常重要，如美国的托普克协会和卡特公司。托普克协会是由一群全国范围内的超级连锁市场和位于不同市场的杂货批发商共同组成的。其核心功能是在购买、产品发展、品质控制、包装，以及对大多数的自有品牌食品及非食品产品的促销等方面为它的 25 家公司服务。卡特公司在美国五金器具行业发起了最大的零售商合作组织，它也是世界上最大的完全由成员所有的五金器具及相关产品批发商。该公司拥有 15 个销售中心，拥有自身的生产设施、一个财政公司、一个财产代理，以及基于现金及运送基础上运作的一个批发子公司，它拥有超过 6 000 家零售商成员。通过合作，它始终把销售成本保持在较低的水平，并实施全国的广告规划。要想加入该合作组织，零售商必须拥有一家五金器具商店或者提供一个市场上还没有成员加入的投资机会，之后以 100 美元 1 份的价格购买 10 份 A 等选举股票，并同意在一年内的最少购买要求。卡特拥有包括手工工具在内的各种专有标志产品、涂料、铅工业、电路，以及室外发电设备。

从理论上看，由于渠道组织的差别，由批发商倡办的自愿连锁应当比零售商合作社在竞争上更有效率。在前一种形式下，批发商代表系统内权力的位置，从而可以提供强大的领导力量。而在后一种形式下，权力是通过成员来发散的，这样就导致任务专门化及资源配置的困难。

（3）特许经营销售网络

在西方，特许经营是发展最快、地位最重要的一种模式。它是指特许权授予人与被授予人之间通过协议授予受许人使用特许权授予人已经开发出的品牌、商品、经营技术、经营规模的权利。为此，受许人必须先付一笔首期特许权使用费，换得在一定区域内出售商品或服务的权利，并须遵守合同中关于经营活动的其他规定。因此，这种模式最能体现契约型关系模式的特点。

特许经营销售主要有三种模式：一是由制造商组织的批发商特许专营网络，如可口可乐公司的特许销售网络。二是由制造商组织的零售商特许专营网络，如美国通用汽车公司建立了若干个根据地区划分的授权专营点，每个授权代理商根据代理协议经销通用的产品。三是由服务性企业倡办的特许专营网络，如麦当劳。

目前，特许经营已经渗透到许多行业，如快餐业、汽车租赁、印刷和复印业、饭店和汽车旅馆、旅游代理、书店、娱乐与休闲、修理产品及服务、广告服务、服装商店、财经服务等。美国的特许经营尤其发达，至少涉及 65 类商业部门。但是，并非所有的企业都适合开展特许经营。只有具有以下条件，特许经营才有可能成功：其一，提供的产品或服务应当是实际上已经被顾客认可的，这样受许人才会认为这项事业有利可图；其二，产品或服务有明显特色，并且其品牌或商标在潜在的授权人的经营领域已经比较知名，这样受许人才会认同其商业价值；其三，特许权出售的过程和系统必须简单易学，而且能在特定的时间内投入运营，这样才可能进行成功的拷贝；其四，边际毛利必须满足特许人和受许人可接受的投资回报标准。

5. 渠道组织模式的选择

在现实生活中，公司采取怎样的分销渠道组织形式，大多数是由决策者的经验和偏好决定的，这样有时会忽视分销渠道组织选择本身的一些客观要求；这里试图抽象出分销渠道组织的三个相关变量。需要注意的是，这里把分销渠道组织设计视为分销渠道结构确定之后的事情。

（1）渠道规模变量及影响

渠道规模对分销渠道组织形式有一定的影响。从一般意义上讲，渠道越长、越宽、越广，渠道规模越大，渠道的复杂性越强，越需要采取外部合作型的组织系统，相反较为适合内部合作型的组织系统（见表 3-4）。但是，分销渠道的组织形式不是由单一变量决定的，在实际生活中，仍有短渠道、窄渠道、单一渠道采取外部合作型系统，而长渠道、宽渠道、广渠道采取内部合作型系统的情况。

表 3-4　渠道规模变量与渠道组织的适应性

渠道规模 \ 渠道组织		所有权型	特许经营型	管理型
渠道长度	长	不太适应	较为适应	较为适应
	短	较为适应	不太适应	不太适应
渠道宽度	宽	不太适应	较为适应	较为适应
	窄	较为适应	不太适应	不太适应
渠道广度	广	不太适应	较为适应	较为适应
	狭	较为适应	不太适应	不太适应

（2）公司变量及影响

公司变量主要是指企业自身的目标及各方面实力情况，它主要影响公司有没有实力和能力组建自己所有的分销渠道网络，如果有实力和能力组建可考虑实施；如果没有相应的实力和能力，可考虑放弃（见表 3-5）。

表 3-5　公司变量与渠道组织的适应性

公司变量＼渠道组织		所有权型	特许经营型	管理型
财务实力	强	适应	适应	适应
	弱	不适应	不太适应	适应
管理能力	高	适应	适应	适应
	低	不适应	不太适应	适应
品牌价值	高	适应	适应	适应
	低	适应	不适应	不太适应
控制目标	强	适应	有些适应	不适应
	弱	不适应	有些适应	适应

（3）中间商变量及影响

中间商变量主要是指可利用中间商的数量和质量情况，它直接影响着公司（厂商）有没有理想的中间商可以利用和选择。如有，可选择特许经营型，甚至管理型组织；如无，只得迫使自己走上所有权型组织方式，建立自己的分销渠道网络。现在越来越多的厂商建立自己所有的分销渠道网络，一个重要原因在于他们认为很难找到理想的分销商。中间商变量与渠道组织的适应性如表 3-6 所示。

表 3-6　中间商变量与渠道组织的适应性

中间商变量＼渠道组织		所有权型	特许经营型	管 理型
利用	难	适应	不适应	不适应
	易	不适应	适应	适应
成本	高	适应	不适应	不适应
	低	不适应	适应	适应
服务	优	不适应	适应	适应
	劣	适应	不太适应	不适应
能力	强	不适应	适应	适应
	弱	适应	不适应	不适应
控制	可	不适应	适应	适应
	不可	适应	不适应	不适应

实际上，渠道规模变量对分销渠道组织的影响最终反映在公司因素变量和中间商因素变量上，因为渠道规模变量决定了某一种组织形式，仅是表明有一定的必要性，是否可能，取决于其他两个变量的情况。例如，一种产品适合长、宽、广的渠道规模，这种规模要求

管理型的渠道组织形式，但选择不到理想的中间商，也只能采用特许经营或所有权型的组织形式。当然，也会出现这样的情况，既没有能力组建自己的分销网络，又无法选择到合适的中间商，只好被迫选择管理型或松散型的组织系统，一些中小型厂商常常处于这种尴尬境地。可见，渠道顺畅与否，既与渠道组织有关，也与产品的畅销度、品牌价值息息相关。

6．水平分销渠道模式

水平分销渠道模式，又称为共生型营销渠道关系，它是指由两个或两个以上成员相互联合在一起，共同开发新的营销机会。其特点是两家或两家以上的公司横向联合共同形成新的机构，发挥各自优势，实现分销系统有效、快速的运行，实际上是一种横向的联合经营。例如可口可乐公司和雀巢咖啡公司合作，组建新的公司。雀巢公司以其专门的技术开发新的咖啡及茶饮料，然后交由熟悉饮料市场分销的可口可乐去销售。

水平渠道系统包括以下三种主要形式：生产制造商水平渠道系统、中间商水平渠道系统和促销联盟。

（1）制造商水平渠道系统

生产制造商水平渠道是指同一层次的生产企业共同组建和利用对方的营销渠道，或共同利用服务及维修网、订货程序系统、物流系统、销售人员和场地等。

小链接

安溪铁观音联姻信阳毛尖　互进对方销售渠道上架销售

2011年1月23日上午11时，中国最大的铁观音企业——福建安溪铁观音集团同中国最大的信阳毛尖茶企业——河南信阳五云茶叶（集团）有限公司，正式签约结成战略合作伙伴，“凤山”安溪铁观音和“龙潭”信阳毛尖将分别进入对方销售渠道上架销售，合力做大做强中国传统茶产业。

随着双方的“牵手”，今后消费者在两家的任何一家店里，都能买到“凤山”安溪铁观音和“龙潭”信阳毛尖、信阳红。同时，双方还将在茶产品研发、产业链条拉长、茶企业管理和品牌化运作等方面加强合作。

安溪铁观音集团前身是1952年创建的国营福建省安溪茶厂，在中国茶叶界有着重要影响，一直是国家农业产业化龙头企业，旗下“凤山牌”铁观音一直占据中国半发酵茶的半壁江山。2006年以来，集团实施连锁加盟模式，现已在全国开设数百家终端连锁店，并在马来西亚、中国香港等国家和地区开店，从一个区域性的市场逐步发展成全国性市场，并加紧向国际市场拓展。河南五云茶叶集团是河南省农业产业化重点龙头企业，公司销售网络遍及全国，仅直营专卖店就有100多家，2010年成功研制出“信阳红”，使信阳毛尖焕发蓬勃生机。

面对国内两大茶叶巨头的强强合作，河南省政府有关负责人表示，此次与福建知名茶企联姻，必将进一步推动河南茶产业健康发展，也能快速扩大双方市场份额、壮大销售渠道、提高品牌影响力、丰富产品线，对协力推进两家茶叶巨头的市场化、品牌化战略具有重要意义。

（资料来源：http：//www.jzrb.com/news/hnxw/201101/441401.shtml.）

（2）中间商水平渠道系统

中间商水平渠道系统的组织表现形式为：连锁店中的特许连锁和自愿连锁、零售商的合作组织等。它与契约型垂直渠道系统中特许经营组织和零售合作社没有区别，只是视角不同而已。比如，当讲契约型垂直渠道系统中的特许经营组织时，强调的是特许商与授许商之间的关系；而当讲中间商水平渠道系统中的特许连锁和自愿连锁时，强调的是授许商与授许商之间的关系。再比如，当讲契约型垂直渠道系统中的零售商合作社时，强调的是生产制造商、“采购联营组织”和零售商之间的关系；而当讲中间商水平渠道系统中的零售商合作社时，强调的是零售商与零售商之间的关系。

（3）促销联盟

促销联盟是指产品或业务相关联的多个企业，共同开展促销活动或其他有助于扩大销售的活动。主要形式有：共同做广告、共享品牌、共享推销队伍和场所、交叉向对方的顾客销售产品、互相购买产品、共同开展营业推广和公关活动等。

促销联盟能使多个企业共享资源，节省渠道成本，提高渠道效率。根据联盟企业提供的产品或服务之间的关联关系，又可分为四种：

1）同类产品的促销联盟。比如由同类产品共同举办的产品展销会、共同做品牌宣传广告等。这类促销联盟可以由企业自行组织，也可以由中介机构、行业协会组织。

2）互补产品的促销联盟。计算机与外置设备、相机与胶卷、洗衣机与洗衣粉等都属于互补产品。小天鹅与广州宝洁公司曾建立促销联盟，在高校中组建“小天鹅碧浪洗衣房”。

3）替代产品的促销联盟。例如，科健手机曾在做买一送一促销时以协和寻呼机为赠品。

4）非直接相关产品促销联盟。两种产品没有直接关系，但是两种产品都有以销售优惠为促销方式的意图，于是两家企业自愿联系在一起，一家企业的产品或服务成为另一家企业提供产品或服务时给予消费者的消费优惠。比如，可口可乐的新包装产品做有奖销售时，以联想电脑的新款机型为奖品。

水平分销渠道模式具有的优势是：通过合作实现优势互补和规模效益，节省成本，快速拓展市场。但水平分销渠道系统也具有一定的缺陷：合作有一定冲突和困难。因此水平分销渠道系统比较适合实力相当而营销优势互补的企业。

3.5　渠道结构的演变趋势

著名管理大师德鲁克说过：“现代企业无非两大职能——营销和创新，而市场营销渠道便是两大职能的后勤。”随着信息时代的来临，几乎所有的厂商和分销商都意识到渠道建设的重要性。营销渠道通常要占一个行业商品和服务价格的 15%～40%，这个数字反映了企业通过改善经营渠道提高企业竞争力和利润率的潜力。科学设计、别出心裁的“渠道整合”往往可以为企业带来更高的回报，分销渠道如今已成为企业间竞争的一个重要砝码，其发展趋势有以下几个。

1．渠道结构扁平化

厂家—总经销商—二级批发商—三级批发商—零售店—消费者，此种渠道层级可谓传统销售渠道中的经典模式。传统的销售渠道呈金字塔形，因其广大的辐射能力，为厂家占领市场发挥了巨大的作用。但是，在供过于求、竞争激烈的市场营销环境下，传统的渠道存在着许多不可克服的缺点：对厂家来讲，多层次的渠道格局不仅使企业难以有效地控制销售渠道，不利于落实销售政策，而且有碍于效率的提高，因为多层次的流通使得信息不能准确、及时地反馈，还会造成人员和时间上的资源浪费，也不利于形成产品价格竞争优势。在许多产品利润高、价格体系不透明、市场缺少规则的情况下，传统销售网络中普遍存在的“灰色地带”更使许多经销商获得了超额利润，而企业产品在市场上的竞争力却下降了。多层次的销售网络不仅进一步瓜分了渠道利润，而且经销商不规范的操作手段如竞相杀价、跨区销售等常常造成严重的网络冲突。

面对这些挑战，许多企业正将销售渠道改为扁平化的结构，即销售渠道越来越短、同一层次上的销售网点则越来越多。销售渠道短，增强了企业对渠道的控制力；销售网点多，则增大了产品的市场覆盖面和销售量。如一些企业由多层次的批发环节变为一层批发，即厂家—经销商—零售商；一些企业在大城市设置销售公司和配送中心，直接向零售商供货。戴尔是渠道创新的一个典范，也是通过越过二级分销商为代表的渠道中间层实施直销方式，缩短了供应链，从而降低了渠道成本，使它的产品销售额和利润稳步上升。

渠道扁平化是一种趋势，但绝不是简单地减少哪一个层次就可以称为渠道的扁平化。扁平化实际上是优化供应链的过程，真正减少的应是供应链中不增值的环节和增值很少的环节。而从实际操作层面来看，不同的产品有不同的用户和市场，应该有不同的渠道策略和渠道架构。关于渠道应该扁平化到什么程度，目前厂商和分销商都没有明确的说法，但就中国的具体国情来讲，有一点可以明确，那就是核心代理是渠道不可或缺的。因此，扁平化并不等于一概不要中间商。

2．营销渠道一体化、国际化

买方市场的出现，使生产—分配—交换—消费中各个环节的相对重要性发生了历史性的变化。一是生产商更加依赖市场，出现了纵向一体化；二是为了应付日益复杂的环境，许多生产商、批发商和零售商组成“超组织”系统，以降低交易费用、开发新技术、确保供应和需求。市场竞争日益表现为整个渠道系统之间的竞争。以日本汽车行业为例，现代的竞争不单是丰田汽车工业公司、丰田汽车销售公司与日产汽车公司的竞争，而是包括经销店在内的丰田集团与日产集团的竞争。

地区之间销售渠道的差别日趋减小。20 世纪 50 年代初，美国和欧洲的销售方式存在着天壤之别，但今天的情况则大不相同，超级市场、连锁商店和直复营销等形式在工业发达的国家和地区普遍存在和发展。一些巨型零售机构正把自己的销售网扩大到世界各地，如西尔斯在墨西哥、南美、西班牙和日本设立了自己的网点；马狮集团在欧洲市场零售网络中的影响久负盛名。这种零售商业的国际化发展，反过来进一步增强了生产商开拓国际市场的能力。生产的国际化更加依赖渠道网络的国际化，各种全球化的垂直营销渠道网络应运而生。

3．零售商地位加强，渠道重心由批发向终端市场转移

大型零售商面对市场，直接接触消费者，拥有第一手的市场信息，对市场风向感受灵敏。由于买方市场的形成，零售商在分销渠道体系中的竞争优势不断增强。从世界范围来看，在美国、中国香港等竞争激烈的市场，零售商（如沃尔玛）向生产商提出了咄咄逼人的挑战。

20 世纪 90 年代后期，企业还多是在销售通路的顶端通过对总经销商的管理来开展销售工作。当市场转为相对饱和的状态时，这种市场运作方式的弊端就表现得越来越明显。企业把产品交给经销商，由经销商一级一级地分销下去，由于网络不健全、通路不畅、终端市场铺开率不高、渗透深度不足等原因，经销商无法将产品分销到厂家所希望的目标市场上，结果厂家产品的广告在电视上天天与消费者见面，消费者在零售店却难觅产品踪影。

针对这一弊病，生产企业开始以终端市场建设为中心来运作市场。厂家一方面通过对代理商、经销商、零售商等各环节的服务与监控，使得自身的产品能够及时、准确而迅速地通过各渠道环节到达零售终端，使消费者买得到；另一方面在终端市场进行各种各样的促销活动，激发消费者的购买欲。

4．营销渠道电子化

网络经济时代，网络营销的出现对传统的分销模式、分销理念形成了巨大的冲击，越来越多的企业关注如何利用因特网提供更多的顾客价值，将网络与传统的产业成功地结合在一起。从发展势头看，网络终端将成为分销商们手中的利器。分销商们可以借助原有的分销渠道，继续巩固自身承上启下的地位。承上，可以迎合供应商实行网上交易的需要；启下，可以更好地发展二级供应商和经销商，建立广泛的扁平化渠道。如果分销商们能够把网络系统和企业内部的信息系统地结合起来，就能使管理完全实现电子化。

5．渠道成员关系由交易型向伙伴型转化

传统的渠道关系使每一个渠道成员都成为一个独立的经营实体，以追求个体利益最大化为目标，甚至不惜牺牲渠道和厂家的整体利益。在伙伴式销售渠道中，厂家与经销商一体化经营，实现厂家对渠道的集团控制，使分散的经销商形成一个整合体系。渠道成员为实现自己或大家的目标共同努力，追求双赢（或多赢）。

实务训练

1．以某类产品为例，收集资料说明其国内渠道演变与发展的过程，从纵向加深对渠道结构与渠道组织模式的认识。

2．以某类产品为例，收集资料比较其渠道的国内外差异，从横向加深对渠道的认识。

扩展阅读

农产品营销渠道比较

1．美国农产品营销渠道

美国是一个只有220多年历史的国家，是市场经济高度发达的国家，同时也是世界上最大的农产品生产国和贸易国。在如此短的时间内，美国农业成功实现了传统农业、稳定高产的发达农业、优质高效的现代农业三级跳式发展。美国农业之所以成功，有其得天独厚的农业资源的因素，但更与其经历百年的历史演化和市场竞争所形成的农业及相关产业的组织结构和经营机制，以及有竞争力的生产方式密切相关。其中一个重要的因素就是美国拥有一个通畅、高效的复合型农产品营销渠道体系。

美国对于农产品的流通管理体现在经营的各个环节。农产品从生产环节到达流通环节，一般要经过收购、检验、分级、加工、包装、储运、销售等诸多步骤，农产品主要通过5种渠道到达消费者手中：①生产者直接把产品送到批发市场；②生产者把产品送到产品集配市场；③生产者按照购销合同直接卖给大型零售商、超市或连锁零售企业等；④生产者直接到农贸市场销售产品；⑤生产者把产品通过集配中心分级包装，然后出口。购销渠道的多元化，有助于提高鲜活农产品的流通效率。美国鲜活农产品营销渠道形式如图3-11所示。

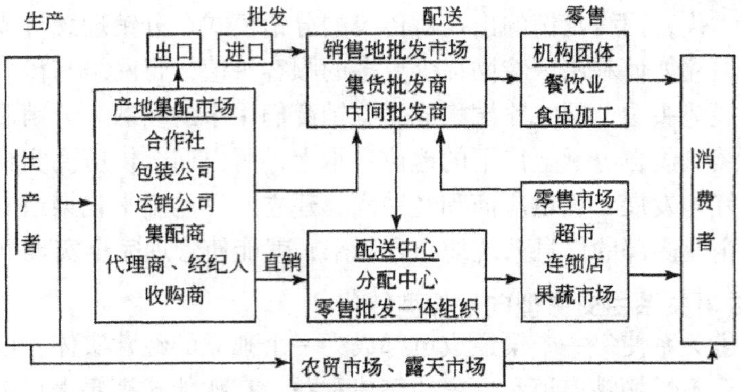

图3-11　美国鲜活农产品营销渠道形式（Kohls and Joseph，1980）

美国农产品营销渠道的基本特征如下分述。

1）渠道短、环节少、效率高。美国谷物、玉米、棉花等大宗农产品中78.5%从产地通过配送中心，直接出售给零售商和机构购买者。由于渠道环节少，农产品流通速度快，成本低，从而大大提高渠道效率（马龙龙，2006）。

2）产销一体化是近年来美国农产品流通的重要方式。随着超市、连锁店等大型零售企业规模的扩张，他们纷纷建立自己的配送中心，直接到产地组织采购，以减少中间费用，降低成本。另外，一些生产规模较大的生产者或几个生产者的联合组织，自身具备为零售企业提供多品种、大批量产品的能力，不经过批发市场，直接销至超级商场，实行产供销一体化经营，降低交易费用。

3）产地市场集中。美国根据本国国情，建立起有别于其他经济发达国家的"集中生产，分散供给"的农产品产销模式，即严格按照比较优势原则，选择最适合的地区进行农产品的集约化、规模化生产，再将产品分散销往全国各地。因此，美国农产品生产区域化、专业化、规模化、现代化程度高，产地市场也比较集中。

4）批发市场在农产品流通中具有举足轻重的地位，是大宗农产品、蔬菜、水果等农产品进入零售环节的一种重要通道，尤其是中小零售商，主要通过批发市场进货。但是，近年来通过批发市场进入流通环节的蔬菜和水果比例有所下降，约占其销售总量的一半，其余的主要通过农场直销来实现。销地批发市场分布在大城市。

5）零售市场中以超市为主导。超市是美国鲜活农产品零售的主要方式，餐饮及食品服务业在水果、蔬菜流通中的市场份额巨大。据统计，美国蔬菜、水果在超市零售中占有56%的市场份额，占蔬菜、水果消费总量的33%。

6）服务性渠道组织齐全。美国为配合产品的高效流通，产生了密切衔接农产品产销的发达的、高组织化的流通中介组织，这些中介组织密切了农产品产销关系，促进了农产品生产和流通的发展，畅通了农产品在巨大空间范围内的商流与物流，在美国的农产品产销中发挥了十分重要的作用。此外，还出现了许多专门为农产品交易服务的辅助机构，如装卸公司、运输公司、加工和分类配送中心、银行等，这些组织的专业化服务为农产品大规模流通提供了支持。目前，虽然美国从事农业生产的人口只占总人口的2%，但是，从事与农业生产有关的化肥、农药、种子等生产资料的生产、供应和农产品加工、销售及为农业生产服务的人口至少占到了总人口的1.5%以上。

7）批发市场内部交易方式主要以拍卖、代理销售为主，同时在以批发市场为基础形成的农产品期货市场，如芝加哥期货市场等。由于采用公开拍卖、代理销售/（或购买）和期货交易，使农产品市场价格充分反映市场的供求变化，使批发市场主导农产品市场价格和信息传播机制的形成。

2. 日本主要农产品营销渠道模式

日本是工业发达国家，农产品主要依赖进口，国内农产品流通环节多、渠道复杂。目前日本鲜活农产品的流通由市场内流通与市场外流通两种形式组成。市场内流通主要通过批发市场来进行，由中央批发市场、地方批发市场和零售市场等共同组成鲜活农产品流通的渠道。而市场外流通则不通过批发市场进行，更多地采用直销方式，供需双方直接见面，以减少流通环节。这两种流通方式共同承担着日本鲜活农产品的流通。

市场内流通的主要参与者是作为农民团体的农协和农产品批发市场及其中的批发商。农协与各批发市场建立联系，通过经营主体，建立流通竞争机制来实现鲜活农产品的流通。首先，各级农协对农民送来的鲜活农产品进行验收、定级、精选、分级、包装，并贴上农协商标。然后，根据批发市场的信息网络提供价格等信息，把各种鲜活农产品送到批发市场，委托市场中的批发业者销售，批发业者接受委托后，根据公开、合理的原则，视农产品的鲜度、质量、外形规格和包装，由市场管理人员用电子显示板公布产地、品种、质量、数量、价格进行拍卖，各中间批发商经过激烈竞争，出价最高者购买到某一农产品。随后，中间批发商再将购得的商品运到自己的食品商店里，进行分门别类的挑拣、陈列、加工，再进行批发和零售。

市场外流通是指不通过批发市场，追求产销直接见面，以减少环节、获得低价的交易方式。通过市场外流通，实行直接运销，由农民或农民团体将生产的农产品包装处理后，直接运送供应消费地零售业者（超级市场）或连锁零售业包装配送中心及消费大户。随着零售业的迅速发展，大型零售超市不断进入日本的鲜活农产品流通网络中，并发挥着越来越重要的作用，这对于传统的流通方式也是一种改革与挑战，也是使批发市场的职能遭到一定削弱。这些大型零售超市经营范围较广，所在地域辐射范围广阔，能为顾客提供多种产品和服务，对于顾客的吸引力不断增加，在鲜活农产品的销售中也因为顾客购买的便利而受到欢迎。日本农产品营销渠道的基本特点如图3-12所示。

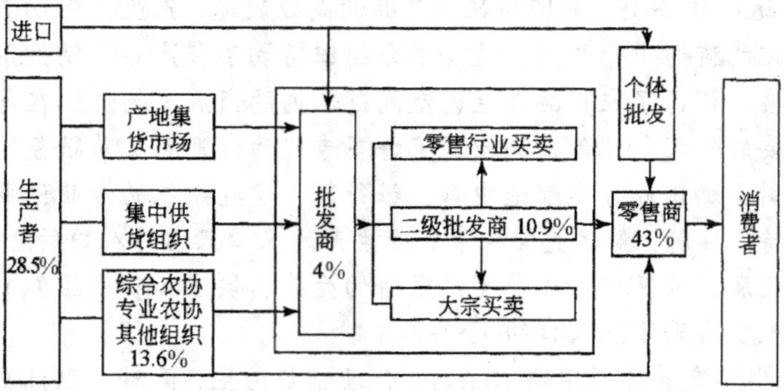

图3-12 日本农产品营销渠道主要结构形式（小林康平等，1998）

注：图中数据表示各渠道成员利润的分配比重。

1）渠道环节多，流通成本高。日本农产品一般通过两级或两级以上批发渠道后，才能把农产品转移到零售商手中。1971年日本修订《批发市场法》，从市场的设立、运营，到拍卖、销售，以及有关市场结构和机能等都做了严格的规定，这进一步确立了以批发市场为主的农产品流通渠道。

2）利润分配不均。日本较早制定了《零售法》，对从事零售的组织给予利益保证，从利润分配比重看，批发商为 4%、中间批发商为 10.9%、零售商为 43%、农协等为 13.6%、生产者仅为 28.5%。零售商为保证 43%的利润往往把终端价格抬得较高，因此，日本农产品市场零售价格是世界农产品市场中最高的价格。

3）渠道流通规范化、法制化、效率高。尽管流通环节多，但日本批发市场采用拍卖、投标、预售、样品交易，甚至同一产品两家机构同时拍卖，价格公开、公正。日本《市场法实施规则》规定到达批发市场的农产品必须当天立即上市，以全量出售为原则，禁止批发商作为中间商或零售商直接采购农产品，禁止场内批发商同场外的团体或个人展开批发业务等，使农产品批发市场流通效率高。同时，对收费做出规定，批发商除手续费以外不能接受其他任何报酬。

4）农协起着连接生产者和消费者的纽带作用。日本的农协除帮助农民销售农产品、购买生产资料外，还积极推广农业科技新成果，完善为农户服务的体系，农户只要生产出符合标准的农产品就能销出。农协还把当天的农产品销售价格通过传真机发给农户，这样农户可根据价格了解市场行情，掌握农产品的销售情况，及时调整种植结构。日本农协为农民提供的服务十分周到，除了指导农民采用农业科学技术和搞好农业经营和生产计划外，还为农民购买肥料、种子、苗木、生产机械等生产资料，指导农民改善生活，帮助农民购买食品、燃料等生活必需品，甚至还开展医疗保健、教育、旅游、社会福利、社会保险事业。可以说，日本农协为农民提供了微观的、细致的、深入农业各个环节的服务。

3．法国农产品营销渠道体系

法国的鲜活农产品流通也有一个比较完整的体系，它是由农产品生产者、农业合作社、加工企业、批发市场、超市、消费者这样一条完整的渠道链条连成的。

1）农业合作社在鲜活农产品流通中占有极为重要的地位。合作社将各类鲜活农产品收购上来，可以将农产品直接销售给加工企业、批发商和零售商，而一些有加工条件和能力的合作社也利用自己的技术、设备在对初级产品进行加工后销售。

2）法国国内的农产品加工企业大多与农业合作社有购销合同，当然他们也可以直接从农户手中收购，他们将收购上来的产品进行冷藏、分类、加工、包装，最后将制成品运送给批发商或大型超市。

（资料来源：李春成. 农产品营销渠道绩效评价与模式选择研究. 北京：科学出版社，2012.）

Ⅱ 设计篇

第4章 新设渠道

学习目标

1. 了解渠道结构设计的原则和流程
2. 掌握渠道设计的各种影响因素
3. 掌握渠道设计的服务需求分析和目标设定
4. 掌握渠道设计的内容
5. 掌握渠道设计方案的评估方法
6. 了解渠道构建的方法

引导案例

宏光公司面临的难题

赵一是宏光公司的市场营销部经理，这些天正为公司即将出台的一个新发展战略冥思苦想。宏光公司是三个志同道合的年轻人借着改革开放的春风，通过承包一家老的机械厂组建的。经过十几年的艰苦奋斗和锐意创新，宏光公司的拳头产品"酷酷仔"童车已闻名遐迩。尤其近两年来，"酷酷仔"童车在市场上人气正旺，卖得非常红火，销售额逐年攀升。童车性能安全、制作精良、造型富于变化、色彩鲜亮，深受幼童和家长们的喜爱。尽管公司"酷酷仔"童车的定价比其他童车高出 20%～30%，但市场上仍然呈现出需求旺盛的势头，2004 年"酷酷仔"童车的销售额占到中国童车市场 35%以上。

经过多年的市场积累，“酷酷仔”的品牌形象已经获得消费者较高的认同率，拥有了相当数量的忠诚顾客群。因此，公司决策层提出，利用“酷酷仔”品牌的优势，进军其他相关儿童产品领域——儿童服装。公司对“酷酷仔”童装的定位与童车相比，稍微偏高，针对的是年收入在5万~8万元的家庭。服装的内衣系列讲究材质和舒适度，外衣系列追求工艺精美和款式新颖。内衣定价比普通童装高出80%~100%，而外衣定价比普通童装高出100%~120%，属于中高档童装品牌。配合这样的产品定位，建立“酷酷仔”儿童服装的营销渠道网络的重任责无旁贷地落在了赵一身上。显然，对赵一来讲，首当其冲的问题是“酷酷仔”服装的销售是沿用“酷酷仔”童车现有的成熟的营销渠道，还是重新设计一套全新的营销渠道来完成“酷酷仔”服装的销售。

（案例来源：郭毅，梅清豪主编. 营销渠道管理. 北京：电子工业出版社，2001.）

📖 思考

1. 如果你是赵一，该如何解决目前的难题？
2. 解决这个难题应该先做什么？后做什么？

前面三章对渠道管理者所需了解的一些基础知识、渠道成员的特征及它们之间的关系（渠道结构）做了介绍。本章作为第二篇的首章接着讨论在这些知识背景下渠道管理者应该如何设计和选择合理的渠道结构。

4.1　渠道设计的含义、原则与流程

1. 渠道设计的含义

营销渠道设计（Marketing Channel Design）是指渠道管理者为实现分销目标，在对各种备选渠道结构进行评估和选择，从而创建全新的营销渠道或改进现有营销渠道的过程中所做出的决策。这个定义指出营销渠道设计的结果是开发新的营销渠道或修订原有的营销渠道；营销渠道设计是市场营销者所要面临的一项决策，它与营销组合的其他决策（产品、价格、促销决策）一样，是十分重要的。

需要阐明的是，除制造商外，批发商和零售商也都面临着营销渠道设计问题。对于制造商来说，对营销渠道设计的决策是顺渠道而下寻找市场；零售商则刚好相反，他们是溯渠道而上，以获得供应商；而批发商处于渠道的中间位置，对渠道设计的决策需要从两个方向着手，既要考虑上游的供应商，又要考虑下游的零售商。本教材主要从制造商的角度来讨论营销渠道设计的相关问题。

2. 渠道设计的原则

渠道结构设计需要遵循以下原则。

（1）畅通高效的原则

所谓畅通，是指营销渠道结构到达目标市场的程度。高效即较高的渠道效率，这是对

企业产品的流通速度和流通费用的要求。畅通高效原则要求不仅要让目标顾客在适当的地点、恰当的时间以合理的价格买到满意的产品，而且应努力提高企业产品的流转速度、降低渠道费用。畅通高效的渠道，可以在满足顾客便利购买需要的同时，降低企业的渠道费用，从而增加企业的赢利水平和竞争优势。

（2）稳定性原则

营销渠道对企业来说是一项战略性资源，它一经建立，就对企业的整体运作和长远利益产生重要的影响。因此，应从战略眼光出发，考虑营销渠道的构建问题。渠道建立之后，不可轻易改变，尤其要注意渠道应具有一定的稳定性。此外，渠道还需具有可以进行小幅度调整以适应经营环境变化的弹性。调整时，应综合考虑各个因素的协调一致，使渠道始终在可控制的范围内基本保持稳定。

（3）发挥优势原则

企业的竞争优势可以体现在许多方面，如成本、技术、财务、管理、渠道等。在设计营销渠道时，要注意考虑是否有利于企业利用其竞争优势。从营销方面看，设计渠道时还应将渠道与产品、价格、促销结合起来，增强营销组合的整体优势。

（4）协调平衡原则

在设计渠道时，企业不能单纯追求自身利益最大化，而忽视甚至危害了其他渠道成员的利益。保障其他渠道成员的渠道利益是渠道成功的前提，渠道成员之间的合作、冲突、竞争关系也需进行协调。

3．渠道设计的流程

渠道设计的流程是：渠道设计必要性确认、分析影响因素、确定渠道目标、设计渠道结构、评估选择渠道设计方案、选择渠道成员和明确渠道任务。

渠道设计的必要性在于：营销渠道设计包括设计全新的营销渠道或改进现有的营销渠道这两种情形。当出现以下三种情况时，企业需要从零开始设计全新的营销渠道结构。

1）公司刚成立时。如上海通用汽车公司创建之时，即面对渠道设计的决策。

2）建立合并或购并后产生一个新公司时。

3）公司进军一个全新的目标市场时。比如海尔公司开辟海外市场、进军欧洲时就必须考虑欧洲市场的渠道结构选择问题。

什么时候需要对现有渠道结构给予改进？大体存在以下两种情况。

（1）由于公司内部因素调整

1）企业战略发生变化时，如美孚加油站在致力于一项新的渠道战略——向优质顾客提供服务营销渠道战略时，就面临着如何改进现有营销渠道来实现渠道目标的决策。

2）现有渠道对新开发的产品不适合时，如引导案例中，宏光公司开发了新产品“酷酷仔”服装，就应该考虑如何对现有“酷酷仔”童车渠道进行改进，以完成“酷酷仔”服装的销售。

3）将现有产品投入到新定位的目标市场时，如对已在工业市场销售的产品，现拟投放到消费品市场中。

4）对营销组合的其他内容做出重要变革时，如因公司由中档产品双向延伸至低档产品和高档产品。

5）对现有渠道检查和评估时发现现有渠道存在问题后，则修改现有渠道就成为必要之举。

（2）由于公司外部的原因

1）适应分销商的改变，如果分销商已经开始强调自已的品牌，那么制造商就可以寻找其他更能积极推介本公司产品的新的分销商。在这种情形下，注意区分渠道结构再设计和渠道成员再选择的差异，如调整只涉及一些同类性质的渠道成员的更换，这仅仅是渠道成员的再选择，而一旦涉及渠道等级、渠道成员类型的改变，就属于渠道结构再设计问题。

2）遇到渠道方面的冲突或面临渠道中其他问题的挑战。比如，在某些情况下，矛盾冲突可能很激烈以至于不改变渠道模式就不可能解决；若制造商失去了分销商的支持，就需要设计一个全新的渠道，而且角色变换与沟通困难可能使渠道管理者必须考虑重新设计渠道。

3）商业经营业态的发展，迫使公司根据趋势考虑选择更有效的分销商类型。如随着城市大卖场的蓬勃发展，百货零售业态的相对萎缩，使某些商品如食品、日用消费品等的销售必须考虑调整渠道结构。

4）面临来自经济、社会文化、竞争格局、技术进步或法律条文等大环境的改变，需要做出渠道结构的调整。

4.2　渠道设计的影响因素

营销渠道结构设计关系企业的生存与发展。渠道模式既必须适应变化的市场环境，又必须以最低总成本传送重要的消费者信息，最大限度地令顾客满意。要达成这个目标，首先就必须对目前营销渠道的状况、覆盖的市场范围及公司的绩效、面临的挑战等信息有一个清醒的认识和准确的把握。

1. 企业渠道现状分析

企业渠道现状分析主要有以下几个方面：

- 弄清企业战略目标、营销目标、分销目标及其与现有渠道的匹配程度。
- 了解外界环境（宏观经济、技术环境、行业集中程度、产品所处的市场生命周期和消费者行为等要素）对营销渠道结构的影响。
- 通过对企业过去和现在营销渠道的分析，了解企业以往进入市场的步骤、各步骤之间的逻辑关系及后勤销售职能、公司与外部组织之间的职能分工、发现现有渠道系统的问题与原因。

2. 竞争者渠道状况

分析竞争者渠道状况，即分析主要竞争者如何维持自己的市场份额、如何运用营销策略刺激需求、如何运用营销手段支持渠道成员等。具体列出这些资料，以便了解主要的竞争对象并制定竞争策略。

基于竞争的渠道设计有三种选择。一是对抗型渠道战略，“你到哪儿，我就跟到哪儿”，如“两乐”的竞争。二是共生型渠道战略，同样采取“你到哪儿，我就跟到哪儿”的思路，但不以击倒对方为目标，相反却经营同类产品供顾客选择或经营相关产品以求互补。三是规避型渠道战略，采取“避实就虚”手法，避开对手锋芒，寻找市场空白点，专找别人做不了或不愿意做的市场进行开拓，这类企业往往成为渠道的开拓者。

在上述背景研究的基础上，再具体分析市场、产品、企业、中间商等因素对渠道结构的影响。

3. 消费者特点

消费者或市场是渠道结构设计中最为关键的因素，这里对有关消费者因素的几个主要方面进行简单描述。

1）消费者数量。无论消费品市场，还是工业品市场，消费者数量的多少是企业决定是否采用中间商的一个重要因素。消费者数量多，对于有限的企业分销能力来说，要满足消费者的需求存在相当大的困难，因此，企业可以考虑使用中间商。相反，当消费者数量比较少时，则可以考虑直接渠道。

2）消费者集中度。消费者集中度指消费者在地理空间上的分布密度，也称为人口的地区密度。市场比较集中时，可以采用直接渠道；反之，市场分散时，则需要采用中间商进行销售。

3）购买行为。购买行为体现在很多方面，比如购买批量、购买频率、购买的季节性和购买的介入程度等。以下是企业在进行渠道结构设计时的一些原则：

- 购买批量。购买量越大，单位分销成本越低，因此可以考虑短渠道。相反，消费者购买批量越小，越需要利用长渠道。
- 购买频率。购买频率高的产品，需要通过中间商来销售。
- 购买的季节性。季节性强的产品，生产制造商很难在短时间内达到较高的铺货率，而且在淡季会造成渠道闲置浪费，因此，应使用较长的渠道来分销。
- 购买的介入程度。介入程度高时，可选用短而窄的渠道；反之选择长而宽的渠道。

4. 产品特点

产品的特点对于营销渠道的设计也有很重要的影响。以下是渠道结构设计时，经常要考虑的产品特征及其决策原则：

- 产品的技术性。产品的技术性越强，渠道应越短，因为这样有利于企业提供良好的售后技术服务。

- 产品的易腐性。易腐（如蔬菜、海鲜）及保质期很短（如奶制品、熟食品）的产品宜采用较短的渠道，这样可减少中转过程而不至于使产品变质或失效。
- 产品的时尚性。时尚性强的产品采用短渠道可以缩短流通时间，从而加快进入市场的速度。

单位价值。单位价值低的产品，如消费品中的便利品和工业品中的标准件，其营销渠道可以适当长些。但对于体积大而价值低的产品，不宜采用长渠道。

产品的标准化。高标准化产品应该比低标准化产品使用更长、更宽的渠道。而标准化低尤其是定制的产品顾客数量少，可以采用直接渠道。

5. 企业因素

在设计营销渠道时，还需要考虑下列企业自身的因素。

1）控制渠道的愿望：短而窄的渠道容易控制，长而宽的渠道难以控制。

2）规模及能力：企业规模大、实力强时，对渠道模式就具有更大的选择余地，可以考虑采用直接渠道，也可利用中间商。而中小企业则常常必须依赖中间商来经销其产品。

3）企业产品组合：具有很多产品线的大型企业，往往可以直接向大型零售商供货，而产品种类少、规模小的企业则不得不依靠批发商和零售商来销售其产品。此外，产品组合的关联度高，往往可以利用同一营销渠道；而产品组合关联度低，则常常需要对不同产品线设计不同的营销渠道。

6. 中间商因素

在考虑中间商因素时，渠道结构设计者应着重研究下列三个方面。

（1）可得性

考虑中间商的可得性需要提出两个问题：一是在现有中间商中是否存在可以经营本企业产品的中间商？二是如果存在，他们是否可以有效地经营本企业产品？在缺乏中间商的情况下，企业不得不建立自己的销售渠道；而在存在中间商但现有中间商又不能有效地销售产品的情况下，企业也要考虑建立直销渠道。

（2）成本

利用中间商的成本如何是评价渠道的重要方面。如果采用某类中间商而使得企业承担过高的费用，在设计渠道时就可以考虑不采用这类中间商。但是，要注意不能把成本因素看得过重而忽视了渠道目标。过分看重成本是渠道结构设计的一个误区，它可能导致企业倾向于利用成本最低的中间商，而使得产品不能有效覆盖市场和提供必要的服务，从而造成顾客的不满和销售不力。最好能够以渠道效率为标准在成本和渠道目标之间求得适当的平衡。

（3）服务

在选择中间商类型甚至渠道长度时，常常涉及中间商可以为顾客提供的服务。考察中间商的服务情况，就是比较中间商所提供的服务与顾客对中间商服务要求之间的关系。如果二者相当，或者在不增加成本的情况下，中间商的服务水平高于顾客的期望，企业对这类中间商的服务评价应该是正面的。然而，中间商所提供的服务常常与成本（最终反映为产品的零售价格）有关。因此，服务评价应与成本评价结合起来。

图 4-1 所示为影响营销渠道结构设计的因素。

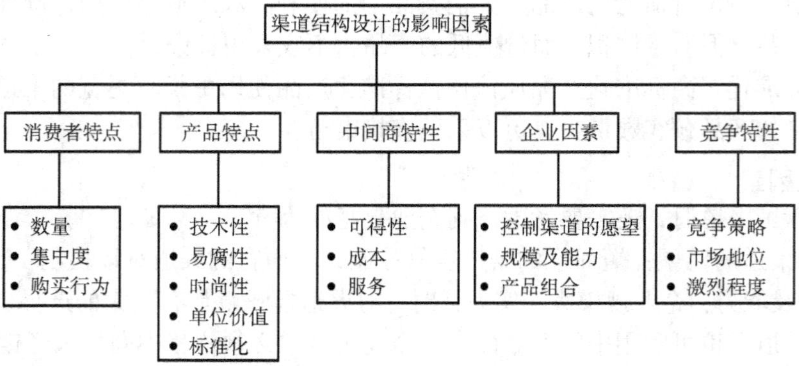

图 4-1　影响营销渠道结构设计的因素

4.3　建立和协调渠道目标

分销目标主要是指在顾客渠道需求与企业成本之间的均衡与协调。

1. 顾客目标

营销渠道不仅仅是一个产品的销售渠道，也是一个服务的提供渠道，渠道成员为产品提供一系列的附加服务，正是这些附加服务的提供，才能使消费者对产品的购买和消费行为真正得以实现。

渠道成员提供给终端顾客的增值服务称为服务产出（Service Outputs）。按照路易斯·P·布克林的分类，服务产出分为以下类型。

（1）批量拆分（Bulk-Breaking）

产品或服务基本是大批量制造的，但终端顾客可以以他们想购买的数量购买产品或服务，其原因是渠道提供了批量拆分服务。

批量是顾客在购买过程中，营销渠道为其提供的一次购买的产品的最低限量。营销渠道提供的批量拆分服务水平越高，终端顾客的一次性购买量就可以越小，而能够允许终端顾客少量购买，顾客就不需要购买存货。

渠道提供高批量拆分的服务水平，承担了储存成本、资金成本、管理成本等，顾客获得高批量拆分水平的服务，相应地，应该为其付费。这就是批量拆分服务水平高的终端商品高定价的原因，如零售店比批发店商品定价高。而超市中的大包装和小包装的同一产品，单位产品价格大包装要低，因为大包装和小包装在包装成本、货架空间、仓储、收银台成本等方面的成本相差无几，但分摊到单位产品的成本就有了很大差异。如果终端顾客大批量地购买就等于承担了资金和储存成本，商品定价应该相应较低。

（2）空间的便利性（Spatial Convenience）

空间的便利性指营销渠道为顾客购买产品所提供的空间上的方便程度。批发和零售市场越分散，空间的便利性就越强。空间的便利性可以降低消费者的交通成本和搜寻成本，如便利店、自动售货机销售都能够给顾客提供很大的空间便利性。同样，顾客也需要为获得的空间便利性付费，这就是为什么在大超市购买商品价格便宜，而在便利店购买商品价格贵的原因。

（3）等待时间（Waiting Time）或递送时间（Delivery Time）

等待时间指顾客在订购商品以后等待获得货物的平均时间。通常，终端顾客愿意等待的时间越长，价格就越低。目前绝大多数商品是现货交易，制造商需要在顾客购买前，将商品提前生产、放到货架上，为顾客提供高水平的递送服务。但这时制造商需要提前生产，承担储存、资金等成本及承担市场风险，所以现货交易的商品价格相对较贵。有些商品的制造商是获得订单以后再生产，则减少了商品储存、资金占用成本，以及市场风险，因此商品定价可以较低，但顾客等待时间较长。因此，顾客愿意等待的时间越长，价格就越低。

递送时间到底多长才算合理？这实际是根据渠道总成本最小化原则来确定的。因为不论这个成本是由厂商来承担，还是由顾客来承担，最终都要由顾客承担。因此顾客与企业的目的应该是一致的：渠道总成本最小化。

递送时间和渠道成本的关系如图 4-2 所示。

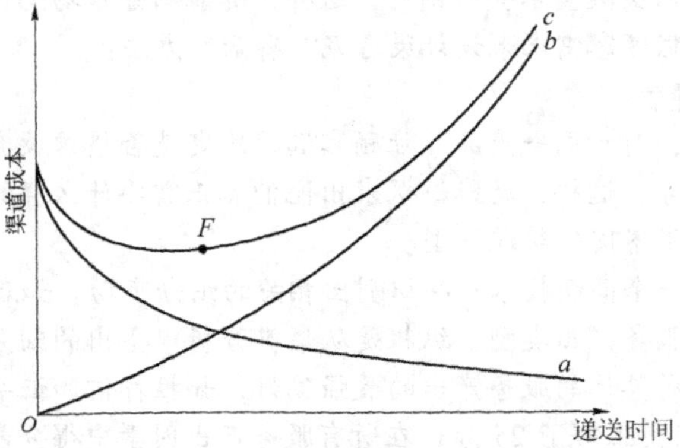

图 4-2　递送时间与渠道成本关系图[①]

曲线 a 显示制造商把产品送到终端顾客手中的成本与所需递送时间的函数关系。允许

① 科兰，安德森，等. 营销渠道. 第 6 版. 北京：电子工业出版社，2003.

的递送时间越长，制造商可以使用的递送方法的成本越低。曲线 b 表示终端顾客的商品持有成本与递送时间的函数。当递送时间很短时（非常快的递送），终端顾客没有存货成本。随递送时间的增加，终端顾客必须进行推测并在商品用完之前预先购买“安全存货”，因此，他们的存货持有成本会上升。

曲线 c 是某一特定递送时间下渠道和终端顾客获取产品的成本之和。由于最终由终端用户支付所有的渠道成本，包括渠道成员的利润，因此，应该寻求使存货总成本最低的方法。

即图中的 F 点，F 点能够使提供特定的递送时间的渠道总成本最小化。

（4）花色范围（Breadth of Assortment）或产品品种（Product Variety）

指渠道提供给顾客的商品花色、品种数量。花色范围越广，产品品种越多，渠道的产出水平就越高。一般来说，顾客希望有较多的花色、品种供选择，这样更容易买到称心如意的商品。而商家为了实现“总有一款适合您”，提供商品的花色、品种越多，整体分销成本会越高，因为更多的品种导致更多的库存及其他成本。

（5）服务支持

指分销渠道为顾客提供的附加服务，如信贷、配置、安装、维修、担保等。分销渠道的服务支持越多，渠道工作量越大，顾客的花费也越大。

特别关注

知道了顾客的渠道需求并不意味着有了现成的渠道。如果我们问顾客：你喜欢什么样的渠道、什么样的终端？顾客一定会答：我要的是离我最近的、等待时间最短的、花色品种最全的、购买数量不受限制的，这样，你能细分市场吗？你能提供这样的渠道吗？那么如何根据顾客需求来设计渠道呢？有两种办法：

1. 常数总和量表

其基本思路是：对于同一产品，让顾客选择决定是否愿意放弃一种渠道服务从而获得另一种渠道服务，这样，就能够探求出他们真正需要什么样的服务产出，然后为不同的细分市场提供不同的渠道类型。

例如，如何为一个高新技术产品识别出相关的细分市场。如表 4-1 所示，表格的左边列出了相关的服务产出类型，纵栏是从聚类分析中得出的细分市场。每个细分市场名称显示了对该种具体的服务产出的最强偏好，如推荐信和证书市场在服务产出的“推荐信和证书”因素上给了 25 分，在所有服务产出因素中得分最高，即在该细分市场中，购买者对“推荐信和证书”的需求最为强烈。表 4-1 列出了 4 个细分市场，当然也可以按照服务产出的要求列出更多的细分市场。

表 4-1　一项高新技术产品的 B—B 渠道细分市场①

被调查者按照重要性程度对下列供应商提供的服务产出项目进行打分（各项分数和为 100 分）

可能的服务产出	最低总成本市场	响应性售后支持市场	全服务关系市场	推荐信和证书市场
推荐信和证书	3	4	6	25
财务稳定性与长期性	4	4	5	16
产品描述与检验	11	10	8	20
主动的建议与咨询	10	0	8	10
决策过程中的响应性辅助	14	9	10	6
一站式解决方案	4	1	18	3
最低价格	32	8	8	6
安装和培训支持	10	15	12	10
售后解决问题的响应	8	29	10	3
与供应商的持续关系	1	11	15	1
总计	100	100	100	100
占被调查者的比例	16%	13%	61%	10%

根据细分市场的类型，所提供的相应的渠道设计类型如图 4-3 所示。全服务细分市场可以通过两个渠道为其提供最好的服务：增值再售商和经销商。他们能够提供特定的较高水平的服务产出；最低总成本细分市场可以通过外包大部分渠道功能给第三方的方式来提供合适的服务和降低成本。响应性支持细分市场可以运用经销商渠道、电话营销渠道，增加更多的内部支持。推荐信与证书细分市场可以通过电话营销渠道，增加利用行业协会、重大活动及知晓度等努力，提供渠道价值，同时增加内部支持。

运用常数总和量表方法来细分市场设计渠道应注意两个问题。

1）某一细分市场中，其他因素也十分重要。如最低总成本细分市场中，被调查者对最低价格的评价是“32”，对“产品描述和检验”的评价是“11”，对“安装和培训”的评价是“10”。因此渠道设计时，这些因素都要考虑进去。

2）相对权重和绝对评价应该结合使用。常数总和量表是一种相对评价，它不能反映终端顾客对服务评价的绝对水平及愿意付费的情况。如在全服务细分市场中，对“安装和培训支持”评价是 12，而在推荐信和证书市场中，对“安装和培训支持”的评价是 10，但这并不能说明全服务市场中的顾客“安装和培训支持”服务的付费会大于推荐信和证书市场中的顾客。因此，在实际的渠道设计中，要考虑终端顾客对服务产出评价的绝对数和愿意付费的情况。

① 科兰，安德森，等. 营销渠道. 第 6 版. 北京：电子工业出版社，2003.

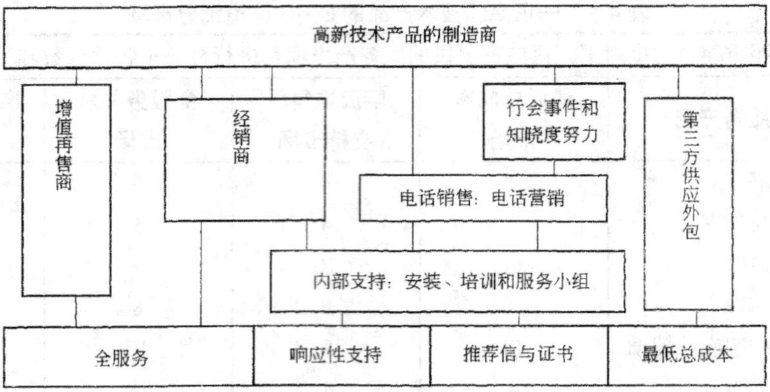

图 4-3 销售该项产品的理想渠道系统[①]

2. 动态跟踪顾客需求

渠道与消费者购买行为的匹配由 3 个基本步骤组成。

（1）认识消费者的渠道偏好

开展顾客渠道偏好调查，最好的顾客渠道偏好调查应涵盖不同细分市场的客户。可以用表 4-2 来询问顾客。

表 4-2 顾客渠道偏好调查

渠道	已采用的购买方式	有可能采用的购买方式	绝不会采用的购买方式	销售代表
电话				
因特网				
分销商				
零售商店				
超市				

调查中还可以向客户了解一些他们对渠道趋势的看法，如“从贵公司购买的产品和服务的角度看，您认为什么样的渠道代表了未来的发展方向？”类似的问题使消费者做深层次的思考，其结果是经常产生一些该行业中渠道长期发展趋势的有价值的信息。被调查的客户应包括三类：现有客户、竞争对手的客户和产业外客户。相关产业现在都采用什么渠道？是否有一些新的动向？其他行业的一些渠道创新的方式是否可能为己所用等。客户渠道偏好对渠道选择以及运营结果都能产生本质性的影响。

（2）考虑顾客的关键购买准则，提供灵活的渠道选择

从一定意义上说，一种渠道就是一种产品。亚马逊出售的什么产品使它拥有竞争优势呢？是书吗？事实上不是，它的对手卖的是一样的书；是渠道！它出售的是便利

① 科兰，安德森，等. 营销渠道. 第 6 版. 北京：电子工业出版社，2003.

和自我服务。在构建新的渠道机会时，重要是分析顾客真正需要的是什么，即顾客的购买准则。顾客购买准则就是他们购买产品时所在意的东西及其优先级别。这就是大多数领先渠道战略的来源：把渠道选择和顾客购买的根本性原因紧密结合。表 4-3 是一个顾客购买的十条准则与渠道能力结合的情况。

表 4-3　渠道与顾客购买准则的结合

	直接销售队伍	分销伙伴	零售商店	呼叫中心	因特网
专家建议培训	√√√ √√√	√√ √√√	√√ √√	√ √	√ √
按要求定制交货的灵活性	√√√ √√	√√√ √√√	√ √√	√√ √√√	√ √√√
订货速度/容易性自我服务	√ √	√√ √	√√ √√	√√√ √√√	√√√ √√√
现场安装本地技术支持	√√ √√	√√√ √√√	√√ √√√	√ √	√ √
最低的价格每周 7 天每天 24 小时的支持	√ √	√ √	√√ √	√√ √√√	√√√ √√

√√√：最好的结合；√√：可以应用；√：不经济或不适合

不同的用户，他们的购买准则的侧重也不同，所以应该为他们提供不同的选择。例如对于 PC 购买者来说，看重品牌和售后服务的客户愿意到商场购买，而重视价格的人会愿意到电子市场中去讨价还价。所以，需要给客户提供相应的选择机会，如果客户觉得自己没有别的方式可以选择，他会觉得自己受到限制，客户满意度也会大打折扣。

（3）监控顾客购买行为的变化

我们需要随时监控顾客购买行为和准则的变化，例如，以前用户不会在网上和超市购买高端服务器，但随着他们对产品的认知和了解程度的提高、对技术程度把握的加深，客户的购买行为也会慢慢发生改变。错误地估计客户行为和渠道偏好，没有及时调整以降低渠道成本的公司是危险的。如果你的利润下滑，或者营业额下滑，它们可能就是一个明显的暗示。

总之，客户与渠道的结合是成功渠道战略的基础。要做到良好地契合客户购买的行为和渠道偏好、了解现有的渠道状况是否有创新的需求；抓住客户的关键购买准则之后，选择合适的渠道与它们结合；随时监控客户的购买行为变化，以便跟上时代的发展。

2．企业战略目标、营销目标与渠道目标

企业战略目标是公司在内外部环境分析基础上，为获得战略竞争力和超额利润而制定的总体发展目标。

营销目标是企业进行各项营销活动欲得到结果的规范化表述。它一方面提出企业营销活动追求的结果，另一方面也是营销部门为了实现企业的发展目标而必须完成的任务。

渠道目标即按渠道或地区划分的企业的销售目标。下述示例给出了吉利公司 2011 年销售 50 万辆整车的销售目标。这一销售目标既是吉利公司 2011 年的发展目标，也是吉利公司 2011 年的营销目标。

小链接

吉利公司 2011 年的销售目标

浙江吉利控股集团有限公司是一家民营轿车生产经营企业，始建于 1986 年。经过 20 多年的建设与发展，在汽车、摩托车、汽车发动机、变速器、汽车电子电气及汽车零部件方面，吉利取得了辉煌的业绩。1997 年进入轿车领域，凭借灵活的经营机制和持续的自主创新，取得了快速的发展。

2010 年，吉利的品牌形象、产品形象、社会形象得到显著提升。全年整车销售达到 41.5 万辆，不仅突破了年初 40 万辆的既定目标，而且还成功收购了沃尔沃品牌，开创了吉利发展的新局面，使得吉利的战略转型取得了阶段性成果。

2010 年 12 月末在吉利集团总部杭州召开的年度经营工作会议上，集团总裁杨健为吉利新一年的工作提出了发展规划。根据这一规划，在 2011 年，吉利集团要开始“两个转变、两个调整”，即从“国际化战略”向“全球化战略”转变，深化“技术吉利”，努力向“品质吉利”转变；从“快速发展”调整到“稳健发展”，从“产品线管理”调整到“品牌线管理”，把吉利打造成产销规模超千亿元、具有国际影响力的世界 500 强企业。

根据这一发展思路，在市场营销方面，2011 年吉利集团要继续完善三大子品牌的定位和产品布局，形成各品牌鲜明的产品特性和特征。在营销手法上，吉利未来将努力创新与探索汽车租赁、汽车金融、电视购物等新业务，完善二手车交易、汽车精品销售方式。服务上推进服务站现场督导管理，加强市场监控程序。在海外战略方面，2011 年吉利集团设定了加快国际贸易向全球化营销的转型战略，搭建海外营销组织框架，加快重点市场销售服务网络发展步伐，加强新市场开拓力度，加快丰富海外销售产品线的整体规划，并按照全球化战略规划，推进吉利全球化布局，确保实现全年产销同比增长不低于 18%的营销目标。为此，吉利集团 2011 年的销售目标为 50 万辆。

为达到上述目标，吉利集团 2011 年的战略规划实际上包括了全球化的企业发展战略、品牌战略和产品战略及全球化的采购、供应、物流、营销、服务、质量管理、人力资源、信息化管控等体系建设；通过兼并、重组、合作等方式，重点以六大新兴经济区、十大发展中国家和地区为重点市场。在海外营销方面，2011年吉利集团要积极准备进入欧美等发达市场，建立以整车为主，CKD、SKD为辅的全球生产、销售、服务网络，实现全球研发、全球制造、全球营销。

在技术研发方面，2011年吉利集团将启动一些新车型项目，并确保这些项目与动力总成项目及DS1自动变速器的各匹配项目等研发按计划顺利完成。未来，吉利还要继续加大各项技术的研发，特别是继续加大新能源汽车技术、汽车智能化技术、汽车安全技术、节能环保技术的研究及合作应用，力求把安全技术打造成吉利汽车的鲜明特征。

（资料来源：曾才豪. 吉利2011年战略目标确定. 中国工业报. 2011.）

然而，营销部门需要将这一销售目标按业务单位（如吉利的品牌）和销售区域分解。比如，根据吉利公司的网上资料，吉利集团现有吉利自由舰、吉利金刚、吉利远景、上海华普、美人豹等8大系列30多个品种的整车产品。为简便起见，我们假设吉利将其分为A、B、C、D、E、F六个业务单位，而且这六个业务单位覆盖了甲、乙、丙、丁四个区域。2011年，为了完成公司50万辆整车的年销售目标，六个业务单位分别需要完成25万辆、10万辆、5万辆、5万辆、2.5万辆和2.5万辆整车的销售。表4-4显示了六个业务单位在不同区域的销售目标。其中，有一些业务单位的产品还没有进入某些区域市场，所以这些业务单位与这些区域市场的交叉格内是空的。

表4-4　按业务单位和销售区域分解的营销目标　　单位：辆

地区	企业发展目标：年销售整车50万辆					
	A	B	C	D	E	F
	25万	10万	5万	5万	2.5万	2.5万
甲	10万	5万	—	2.5万	—	—
乙	10万	2.5万	2.5万	—	—	2.5万
丙	2.5万	2.5万	—	2.5万	2.5万	—
丁	2.5万	—	2.5万	—	—	—

3. 顾客目标与企业目标的协调

营销渠道的顾客目标和成本目标需要进行协调，要处理好两方面的关系

（1）利润指标应服从于顾客需求的满足

假如企业在设计营销渠道时，一味地注重长期利润的最大化，忽视目标顾客服务需求的满足，会使营销渠道受阻。

乐凯胶卷在与富士、柯达的竞争中处于不太有利的地位。重要原因之一在于过于重视成本利润的因素，而未能适当地满足目标顾客的服务需求，即未能保证顾客使用时的纠偏能力和冲洗后的高质量，最终导致一些顾客丧失了购买乐凯的兴趣。相反，富士、柯达在

设计营销渠道时，着眼于满足顾客的各种服务需求，花费大量的资金用于扩充专卖店的建设，消除顾客购买、使用及冲印的后顾之忧，反而使营销渠道畅通，带来大量利润。

（2）寻找两个目标的结合点

企业在设计营销渠道时，一味地强调提高营销渠道的服务产出水平，同样会将营销渠道的设计引入歧途。原因有二：一是可能造成营销渠道阻塞。服务产出水平影响着分销成本，进而影响着产品价格。尽管从一般意义上来说，服务产出水平越高，销售额可能越大，但是服务产出水平过高，无疑会使整个渠道的分销成本费用大大增加，最终反映为产品价格的上涨，顾客就有可能放弃购买。集贸市场、仓储超市、折扣商店都没有很高的服务产出水平，但却提供了对顾客有吸引力的低价，一样渠道顺畅。二是可能造成微利或无利。服务产出水平过高，分销成本加大，如果不通过提高价格来弥补成本，企业就有可能亏本。

因此，满足目标顾客的服务需求，并非使营销渠道的服务产出水平达到最高。不同的细分市场，有着不同的服务需求，有的目标顾客喜欢花更多的钱来享受更高的购买服务；有的目标顾客则喜欢花较少的钱来享受较低的购买服务。正确的做法是寻找到满足需求目标与利润目标的最佳结合点，即设计出的营销渠道服务产出水平与目标顾客需求一致的前提下，每项分销成本的增加必须带来更大的销售额。

4.4 渠道结构决策

一般来说，分销职能是由生产厂商、经销商、代理商、辅助商以及顾客等共同来完成的。他们一起组成了生产厂商所生产的产品的分销系统，联合起来把产品从生产厂商手中转移到消费者手上，满足消费者需要。可以说，分销系统是为某个生产厂商的商品执行分销职能的一种市场化的合作组织。

企业要根据市场和行业竞争的情况，设计出适合自身情况、符合企业目标的分销系统。在这一系统中，企业要把处于价值链不同环节的各自独立的生产商、经销商、零售商组织起来，通过构建一种相对稳定、谋求双赢的伙伴关系，对他们进行科学而合理的分工，使之成为一个有机整体。当然组成企业分销系统的渠道可能不止一条，不同渠道之间通过相互补充和配合形成一个包括多种渠道形式的网络系统，来共同满足市场需求，从而完成企业的分销任务。

分销系统的设计方案分析应包括以下几方面。

1. 采取长渠道还是短渠道

即准备通过多少流通环节将商品销售出去。其决定因素主要在于生产和消费在空间及数量上的差异性（见表 4-5）。对于集中生产、分散消费的商品（如日用品）应采用长渠道，而对于分散生产、分散消费且产销的空间距离又较大的商品（如产销异地的农产品），所采用的渠道会更长。

表 4-5　影响渠道长度选择的主要因素

影响因素		长渠道（多级）	长渠道（一级）	短渠道（零级）
产品因素	体积、重量	小、轻	中等	大、重
	易腐性	不易	中等	容易
	单位价值	低	中等	高
	规格	规格化	中等	非规格化
	技术特性	低技术性	中等	高技术性
	生命周期	旧产品	中等	新产品
	耐用性	差	中等	强
市场因素	规模	巨大	适中	狭小
	聚集特点	分散	中等	集中
购买行为因素	顾客购买量	少量	中量	大量
	顾客购买季节性	随季节变化	中等	无季节性
	顾客购买频率	高频率	中频率	低频率
	顾客购买探索度	不探索	两可	探索后购买
企业因素	规模	小	中等	大
	财务状况	财力弱	中等	财力强
	渠道管理能力	低	中等	高
	渠道控制度	低	中等	高
	对顾客了解程度	低	一般	高
中间商因素	利用的可能性	容易	中等	困难
	利用成本	低	中等	高
	提供服务	好	一般	不好

2．采取密集型渠道还是选择型或独家型渠道

选择密集分销、选择分销还是独家分销，其决策主要应考虑商品的特性是属于日用品还是属于选购品、特殊品（见表 4-6）。一般情况下，购买越是频繁，越应增加中间商的数目。

表 4-6　影响渠道宽度选择的主要因素

影响因素		密集型分销渠道（宽渠道）	选择型分销渠道（中宽渠道）	独家型分销渠道（窄渠道）
产品因素	体积、重量	小、轻	中等	大、重
	单位价值	低	中等	高
	规格	规格化	中等	非规格化
	技术特性	低技术性	中等	高技术性
	售后服务	不需要	一般	必要
	需仓库投资	差	居中	强

续表

影响因素		密集型分销渠道（宽渠道）	选择型分销渠道（中宽渠道）	独家型分销渠道（窄渠道）
市场因素	市场规模	巨大	适中	狭小
	市场聚集特点	分散	中等	集中
购买行为因素	顾客购买量	少量	中量	大量
	顾客购买季节性	季节性强	中等	季节性不强
	顾客购买频率	高频率	中频率	低频率
	顾客购买探索度	强	中等	弱
企业因素	渠道长度	长	短或长	短
	销售区限制度	弱	一般	强
	渠道控制度	弱	中等	强

3. 采取一种渠道模式还是多种渠道模式并用

这里涉及两个决策问题：一是用相同分销渠道销售不同商品，还是用不同分销渠道销售不同商品；二是用一类分销渠道还是用多类分销渠道销售某种商品。

对于前者，其要害在于企业产品线中的产品关联度，关联度大的可采用相同分销网络销售不同商品；相反，对于实施多角化战略、企业产品关联度不大的情况，则应考虑使用多种分销渠道。此外，也可以对大客户采取直接渠道销售，而对中小客户通过中间商来进行分销。还可以在不同的地区运用不同的渠道设计。对成熟市场区域可以由经销商负责，而对新开辟的市场则由厂家的销售代表首先来进行开拓。使用多种渠道模式，所应考虑的是企业处理多种分销渠道矛盾冲突的能力。多分销渠道并存会引起矛盾冲突，致使分销网络成员不愿积极努力。因此采用多渠道策略时企业必须采取一系列措施防止渠道冲突。比如给不同渠道提供不同品种或不同品牌；明确定义各分销渠道的销售区域；加强或改变分销渠道的价值定位；或通过年终政策加以控制等。

4. 是把商流与物流一体化，还是把它们分开

厂家无论使用哪种类型的分销网络，都必须在一定程度上负责组织向中间商或最终消费者供应实体产品，即完成商品实体分配。实体分配，也就是通常所谓的“物流”。如企业的实力强，渠道控制能力强，可实行一体化策略。当然企业也可选择社会性物流渠道，如各种物流中心、配送中心，把商流渠道和物流渠道分开。如美国的埃伯特制药公司为 3M 公司提供后勤供应服务，为后者储放和运送它的医药产品到美国的各个地方。

4.5 渠道结构模式的评估与选择

在对渠道结构做出决策即形成几个渠道方案后，要对这些方案进行评估。对渠道结构模式评估的内容主要有三方面，即经济性评估，可控性评估和适应性评估。

1. 经济性评估

经济性评估基本思路是评估渠道销售量，评估渠道成本，然后进行比较分析，选择最佳渠道模式。这里先介绍经济性评估的基本方法，然后介绍经济性评估的具体方法，如投资收益率法，费用率法等。

（1）经济性评估的基本方法

1）评估销售量：决策树法。对不同渠道结构模式可能产生的销售量进行评估，如直接渠道、利用中间商销售和第三方渠道，哪种方式可以产生更多的销售量？在利用中间商销售方式下，哪种分销模式能够产生更多的销售量？在直接的销售模式下，企业的销售力量只销售本企业的产品，而且了解本企业的产品特点和使用方法，能够更细致地进行产品宣传和服务，有时顾客更愿意与企业人员直接打交道，因此，企业的直销力量在推动销售量增长方面有特殊的优势。但从另外一个角度看，由于中间商销售网络覆盖面大，销售人员多，销售的产品种类多，可选择性强，在销售中更能够坚持等原因，使中间渠道有时在扩大销售量方面更有力量。由于不同的渠道结构模式所产生的销售量有多种可能性，有时需要借助于规范化的分析工具来帮助决策，决策树分析就是一个可行的工具。

决策树分析是在不同行动方案之间进行交替选择的一个逻辑推理结构，这种逻辑推理结构通常用一个树形图形象地加以表示，如图 4-4 所示。

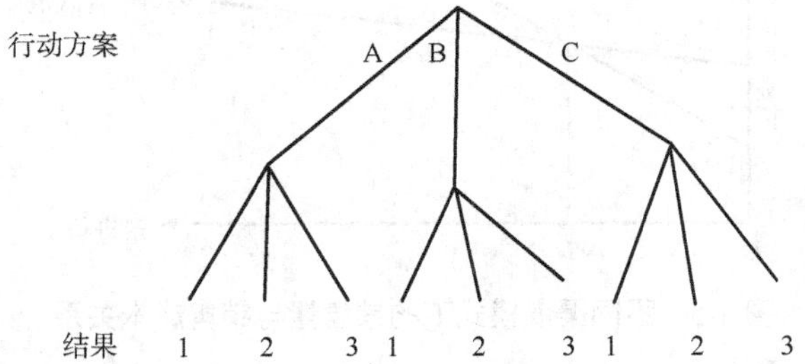

图 4-4　决策树的基本模型

构建决策树图的基本步骤是：第一步，找出行动的可行方案；第二步，列出每个行动方案的可能结果；第三步，估计出各个行动方案与其结果可能组合的收益值；第四步，指定每个特定行动方案可能产生不同结果的概率；第五步，将可能产生最合乎理想结果的行动方案挑选出来。

利用决策树来分析不同渠道模式的销售量可以按以下步骤进行。

第一步，销售模式的行动方案有三种：直接渠道、中间商间接渠道和第三方渠道。

第二步、第三步，这里每个行动方案可能的结果和每个行动方案结果可能的收益值是一致的，因此，将两个步骤合并。假设直接渠道可能的销售量是 4，5，6 个单位；中间商渠道可能的销售量是 2，6，12 个单位；第三方渠道可能的销售量是 1，3，5 个单位。

第四步，假设在直接渠道模式下销售量 4，5，6 个单位的概率分别是：0.3，0.3，0.4；中间商渠道模式下，销售量 2，6，12 个单位的概率分别是：0.2，0.4，0.4；第三方渠道模式下，销售量 1，3，5 个单位的概率分别是：0.4，0.5，0.1。

第五步，每种决策的期望是：

直接渠道	$4\times0.3+5\times0.3+6\times0.4=5.1$
中间商渠道	$2\times0.2+6\times0.4+12\times0.4=7.6$
第三方渠道	$1\times0.4+3\times0.5+5\times0.1=2.4$

因而，在以上假设情况下，最大销售量的渠道模式应该是中间商渠道模式。

2）评估渠道成本。就是要评估不同渠道模式下、不同销售量下的渠道成本。一般情况下，在销售量较小时，利用企业的销售队伍销售的成本，高于利用销售代理的成本。因为企业使用一家销售代理机构支付的固定成本要比自己建立一支销售队伍支付的固定成本低。但随着销售量的增加，企业销售队伍成本的增加率低于销售代理成本的增加率，因为销售代理机构获得的佣金费用比企业销售人员高。这样，当销售量增加到一定程度时，利用销售代理的成本就会高于利用公司销售队伍的成本。两种渠道的成本情况如图 4-5 所示。

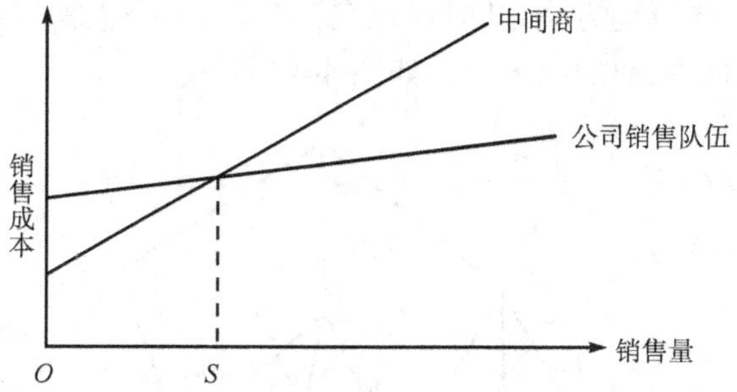

图 4-5　不同渠道模式下的销售量与销售成本关系

在图 4-5 中，当销售量为 S 时，公司利用自己的销售队伍销售和利用中间商销售的销售成本相同；当销售量大于 S 时，利用自己的销售队伍销售比利用中间商销售更经济。

渠道成本，从实用性角度分析，至少包括以下内容：

- 渠道管理费用，包括管理人员工资及相关的办公费用。
- 渠道发展费用，包括分销人员的工资、资金、差旅费、培训费、交际费。
- 促销费用，包括广告及 POP 成本、销售促进费用、展会及公关费用。
- 存储费用。
- 运输费用。

3）比较不同渠道结构下的成本和销售量。在以上两步的基础上，做出比较。因为渠道变动的成本非常高昂，因此渠道建设决策十分重要，企业应该首先预测产品的销售潜力即潜在的销售量，然后再根据销售潜力的大小评定直接渠道和间接渠道的成本，在销售潜力确定的情况下，选择成本最小的渠道结构。

（2）投资收益率法

投资收益率法是由经济学家兰伯特于 1960 年提出的。他认为影响渠道结构选择的最重要的变量是财务变量。因此，选择一个合适的渠道结构类似于资本预算的一种投资决策，要比较使用不同的渠道结构所要求的资本成本，以得出的资本收益来决定最大利润的渠道。此外，还要考虑渠道投资的机会成本，如果一项渠道投资的投资收益率大于资本用于生产制造或其他功能的投资收益率，就应该投资；否则，就应该放弃该渠道投资。

应用财务方法对渠道模式评估应先分别估计各种渠道模式的投资收益率，然后选择投资收益率最高的渠道模式。公式为

$$R_i=（S_i–C_i）/C_i$$

式中　R_i——营销渠道 i 的投资收益率；

S_i——利用 i 渠道可能达到的销售额；

C_i——利用 i 渠道的估计成本。

在其他条件相同的情况下，R_i 最大的营销渠道就是最佳的营销渠道。

（3）费用率法

费用率=渠道的平均交易成本÷平均订单金额

如某商品的平均订单金额是 400 元，平均交易成本是 40 元，则分销商的费用率就是 10%。费用率越低，渠道效益越好。

渠道的平均每笔交易成本=全部渠道费用÷交易数量

如渠道的销售队伍花费了 1 000 万元的费用，完成了 5 000 个交易，则每笔交易成本为：10000000÷5000=2000（元）。

算出了每种渠道的交易成本，就能够算出渠道的费用率，不同渠道的赢利能力就可以进行比较了。表 4-7 是某公司不同渠道赢利能力的示例。

表 4-7　某公司不同渠道的赢利能力

渠　道	每笔交易的成本（元）	渠道费用率
直接销售队伍	600	24%
直营专卖	350	14%
分销商	275	11%
电话营销	70	3%

从表 4-7 可知，电话营销是最具有赢利能力的渠道，如果公司只选择一种最具有赢利

能力的销售方式，那么该例中就是电话营销。但公司对渠道常常还有销售额目标，而一个低成本的渠道也许不能达到销售额目标，则公司就需要兼顾成本和销售额来选择渠道。如果上例中，该公司决定 14%的渠道费用率是可以接受的，那么，直营专卖、分销商和电话营销都可以是有效的渠道形式。

（4）盈亏平衡点分析法

利用盈亏平衡点分析法可以比较不同渠道方案的销售额和费用水平。可以用以下例子来说明。

假设某公司销售某产品，生产成本为 17 元/件，销售价格为 30 元/件，现有三种分销渠道供选择：人员推销，人员推销的开支项目包括住宿费、广告费、座谈会、交通费等，每月需要销售费用 800 元；直营专卖店自销，直营专卖店自销的开支项目包括房租、办公费、广告费等，每月销售费用为 1 100 元，另外，由于能够整批发运，可以节省运费 0.2 元/件；委托代销，每销售一件需要支付佣金 8%，也因为整批发运，能够节省运费 0.2 元/件。试用盈亏平衡点分析法对三种渠道的经济性进行比较。

首先，分别计算三种渠道的盈亏平衡点：

人员直销　　　　　　800÷（30 – 17）=62（件）

直营专卖店自销　　　1100÷（30 – 17 + 0.2）=84（件）

委托代销　　　　　　0

从以上分析可知，当销售量达到 62 件时，可以采取人员直销方式；当销售额达到 84 件时，就可以采取直营专卖店自销的方式，但为了保证经济收益最大化，还要分析比较在不同的销售量下，采取何种渠道最有利。

设：P 为单位售价，R_1 为人员直销利润，R_2 为自营专卖店直销利润，R_3 为委托代销利润，

Q_1 为人员直销月销售额，Q_2 为直营专卖店自销月销售额，Q_3 为委托代销月销售额，则

1）人员直销和委托代销比较如下：

$$R_1=PQ_1-（17Q_1+800）=13Q_1-800$$

$$R_3=PQ_3-（0.08\times PQ_3+17Q_3-0.2Q_3）=10.8Q3$$

令 $R_1=R_3$ 得到的临界值是 Q=364（件）。

通过比较分析得知，当月销售量在 62 ~ 364 件时，两种渠道都能够获得利润，但 $R_3>R_1$，即公司采取委托代销的方式比人员直销的方式有利；当月销售量在 364 件时，$R_1=R_3$；当月销售量超过 364 件时，$R_3<R_1$，即公司采取人员直销的方式比委托代销的方式有利。

2）直营专卖店自销和委托代销比较如下：

$$R_2=PQ_2-(17Q_2+1100-0.2Q_2)=13.2Q_2-1100;\quad R_3=10.8Q_3$$

令 $R_2=R_3$ 得到的临界值是 $Q=458$（件）。

则当月销售量在 84～458 件时，两种渠道都能够获得利润，但 $R_3>R_2$，即公司采取委托代销的方式比直营专卖店自销的方式有利；当月销售量在 458 件时，$R_3=R_2$；当月销售量超过 458 件时，$R_3<R_2$，即公司采取直营专卖店自销的方式比委托代销的方式有利。

3）人员推销和直营专卖店自销比较如下：

$$R_1=13Q_1-800;\quad R_2=13.2Q_2-1100$$

令 $R_1=R_2$，得到的临界值是 $Q=1500$（件）。

则当月销售量在 62～1 500 件时，两种渠道都能够获得利润，但 $R_1>R_2$，即公司采取人员推销的方式比直营专卖店自销的方式有利；当月销售量在 1 500 件时，$R_1=R_2$；当月销售量超过 1 500 件时，$R_1<R_2$，即公司采取直营专卖店自销的方式比人员推销的方式有利。

4）三种渠道综合比较得如下结论：

$Q<364$，委托代销能够获得较大利润；$364<Q<1\,500$，人员推销能够获得较大利润；$Q>1\,500$ 时，自营专卖店直销能够获得较大利润。

（5）经验法

经验法指依靠管理者的判断和经验来选择营销渠道结构的方法。以下介绍三种具体的应用形式。

1）直接定性判断法。在实践中，这种方法是最粗略却是最常用的渠道结构选择法。在这种方法中，管理者根据他们认为比较重要的决策因素来对渠道结构选择的变量进行逐一评估。这些因素可能包括短期和长期的成本及利润、渠道控制问题、长期增长潜力及许多其他因素。这些影响决策的因素及它们各自的重要性都没有被明确界定，但是，根据管理者的经验判断，他们仍然可以选出一种最能满足各种决策因素的渠道结构。

2）重要因素评分法。是由菲利普·科特勒提出的一种更精确的选择渠道结构的直接定性方法。在这一方法中，要求管理者必须将其在选择渠道时做出的判断结构化和量化。该方法有以下五个基本步骤：

第一步，明确列出有关渠道选择的决策因素。

第二步，列出每个决策因素的权重。

第三步，将每种可行渠道按各项决策因素从 1～10 的顺序打分，得到渠道各因素得分。

第四步，将各因素权重与渠道各因素得分相乘，并计算总的因素得分，即总分。

第五步，将所有可行渠道结构的总分排序，获得最高总分的渠道结构即为最佳渠道结构。

表 4-8 列举了重要因素评分法对三条可行渠道的评估应用。

表 4-8　重要因素评分法在渠道结构选择中的应用举例

因　素	因素权重	可行渠道 1		可行渠道 2		可行渠道 3	
		因素得分	等 级 分	因素得分	等 级 分	因素得分	等 级 分
销售量	0.1	10	1	4	0.4	7	0.7
营利性	0.15	8	1.2	4	0.6	7	1.05
可变性	0.1	3	0.3	8	0.8	6	0.6
控制力	0.1	10	1	2	0.2	6	0.6
所需投资	0.25	3	0.75	10	2.5	8	2
风险	0.3	2	0.6	10	3	10	3
总分			4.85		7.5		7.95

在对三种可行渠道进行重要因素评分后，可见，可行渠道 3 的总分最高，即为最优渠道。

3）分销成本法。在这一方法中，通过估计各种可行渠道结构的成本与收益，得到的数据可用来判断各种可行渠道彼此间的强弱。

例如，一家销售保健器材的公司，在进入一个中等城市市场之前，利用分销成本法从直销和一级渠道这两种可行渠道中选取较优的渠道结构。

假设这个城市存在 6 000 家潜在客户，公司要求每个销售代表每两周必须拜访一家客户。假设每名销售代表每周工作 5 天，每名销售人员平均每天能拜访 6 家，这意味着每位销售人员每两周能拜访 60 家客户。根据这些数据，该制造商需要 100 位户外销售人员来为这个城市的所有潜在顾客提供服务。则每个月的直销成本预算如表 4-9 所示。

表 4-9　直销成本预算

成本项目	每月成本预算
100 名销售人员，平均月工资为 1 500 元/人	150 000 元
划分 4 个地区，每个地区 1 名销售经理，平均月工资为 6 000 元	24 000 元
仓库及办公人员、存货、存货利息及其他管理费用	60 000 元
每月直销总成本	234 000 元

假设平均销售毛利率为 30%，则为抵消这些成本所需达到的每月销售额为：

$$234000 \div 30\% = 780000（元）$$

下面再来看看采用一级营销渠道结构的成本预算情况。假设该制造商提供给中间商三种可供选择的平均销售毛利率：20%，15%，10%，在完成同样的销售额目标下，采用一级渠道的成本为：

如果平均销售毛利率为 20%，分销成本为：780000×20%=156000（元）

如果平均销售毛利率为 15%，分销成本为：780000×15%=117000（元）

如果平均销售毛利率为 10%，分销成本为：780000×10%=78000（元）

则直销与一级渠道的成本预算比较如表 4-10 所示。

表 4-10　直销与一级渠道的成本差预算

	20%的平均销售毛利率	15%的平均销售毛利率	10%的平均销售毛利率
直销	234 000	234 000	234 000
一级渠道	156 000	117 000	78 000
成本之差	78 000	117 000	156 000

可见，对于这家销售公司而言，一级渠道的成本小于直销的成本，而且提供给中间商10%的销售毛利率给企业节约的成本最大，使公司收益最大。

2．可控性评估

一般来说，长而密的渠道难以控制，短渠道容易控制，控制性最强的渠道则是直接销售渠道。对渠道的有效控制，是每个企业所期望的，但控制本身并不能带来收益。因此，渠道常常需要在收益和控制之间进行权衡，当收益相同的情况下，企业会选择可控性强的渠道模式。

一般而言，生产企业选择的代理商越少，金融资源越多，它自己保持的控制权就越大；反之，生产企业对外部资源的依赖性越强，它保留的控制能力也就越少，如图 4-6 所示。

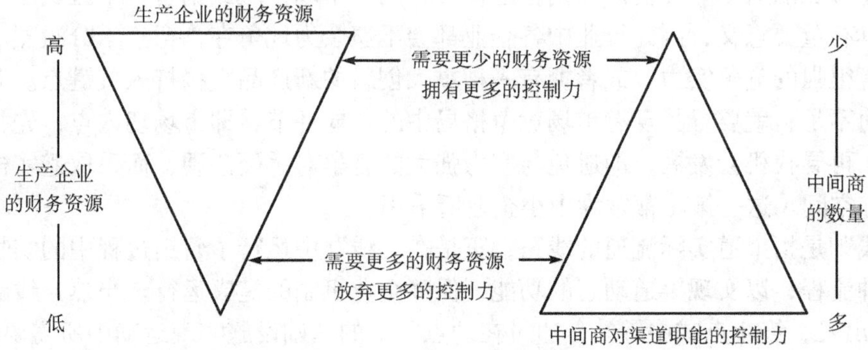

图 4-6　渠道设计中控制力与资源对比

3．适应性评估

指营销渠道对不同渠道环境适应性的评估，由于市场环境和渠道环境的不断变化，需要在渠道建设中兼顾渠道的适应性和稳定性问题。一般来说，在渠道环境稳定的情况下，渠道成员倾向于长期合作，对渠道进行较多的资源投入，且相互依赖和信守承诺。但在渠道环境不断变化的情况下，渠道成员之间会减少依赖，较少对渠道投资，而且还降低相互之间的承诺水平，以降低风险。

关于渠道模式的评估，有的专家提供了更为细致的内容。如法国营销学教授雅克·朗德维在其《市场营销学》一书中提出了 7 个方面的评价标准。除了前述三个内容外，还包括：目标市场的覆盖率和渠道潜能；渠道形象、活力和市场开发能力；渠道兼容性；渠道成员的营销策略与厂商的兼容性等。

4.6 渠道构建方法

以上我们所谈到的，只是分销渠道设计的普遍原则和一般程序。在实际的渠道构建过程中，有三种方法可以借鉴。

1. 以点带面，纲举目张

该方法认为：市场分销渠道布局工作的实质，就是设计分销渠道中“点”、“线”、“面”这三个要素，“点”、“线”、“面”三个要素的选择、投入与配合，就是市场分销渠道布局的关键。

1）“点”是指市场营销力量（包括人、财、物）在市场中所选择的关键点，通常是优势区位。企业通过对“点”的选择和抢占，来争取竞争的主动权或适度回避竞争对手，进入现有竞争格局中的薄弱地带，以形成局部优势。“点”的选择作为整个渠道的支撑，是整个分销渠道布局的基础。

对于企业分销渠道布局来说，网点主要有关键点（优势区位）和切入点两种。关键点是指客观上形成的对企业经营产品销售起重要作用的市场区域或销售集中区域。这些点对企业营销具有重要意义，因此行业中各企业都会不遗余力地争夺，竞争十分激烈。这就要求企业具有很强的竞争实力，或者拥有一种重大创新的新产品直接打入关键点。此外，如果企业实力不足，就要寻找现有市场竞争格局中的薄弱环节，即市场切入点，先打入市场保证生存，再寻找机会发展，即避免与实力强大的竞争对手硬碰硬，而采取避实击虚的策略建立生存空间。这一策略常常为中小企业所采用。

2）“线”是指渠道实际流通的线路，正是在“线”中运行了营销过程中的实物流、信息流等各种流程，以实现渠道动态的功能，保障企业机制的健康运行。当然，线路也要以“点”作为出发、终止点或中转站，通过在“点”上的基础设施实现运动中所需要的储存、调运等功能。企业需要从多种角度看待这一线路的效率，以及线路中渠道成员承担各种流程功能的能力。需要注意的是，营销环境的变化对渠道线路效率的影响极大，特别是交通运输发展、信息基础设施建立常常能提供更快、更好的渠道线路。地区经济的发展、自然条件的改善也使某些渠道线路的改进成为必要。因此，企业必须不断审视环境的变化，考虑渠道线路改进的可能性。

3）“面”是点、线所构成框架的总体功能和综合作用，主要表现为地域扩张。地域扩张主要是指销售范围的渗透和覆盖。地域渗透主要是指运用多种营销、宣传、公关手段，使消费者对产品了解、产生印象并试用，这时要综合考虑消费者购买心理和各种影响因素。地域覆盖主要是指建立消费者偏好、对本企业产品的消费习惯以及定式，建立牢固的销售根据点，并且对消费产品竞争对手进行认真分析，建立区域市场的进入壁垒，阻止竞争对手的进入。

2．逆向重构，曲径通幽

“逆向”的含义就是：建设渠道的顺序和传统建设渠道顺序相反。渠道的逆向重构策略，是指企业不按先向总经销商推销产品，再由总经销商向二级批发商等推销这种“顺向”的顺序，而是反方向从渠道的底部基础层开始工作，先向零售商推销产品，当产品销售量达到一定数量后，小型配送批发商会被调动起来，主动要求经销该产品，接着是二级经销商、总经销商，因为产品销售量的扩大和价格稳定使经营产品变得有利可图，经营规模较大的经销商纷纷加入到制造商的渠道体系。这样，一层层逆向建设渠道结构的体系就完成了。

渠道的逆向重构策略是在营销组合中创造差异化的竞争策略，是适应目前市场环境而产生的一种竞争策略。现在多数消费品企业——特别是新企业、新产品进入市场时，面临的最大难题不是最终消费者对商品的排斥，而是市场领先者和经销商结成的利益同盟对新进入者的排斥。相反，消费者并没有强烈拒绝新产品的意愿，距离消费者越近的流通环节，消费者越容易认同新产品，因为他们总是需要更多创新的产品。另外，小型的批发商不是市场先入产品的既得利益的获得者，他们对新产品的热情较高，要求的“市场准入”条件也很低。所以制造商的渠道建设可以最先从这些层面展开突破工作，以向零售环节直接供应产品的中间商为突破点，然后再选择、吸引更高层次的经销商加入，最后形成完整的流通体系。

渠道的逆向重构作为一种渠道创新思路，它包含了以下一些原则。

1）控制终端做到“随手可得”。尤其对于直接面向消费者的零售商而言，制造商应该通过渠道支持、服务零售终端，实现使消费者“随手可得”的零售覆盖目标；

2）拓展渠道宽度以增加流量。它指的是需要有一个宽大的基础层——能够覆盖市场目标区域的、有一定密度的、一定数量的经销商，以此来支撑渠道；

3）有弹性的渠道控制以适应新的市场变化。它要求渠道体系能够随竞争情况压缩渠道环节以提高竞争力，而渠道长度应该随市场竞争情况适度、适时调控；

4）用“中心开花，周边结果”的方法达到规模经营。渠道逆向重构策略要求在中心城市实施较为密集的渠道战略，以使产品获得较高的市场占有率和较好的品牌认同感。

3．利用第三方渠道

第三方渠道是相对于传统渠道和现代中间商渠道而言的，就制造商来说，就是利用其他制造商的渠道来实现自己的产品销售。

第三方渠道的特点是：

1）通常是由某个关联行业内的全国或区域性的强势企业所构成。

2）品牌影响力强，通路完善，网点渗透能力强，渠道队伍精干，物流配送体系健全。

3）与现行渠道的互补性强。

第三方渠道的拥有者之所以将渠道拿出来与其他企业共享，将渠道作为一个独立的赢利中心来运作，主要原因是：

1）分担成本。制造商自营渠道，能够使其很好地控制渠道，经营品牌；但构建和维系成本高，同时单一品牌专卖需要品牌具有一定的影响力，因此，广告、公共关系、促销等投入费用高。这都使企业希望通过搭载销售其他企业的产品分担成本，减轻成本负担。

2）单一品牌销售，顾客的选择性差，而且销售增长总量有限，影响渠道效益。

小链接

1998年，奥康鞋业集团打破鞋业传统的批发和百货商店渠道，开始了鞋业连锁，随后的5年中在全国开设了3 000家专卖店。2002年年底，奥康的专卖店“名品空间”，销售本公司和其他公司生产的名品，成为地道的第三方渠道商。

2002年，在技术、海外拓展等合作背景下，TCL与飞利浦公司进行渠道合作，飞利浦的产品进入TCL渠道。2003年，松下的产品也进入TCL渠道，TCL向第三方渠道商演变。

通过互换，西门子产品进入波导渠道；蒙牛明确提出其专卖店将经营不超过10%的其他品牌的产品。拥有强势渠道的企业正在向第三方渠道商转移。面对自有渠道成本高和渠道产出压力大的经营现状，面对“不听话”的传统渠道和现代渠道的“霸权”，第三方渠道有了供求基础，将会有更多的企业开放自己的渠道，努力向第三方渠道转变。

第三方渠道的发展是我国渠道变革中的一个新现象，尤其是第三方渠道商的形成正在由被动变为主动：不是将发展为第三方渠道看成分担成本不得已而为之的行为，而是主动开放自有渠道，要成为渠道独立赢利的强势经销商，从而使第三方渠道成为现有渠道模式的补充，可以说在我国，第三方渠道正在从萌芽期向发展期转变。

对于有机会借用大企业已有渠道模式的中小企业来说，在一定时期一定条件下，借用大企业营销渠道不失为好的选择。因为大企业营销渠道已然建立，而且经过时间和市场的考验，已经拥有一大批固定的客户群。中小企业如果能有机会借用大企业的渠道，如与大企业产品进行捆绑式联合销售，就能够在花费较小的情况下大量地卖出自己的商品。

对于利用别人渠道的制造商而言，要注意给自己的产品在第三方渠道中争取到合理的位置，并要加强督导和销售执行，以确保这种“位置”得以良好地维系和强化，防止第三方渠道商将自己的产品作为可有可无的产品来销售，避免自己花费了相关的费用做陪衬。

实务训练

李宁体育用品公司的网络营销渠道

李宁体育用品有限公司（以下简称李宁公司）曾是一家以传统营销渠道为主的企业，有自己的体育用品品牌。随着中国经济与市场的发展，李宁公司的业绩在以往的 20 年里得到了迅速发展。2000 年，李宁公司正式启用 ERP（Enterprise Resource Planning）系统，实现了企业内部的电子化管理。根据美国市场研究机构期刊《体育用品情报》的统计，在 2007 年年底，在全球体育用品 94 个上市公司的市值中，李宁公司排在耐克、阿迪达斯和彪马之后，为 38.6 亿美元。此市值超过了日本品牌 Asics，也超过了 K-Swiss。在进入因特网时代（始于 1995 年）后，在进行新的营销渠道建设的时候，网络上已经有了一些并非由李宁公司发起的出售李宁体育用品的“网上商城”。2008 年年初，在涉足电子商务之前，调查结果显示：到 2007 年年末，李宁牌体育用品被广泛地在“淘宝网”上出售，其销售流水额已达 5 000 万元人民币。“淘宝网”上出售李宁牌体育用品的“网上商店”竟然已达到了 700 多家。

在这样的“严峻”态势的迫使下，2008 年 4 月李宁公司开始在“淘宝商城”上开设了自己的直营店铺（线上）。它是李宁公司刚开始选择的新渠道，即“网络商城模式”。这可以被看成李宁公司对网络营销渠道的试水。不仅如此，2008 年 6 月，李宁公司以自建平台的形式开通了自己的“官网商城”：www.e-lining.com。2008 年年末，李宁官方直营店铺就包括了李宁官方商城、“李宁淘宝官方网店”、“李宁淘宝官方折扣店”、李宁官方拍拍店四家。与此同时，按照拓展新的营销渠道也要“两条腿走路”的思路与要求，李宁公司还通过授权的形式开设了多家正式特许网络店铺。李宁公司采取的策略主要是整合现有的营销渠道资源，通过授权的形式收编现有的网络商城。它相继在“新浪商城”、逛街网、拍拍网、“易趣”上通过直营和授权的形式开设了“网店”。通过李宁公司官方授权的专卖店有“新浪李宁专卖店”、逛街网李宁专卖店、“李宁淘宝五洲商城”、“李宁淘宝古星专卖店”、“李宁淘宝古星折扣店”、“李宁易趣古星专卖店”六家。

网站是服装企业通向因特网的大门，消费者在网络上购买服装时首先是通过网络来了解服装企业的信息，通过文字、图片和视频来了解服装产品的相关特性。随着中国服装行业网络直接销售渠道的兴起，在网络经济环境下，网络消费者对服装的个性化需求快速提升。所以，网站建设者应该重视消费者在浏览网站时的视觉和心理感受，以及服装产品图片的色彩、搭配等。进入李宁公司官方商城后，人们可以看到在用色上主要是黑白红的多样式组合，给人以购买的冲动。其顶部的导航条依次是“首页”、“我的李宁”、“主题活动”、“产品地带”、“兑换礼品”、“特价区”、“企业 VIP”。目前，李宁公司在因特网上有三个核心代理商：北京五洲在线、古星电子商务和逛街网。这三个核心代理商在“新浪商城”、“易趣商城”、当当网、拍拍网和“淘宝网”开设了为数不少的李宁公司网上专卖店，取得了不俗的销售业绩。其中，有的“网店”的销售额更是超过了某一些“线下”的销售明星店。这无疑是李宁公司将线下渠道拓展模式成功运用在线上的结果。

在网络营销渠道选择上，刚开始李宁公司在自己对网络营销渠道不是很了解的情况下，主要是通过利用现有的网络渠道资源，对一些网络店铺进行授权经营、整合资源，并试图把它们纳入自己的营销渠道中来。一方面，它积极地在各大商城上开设了自己的网络直营店铺；另一方面，在此基础上推出了自己的网络直销平台。在营销渠道协调上，李宁公司主要采取的策略是区分出在线上和线下（以传统方式经销）的产品销售的种类，以及统一各类体育用品的价格。在网络营销渠道的推广上，主要是通过在一些综合型门户网站上做广告及“搜索引擎营销”的方式。

信息系统主要是传递李宁公司和体育服装产品的信息发布、活动公告、消费者信息采集等。通过网站的信息系统，网站获得了网络消费者的个人注册信息，并在线向消费者推广企业开展的各种优惠活动的内容等，从而在美化网站前台系统基础上，完成了信息的流通和对消费者信息的采集。购物系统主要是提供给消费者服装产品、式样等信息，记录购物信息、消费者选择的支付和配送方式。购物系统是服装企业实施网络直接营销渠道的核心部分之一，网络消费者在进入购物系统后，吸引消费者的首先是其服装产品的色彩和款式。所以，此时服装的图片布局和效果都非常重要。李宁公司在这方面下了不少的工夫，聘请专业化的公司做了网站设计，包括信息系统和购物系统，还有李宁公司的数据库系统。它主要是记录系统传递的信息，并与外部接口（银行系统、认证机构、物流配送中心等）连接。同时，数据库系统将实时数据传送至企业内部各个部门，有利于它们实施相应的内部管理与客户资源管理等。

李宁公司网络营销渠道支付和配送方式：①支付方式。李宁公司“官方网店”的支付方式有三种，分别是“网银在线”、“快钱”与阿里巴巴有限公司的支付宝服务。②配送方式。李宁公司的配送方式分别是“申通快递”、“顺风快递”和中国邮政的 EMS 快递服务。快递的选择由李宁公司与快递公司签订的线路为依据来做安排。由于合作的紧密程度不同，通常是“申通快递”优先。如遇前者无法到达的区域，由 EMS 送达，这是因为中国邮政有迄今为止中国最大的物流网。

李宁公司的营销渠道管理主要体现在两个方面。第一是网络渠道推广工作，主要包括以下三点。

1）李宁公司和门户网站的合作。李宁公司在“网易”首页上投放的旗帜广告（Banner-type of Advertisement）直接连接到其“官方网店”，以及和“新浪网”合作开设了李宁俱乐部板块。

2）通过搜索引擎来实施推广计划。李宁公司购买了 Google 的相关关键字的广告。例如在 Google 中搜索李宁，李宁公司的“官方直营店”排在第一位。

3）通过主题活动方式。在李宁公司的“官方网店”里面有个栏目是主题活动，它会不定期地举办一些活动。例如，前不久举行了注册会员送 500 积分、购买李宁体育用品赠送“大鲨鱼”玩具等。

第二是渠道间的协调工作。为了更好地协调网络营销渠道和传统渠道之间的关系，李宁公司主要做了以下事情。

1）在销售的商品上进行区分。李宁公司在线下各专卖店的销售以正价新品为主，而在专门的“折扣店”中以销售库存产品为主（产品款式稍微陈旧一些）。与其线下各专卖店相似，李宁公司“官网商城”主要以正价新品的推荐和限量商品为主，包括由明星签名的商品。这些商品瞄准的是少数较高端、前卫、追求时尚的消费者。而在“淘宝商城的网店”则进行相当一部分库存商品的销售。

2）网络渠道和传统渠道产品价格一致。李宁公司把各种“网店”纳入自己的价格体系中。在B2C方面，李宁公司沿用传统地面渠道与经销商的合作方式与网上的B2C平台签约授权销售李宁公司的产品。在C2C中，李宁公司虽没有与之签订正式的授权协议，但在供货与收货、产品服务及培训的条件方面都能够达到者，将其纳入自己的价格体系中来。据李宁公司电子商务部的信息，迄今，已有400余家C2C“网店”被纳入李宁公司的管理体系中了。

3）整顿网络渠道和传统渠道。为了协调好网络营销渠道和传统渠道之间的相互关系，李宁公司对很多“网店”及传统渠道进行了一次大的整顿，目的是努力杜绝线下经销商、代理商违规出货。譬如，一些经销商为增加自己的销售额而把价格拉到超低水平，以至于损害了品牌持有者的利益，特别是品牌形象。

李宁公司凭借对网络市场的了解开展其品牌与产品网络营销，是传统行业向“轻公司”模式转型的企业代表之一。所谓“轻公司”，是指依托因特网平台和先进的IT技术手段，将制造商的成本优势和服务创新进一步扩大，以贴近市场的方式聚集潜在消费者，了解潜在消费者的需求，再反向来匹配资源。在李宁公司旗下虽然李宁品牌一枝独秀，但是它还有“红双喜”与“艾高”等品牌，鉴于此，李宁体育用品公司因此采用合用营销渠道的方式方法来扩大其总的销售。

总之，从有的“网店”的销售额已经超过某些“线下”商场甚至是销售明星店、已有400余家C2C“网店”被纳入了李宁公司的管理体系中等实际情况来看，李宁公司所采取的网络营销渠道运行是比较成功的。但同时应当看到，李宁公司的渠道运行中还有一些问题需要去解决。比如，它没能很好地协调好两种渠道，即“线上渠道”与“线下渠道”依然存在比较明显的渠道冲突问题。还有，在网站建设方面，它还有需要进行改进的地方。比如，其“官方网站”打开速度较慢，“官网商城”的建设没能很好地体现它和用户之间的信息交流与互动作用等。

📖 **问题**

1．为什么说李宁体育用品公司对网络渠道的开拓是被逼出来的？

2．李宁公司在多渠道协调上存在哪些问题需要解决？

3．试从李宁公司的实践来分析整个体育用品市场的电子商务发展趋势。

4．为什么李宁公司要同时使用多家“物流服务提供商”来与其网络渠道发展相适应？

第5章

选择渠道成员

学习目标

1. 了解成员选择的重要性
2. 掌握寻找渠道成员的途径
3. 掌握渠道成员的选择标准
4. 了解渠道成员间任务的分配
5. 了解科兰等提出的渠道利润分配的效率模板

引导案例

“微软经销联盟”合作伙伴的招募

2002 年，微软中国开展“春耕计划”，该计划是微软中国有史以来最大的渠道投资发展计划，旨在加强微软合作伙伴的支持和提升合作伙伴的能力。整个计划包括两个层面。第一步，全面覆盖。微软在一年内在全国 31 个省市全面招募渠道伙伴加盟“微软经销联盟”。第二步，根据合作伙伴的业务模式，对微软经销联盟的成员进行细分，分为 MAR（核心代理商）、LAR（大客户代理商）、ISV（独立软件开发商）、Solution Partner（解决方案提供商）、SB（装机商）、CTEC（微软认证高级培训中心）等不同类型，针对合作伙伴的不同业务类型配以不同的项目或奖励支持。

“微软经销联盟”是以各类合作伙伴与微软合作，并取得微软进一步配合和支持为前提的。该计划实施分述如下。

1. 入门要求——“联盟基因”

所有销售微软产品的 IT 经销商，或愿意成为微软合作伙伴的 IT 经销商，均可申请加入“微软经销联盟”。凡申请加入“微软经销联盟”的经销商均需合法使用微软软件、需缴纳会费：A.新会员会费，4 500 元/年；B.老会员续会享受特别优惠。

2．成员职责和义务

① 公司自身使用正版微软软件；② 保证销售正版软件（需要经销商总经理签署“销售微软正版软件自律公约”）；③ 每季度至少从微软总代理处提货一次，金额不少于 3 000 元；④ 积极参加“微软经销联盟”的培训和活动。

此项授权有效期为一年，到期后需重新申请和审核。如不能达到以上要求，微软有权随时撤销其“微软经销联盟”成员的资格。

3．加入“微软经销联盟”的利益

成为联盟成员后，将具有三大优势：① 企业竞争力优势。微软公司将帮助经销联盟成员培养专业的软件销售人员，打造一支具有专业水平的销售团队。② 企业形象优势。微软公司将帮助加盟经销商宣传公司知名度；优先参加微软的各种市场活动。③ 销售利润优势。联盟成员有资格获得优惠价格；联盟成员有资格加入微软各种渠道促销和奖励活动；联盟成员有资格被推荐为核心代理商、金牌解决方案代理商；帮助联盟成员降低技术投资成本。

思考

1. 生产企业对中间商有何要求?
2. 中间商对生产企业有何要求?

承接第 4 章，本章讨论渠道设计的最后一步即渠道成员的选择。为了完成市场总体目标，企业在确定渠道结构后的首要任务就是选择渠道成员。选择渠道成员是渠道设计的最后一步，又是渠道管理的开始，合适的渠道成员可以为公司今后的渠道管理奠定良好的基础。

5.1　成员选择的重要性

选择渠道成员是渠道设计的最后一步，公司通常在以下情况下选择成员：

- 现有渠道成员流失。
- 公司经过周期性的评估，发现现有某些渠道成员无法胜任分销任务。
- 公司需要在目前的销售区域获得更大的覆盖比例，即使它的渠道按照长度、宽度和中间商的类型来说都是不变的，也可能考虑增加终端数量以提高销售增长率。

渠道成员的选择是非常重要的。因为选择渠道成员，不是为了一笔生意或一桩买卖，而是要较好地合作并与其共事。现在越来越多的公司重视与渠道成员的关系，有的甚至结成战略伙伴关系，这就说明选择成员时需要慎重。成员选择将决定消费者需要的产品是否能及时、准确地转移到消费者手中，进而影响到分销成本和顾客服务。

渠道成员选择的重要性与公司的分销密度紧密相关。也就是说，如果公司所选择的分销密度越小，其分销成员的选择就越重要。因为处在分销密度小的一端的是独家分销，即只有一个分销成员，一旦选择了某个成员，就意味着失去了选择其他分销成员的机会；同时，公司的分销任务是否能有效实施，完全取决于这一个分销成员的表现，因而公司所承担的风险就越大。相反，如果分销密度越大，则渠道成员选择的重要性就会相应地减少。采用密集型分销的公司往往将公司的产品投放到几乎每个可能的渠道当中去，以便获得较高的市场占有率，确保消费者在任何地方都可以购买到他们的产品。公司几乎很少严格鉴别这些渠道成员，仅是考察其信用度而已。通常，消费的产品绝大部分是通过广告事先得到卖点，所以不必要花过多的精力去选择渠道成员。

因此，如果渠道结构是突出密集型分销，通常可以根据其是否具有合理的赢利能力来选择中间商。相反，如果渠道结构突出选择型分销，那么就应该仔细审查潜在分销成员的有关情况，包括经销商的时间、信誉和合作态度、偿付能力、经营的其他产品等，然后再做出选择。

小链接

经销商榨干白酒厂

小孟是一中小型白酒企业的销售主管，负责四川市场的开拓。由于小孟所在企业的产品在外埠市场没有一点知名度，小孟跑了大半个月，也没找到人愿意做他产品的经销商。稍有实力的经销商对他的产品都置之不理，小孟四处碰壁，吃尽了苦头。

后来，好不容易在一地级市找到一个稍微有点经销意愿的经销商，小孟就像找到了一根救命稻草，抓住了就不放手。

小孟的企业对外埠市场是制定有一套销售政策的。

货物铺底政策是：给经销商的铺底金额不超过15万元，前3个月，每个月铺底5万元，经销商前3个月每月向厂家提货不得少于10万元，超过厂家铺底的部分由经销商支付现款。而经销商则要求厂家的铺底金额不得少于30万元，前3个月每月铺底10万元，从第4个月开始才现款提货。否则免谈。

厂家的广告促销政策是：厂家根据经销商现款进货金额的15%来投入广告和促销费用，由厂方操作。而经销商要求厂家提供的广告和促销费用不得少于20%，并直接从货款中扣除。

厂家的终端投入政策是：厂家根据经销商现款进货金额的15%来提取酒店和卖场的进店费、上柜费、店庆费等，并以产品的形式返还给经销商。而经销商则要求厂家必须是按25%的比例来提取终端开发费用，不同意以产品的形式支付，必须直接从货款中扣除。否则，没有必要再谈下去……就这样，厂家基本上被经销商榨干了，哪里是厂家在制定销售政策，这分明是经销商在替厂家做主。但为了“拴住”这家好不容易找到的经销商，小孟请示公司，答应了经销商的“不平等条约”。

最后结果呢？不用说，大家也想得到，小孟一分钱货款也没有收回来，一个地级市场就白白损失了几十万元。不仅如此，经销商还把厂家的产品低价甩卖、四处冲货，甚至发给经销商的货又倒流回厂家本地。最后，厂家是钱丢了，经销商丢了，市场也丢了。

5.2 寻找渠道成员的途径

对于有营销经验的企业来讲，尤其是对于拥有独立销售队伍的企业来讲，足不出户就可获得丰富的潜在渠道成员名单，那就是通过企业的现场销售队伍。这些活跃在批发和零售层面上的销售队伍，通过多年与现有中间商的接触和交往，比谁都更了解在某些地域有哪些潜在的渠道成员。

事实上，许多公司正是通过现有的现场销售人员来获得潜在渠道成员的。原因很简单，通过长时期在销售现场的经常性交往和接触，他们可以掌握有关地区的大部分中间商的基本信息。对销售人员来说，出于敏感或由于工作接触的关系，他们通常与那些不代理本企业的销售中间商内部的某些管理和销售人员相识。因此，如果公司打算在某一个地区重新选择渠道成员，该地区的销售人员不仅可以提供较完善的潜在中间商的名单，甚至还可以为这些潜在的中间商排序，充分估算他们被开发成为真正的渠道成员的可能性。显然，当需要改变现有的渠道销售网络或者增加新的渠道成员时，渠道经理应该尽量通过销售人员的介绍来获得新的渠道成员。

除了现场销售人员，公司还可以发动内部人力资源的关系网络来获得潜在的渠道成员。有时，公司内部的某些成员由于来自不同的地区，可能对该区域中间商的情况比较了解，通过他们获得潜在渠道成员的名单也是可取的。当然，这种信息必须经过更详细的调查和分析才可以利用。

但是，对于那些新创立的企业，寻找可能的合作伙伴，就是一项必须做的工作。一般来说，寻找渠道成员时，搜寻的范围越大越好。搜寻的范围越大，找到合适渠道成员的机会就越大。企业还可以通过以下几种方式寻找合适的渠道成员。

1）工具书：包括当地的电话号簿、工商企业名录、地图册、手册、消费指南、专业杂志等。尤其是电话号簿，一般情况下，当地比较有经验、有实力的经销商都会在当地电话号簿上刊登自己公司的名称，媒体上也常常有同类产品的广告，且有“由××公司总经销”的字样。

2）媒体广告：到达一个新的市场，先买几份当地的报纸，看看当地电视，听听广播或到街上走走，或许就能发现同类产品的经销商的名称。媒体上常常有同类产品广告，且有“由××公司总经销、总代理”的字样。

3）专业性的批发市场：许多城市有小商品市场或日用品批发市场，到这种地方走走，经常会看到门口或是店里面有“××地区总经销、总代理”的各式各样的招牌。大部分经销商为了扩大自己的知名度，会要求厂家给他们制作类似的招牌、条幅等。

4）广告公司咨询：当地的广告公司对当地的媒体、市场情况比较了解，他们要争着做你公司的广告代理商，必然会详细地告诉你本地经销商的情况。

5）刊登招商广告：这种方式费用大、见效快、操作水平高，可以较全面地了解经销商的情况。

6）举办产品展示会、订货会：这种方式对展示公司品牌形象有着巨大的推动作用。专业性的订货会，会招来专业性的经销商。

7）网上查询：通过因特网，尤其是访问专业网站，渠道管理人员可以搜寻到某一行业中很多同一类型或不同类型的企业。通过因特网上的这些网站，企业可以找到很多未来可能的合作伙伴，而且几乎不需要什么投入。应用这种方法的唯一要求就是：企业必须具备上网的手段；或者按照后面的说法，企业必须生活于电子网络环境之中。

8）顾客和中间商咨询：企业营销活动围绕的中心是顾客需求，而要满足顾客的需求则需要借助中间商，如零售商。顾客对中间商的服务满意，他们就会经常与这些中间商打交道；对中间商的服务不满，他们可能就不再去这些中间商那里购买商品。企业可以通过正式或非正式的调查，了解顾客在他们所处的区域内对不同中间商的看法，以便确定哪些中间商可以成为企业未来的合作伙伴。

另外，通过咨询现有中间商或让现有中间商推荐，企业也可能找到新的合作伙伴。

再者，很多方法可以交叉使用。如一方面做广告，等有兴趣的渠道成员前来联系；另一方面在企业黄页和网上查找，或让中间商推荐。

小链接

小厂家如何惊动经销商

原莉是一家食品加工厂的销售主管。食品加工厂的年销售额不足3 000万元，是一家小企业。厂里派原莉去南方开拓新市场——一个市区人口100多万人的中型城市，那里有大大小小的快速消费品经销商几十家。

初来乍到的原莉，跑了一个星期的市场，也接触了一些经销商，但因原莉的产品在这个市场上没有一点儿知名度，大一点儿的经销商要么对她的产品不予理睬，要么开出很苛刻的条件。原莉想，这样一家一家去找经销商不是办法，一是周期太长；二是产品知名度太低，经销商不感兴趣；三是即使有经销商愿意做她的产品，她也觉得风险太大：如果经销商不守信用怎么办？但是不这样做，怎么做呢？

带着这个问题，原莉又走访了几家终端市场。有一天，正好遇到一位超市零售商在发牢骚，抱怨其经销商送货不及时——电话打过去都三天了，要求经销商送货，但到现在还没有送过来。原莉忙凑上去问："为什么经销商不及时送货呢？""因为这个经销商做得比较大，生意忙不过来，不把我们这些销量小的零售商放在眼里。"

"那你不能换个经销商进货吗？"原莉又问。"你们这些厂家总是喜欢找那些大经销商做总经销商，几个畅销产品都是他做了总经销商，不从他那里进货还能从哪里进货？"听了这话，原莉的眼睛顿时一亮，心中有了主意。

当地电视台办有一个节目叫"商界名人"，每周一次，每次都要邀请一些名人作为嘉宾参加节目，收视率很高。原莉想借《商界名人》这个平台来组织一次零售商评选最佳经销商的活动。原莉把自己的想法与"商界名人"节目组一说，节目组的策划人员很高兴，电视台全力支持，并且由电视台出面，把市工商局也邀请了过来，共同组织此次评选活动。评选小组由"商界名人"栏目组、市工商局、经销商代表、零售商代表和原莉组成，评选的对象是全市做快速消费品的经销商。整个评选活动制定了详细的规则，对各种可能的作弊行为制定了防范措施，以确保此次评选活动的公平、公正、公开。评选涉及经销商的服务、经销商的内部管理、经销商的商业信誉、经销商的市场秩序和维护零售商利益等十多项，都是直接与零售商利益有关的内容。评选采取加权评分的方式，按最后综合得分排出名次，得分最高的前三名为此次评选活动评出的最佳经销商。每张评选表后面还有一个由零售商自由发挥的栏目，填写内容是"您对此次评选活动有什么看法和建议"，"您认为哪些经销商在哪些方面做得较好，哪些方面做得不足"，"您对经销商有什么建议和意见"。

这是该市电视台第一次面向所有经销商进行的公开评选活动，在业内引起了很大的反响。平时零售商们对经销商的服务没有特别在意过，这下开始关注了。零售商对经销商品头论足，各经销商也关心零售商是如何评价自己的，有意无意地纷纷改进自己的工作。在评选期间，零售商都普遍反映经销商的服务比以前好了很多。评选结果在电视台的新闻栏目中公布，第一天只公布了第三名获奖者的名单，第二天又公布了第二名获奖者的名单，第三天才最后公布第一名获奖者的名单。后来，有很多经销商说，在评选结果公布的那三天，一到公布获奖者名单的时候，心都提到嗓子眼儿了。

第一名获奖者不到 40 岁，几年前才刚刚创业，虽不是本地最大的经销商，但在本地有很好的口碑。为了感谢零售商们对本次评选活动的支持与参与，原莉把三方联合起来，以自己企业、"商界名人"栏目组和第一名获奖者的名义，给每个参加此次评奖活动的零售商发送了一张邀请函，邀请他们参加"商界名人"的现场直播节目。邀请函由第一名获奖者开车带着原莉亲自送到零售商手上。零售商们感受到了从未有过的重视，一个个都高兴不已。三位最佳经销商作为特邀嘉宾出席了"商界名人"节目，所有参与此次活动的零售商们都被邀请作为现场观众，气氛非常热烈。三位获奖者谈了他们的经营理念、运作模式和未来发展的设想，台下的零售商也就自己所关心的问题进行了提问。经销商和零售商之间做了一次很好的双向沟通。

节目当中，还插播了原莉企业的产品广告。不过，原莉没有出一分钱，是由三位获奖者为感谢原莉策划和组织了这次评选活动出资赞助的。原莉把自己企业的产品作为礼物，赠送给参加节目的所有人员。评选活动一结束，原莉就把零售商对各经销商的表扬、建议和意见整理成册，分别赠送给参加此次活动的经销商。

最后，原莉已经不需要去找经销商了，要求做原莉企业产品的经销商已经排成了队。

小组讨论

1. 请对原莉寻找经销商的做法进行评价。
2. 你能想出比她更好的方法吗？
3. 从这个案例，你得到了什么启示？

5.3 选择渠道成员的标准

当企业确定了产品销售策略，选择以间接渠道进入市场，下一步应采取的步骤是选择合适的中间商，包括批发中间商和零售中间商。中间商选择得是否得当，直接关系到生产企业进行市场营销的效果。然而，大多数企业在选择渠道成员时，缺乏具体的选择标准，凭感觉、凭印象选择渠道成员的情况十分普遍，而由这些渠道成员组成的渠道系统很不稳定，从而导致渠道成本偏高。因此，在渠道成员选择的原则指导下，确定相应的选择标准是十分必要的。

不同行业、不同企业、不同产品各有特性，要确定适合于各行各业通用的渠道成员选择的标准是不太现实的。下面提供三位营销渠道专家对渠道成员选择标准的研究成果，供企业参考。

1. 布仁德的研究成果

最早研究渠道成员选择标准的专家是布仁德，他为工业企业选择渠道成员设计了一套包括20个问题的标准，其中有很多标准也适用于消费品生产企业。

- 分销商是真的需要我们的产品还是由于目前一时的产品短缺？
- 分销商目前的经营状况如何？
- 分销商在顾客中的口碑如何？
- 分销商在制造商心目中的口碑如何？
- 分销商是不是积极进取？
- 分销商还经营其他哪些相关的产品？
- 分销商的财务状况如何？
- 分销商有没有能力给账单贴现？
- 分销商的场所和设施的规模如何？
- 分销商是不是能够保证充足的存货？
- 分销商目前的主要客户有哪些？
- 分销商目前还没有服务的客户有哪些？

- 分销商的价格是否保持稳定？
- 分销商是否可以提供过去 5 年的销售记录？
- 分销商的销售人员的实际销售领域是什么？
- 分销商的销售人员是否经过培训？
- 分销商的现场销售人员有多少？
- 分销商的内部员工有多少？
- 分销商对能力合作、销售培训和销售推广是否感兴趣？
- 对于上述这些活动，分销商有什么可以利用的设施？

2．西普雷的研究成果

西普雷在对 59 家英国制造商和 70 家美国制造商进行分析研究后，提出了一套包括三大类共 12 个渠道成员的选择标准，如表 5-1 所示。

表 5-1　西普雷的渠道成员选择标准

选择标准		英国制造商对其重要性排序	美国制造商对其重要性排序
销售和市场因素	市场知识	1	1
	市场覆盖率	2	2
	销售人员数量和质量	4	4
	销售拜访的频次	6	10
产品和服务因素	产品知识	5	6
	服务和存货设施	10	9
	服务人员的质量	11	7
风险和不确定性因素	对产品的热情	3	5
	昔日的成绩	7	3
	涉及的成本	8	8
	代理竞争产品销售的程度	9	11
	经理的职业生涯	12	12
其　他		13	13

西普雷的研究发现，英国和美国从总体上说在很多方面都惊人地相似，这说明在高度发达的西方经济社会中，制造商大都倾向于采用相同的标准来选择渠道成员。

3．潘格勒姆的研究成果

潘格勒姆在 20 世纪 60 年代在对 200 多家美国和加拿大制造商研究的基础上，归纳出了 10 个渠道成员选择的标准。这些标准被认为是最全面和最具影响力的渠道成员选择标准。

- 信用和财务状况：信用等级和资金流动情况。这是所有制造商对分销商选择的标准。
- 销售能力：销售人员的素质和数量。大多数公司都认为这是比较重要的标准。
- 产品线：竞争对手的产品、兼容性产品、互补性产品、产品质量。制造商通常尽可能避免选取直接经营竞争对手产品的分销商；特别青睐经营兼容性产品的分销商；看好经营互补性产品的分销商；通常选取经营产品质量比自己好，至少不低于自己的分销商。
- 声誉：知名度和美誉度。制造商倾向于选择与自己产品定位相当或声誉高于自己的分销商。
- 市场覆盖范围：分销商覆盖制造商预期的地理范围的程度。制造商希望分销商的覆盖范围最大，而重叠范围最小。
- 销售绩效：能否获得制造商所期望的市场份额。
- 管理的连续性：分销商管理层稳定。
- 管理能力：关键标志是分销商组织、培训、管理销售人员的能力。
- 态度：进取心、信心和热情。
- 分销商的组织机构规模和经营额。

从以上三位专家的研究结果可以发现，在这些标准中有很多标准是共有的，表明这些共有的标准是渠道成员选择的最重要因素，可以将其归纳为四大类：财务能力、市场能力、产品能力、组织管理能力，每一大类都包括若干个更细的标准，如表 5-2 所示。

表 5-2　选择渠道成员的主要评估标准

标　　准	具体内容
财务能力	财务状况 信用度
市场能力	市场覆盖范围 销售能力和业绩 销售队伍
产品能力	产品线
组织管理能力	管理层稳定性 规模 声望 理念

总之，选择渠道成员的标准主要有以下几个方面。

（1）中间商的市场范围

选择中间商最关键的因素在于市场。首先，分析先前选择的目标中间商的经营范围所包括的地区与产品销售计划中的地区是否一致，如产品在北京地区，中间商的经营范围就必须包括这个地区。其次，生产企业所希望的潜在顾客是否包括在中间商的销售范围内，这是最起码的条件。因为生产企业都希望中间商能进入自己计划中已确定的目标市场，并最终说服消费者购买自己的产品。

（2）中间商的产品知识

许多中间商被规模巨大而且有名牌产品的生产企业选中，往往是因为他们对销售某种产品有专门的经验。选择对产品销售有专门经验的中间商就会很快地打开销路。因此，生产企业应根据产品的特征选择有经验的中间商。

（3）中间商的地理区位优势

区位优势即位置优势。位置优势对零售商尤为重要，选择零售中间商最理想的区位应该是顾客流量较大的地点；而对于大量批发中间商的选择则要考虑其所处的位置是否利于公司产品的批量储存与运输，通常以交通枢纽中心为佳。

（4）中间商的产品政策

中间商产品政策的具体体现是中间商承销的产品种类及其组合情况。选择中间商时，一要看他有多少产品供应的来源，二要看各种经销产品的组合关系，同时还要分清其产品是竞争产品还是促销产品。一般应尽可能避免选用经销竞争产品的中间商，但是，如果本公司的产品比中间商代理的竞争性产品有明显竞争优势时，选择出售竞争者产品的中间商对本公司而言反而有利。因为顾客会在对不同生产企业的同类产品做客观比较后，去决定购买竞争力强的产品。

（5）中间商的财务状况及管理水平

中间商的财务状况及管理水平主要体现在中间商能否按时结算，包括在必要时预付货款，这又取决于其财力的大小。整个企业销售管理是否规范、高效，关系到中间商营销的成败，更与生产企业的营销密切相关，因此，这两方面的条件也必须列入标准中。

（6）中间商的促销政策和技术

中间商采用何种方式推销商品及运用选定的促销手段的能力直接影响到生产企业的销售规模。有些产品适合通过销售人员推销，而有些产品则用广告促销比较合适。有的产品需要有效的储存，有的产品则应快速运输。要考虑到中间商是否有能力并且愿意承担一定的促销费用，以及有没有必要的物质保障、相应的人才和技术基础。选择中间商前必须对其所能完成某种产品销售而采取的市场营销政策和技术的现实可行程度做全面的分析评价。比如，用友软件有限公司要求地区级及县级代理商必须拥有专职的技术服务人员，负责本地区所有用友用户的服务；如果代理商是独立的法人实体，则要在所在地工商行政管理局登记注册的“经营范围”中包括“销售计算机软件”（或同含义内容）一项内容。

（7）预期合作程度

中间商应能与生产企业进行有效的合作，并积极主动地推销企业的产品，从而达成双赢。有些中间商希望生产企业也参与促销，扩大市场需求，并相信这样会获得更高的利润。生产企业则应根据产品自身销售的需要确定与中间商合作的具体方式，然后再选择最理想的合作中间商。

（8）中间商的综合服务能力

选择中间商要看其综合服务能力如何。现代商业经营服务项目甚多，有些产品在销售中要求向顾客提供技术指导，有些产品需要中间商向顾客提供售后服务，有些产品还需要专门的运输存储设备。因此，合适的中间商所能提供的综合服务项目和服务能力应与企业产品销售所需要的服务要求相一致。

需要强调的是，以上这些选择标准并非适用于任何企业的任何情况，它们只适用于一般情况而非特殊情况。因此，企业在设计渠道成员的选择标准时，还应结合自身的渠道状况。

5.4 选择渠道成员的方法

1．评分法

评分法又被称为加权平均法，即对拟选择合作的中间商，分别就其所具备商品分销的各项能力和条件进行打分，然后按照分数高低进行选择。具体步骤如下：① 生产企业列出营销渠道成员选择中所需考虑的全部因素；② 将对渠道功能有影响的各个因素根据不同的重要程度赋予一定的权重；③ 生产企业根据渠道成员在不同因素中的表现分别打分；④ 将每个成员在每个因素上的得分与该因素的权重相乘，得出每个成员在每一因素上的加权分；⑤ 将每个成员在每一因素上的加权分数相加，得出该渠道成员的总分；⑥ 将各渠道成员的总分进行排序，为渠道成员的选择提供标准。

例如，一家生产企业决定在某地区采用独家分销渠道模式建立自己的营销渠道，为此，该企业初步筛选了三家候选中间商作为备选。该企业在选择时看重的主要因素有：经营规模、地理位置、市场声望、可控性、客流量、信息沟通、货款结算等。各候选中间商都在某一方面具有优势，但没有一家在全部因素中占据绝对优势，因此，该企业对这三家候选中间商采用评分法进行评价，如表 5-3 所示。从结果中分析，虽然中间商 1 和中间商 3 的打分总和相等，都是 575 分，但由于各评价因素的重要性不同，因此，最后的选择应根据加权总分的排序，该企业将选择中间商 3 作为独家渠道代理。

表 5-3　加权评分法选择渠道成员

评价因素	权　重	中间商 1		中间商 2		中间商 3	
		打　分	加 权 分	打　分	加 权 分	打　分	加 权 分
经营规模	0.20	80	16.00	85	17.00	80	16.00
地理位置	0.15	85	12.75	85	12.75	90	13.50

续表

评价因素	权　　重	中间商 1		中间商 2		中间商 3	
		打　　分	加 权 分	打　　分	加 权 分	打　　分	加 权 分
市场声望	0.20	90	18.00	80	16.00	85	17.00
可控性	0.10	80	8.00	85	8.50	80	8.00
客流量	0.15	90	13.50	85	12.75	90	13.50
信息沟通	0.05	75	3.75	65	3.25	70	3.50
货款结算	0.15	75	11.25	85	12.75	80	12.00
总分	1.00	575	83.25	570	83.00	575	83.50

注：打分时，每个因素的得分区间为 0～100 分。

2．销售量分析法

销售量分析法是根据中间商近年来销售额的总量情况、销售额每年增长情况、顾客流量等指标进行分析，判断该中间商是否有担当渠道任务的能力，这也是挑选中间商的主要方法。

3．销售费用分析法

在日常管理和运作过程中，渠道销售不可避免地要发生一些费用，主要包括分担市场开拓费用、让利促销费用、由于货款延迟支付而带来的收益损失、谈判和监督履约的费用等。这些费用构成了销售费用或流通费用，减少了生产企业的净收益。因此，关于渠道销售费用的分析对生产企业来说显得格外重要，一般来说，分析方法主要有以下三种。

（1）总销售费用比较法

在分析候选中间商的可控性、营销战略、市场声誉、顾客流量、销售记录的基础上，预估各个中间商作为分销渠道成员在执行分销功能过程中的总费用，然后，选择费用最低的中间商作为渠道成员。

（2）单位商品销售费用比较法

当销售费用一定时，产品销量越大，单位商品的销售成本就越低，渠道成员的效率就越高。因此，在评价有关渠道成员的优劣时，需要把销售量与销售成本两个因素综合起来考虑，单位商品的销售成本最低的中间商即为渠道成员。

（3）费用效率分析法

以销售业绩与销售费用的比值作为评价依据，取效率高者作为渠道成员。此方法采用的比值是某渠道成员能够实现的销售业绩（销售量或销售额）除以该成员的销售费用，因此被称为费用效率。费用效率的计算公式为：

费用效率=某分销商的总销售额（或总销售量）÷该分销商的总销售费用

从公式中可以看出，费用效率是单位商品销售费用的倒数。

5.5 成员间的任务分配与效率模板

渠道任务最基本的要求是具体、明确，最好有量化的指标，主要包括推销、渠道支持、物流、产品修正与售后服务及风险承担等，具体如表 5-4 所示。

表 5-4 渠道销售任务列表

任务名称	任务明细	任务名称	任务明细
推销	新产品推广	物流	与最终消费者的信用交易
	现有产品的推广		向顾客报单
	向最终消费者促销		单据处理
	建立零售展厅	产品修正与售后服务	提供技术服务
	价格谈判与销售形式的确定		调整产品以满足顾客需求
渠道支持	市场调研		产品维护与修理
	地区市场信息共享		处理退货
	向顾客提供市场信息		处理取消订单
	与最终消费者洽谈	风险承担	存货融资
	选择经销商		向最终消费者提供信用
	培训经销商的员工		存货的所有权
物流	存货		产品义务
	订单处理		仓储实施投资
	产品运输		

例如，生产钢材或金属产品的生产商，由于其目标市场中包含许多小型客户，因此，其分销任务会包括销售、沟通、运输、仓储、风险承担和融资等方面。除此之外，为了服务于更小型的客户，该生产商还可能执行一些更细致的任务，例如：

- 保持完备的存货清单（详细列出数量和种类）。
- 提供快捷的交付（具体列出天数与小时）。
- 提供信贷。
- 提供紧急服务。
- 提供部分装配服务，如切割、修剪、开槽、交织、花样切割、花式辗轧、再轧、调整延伸器、焊接、碾磨、压造和修铰等服务。
- 提供包装和特殊制作服务。
- 提供诸如问题分析、产品选择、应用和停止使用产品等方面的技术帮助。
- 持续获取市场信息。

- 提供仓储空间。
- 允许合并型号和取消级别。
- 为多种客户处理订单和单据。
- 提供退货服务。

尽管这些任务中的相当一部分是有关生产活动而非分销活动，但是，从达成特定分销目标（如服务于较小型的客户等）的角度来看，它们的确属于分销任务。这些任务必须完成，因为该分销目标要求服务于小客户，而在绝大多数情况下，这些小客户是无法独立完成上述任务的。因此，所需的各类具体分销任务是为达成既定的分销目标和相关的企业目标而设立的。例如，如果该金属生产商的分销目标仅仅是服务于大型客户，上述任务中的一部分就可以被删除或者大幅削减，尤其是第 2、4、5、6、7、8、9 项。

一般而言，渠道任务在渠道成员之间的分配，可以通过价格政策、交易条件和地区划分等渠道功能事项明确加以界定并以合同为规范。

1. 价格政策

价格政策为一个渠道成员针对另一个或一些渠道成员所制定的价格方面的规定。例如，沃尔玛针对供应商就有两条重要的价格政策：一是“所提供的商品价格必须是市场最低价”，二是“供应商应提供以下折扣：……”而有的生产制造商针对经销商的价格政策如“除非双方另有规定，甲方向乙方供货的一般批发价为甲方产品售价的八折”，“乙方必须按照甲方规定的售价向顾客售卖商品，不得随意抬价或压价”。

价格政策体现着一个渠道成员对另一个或一些渠道成员在产品销售价格方面的要求，或者渠道成员之间在产品销售价格方面达成共识，有利于防止渠道中的价格混乱，降低由于价格混乱而导致的渠道冲突，如窜货和中间商之间的价格战等。

2. 交易条件

交易条件首先包括付款条件，如购买者支付货款的结算方法、支付时间和当购买者不能及时支付货款时，与供货方的协商途径与程序。例如，有些条款中的“收益支付”就是生产制造商向经销商支付销售佣金的有关规定。生产制造商针对中间商的一项重要的付款条件，即对于提早或按时付清货款的中间商如何给予价格折扣的规定。此条款可以激发中间商及时付款的积极性。

交易条件还包括其他很多内容，如生产制造商的商品质量保证、按时供货保证和货物交割方式，以及中间商的库存水平、服务质量和服务方式等。这样的交易条件，如“代理商应配备 2 ~ 4 人，专职负责 × × 产品的销售和售后服务工作，在代理商主管认可后，服从本公司区域办事处的统一安排”；“代理商负责提供轿车一辆，专门用于本公司开展业务”；“代理商所辖区域零售商资金出现困难时，代理商有责任对其提供资金担保，并担保赊欠资金的回收”；“本公司承担对零售商的售后服务工作，并承担因售后服务而产生的配件亏损”。

除此之外，交易条件还有生产制造商向中间商做出的次品或积压品处理保证、价格调整保证和退换货保证等，以鼓励中间商放手进货，从而解除中间商的后顾之忧。

3．地区划分

地区划分就是要规定中间商的地区权利，明确说明各中间商的顾客服务范围，以免渠道内成员之间发生内耗。中间商通常希望在某个地区实行独家专营，把自己销售地区的所有交易都归为己有，并希望生产制造商承认在其专营范围内的所有销售实绩，不论这些实绩是否是他们努力的结果。至于是否满足中间商的这些要求，可以在合同中做出规定。

当涉及独家经销或独家代理、总经销或总代理、特约经营关系时，生产制造商更应当就有关中间商的分销地区范围、促销、市场渗透水平和发展渠道新成员等问题认真进行磋商，在合同中做出明确的规定。

4．其他特定内容

除了上面所讲的责任和规定的义务之外，在一些特定内容上，也要在渠道成员之间明确划分责任界限，如针对促销、信息沟通、资金帮助、人员培训、销售服务、商品展示和商品陈列等方面所做的安排。这里要特别注意责、权、利相适应的原则。如果中间商承担了有关分销任务，生产制造商就要明确规定报酬的形式和标准。

5．效率模板

渠道利益分配在制造商和渠道成员的合作合同中虽然进行了明确的规定，但如何分配更加合理仍然是制造商不断探寻的问题。

渠道利润分配的原则应该遵循公平原则，即渠道体系中成员的报酬应该与各成员承担的任务相一致。渠道的过程也是创造价值的过程，渠道成员所获得的利益要与其在渠道中创造的价值相一致。

按照公平原则，必须要了解渠道成员付出了多少成本、创造了多少价值并且要在渠道成员中达成共识。因此，首先需要收集必要的信息，进行渠道效率分析。

安尼 · T · 科兰等提出的效率模板是分析渠道成员贡献与利润很实用的工具。这个模板是用来帮助你理解：① 谁在渠道里承担了什么功能，执行了什么渠道流；② 每个渠道成员分别产生了多少成本，创造了多少价值；③ 是否每个渠道成员都得到了公平的报酬。理解这些问题的好处是：① 为在渠道成员间分配利润提出更有力的解释（基于深入的分析而不是特别的原理或惯性）；② 给出一系列关于改变渠道利润分配的建议；③ 给出一系列关于未来特定渠道流执行重点的建议。

效率模板基于三类信息：渠道成员在执行渠道流时所做工作的种类和数量；每一渠道流对于提供消费者所需服务产出的重要性；每个渠道成员所能分享到的渠道利润。

表 5-5 是利用效率模板对某建材公司渠道成员贡献和利润的分析。

在效率模板表上有两列：一列是渠道流的权重，合计为 100；一列是渠道成员执行每个渠道流的比例。

填写渠道效率模板的第一步是给每个渠道流分配权重。最终权重的确定主要考虑两个因素：执行该渠道流的成本占全部渠道运营成本的比例；执行该渠道流所创造的价值如何。

表 5-5　建材公司为通过零售商购买的终端用户提供服务的渠道效率模板

	渠道流权重（%）			渠道成员执行的渠道流比例（%）			合计
	成　本	潜在收益	最终权重（X）	制造商（Y）	零 售 商	终端用户	（%）
实物拥有	30	高	35	30	30	40	100
所有权	12	中	15	30	40	30	100
促销	10	低	8	20	80	0	100
谈判	5	低	4	20	60	20	100
财务	25	中	29	30	30	40	100
风险	5	低	2	30	50	20	100
订购	6	低	3	20	60	20	100
支付	7	低	4	20	60	20	100
合计	100		100				
标准利润份额				28	39	30	

成本栏可以通过确切的财务数据计算出来。如果得不到精确的量化成本，分析者也可以利用定性工具来估计成本权重。例如，这里可以采用德尔菲技术，让几个信息最丰富的渠道经理共同估计一个最佳成本权重。结果是一系列加总为 100 的权重，这些权重可以被用来衡量每个渠道流所占整个渠道流的成本比例。

由于建材产品一般体积较大，运费昂贵，所以实物拥有成本在渠道总成本中比重最大，大约占 30%，财务成本也比较高，占 25%，其他渠道流的成本相对比较低。在潜在收益栏，实物拥有流再次被认为拥有较高的收益。这是由于建筑材料的终端用户要求这些产品要以空间便利的方式提供给他们（减少他们自己的运输成本），并且要实现最小的时间延滞。这样，该渠道内公司的实物拥有流的权重最终被确定为 35%，而所有权流和财务流的重要性也有所增加。

潜在收益栏是基于主观判断的，用高中低列出。利用对潜在收益的判断，来调整成本栏中基于成本的权重估计，从中得出每种渠道流的最终权重。如例中对实物拥有渠道流潜在收益的判断是"高"，最终的权重被调到 35，而不是纯粹的成本权重 30，但最终的权重和必须为 100。所以如果一些渠道流的权重增加了，另一些渠道流的权重就要降低。为了给出一套能够准确衡量给定渠道流成本及其价值的最终权重方案，这里渠道经理可以再次应用德尔菲法分析。

下一步是要确定每个渠道成员在每个渠道流中所承担的成本份额。在例中，渠道成员包括制造商、零售商和终端用户，这里，终端用户主要是小型承包商，他们提前购买产品并且保持小批量的存货，执行了 40%的实物拥有流，而制造商和零售商分别执行 30%的实物拥有流。终端用户没有参与促销，其在促销流中分担的成本为 0，而制造商和零售商各为 20%、80%。

因此，制造商、零售商、最终用户所获得的渠道利润的比例（标准利润份额 Normative Profit Share）分别为：28%，39%，30%。计算方法是表中的 X 乘 Y，如制造商：

$$0.35\times0.3+0.15\times0.3+0.08\times0.2+0.04\times0.2+0.29\times0.3+0.02\times0.3+0.03\times0.2+0.04\times0.2=28（\%）$$

终端用户（在本例中是建筑材料的一个零售顾客）创造渠道利润代表什么意义呢？这些终端用户合理地购买大量的建筑材料，购买之后把它们存放起来。这样，他们实际上是为以后才用得到的产品提前付了款，他们自己存储这些产品而非强迫零售商或制造商代为存储。所以，他们实际上是在执行对他们来说成本高昂而颇具价值的渠道流，而这些渠道流对于其他渠道成员也同样成本高昂。完成这些渠道流应该得到某些回报。一般来说，对于完成某一高成本渠道流的细分市场终端用户的回报是公布价格上的优惠。因为不同细分市场的终端用户完成不同数量和种类的渠道流，从而为其他渠道成员消除了实施这些渠道流所需的成本，所以为衡量渠道流绩效起见，终端用户应该被视为渠道成员。

标准利润份额可能等于也可能不等于实际利润份额。当这两个数字不符时，就应该想一想为什么不等。造成标准利润份额和实际利润份额不等的原因有以下几点。

1）渠道利润被错误分配：应该重新分配。

2）竞争性的环境迫使某个渠道成员接受的利润份额比标准的渠道流绩效所暗示的份额更低，市场竞争抵消了它们的“经济租”。

3）诸如政府规制之类的外部限制条件把经济租给予了超出此渠道流绩效之外的渠道成员。在国际渠道管理中这是一个令人头痛的问题。

最后，有必要了解一下实际的利润份额是怎样的。考虑某个产品的总零售额：这等于单位产品零售价格乘以总销售量。然后从这个总收入里减去渠道运营的总成本和所售货物的成本（扣除制造过程中产生的部分成本）。剩余的部分就是渠道总利润。所以，为了把握好利润在渠道成员之间的分配，我们需要尽我们所能做好渠道内基于活动的成本分析工作。

要为每个分销产品的渠道设计一个单独的效率模板，也要为每个细分市场设计一个效率模板。在产品通过多个渠道销售的情况下，可以通过比较效率模板看出运营不同渠道的成本差别。

总体来说，效率模板对各个渠道成员所需分担的成本及为渠道增加的价值进行系统整理，因而是一个十分有用的工具。效率模板应该是针对特定渠道的，也就是说，应该为每个销售商品的渠道设计一个单独的效率模板。效率模板不仅计算了一般渠道成员所应承担的渠道流成本，还计算了终端用户应该承担的渠道流成本。它的用处有很多：它揭示了特定渠道流的成本应该如何在渠道成员间分配；它说明了渠道成员各自在渠道中创造出来的价值贡献是多少；它展示了各个渠道流对于整体渠道绩效的重要性。它是一个强大的工具，可以用来解释当前渠道绩效，也可以用来论证渠道经理针对当前渠道运营将要实行的改革是否合理。在产品通过多个渠道销售的情况下，可以通过比较效率模板看出运营不同渠道的成本差别。这可以让我们在对目标市场提供的服务不打折扣的前提下降低成本。

附：

某企业与经销商合作合同范本

供方：________________

需方：________________

供需双方本着真诚合作和互惠互利的原则，经友好协商，就×××年度××产品销售达成如下协议：

第一条　供方确认需方为××产品在其所在地区的指定经销商。

第二条　需方应以零售点为基础积极发展分销网点，并及时将各零售店××产品的经营信息和资料提供给供方，以便管理和考核。

第三条　供方以优惠价格向需方提供××产品，配合需方做好售后服务工作，并提供必要的技术支持，如免费向需方及其零售店提供产品资料、宣传品、店堂 POP，协助需方策划各种促销活动。

第四条　需方及其零售店应优先向广大用户推荐××产品，负责做好××产品的售前、售中、售后服务工作，不得以任何理由拒绝用户提出的服务要求或发生有损××信誉的行为。需方承诺首次购进供方产品不少于×万元，以后每月购进产品量由需方根据市场情况确定。

第五条　供方收到需方货款（现金、银行汇票、银行承兑汇票）后，向需方工商注册登记地免费发货；若异地发货，需方自提，则运费自行承担；需方如需用银行承兑汇票，则利息由需方承担。需方不得以任何名目的往来款项冲减购货款项。

第六条　为了保护双方利益，需方保证严格遵守供方对××产品的价格规定。

第七条　为了更好地开拓××产品的市场，需方保证开设××产品陈列厅、室并在主要的位置安排布置××产品的专用展台。供方认为必要时可对需方的零售店派遣导购员 1～2 名，工资由供方支付，需方对导购员的工作提供方便。

第八条　需方出售××产品，必须向供方提供出售产品的基本情况及用户资料。

第九条　需方所售××产品的全部售后服务工作，必须委托经供方批准的直属单位或定点特约维修单位进行，安装维修费结算办法具体见《特约维修协议》。

第十条　供方认为必要时，有权查阅需方××产品的全部销售发票，以稳定市场价格，需方应给予配合。

第十一条　供方有权对供货价格进行及时调整。如价格调低，协议期间需方从供方进货的库存价差，由供方给予补贴。

第十二条　本销售年度结束后，凡需方在本协议期间直接从供方购进的产品未销售完的部分，经供方检验完好且资料齐全的可以退回供方仓库（退返运费由需方自理），退库产品均按开票价格冲还，并扣除该部分产品曾享受的全部优惠和奖励。

第十三条　在双方以上约定的基础上，供方给予需方以下优惠：

1）按××年度零售价下浮×%开票供货。

2）设首推××产品奖，最高奖额为当月进货额的×%（当月回笼发货金额低于××万元的经销单位，不参加首推××产品奖的奖评）。

3）设经营业绩奖，需方按月度实际购货额给予奖励。标准如表5-6所示。

表5-6　需方按月度购货额奖励标准

购货额（万元）	10≤A<20	20≤A<40	40≤A<100	A≥100
奖励比例	0.5%	1%	1.5%	2%

4）在供方参加需方销售洽谈的前提下，合同完成后由需方提供用户工程验收资料，供方审批后另行补贴该工程合同价格与开票价的差额，需方享受固定×%的佣金，但不再享受其他优惠及奖励。需方如把××产品，直接销售给集团单位使用，价格下浮一般不超过×%。

第十四条　为消除恶性竞争，规范市场，本年度供方将加大对市场及商家行为的监控和考核，如需方及其零售点违反以下有关规定，供方将给予相应的处罚。具体处罚约定如下：

1）发现需方在媒体上公布的价格低于供方规定的最低限价标准1次，取消月度评奖资格；发现两次以上（含两次），供方有权终止协议并取消所有优惠及奖励。

2）发现需方以低于供方规定的零售价格销售供方产品1次，取消月底评奖资格；发现两次以上（含两次），供方有权终止协议并取消所有优惠及奖励。

3）发现需方违反供方限价规定，低价批发（10台以上）1次，取消月度评奖资格；

发现两次以上（含两次），供方有权终止协议并取消所有优惠及奖励。

若发现发生违规行为单位的货源由需方提供，则视同违规。

若同时受到上述两项以上（含两次）处罚，将按处罚标准累加计算。

第十五条　本协议一式三份，双方签字盖章后生效，合同附件与正本协议一并生效，双方均应遵照执行，如有违约，按经济合同法有关规定承担违约责任。

本协议有效期限：自×××年×月×日起到×××年×月×日止。

第十六条　解决本协议纠纷方式：协商解决或向供方所在地法院提起诉讼。

供方单位：（盖章）　　　　　　　　需方单位：（盖章）

代表：　　　　　　　　　　　　　　代表：

年　月　日

（资料来源：宿春礼．营销渠道管理文案设计．北京：机械工业出版社，2004.）

实务训练

娃哈哈的渠道管理

1. 公司背景

娃哈哈前身是杭州市上城区的一家校办企业，成立于 1987 年。1989 年，娃哈哈营养食品厂成立，开发生产以中医食疗“药食同源”理论为指导思想的天然食品“娃哈哈儿童营养液”，产品一炮打响。“喝了娃哈哈，吃饭就是香”的广告传遍大江南北。1991 年，有偿兼并了杭州罐头食品厂，组建了杭州娃哈哈集团公司。从此娃哈哈逐步开始步入规模经营之路。

2. 娃哈哈集团联销体渠道结构

娃哈哈集团联销体渠道结构基本构架为：总部—各省区分公司—特约一级批发商—特约二级批发商—二级批发商—三级批发商—零售终端。

其运作模式是：每年特约一级批发商根据各自经销额的大小打进年销售额 10%的预付款给娃哈哈，娃哈哈支付与银行相当的利息，然后每次提货前，结清上一次的货款。同时，规定销货指标，年终返利，完不成任务者动态淘汰。一级批发商在自己的势力区域内发展特约二级批发商与二级批发商，特约二级批发商与二级批发商的差别在于前者要打一笔预付款给一级批发商以争取到更优惠的政策。

3. 选择渠道成员

娃哈哈保证在一定区域内只发展一家一级批发商。同时，公司还常年派出一到若干位销售经理和理货员帮助经销商开展各种铺货、理货和促销工作。目前与集团直接发展业务关系的一级经销商有 1 000 多个。

娃哈哈在联销体和特约二级网络的基础上实行销售区域责任制，对所有经销商队伍进行考核筛选，引进部分经营理念先进的客户，并对所有经销商合理布局，划分责任销售区域，消灭了销售盲区，目标是把所有的县城最优秀的经销商纳入旗下。

4. 渠道成员任务和利益的分配

让这个网络运转的核心是“价差体系”——娃哈哈集团通过制定严格的全国统一批价体系，保证各级经销商都能在价差中赚到钱。其基本做法是：当地的经销商提供资金、仓库和一些搬运工，其余的所有营销工作都由娃哈哈的派出人员具体完成，娃哈哈方面出人、出力、出广告费，帮经销商指导。

这是一种十分独特的协作框架。从表面上看，批发商帮娃哈哈卖产品却还要先付一笔不菲的预付款给娃哈哈。而在娃哈哈方面，则“无偿”地出人、出力、出广告费，帮助批发商赚钱。

但对经销商而言，他们无疑是十分喜欢娃哈哈这样的厂家的。一是，企业大、品牌响，有强有力的广告造势配合；二是，系列产品多、综合经营的空间大，可以把经营成本摊薄；再就是有销售公司委派理货人员“无偿”地全力配合，总部的各项优惠政策可以不打折扣地到位。当然，他们也有压力，首先要有一定的资本金垫底，其次必须全力投入，把本区域市场做大，否则第二年联销权就可能旁落他家。

相对于生产商自己招聘人马、全资编织市场网络，娃哈哈的联销体模式则更为经济和高效。各级大大小小的经销商一方面可以使娃哈哈迅速地进入一个陌生的市场，大大降低了市场的导入成本，更重要的还在于，这些与娃哈哈既为一体又非同根的经销商团队，是保证市场创新、增长和降低风险的重要力量。娃哈哈其实通过这种“制度建设”，实现了市场的制衡。而尤为重要的是，它避免了娃哈哈营销队伍的恐龙化。

📖 **问题**

1．娃哈哈是如何从利用国有糖业烟酒公司、个体批发商过渡到联销体模式的？

2．娃哈哈如何规范自身与渠道成员的责任、权利与利益关系？

3．回顾营销渠道管理的内容有哪些？

第 6 章

改进现有渠道

学习目标

1. 了解现有渠道改进的条件
2. 掌握渠道差距模型
3. 掌握渠道改进的策略
4. 掌握渠道整合中的渠道分工与渠道移交管理

引导案例

加多宝公司红罐王老吉（2012 年前）的渠道优势

1．销售模式

在销售模式上，红罐王老吉采取总经销制（见图 6-1），即一个总经销商负责一个区域，经销商下面可发展多家邮差商（分销商），分区域、分渠道覆盖各类终端店。这种模式可以很好地控制整个价格体系，也保证了各个分销环节的高利润，从而提高了销售商的积极性。红罐王老吉在开辟销售渠道时，寻求新的突破口，不仅进入传统的商超等，还进入餐饮店、酒吧、网吧等场所。

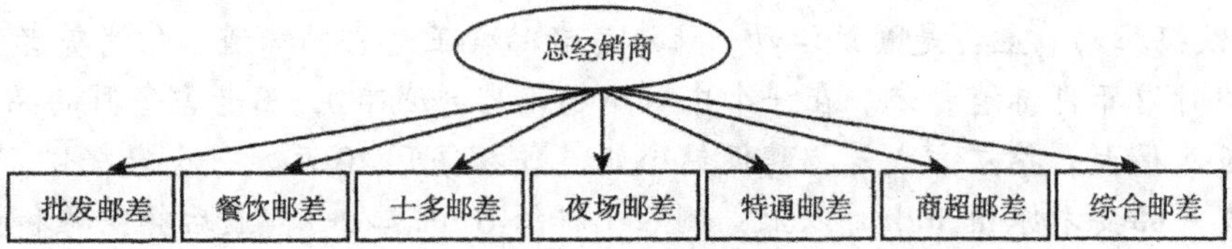

图 6-1　红罐王老吉销售模式

这一销售模式的最大特点是它的价格体系很好地保证各个分销环节的高利润（各流通环节价格体系与利润关系见表 6-1），提高各分销环节经营王老吉积极性。总经销商完成销售任务，年底再返利 x 元/箱，经销商任务不算太高，省级经销商一般 3 000 万元/年。邮差商完成季度销售任务返利 2 元/箱，完不成返利 1 元/箱。

表 6-1　红罐王老吉各流通环节价格体系与利润关系

出 厂 价	经销商利润	经销商批发价	邮差商利润	邮差商给零售商价格	零售商利润	零售商的零售价
65 元/箱左右（24 罐）	5 元/箱以上	70 元/箱	4 元/箱	72 元/箱	0.5 元/支	3.5 元/支每箱 84 元

2. 渠道建设

红罐王老吉的渠道分现代（商超大客户）、批发、小店、餐饮、特通五个渠道，即用五条腿走路。王老吉渠道的分销网络建设采用 RMS（线路管理）系统，业务人员每月 15 日和 30 日要上报他们所掌控的五个渠道的客户资料，后勤人员负责录入 RMS 系统，及时进行补充更新，RMS 系统最大的特点是相同的客户资料不能重复录入，可反映某个业务人员的工作量大小、工作进度，以及某地区的人均产值等。

1）现代渠道树形象。现代渠道的入场费、堆头费等费用由王老吉承担，产品由当地经销商直接供货。操作的基本准则：第一条是比竞争对手商品位置显眼、货品多、陈列时间长。第二条是卖场里的货一定是日期最好的，当地经销商到新货后，及时把卖场里的旧货换到其他渠道去，给消费者以王老吉产品畅销、新鲜的感觉。第三条是单支王老吉零售价永远保持 3.50 元/支，禁止搞特价促销，搞特价永远是 6 联装和 12 联装。

2）批发渠道上规模。王老吉在流通渠道主要发展有一定配送能力的邮差商（分销商），分区域分渠道进行覆盖小店、餐饮、特通等终端店，要求签约的邮差商能压 300～500 箱货以上。批发渠道的活动大多采用常规的搭赠促销手段，如平时搞“35 搭 1”、旺季时搞“30 搭 1”的促销活动，先由经销商垫付，活动结束后核销。但往往采用限时限量活动方式，如某个经销商本次促销活动只能限量核销 1 万～2 万箱。

3）小店建网络。王老吉每个办事处的业务人员大约有 80 人，在日常管理中，要求每个业务人员每人每天要拜访 35 家终端点，每人每天要开发 3 家新客户，每人每天要张贴 30 张以上 POP，每人每天要包 3 个冰箱贴，用量化管理强力开发、建设终端网络，搞“人海战术”。

4）餐饮搞拉动。主要是赠饮活动，让消费者品尝王老吉的味道，向消费者宣传其下火的功能，同时培养目标消费者。在一个中心市场（省会城市），王老吉每月的品尝品有 500 箱以上，投入很大。推广方式是招聘促销小姐，每人每天 40 元，每个点提供 12～24 支品尝品，每支产品要求冰镇 1 小时以上，倒 6 小杯给 6 个客人喝，最后凭空罐和拉环核销。当然，活动前要搞好“海陆空”生动化工作，“海”——餐桌有王老吉 Logo 的椅套、餐巾纸、牙签桶等，“陆”——门口有展示架、墙上有广告牌、包房有围裙等；“空”——空中有吊旗，甚至独创要求围裙要达到 30 米/店（30 张冰箱贴）。

5）特通找突破。王老吉的特通渠道主要是网吧和夜场，网吧的主要操作手段是给陈列费，提供品尝品，提供冰桶，也搞公关营销，对网吧工作人员进行收集拉环兑换小礼品活动。夜场的主要操作手段是请导购、提供品尝品和联合促销，王老吉夜场导购员的工资高达 80 元/天；刚入场时给夜场搞每个包房免费提供 1 支王老吉的活动，或者与某啤酒搞联合促销，买 1 打啤酒赠送 2 支王老吉。

3. 销售管理

王老吉把全国销售市场分为 6 大区，区域内销售人员编制如下：在办事处层面，设置财务、人事、监察、企划四个部门，主要是为销售部门服务。王老吉的薪酬很有竞争力，在软饮料排前 3 名，如王老吉编外人员工资可拿 1 500 元/月，干满一年的员工可参与公司年底花红奖励。据了解，初级业代年终奖可拿 5 000 多元，高级业代年终奖可拿 10 000 多元。

王老吉对业务员的管理主要是每日汇报制度，业务人员的日报表格式如下：主管每天早上都要把自己所负责的业务人员的工作情况向上级部门汇报，上级主管可从日报表中一览无余地了解市场一线的信息，如有质疑的地方，可叫业务人员传真他们的拜访表进行抽查。王老吉的绩效考核最主要的一点是采用“60%的基本工资，40%的绩效工资”方式，业绩达成 60%就可按业绩完成比例拿绩效工资了。

王老吉营销费用使用采取预算制，从大区到办事处到联络站，每个季度都有相应的费用进行推广活动，大概有消费者促销、通路促销、终端形象三项。消费者促销包括全国性品牌推广活动、赠饮促销、商场买赠、公益活动赞助、社区推广等；通路促销包括终端（批发）陈列、终端（批发）拓展、批发促销、商超促销、团购、竞品打击等；终端形象包括终端形象包装、经销商车体广告等，费用预算明细到每月应开展的活动。

王老吉的费用使用很灵活，各大区、办事处、联络站的主管可根据自己市场状况，因地制宜制定方案进行使用，而且必须使用完。与其他公司一样，都按“提案—批复—执行—核销”的流程进行。

（资料来源：李飞. 营销教学案例. 北京：经济科学出版社，2012.）

渠道设计除新设渠道外，实际上大量的渠道工作是对现有渠道的评估与改进。本章为此提供主要的理论工具。

6.1　渠道差距（缺口）分析

差距分析是对企业现有渠道进行分析审计的工具。主要有两种方法：一是以零基渠道为标准的差距分析；二是以竞争者渠道为标杆的差距分析。

1. 以理想渠道为标准的差距分析

渠道缺口指企业现实的营销渠道与理想的营销渠道之间的差距 。

既能够满足服务产出的需求，又能以最低的成本执行必要的渠道流的渠道，安妮 ·T ·科兰等称为零基渠道（Zero-Based Channel），也可以说是理想的渠道。零基渠道实际上不存在，或者很难建立，但企业应该以理想的渠道为标准来分析现有渠道的差距。

差距分析理论的基本思路如图 6-2 所示。

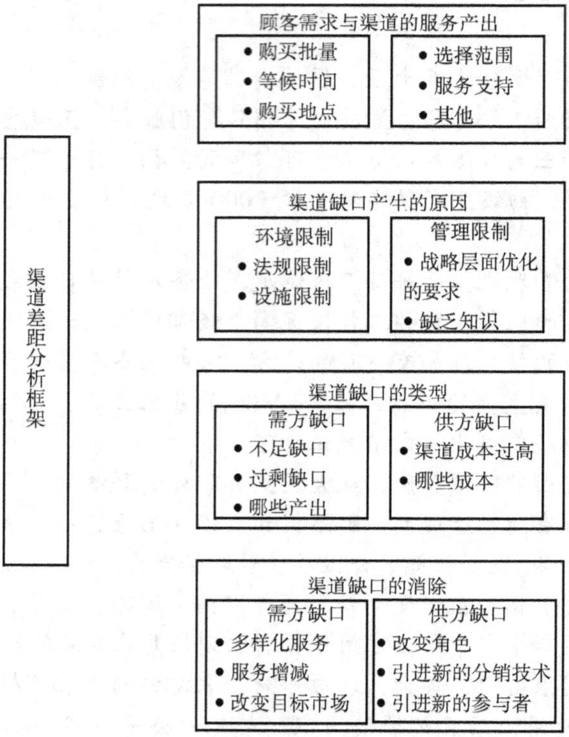

图 6-2　差距分析理论的基本思路

（1）渠道缺口产生的原因

渠道缺口是普遍存在的。渠道缺口产生的原因很多，从根本上讲，有两类：一类是环境限制（Environmental Bounds），如一个国家的法规对于企业商业行为的某些限制和一个地区营销渠道的基础设施对于企业渠道建设理想渠道的限制；另一类是管理限制（Managerial Bounds），如企业的战略目标、发展战略、资源配置及知识和经验的限制。

1）环境限制。一个国家或地区的渠道环境，如法律环境和基础设施建设，会限制企业建立理想的营销渠道。比如，中国政府自 20 世纪 90 年代中后期到现在，一直严禁传销活动在中国内地开展，这使企业不能采用传销渠道建立理想的营销渠道。再如，日本的《大规模零售店铺选址法》针对新建或扩建店铺在 1 000 平方米以上的，实行申报制度，申请过程很烦琐。有人算过一笔账，一家连锁公司每新开一家店面，必须经过 20 多种不同的审批程序，签署 200 多页的文件，仅此一项每年给公司带来的成本就有 6 000 万日元之多。

另外，政府部门制定的规则及对于规则的执行，也会改变营销渠道中的成本，从而导致现存渠道更大地偏离理想渠道。比如，2003 年下半年，中国政府整顿公路超载，对于营销渠道中实体流的成本有很大影响，以至于货运公司不愿出车，很多农产品运不出去。针对这种现象，有人呼吁不但要整顿公路超载，还要整顿公路运输环境，“给货运卡车一个好的出路”。

渠道的基础设施也可能妨碍企业建立理想的营销渠道。比如，2003 年在青岛的一项调查显示：被调查的跨国零售企业（如家乐福、百安居、佳世客和麦德龙）都没有在当地设置自己的配送中心，即使个别企业在总部设有物流中心（如大福园、麦德龙），也大多是负责各种电子单据在商店、供应商和总部之间的传递，而不进行真正的配送。其中的主要原因，是在中国当时的交通条件下，企业设置自己的配送中心是不经济的。不过，大多数公司都把设置自己的配送中心看做一种理想状态。

2）管理限制。管理限制是引起企业现有渠道对于理想渠道偏离的企业内部管理因素，包括企业的战略目标、发展战略、资源配置及知识和经验的限制。

企业常常为了在更高层次上追求整体优化，而不得不牺牲渠道的优化。这体现在公司的使命、发展战略、组织结构、资源状况、公司以前的业绩及在相关业务上的竞争战略和营销战略上。比如，一家跨国经营的电子产品制造商，为了降低整个渠道的存货成本，提高订单的履约率，要求它在欧洲所生产的产品全部集中存放在西班牙。这是公司战略决定的。然而，对于与这家制造商合作的很多国家的零售商来说，这一安排使零售商的效率降低了——它们不得不去处理各种各样的海关文件和办理各种各样的进出口手续。它们觉得这家制造商的渠道很不理想，存在明显的渠道缺口。

管理限制还体现在企业的知识或经验上——企业对于进行某项渠道活动或完成某项渠道功能的成本缺乏了解，不清楚怎样才能优化自己的营销渠道。比如，有一家企业开展电子网络营销，并依据电子网络技术的特点，构建了一个自认为理想的电子网络渠道。然而，两年的实践下来，它们发现：公司在电子网络上的投资不小，但收效甚微。总结经验教训，主要原因是它们缺乏电子网络营销的经验与知识，不清楚电子网络在公司目前的情况下能够和应该怎样发挥作用。

（2）渠道差距的类型：需求方差距

如果渠道差距存在于需求方，即为服务–价值差距（Service -value Gap）。有两种情况会产生需求方差距。

1）服务产出供应低于服务产出需求。即供应给目标市场的服务产出水平太低了，达不到目标市场的要求。如在北京，商场的休息区太少，或者休息区就是餐饮服务区，顾客不能自如地休息，使顾客极不满意。再如，近来银行办业务排队问题，引起社会的关注。

供应给目标市场的服务产出水平太低能否通过降低价格来弥补，实现顾客满意呢？有的产品可以，如农贸市场上购物环境比超市差，但蔬菜价格比超市便宜，所以百姓能够接受。而有些商品服务产出水平低即使通过降低价格也不能弥补，也不能实现顾客满意。

2）服务产出供应高于服务产出需求。提供高于市场需求的服务产出，会导致使产品加上服务后价格过高，不被消费者认可；或者渠道承担没有价值的服务的生产成本，导致利润下降。如某些商品的人员直销方式，常常所提供的顾客教育服务过量，高价格得不到认同。需求方差距可能会同时出现在几种服务产出中；也有可能某种服务产出的水平太低了，而另一种服务产出的水平又太高了，而一种服务产出的过量并不总能够很好地弥补另一种服务产出的不足。

（3）渠道差距的类型：供应方差距

供应方差距是指供应方提供的服务产出符合顾客的要求，但提供这些产出所花费的成本太高。如果供应方共同执行所有渠道流的成本高于必要的成本，就产生了供应方差距。如果某个渠道流执行成本很高，但所有渠道流的共同执行成本低，不会产生供应方渠道差距。如电子商务使渠道执行信息流成本高，但由于信息提倡，使运输、储存等成本下降，渠道总成本不高，没有供应方差距。

供应方差距导致高成本高价格，得不到顾客的认可，或者制定的价格得到顾客认可，就一定是某些渠道成员承担了成本，降低了利润。

（4）联合渠道差距

经常存在的情况是，渠道服务既存在着需求方差距，也同时存在着供应方差距。综合看来，渠道服务的需求方差距和供应方差距存在 6 种情况，如表 6-2 所示。

表 6-2　需求方差距和供应方差距

	需求方差距		
供应方差距	不足差距：服务产出供应低于需求	无差距：服务产出供应等于需求	过剩差距：服务产出供应高于需求
没有供应方差距（高效的低渠道流成本）	1）顾客的服务需求没有被满足	2）无需求方差距也无供应方差距	3）顾客的服务需求被过剩地满足
有供应方差距（低效的高渠道流成本）	4）高成本下的服务产出不足：质次价高的服务产出	5）高成本下的供求平衡：服务产出符合要求，但价格和成本太高	6）高成本下的过量服务：服务产出超出需求，价格或成本太高

情况 1）：服务产出供应低于需求，没有供应方差距。解决的方法有两个：一是增加服务产出的供应水平；二是改变目标细分市场，寻找新的较少需求的细分市场，以与较低的供应水平相适应。

情况 2）：既没有供应方差距，也没有需求方差距，是理想的渠道。

情况 3）：服务产出供应高于需求，没有供应方差距。解决的方法有两个：一是减少服务产出的供应水平；二是改变目标细分市场，寻找新的较多需求的细分市场，以与较高的供应水平相适应。

情况 4)：服务产出供应低于需求，服务产出的供应成本高。解决的方法是以下两方面同时进行：一是增加服务产出的供应水平，或者改变目标细分市场，寻找新的较少需求的细分市场，以与较低的供应水平相适应；二是降低供应成本。

情况 5)：无需求方差距，但供应成本高。

情况 6)：服务产出供应过量，成本过高。解决的方法是以下两方面同时进行：一是减少服务产出的供应水平，或者改变目标细分市场，寻找新的较多需求的细分市场，以与较高的供应水平相适应；二是降低供应成本。

在存在供应方差距的情况下，即上述情况 4)、5)、6）中，降低渠道供应成本的方法如下。

一是改变当前渠道成员的角色，通过改变他们的角色和渠道流的责任来提高成本的效率。二是在新的分销技术方面进行投资以降低成本，如计算机订票系统，可以降低航空公司或铁路公司的查询和出票成本。三是引进新的分销功能专家以改变渠道的运行，如网络销售公司将递送的任务交给快递公司。

（5）渠道差距分析模板

可以用渠道差距分析模板来具体分析某产品或服务的渠道差距。横行分别标出渠道服务产出的供应水平、供应的效率，以及原因分析、预期采取的手段和结果。纵栏列出渠道服务产出的种类，不同的产品、不同的细分市场，其项目不同。

表 6-3 是利用渠道分析模板进行的关于银行服务产出分析。

表 6-3　银行大众市场的服务分析

	服务态度	空间的便利性	等待时间	花色品种
供应水平（低—尚可—高）	低：顾客不满意	低：网点少	非常低：等待时间长	高：能够提供各种服务
效率（低—尚可—高成本）	低	尚可	低	低
问题的原因	沟通不足，愿意改进	环境限制，也无动力改进	业务增加，服务没有跟上，愿意改进	有些服务利润低
期望的结果	改进与顾客的关系	维持现状	减少等待时间	维持现状
缩小差距的战术	员工教育；加强与顾客沟通	无	引进电子排队管理系统，开辟“绿色通道”，引导客户使用电子银行、自助银行、网上银行等服务渠道，系统提速数据集中	无
渠道绩效的预期变化	改进	维持现状	降低了等待时间	维持现状

2．对比竞争者渠道的差距分析

对于渠道服务中的差距，提供者有时能够意识到，但如果缺少竞争，提供者就没有动力改善。如北京商场休息区少的问题，一些商家认为，别的商场都没有设休息区，我为什么要花成本设休息区？但反过来，如果别的商家设了休息区，你就必须设，否则会影响客源。因此，竞争者的渠道都提供了什么样的服务，自己的渠道与竞争者渠道相比的差距在哪里，就成为营销厂家关心的问题。

与竞争对手的渠道相比较，首先也要寻找比较的维度，来确定究竟应该在渠道的哪些方面进行比较。这个比较的维度也存在于顾客的需求中，即要了解顾客最关心渠道能够给他们提供哪些项目的服务产出，然后针对这些项目，比较本公司的渠道与竞争对手渠道在满足这些项目方面有什么差距。

与竞争者的渠道进行比较分析的步骤如下：寻找顾客对渠道服务产出的需求；根据顾客的重视程度对这些服务产出进行排序；画出本公司顾客满足曲线；画出竞争者顾客满足曲线；进行比较分析。

假设一家公司采用的是分销商渠道，可以从产品的花色品种、信用期限等方面给顾客提供良好的服务，而竞争者运用的是直销渠道，能够在产品信息、产品质量保证、应用技术支持等方面为顾客提供良好的服务。那么，与竞争者的渠道相比较，顾客需求及其排序的情况在大客户市场上是产品信息、产品质量保证、技术支持、（补充产品的）花色品种、信用条款；而在小客户市场上是（补充产品的）花色品种、信用条款、产品质量保证、产品信息、技术支持。客户对渠道的需求情况及渠道对客户需求的满足情况如图 6-3 所示。

从图 6-3 可知：在大客户细分市场上，本公司现有的分销商渠道在产品信息、产品质量保证、技术支持方面都远远落后于竞争者的直接渠道，在提供（补充产品的）花色品种和信用条款方面，优于竞争者的渠道。但大客户最看中的是前三个方面的渠道服务产出，因此公司要进行渠道改进，才能够满足大客户细分客户的需求。而在小客户细分市场上，本公司的分销商渠道在提供（补充产品的）花色品种、信用条款方面，远远超过竞争者的直销渠道，在产品质量保证、产品信息、技术支持方面落后于竞争者。但小客户最看中前两个方面的渠道服务产出，因此，公司现有的渠道在向小客户提供服务方面很有吸引力，但仍然要在产品质量保证、产品信息、技术支持方面进行相应的改进。

对于价值要素的重构来说，可以采用的操作有五种：剔除、减弱、保持、增强、创造。

1）剔除。由于竞争策略过度使用，有些价值要素通常被认为是理所当然要提供给顾客的，尽管它们不再具有价值，甚至具有负价值。对于这些价值要素，企业必须用剔除的方式来重组价值要素，以降低成本。

2）减弱。有些价值要素对于顾客来说偏好不强，然而企业给顾客的超过顾客对该要素的需求，徒然增加成本；也有一些价值要素对于顾客来说偏好较强，但设计过头，导致成本过高。这就需要运用减弱的策略。这有利于减少成本。

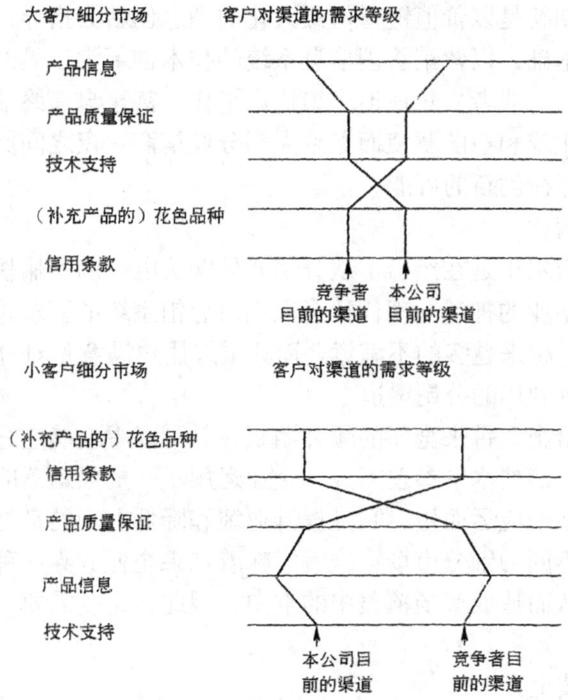

图 6-3　本公司与竞争者的渠道比较[①]

3）保持。有些价值要素对于顾客来说提供的强度适当，刚好满足顾客对该要素的需求，同时，提供该要素的成本也适当。这时，企业要用保持策略来对待这些价值要素。

4）增强。有些价值要素是顾客较强烈要求的，但企业却提供不足；或者顾客对这些价值要素要求一般，且企业能以较低的成本提供该要素，但实际上提供不足。这就要适当增强这些价值要素，提升顾客价值。

5）创造。顾客的需求根据可认知程度的高低可分为潜在需求、显性需求、没有需求三个层次。企业往往只提供满足顾客显性需求的价值要素，对于顾客的潜在需求却极少关注。因此，价值创新企业必须发现并提供能满足顾客潜在需求的价值要素。这能帮助企业发现新市场空间，创造新需求。

6.2　渠道改进

1．渠道改进的原因

渠道改进又称为渠道调整或渠道创新。企业内外部环境的变化为渠道创新提供了动力，

① 多兰，米克，多布查．营销战略．北京：中国人民大学出版社，2003.

也提供了条件。渠道创新是以价值链增值最大化的理念创新为指导，以实施目标管理机制的扁平化组织创新为基础，以营销管理信息系统的技术创新为工具的系统工程。一味地盯住传统的销售通路不放，或者一味地追求渠道扁平化，甚至自建终端，都可能流于片面，甚至会由于竞争的变化或利益的驱使而导致大部分经销商一夜之间倒戈。以下五种信号标志着渠道需要创新或存在创新的可能。

（1）最终用户不满意

如在电脑行业，戴尔正是在经历了从分销商处购买电脑的不愉快后才创造了电脑直销模式，开创了个人电脑业的神话。现代社会人们对分销系统的要求越来越高，不合格的分销渠道将招致最终用户越来越多的不满意。而让最终用户满意是对分销渠道的最低要求。

（2）存在许多可供利用的分销渠道

新的分销渠道会给企业带来全新的顾客期望，并可以重新确定分销成本或服务标准。由于我国消费者众多、消费水平参差不齐，企业运用单一的渠道策略很难达到理想的营销效果，于是多渠道策略便应运而生，它是提升业绩和降低费用的良好手段。一般而言，不同的分销渠道服务于不同的细分市场，这就意味着如果企业放弃一种分销渠道，就有可能错过整个细分市场，从而造成市场覆盖中的空白，因此，企业需要不断地探索新渠道的可行性。

（3）渠道费用持续上升

随着市场竞争的加剧，企业需要发掘每一寸利润空间，而市场开拓带来的销售费用上升，如何通过渠道创新降低分销费用也就成为企业关注的问题之一。

（4）现有分销商不胜任

在许多成熟的行业中，当制造商力争取得增长或面对竞争挑战时，那些不愿意主动适应新市场却收入颇丰且贪图安逸、不思进取的分销商则会成为企业发展的最大障碍。事实上，当分销商不全力去扩大销量时，企业的任何努力都会付诸东流。

（5）客户关系管理方法落后

信息技术的发展为管理分销商的购销调存创造了十分优越的条件，但许多企业还继续使用尽管重要但并不到位的“走动式”的人员管理。电子信息交换系统和顾客快速反馈系统能帮助分销商管理库存，还可以帮助企业减少成本，较大限度地密切厂商关系，提高管理效率。信息网络已经能够使产品、服务提供者跳过传统分销商与最终客户直接打交道，比如，在线机票预订渐渐取代了传统的旅行社机票预订便是“非中介化”的一个例证。此外，物流领域也涌现出大量革新，包括可靠高效的隔夜快递和即时跟踪分销商库存状况的信息系统等，这些革新开始淘汰原有的产品和部件库存系统，并为分销渠道网络的再造创造了条件。

2．渠道改进的层次

在分析了调整营销渠道的必要性之后，必须根据理想的渠道结构对现有渠道结构进行调整。调整营销渠道可以分以下四个层次进行。

（1）调整渠道政策，但不增减渠道成员

这是渠道的“软性”改进。调整的范围包括但不限于价格政策、铺货政策、市场推广政策、信用政策、激励政策等。

（2）增减个别渠道成员

在考虑渠道的调整与改进时，通常会增减某些中间商。生产企业在做出这项决策时要进行渠道改进分析，考察增减某个中间商会给生产企业的利润带来什么影响。如一家打印机生产企业在做出增加一个打印机经销商的决策时，应该用该打印机经销商的销量除以总销量，以评估经销商对生产企业的重要程度，如果比例较低，则比较容易做出增删决策。对渠道改进的常用分析有下面几种。

1）渠道结构的调整分析。渠道结构调整的原因在前面已经讨论过，所有原因的最终目的都是要通过调整结构，为生产企业创造更多的利润。因此，应该通过对渠道结构存在的问题进行分析，确定是否应在渠道结构上进行适当的调整。例如，生产企业决定剔除中间商，直接供货给零售商，缩短渠道长度，一般需要分析结构与市场环境，再得出结论。

2）边际问题分析。生产企业进行渠道调整时的一个重要指标是渠道成员的边际影响力，生产企业应该分析如增加或减少某一中间商会对整体销量、利润及成本产生什么影响与变化。

3）中间商替换的影响分析。生产企业的各种经营活动不是独立存在的，往往有着千丝万缕的联系。改变渠道结构不仅会影响渠道的正常运作，也会对销售部门、财务部门、物流部门等产生很大的影响，因此，生产企业在进行渠道结构改变前要对因中间商的替换产生的各方面影响进行分析，同时要考虑除销售、利润、成本外，这种替换对渠道整体性功能所产生的影响。

（3）增减某些市场渠道

偶尔会出现很多经销商不能完成销售任务的情况，这种结果往往是由于生产企业设定的目标与实际不符造成的，但也不排除其他原因造成经销商懒惰或有意抵抗。例如，竞争者给予渠道商更多利润时，渠道商就更倾向于销售竞争者的产品，对生产企业的产品关注度则会降低。生产企业有权减掉不合格的市场渠道，但是必须考虑删减市场渠道带来的下列负效应。

1）为保持一定的库存，减少渠道意味着缩减生产。由于制造费用和管理费用被分摊在较少的产品上，单位产品的生产成本将会提高。

2）可能闲置部分设备，引起有限资源的人为浪费。

3）原来占有的一些市场机会可能会转到竞争者手中，增加了竞争企业的经营实力。

4）会引起其他经销商的不安和不稳定感。

在考虑到以上因素后，如果根据一定的标准，删减渠道利大于弊，生产企业就可以做出删减渠道的决策。

（4）改进整个渠道系统

这是最复杂的一种渠道改进决策，因为此时它不仅涉及改进，还涉及整个营销系统的修正。比如，衫衫集团从自由渠道转为特许经营模式，这种决策通常由企业的最高层来制定。

调整渠道，尤其是较大的变革，对企业及整个渠道的影响都很大，而且如果决策失误，短时间内又难以补救，损失将更大。所以，在渠道调整以前一定要做好可行性分析与渠道评价工作：认真考虑这种调整是否可行，中间商的反应如何，是否会引起某些重大冲突等问题。对新渠道的费用、收益及利润的分析也要从整个渠道系统角度统筹考虑，权衡利弊。

有时，限制因素的变化只是暂时的现象，不久又会基本恢复原状，这时不要急于调整渠道。有时，限制因素虽已变化，但未来的情况难以预测，这时应尽量通过渠道管理消化这些变化，注意监测这些因素的进一步变化。渠道的调整基本上表现为中间商的增减，而中间商的增减常常引发许多问题，所以事先必须周密考虑，以防患于未然。比如说，每利用一条新渠道便可增加销售，但也要冒疏远原有渠道的危险。解雇中间商、终止与商业伙伴的合作可能会导致更严重的冲突。

从实践上说，与中间商的合作一般不会轻易开始，也不会随便终止。在美国，终止与中间商的关系很简单。但在很多国家，中间商往往会受到某种法律保护，使生产商难以随便终止同他们的关系。例如，在挪威，生产商在终止与某个中间商的关系前，通常必须提出有关中间商过失的有力证据。即使经历千辛万苦达到了与某代理商终止关系的目的，企业往往还要赔偿该代理商在建立客户关系和商品信誉方面所付出的投资。在某些国家或地区，解雇代理商必须通过一个仲裁委员会，如果该委员会不同意，则不得解雇。所以，最好的办法是在选择中间商时多做一些努力，以避免以后解除关系时的麻烦。

6.3 渠道整合

不同于渠道改进，渠道整合不是对现有渠道和渠道成员进行增减，而是对现有渠道进行重新排列组合，使其在功能上发挥更大效用。它虽是一项比较复杂的系统工程，但它却是企业走向市场的强有力工具。渠道整合有其复杂性，它通常被运用于复杂的、周期长的销售环节中；对简单的、周期短的销售环节，花时间去进行渠道整合是不值得的。所以，企业进行渠道整合，必须要科学地计划和安排。一般来讲，渠道整合需要经过以下几个基本环节。

1. 明确销售过程和渠道组合模式

明确企业的销售过程是渠道整合的前提。我们知道，一个典型的消费者购买决策过程包括问题认识、信息收集、方案评价、购买和购后评价五个步骤。与此相对应，企业的销售过程也可以划分为五个独立的任务：潜在客户的寻找、客户身份的确认、建议书的撰写与进入销售流程、销售工作的完成和售后支持（见图 6-4）。

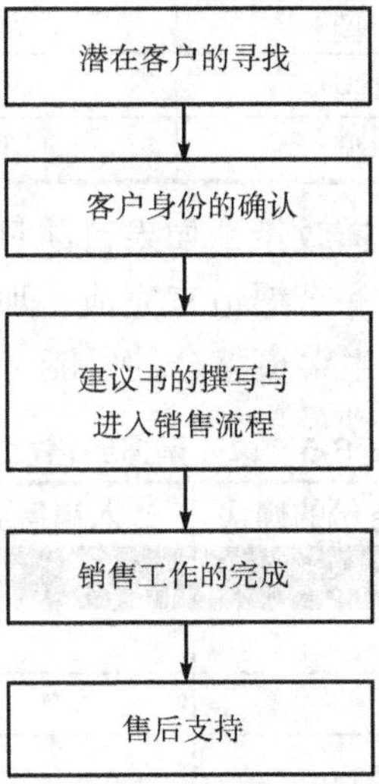

图 6-4　一个典型的销售过程

企业的销售过程始于潜在客户的搜寻，即在众多消费者中找出对本企业产品和服务有需求的群体和个人。值得注意的是，搜寻潜在客户，不能仅仅依据其是否对产品和服务有需要，同时必须判断其是否具备一定的支付能力。

在找到目标客户之后，接下来的工作就是与客户取得联系，获取客户的相关信息。这些信息的收集有助于企业更好地为客户提供个性化、人性化的服务。

在对客户进行身份确认后，销售部门开始有针对性地撰写相关的营销计划书或建议书，制定合适的营销策略，合理配置资源，准备随时为客户提供服务。

在客户做出购买决定以后，企业开始积极地应对客户发出的购买信息，及时准确地将客户所需的产品送达客户手中或客户指定的地点。

最后，企业可以根据自身的资源和能力、客户为企业带来的价值及市场竞争环境等因素来确定售后支持服务的详细内容。一般来讲，企业与客户的售后服务关系可以分为以下五种类型：基本型——产品售出后不再与客户联系；反应型——鼓励客户若有问题就与之联系；可靠型——产品售出后不久就与客户联系；主动型——经常与客户联系；合伙型——与客户一直相处在一起。如果以客户或分销商的数量和产品利润的高低为维度，企业的关系战略选择如表 6-4 所示。

表 6-4　企业的关系战略选择

	高 利 润	中 利 润	低 利 润
客户/分销商很多	可靠型	反应型	最基本的或反应型
客户/分销商数量一般	主动型	可靠型	反应型
客户/分销商较少	合伙型	主动型	可靠型

另外，企业也要确定自己的渠道政策，如果目前只是采用单一的渠道来启动其销售过程，即销售过程中的所有任务都由一个渠道来完成，那么就没有必要进行渠道整合。只有在混合渠道的销售模式下，才会发生渠道整合的可能（见表 6-5 和表 6-6）。

表 6-5　单一渠道销售模式

	潜在客户的寻找	客户身份的确认	进入销售流程	销售工作的完成	售后支持
直接销售	■	■	■	■	■
分销商					
电话渠道					
因特网					

表 6-6　混合渠道销售模式

	潜在客户的寻找	客户身份的确认	进入销售流程	销售工作的完成	售后支持
直接销售			■	■	
分销商					■
电话渠道	■	■			
因特网	■				

2．评价各类分销渠道的绩效

企业要进行渠道整合，必须深入分析各类具体分销渠道的绩效，以便使企业能更好地满足顾客的需求。下面我们从客户角度出发，提出五项分销渠道绩效评价指标。

（1）信息沟通能力

企业不仅要开发出能满足消费者需求的产品，按照消费者认知价值和消费者愿意付出的成本给产品制定价格，并采取适当的分销策略为消费者购物提供便利，而且还必须与目标消费者进行沟通。信息沟通应是双向的，即一方面将企业的产品信息传递到目标市场上，指导购买，引导消费；另一方面则要把顾客对产品的需求反馈到企业，使企业能够按照市场需求来指导生产。因此，如何有效地进行营销沟通、如何降低营销成本、提高营销沟通效果，以及如何对目标消费者产生最大沟通影响，已成为企业分销渠道运作的挑战，同时也对企业的生存发展有着重要意义。因此，分销渠道的信息沟通能力无疑是评价渠道绩效的一个重要指标。

（2）满足顾客个性化需求

在市场经济环境下，市场竞争越来越激烈，企业必须把目光集中到消费者身上来，尽可能满足每位顾客的需求，企业之间竞争的目标也由原来的抢占市场份额发展到争夺每位顾客。另外，随着人们生活水平的不断提高，消费者对产品的要求也越来越苛刻，使得消费需求带有浓厚的个性化色彩。在这种情况下，企业将每位顾客视为一个单独的细分市场，根据个人的特定需求进行定制化服务，从而尽最大能力满足每位顾客的需求，这必将增加企业的市场竞争能力。而各分销渠道在满足顾客个性化需求的能力上也各有长短，因此满足顾客个性化需求也应作为渠道绩效的一个评价指标。

（3）购买风险

购买风险是指消费者在无法确定地预测其后果的情况下，采取有可能引起失败的某种行动所带来的危险。由于消费者在其购买活动中，经常要做出买什么、在哪里购买等购买决策，而对这些决策的后果常常并不十分有把握，因此消费者在做出购买决策时，通常都会有不同程度的风险感。而消费者对于风险大小的估计及他们对风险所采取的态度都会影响他们的购买决策。

（4）顾客服务支持

我们知道，顾客需要的是优质的产品、卓越的服务及低廉的价格。然而，我们更应该了解顾客的不满意绝大部分是针对服务质量，而少数是针对产品价格和产品质量的。令顾客满意的服务应表现在四个方面，即服务的便利性、专业化、态度和效率。顾客满意是企业对未来的投资，从卓越的顾客服务中直接受益的虽是顾客，但受益最大的却是企业本身。因此，企业只有像重视产品开发、产品质量一样重视顾客服务，才能在竞争激烈、瞬息万变的市场中立于不败之地。因此，各分销渠道的顾客服务能力也是评价渠道绩效的一项重要指标。

（5）销售成本

此处销售成本指的是企业将单位产品转移到顾客手中所需的费用。销售成本反映企业的分销效率，这个指标必然是评价分销渠道绩效的一项重要指标。

根据以上分销渠道绩效评价指标，我们针对各类分销渠道的特点，分 5 级简要归纳出各类分销渠道的绩效，如表 6-7 所示。

表 6-7　各类分销渠道绩效评价

评价指标	分销渠道的绩效				
	面对面推销	间接营销（间接渠道）	直邮渠道	电话渠道	网络渠道
信息沟通能力	强	较强	弱	一般	一般
满足顾客定制化	强	一般	弱	弱	一般
购买风险	小	小	大	一般	大
顾客服务支持	强	强	弱	弱	弱
销售成本	高	高	低	一般	低

3. 渠道分工（任务匹配）

根据对分销渠道的绩效评价，企业可以将各分销渠道与销售任务组合，由不同的分销渠道完成不同的销售任务，以达到产品销售成本的最小化和顾客满意的最大化。如企业可以应用直邮渠道、电话渠道或网络渠道来寻找潜在顾客和进行顾客确认，然后将潜在顾客转移给面对面推销渠道或间接分销渠道去实现销售，售后服务主要由中间商提供，企业销售人员进行顾客管理。这样，昂贵的人员推销主要用于销售和顾客管理工作。

渠道整合所带来的利益是诱人的，但不遵循某些渠道配置原则将是有风险的，尤其是在重大、复杂的交易中，并不是每种渠道都适用于每项销售任务，在将渠道与不同销售任务相匹配的过程中，正确的判断是必要的。

比如，一次交易额为 500 元的照相机买卖包含了许多任务，也许所有的任务都可以由低成本的渠道来完成：潜在客户的寻找及身份确认可以通过直邮和网络来完成，然后低成本的分销商和零售商承担销售和服务任务。但是一宗 200 万元的办公自动化解决方案则完全不同。在这个相对复杂的过程中，低成本渠道可以（而且应该）被用于潜在客户的寻找和身份确认环节中，但期望其交易的最终达成及售后服务没有诸如区域销售代理或高附加值商业伙伴的参与是不现实的。将一些重要的销售任务，特别是销售中间环节中那些高附加值的任务适量移交给低成本渠道往往会给企业带来灾难性后果。那就是人们不会通过电话或某一办事处购买一个 200 万元的商务解决方案。

明确哪些渠道可以实质性履行销售过程中的哪些任务是非常重要的。一般来讲，不同渠道对不同任务的匹配性有一定的规律可循（见图 6-5）。

	潜在客户的寻找	客户身份的确认	进入销售流程	销售工作的完成	售后支持
直销渠道	+	+	+++	+++	+
分销商	++	++	+++	+++	+++
电话渠道	+++	+++	+	+	+++
网络	+++	++	+	+	+

+++：性能最好或成本最低；++：可以运用；+：不适合或不经济

图 6-5　销售过程中的渠道与任务的匹配性

从图 6-5 中可以看出，直销渠道适合进入销售流程和完成销售工作等任务，而不适用于潜在客户寻找、客户身份确认及售后支持等任务；分销商渠道则更适用于销售过程中的后面阶段工作；而电话渠道正好弥补了直接销售渠道的不足，与直销渠道有很强的互补性；网络渠道在潜在客户的寻找及客户确认方面比较适合。

一个理想的渠道整合模式指的是将每一销售任务交给成本最低的渠道，而同时该渠道又能很好地履行其职能。在图 6-5 阴影区域（+++）中，每种渠道都具备最优性能，同时销售成本被降到尽可能低的水平，这就是渠道整合模式中企业利润增加的源泉。

4. 渠道移交管理

多种渠道的整合利用为企业创造竞争优势的同时，也增加了企业步入更多管理误区的可能。一个销售过程由 3~4 个渠道提供服务要比单一渠道有更多犯错误的空间，特别是在渠道之间的任务移交这个环节上。渠道整合使渠道之间出现了不同的分工，但它们面对的却是同一客户，若相互之间衔接不紧密，很容易导致客户的不满，最终可能会前功尽弃，造成浪费。

渠道移交管理不善，会极大地降低渠道整合的效率。比如，有个公司发现：它通过电话代理产生的 300 个客户，最终只有 11 人成为公司的最终用户，这个不到 4%的成交率与公司其他市场中由单一销售部门完成的 21%形成鲜明的对比。经过多次的调查分析，原因就在于渠道移交管理方面出现了漏洞。公司一方面要求电话营销代理部门必须将那些有用的潜在客户移交给销售人员，但同时又不能对潜在客户轻易下“移交或不移交”的结论。被弄糊涂的电话营销代理由于担心遗漏每次潜在的商机，就把所有新的潜在客户全部堆积在销售人员的手中。销售人员于是对这些潜在客户进行追踪，从而造成了时间和金钱上的极大浪费。发生在电话营销与直销渠道之间的这种职责不清，导致移交过程进行得太快，潜在客户身份确认无法详细具体，从而降低了整合销售过程的效率和利润率。

在渠道移交管理的过程中，需要做好以下两个方面的工作。

（1）精确定义任务的完成点

在什么情况下一个潜在客户可以被认为身份已经被确认？是在他刚刚跨进门槛的时候，是在可能存在某种商机的时候，是客户的预算及购买日期已经被正式确认的时候，还是客户已经点头认可的时候，或者是正式收到一个购买订单的时候，任务完成点的精确定义是很重要的，因为这个点正是某些销售机会从一个渠道移交到另一个渠道的时候。销售过程中的每个任务都必须被精确地加以定义，以便使每个渠道能够沿着销售路径，并在移交其任务前能了解该环节的任务是否已经完成。

（2）规范定义移交程序

销售代理必须在交易达成两日之内与其商业合作伙伴联系，还是在某一数据库记录下交易的达成过程，随后与商业合作伙伴联系呢？或者仅仅是在其自身的日计划安排中潦草地写几个字以便作为提示呢？移交程序越严谨正规，各渠道才能更好地履行其各自的职能。在一个整合渠道体系中书面化、特定格式的移交程序是必要的。

5. 渠道整合监控

在多渠道的销售过程中，无政府状态对渠道整合的效率是具有致命性毁灭能力的。对于一些新型的、充满活力和挑战的工作团队来说，团队的每个成员各自独立完成他们的工作显然是不可能的。如果没有整合监控，企业可能会失去潜在客户，也可能会失去现有客户。

当多种渠道作为一个整体服务于某一销售过程的时候，必须有人来负责协调、监控整个渠道的运行。渠道整合监控者在销售过程中主要承担以下几项重要职责：① 确保在整个销售过程中每个必须完成的任务都已经准确无误地完成了；② 解决诸如渠道移交混乱等问题；③ 确保销售机遇已经成功地转换成交易的达成阶段；④ 寻求新的销售机遇以增加销售量。

协调、监控整个渠道的运行是一项重要而烦琐的工作，一般由销售过程中的某个渠道或个人来负责。具体由哪个渠道或个人负责，与其交易的类型直接相关。

如果属于简单、周期短的交易，那么协调监控渠道整合的工作比较适合由承担销售过程中前期任务的渠道或个人来执行。原因是简单、周期短的交易，其行为及客户的联系大多发生在销售过程的前期，即潜在客户的寻找、身份确认和交易达成，所以在整个销售过程中，它们占据着重要且决定性的地位，当然宜由它们来负责整个渠道的监控和协调。

如果属于相对复杂、周期长的交易，那么协调监控渠道整合的工作比较适合由承担销售过程中后期任务的渠道或个人来执行。原因是此时企业行为及客户联系大部分发生在售后阶段，即交易完成及售后支持。一个负责交易完成和售后支持的渠道可能更接近客户，更易于挖掘新的商机。例如，一个负责销售过程中后期工作的直接区域代理还可能被赋予以下职责：① 确保潜在客户已经转成一宗交易；② 确保售后支持被提供给客户；③ 确保交易中存在的新机遇被识别并转成新的交易等。

如果涉及不同类别或复杂程度不同的交易过程，最好按照交易的复杂程度来确定对应的渠道监控者。最复杂的交易大多与售后服务和销售行为关系最紧密，所以，必须由诸如区域销售商或高附加值的合作伙伴这样信用高的渠道来充当整合的监控者；而那些相对简单、对售后服务要求不多的交易，则可以由诸如呼叫中心这样的低成本渠道来协调和监控（见图 6-6）。

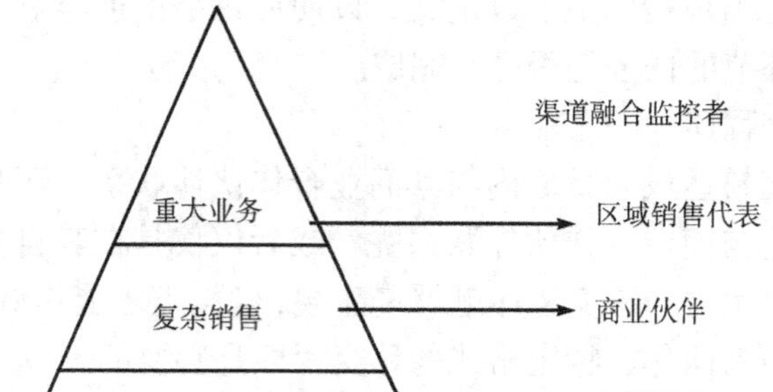

图 6-6　渠道整合监控者与交易类型的匹配

举一个简单的例子：这是弗里德曼在《创建销售渠道优势》（第 252 ~ 253 页）一书中举的一个例子。他运用此例来说明多渠道整合可以降低成本，这里用此例来说明整合的过程。

（1）案例背景

前提条件有以下几个。

1）区域销售代表：年薪 10 万美元。一年工作时间 250 天。每天共有 4 次商业拜访或电话联系。其结果是每次联系的成本是 100 美元。

2）电话销售代表：年薪 5 万美元。一年工作时间 250 天。每天共有 8 次电话联系。其结果是每次联系的成本是 100 美元。

3）因特网：粗略的估计是维护成本 1 000 美元/月。每个月有 200 个查询，每个潜在客户查询 4 次。其结果是每个潜在客户成本为 20 美元。

4）售后支持：区域销售代表联系一次即可。电话销售代表需联系 2 次。

为解释清楚的需要，所有的渠道费用都没有考虑。包含所有费用的渠道成本（如营销和每笔交易上的建设投资摊销费用）将导致每个渠道中的交易成本会更高。

（2）渠道整合过程

企业最初采用单一渠道模式，即全部用推销员直销，交易成本是 500 美元。而在渠道整合过程中又增加了电话渠道，它负责挖掘潜在客户和售后服务，交易过程由推销员完成，交易成本降低至 375 美元。后来又增加了网络销售，它负责挖掘潜在顾客，推销员负责交易完成，其他事情由电话渠道完成，最终使交易成本降低至 220 美元。可见，渠道整合过程，就是降低交易成本的过程（见图 6-7）。

单一渠道模式

任务渠道	潜在客户的产生	客户身份认证	售　前	销售结束	售后支持
区域销售	100 美元	100 美元	100 美元	100 美元	100 美元
电话渠道					
因特网					

交易成本=500 美元，或 25%销售收入

整合

任务渠道	潜在客户的产生	客户身份认证	售　前	销售结束	售后支持
区域销售		100 美元	100 美元	100 美元	
电话渠道	25 美元				50 美元
因特网					

交易成本=375 美元，或 18.75%的销售收入

以低成本渠道完全整合

任务渠道	潜在客户的产生	客户身份认证	售　前	销售结束	售后支持
区域销售				100 美元	
电话渠道		25 美元	25 美元		50 美元
因特网	20 美元				

交易成本=220 美元，或 11%的销售收入

图 6-7　渠道整合案例图

实务训练

情境设计

根据《2009—2010年中国家电网络购物研究报告》显示，国内家电销售渠道呈现多元化的发展趋势，各个渠道之间的竞争日趋激烈。目前，我国家电销售渠道主要呈现如下特点。

1．国内家电连锁企业强强联手，垄断零售渠道

作为一线的家电连锁卖场，近年来，国美、苏宁一直以并购、开新店等方式加速扩张，从而使得家电零售连锁渠道的垄断性不断加强。家电连锁以其标准化、规模化和复制性的优势，在一二级市场建立起强大的分销网络，并且占到全国三成以上的市场份额，而在特级城市，如北京、上海、深圳、广州，“大连锁”已经占据了七成以上的市场份额。

2．企业自建渠道与第三方渠道并存，企业谋求加强渠道控制

由于家电连锁的垄断，使得厂商的议价能力大大减弱。为了加强渠道控制，提高议价能力，很多厂商开始自建销售渠道。通过专卖店经营，厂商可以较为自主地控制产品价格，免去了高额的“进场费”，使产品的利润率有所保证。

3．传统渠道与新兴网络销售渠道并存

随着电子商务的发展，网络销售渠道的优势渐显，家电类商品的网购规模也在持续增长，家电厂商也开始投入到网络销售渠道的建设当中。网络销售渠道主要有三种形式：家电厂商自建电子商务平台、家电连锁卖场建立电子商务平台、第三方电子商务平台。由此，家电零售渠道形成了传统渠道与新兴网络渠道并存的局面。家电销售渠道选择如图6-8所示。

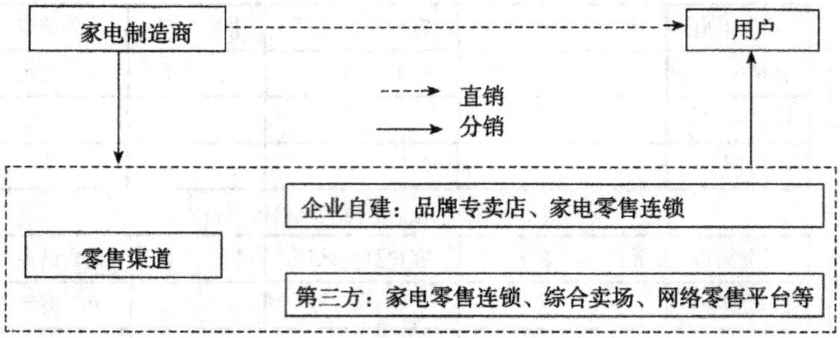

图6-8　家电销售渠道选择

综上所述，你认为家电企业应选择何种销售渠道战略？

训练步骤

（1）将学生平均分为甲、乙、丙、丁四组，各组推选组长1名，副组长2名。

（2）根据“情境设计”的内容，进行渠道战略决策分析。在销售渠道战略选择方面，推出三种不同的渠道战略。甲组选择以家电零售连锁为主的渠道战略为主要主张，乙组选择以企业自建品牌专卖和零售连锁为主的渠道战略为主要主张，丙组选择以网络销售平台为主的渠道战略为主要主张。丁组对甲、乙、丙三组的渠道战略进行评价。

（3）各小组对其选择的渠道战略进行研究分析，对渠道战略进行概括性描述，并列出选择该渠道战略的原因与未来发展前景。

（4）在全班讨论中，各组用 5～10 分钟阐述该组的渠道战略主张，包括战略陈述、选择战略的原因、渠道未来发展前景及趋势。

（5）各组用 5～10 分钟与其他两组的渠道战略进行对比，要求通过对比，充分展示本小组战略选择的优越性及前瞻性，尽可能说服其他小组放弃原来的选择，同意本小组的战略选择。

（6）丁组对甲、乙、丙三组的辩论进行点评。在小组具体讨论后，根据方案优劣选择首选、次选方案。

（7）指导教师对四组组长及各组成员的重要观点与表现进行点评并打分，每组表彰 2～3 名表现优秀的学生。

实训方案

甲组实训方案

<table>
<tr><td>班级</td><td></td><td>组长姓名</td><td></td><td>小组成员</td><td></td></tr>
<tr><td>渠道主张</td><td colspan="5">推行以家电零售连锁为主的渠道战略</td></tr>
<tr><td colspan="6">战略陈述：
战略依据：</td></tr>
<tr><td colspan="6">对乙组渠道战略的评价：</td></tr>
<tr><td colspan="6">对丙组渠道战略的评价：</td></tr>
<tr><td colspan="6">指导教师点评：</td></tr>
</table>

乙组实训方案

<table>
<tr><td>班级</td><td></td><td>组长姓名</td><td></td><td>小组成员</td><td></td></tr>
<tr><td>渠道主张</td><td colspan="5">推行以企业自建品牌专卖和零售连锁为主的渠道战略</td></tr>
<tr><td colspan="6">战略陈述：
战略依据：</td></tr>
<tr><td colspan="6">对甲组渠道战略的评价：</td></tr>
<tr><td colspan="6">对丙组渠道战略的评价：</td></tr>
<tr><td colspan="6">指导教师点评：</td></tr>
</table>

丙组实训方案

班级		组长姓名		小组成员	
渠道主张	推行以网络销售平台为主的渠道战略				
战略陈述： 战略依据：					
对甲组渠道战略的评价：					
对乙组渠道战略的评价：					
指导教师点评：.					

丁组实训方案

班级		组长姓名		小组成员	
渠道主张	综合甲、乙、丙三组渠道战略后的渠道战略				
战略陈述： 战略依据：					
对甲组渠道战略的评价：					
对乙组渠道战略的评价：					
对丙组渠道战略的评价：					
指导教师点评：					

效果评价

根据出勤、课堂讨论发言情况，教师和小组内部分别对实训效果进行评价。首先，小组内部评出每位成员的个人成绩档次（优秀、良好、中等、及格、不及格）；其次，教师进行点评；最后，教师综合评出各小组的成绩，在此基础上给出个人最终成绩。渠道战略规划的效果评价如表 6-8 所示。

个人最终成绩=20%×小组成绩+80%×个人成绩

表 6-8　小组成员个人成绩评价表

小组个人成绩 / 小组成员姓名	优秀	良好	中等	及格	不及格
教师评语					

注：考评满分为 100 分，60 分以下为不及格；61 ~ 70 分为及格；71 ~ 80 分为中等；81 ~ 90 分为良好；91 分以上为优秀。

（资料来源：佘伯明，陆弘彦. 分销渠道实训. 大连：东北财经大学出版社，2011.）

Ⅲ 管理篇

第7章 渠道权力与成员激励

学习目标

1. 掌握渠道权力的概念、来源
2. 了解渠道权力的运用策略
3. 掌握渠道成员的需求与问题
4. 掌握渠道激励的措施
5. 了解渠道激励措施的组合设计

引导案例

三星笔记本电脑渠道拓展激励计划

1. 三星笔记本电脑渠道架构

三星笔记本电脑自从2004年开始实行了区域代理商制，即一个区域或一个省份由一到两家代理商代理全系列三星笔记本电脑，在相应的区域内进行销售；而北京、上海、广州、成都、沈阳全国5个分公司分别对自己所属区域内代理商进行支持与管理，三星笔记本电脑中国总部负责总体指导。三星笔记本电脑目前全国共有36家代理商。

2. 渠道拓展激励计划

CDP Plan（Channel Development Program Plan）渠道拓展激励计划，是指（中国）三星电子笔记本电脑事业部为了鼓励代理商提高自身渠道广度和深度，同时鼓励代理商积极拓展二级渠道和地市级渠道所实施的引导和奖励措施。该计划具体内容是在 2005 年三星笔记本共投资 100 万美元；2006 年还将继续加大支持力度，预计投入 500 万～800 万美元，支持三星代理商。具体措施包括以下几个层面。

（1）在原有渠道维护方面

对各级代理商进行台阶式奖励，通过考核，分阶段、分层次地把丰厚的奖金奖励给优秀经销商；同时还将实行周密的价格保障体系，稳定价格，免除经销商的后顾之忧。

（2）在新渠道开拓方面

三星笔记本鼓励各区域代理商吸收新代理商，并向三四级区域市场拓展；同时鼓励并协助组建代理商联盟；并向大型连锁商场开拓。具体实施措施如下。

1）店面建设。为了加强对零售终端的管理，激励销售并提高三星笔记本的品牌形象、凝聚力，三星笔记本电脑将指导并协助 IT 卖场金牌店建设，提供各种终端支持、奖励及相关管理政策；同时吸收小代理商单店加入，施行更有利于促进销售的产品策略和市场推广策略。此外，对于三星笔记本形象店的建设（如装修等方面）也将提供资金上的帮助。

2）举办活动。三星笔记本定期举办渠道代理商会；组建三星俱乐部；对行业用户和高端用户群进行有针对性的展示；对广大终端消费者也将进行 IT 卖场路演等活动。

3）加强终端。在终端卖场方面，三星笔记本将对终端销售员进行销售奖励；同时进行露出度奖励；对于促销活动的促销员给予补贴和奖励；同时设立促销专员，完善促销活动。

4）加大培训。针对各级经销商和代理商，同时针对各店面的销售人员和促销人员，三星笔记本都将进行大力度的产品培训和销售技巧培训，并建立良好的培训体系。

5）行业拓展。三星笔记本电脑成立行业大客户部（B2B 部门）；鼓励并吸收行业代理商；同时为了避免相互冲突，行业市场和个人市场实行不同的产品和渠道策略，最大限度地保证代理商的权益。

6）渠道监督。对于窜货等现象的规避，三星笔记本电脑对代理商给予充分的信任，主要通过督导管理和定期调查进行监督。

（案例来源："移动办公"：《三星笔记本电脑渠道拓展激励计划》http：//article.pchome.net/00/08/78/56/2005-12-24.）

思考

1. 生产企业如何调动中间商的销售积极性？
2. 中间商对生产企业有哪些期望和要求？

本章基于这样一个前提：即渠道结构已经设计好，而且所有的渠道成员也已经选好。随之而来的是如何对现有渠道进行管理以保证渠道成员之间相互合作的问题了。本章首先讨论渠道权力问题，并在此基础上讨论激励中间商的一般政策因素和激励方法。

7.1　渠道权力

渠道权力是渠道管理的重要内容。如何运用渠道权力，加强对渠道成员的控制和管理，是营销学者最近几十年来一直在研究和探讨的问题。本章将从权力的基本概念入手，探讨渠道权力的本质、来源及其运用。

1．渠道权力及其本质

渠道权力是指一特定渠道成员控制或影响另一渠道成员行为的能力。渠道权力的本质是：一种潜在的影响力。Dahi 认为："A 具有对 B 的权力，即 A 能让 B 做其不愿做的事。"Mi1ter 和 But1er 则认为权力就是控制他人行为的能力。Etzioni 认为权力是在人们相互对立时使对方部分或全部改变的能力。Price 的观点是："权力的本质是影响他人行为的能力。"譬如，当渠道成员 A 使渠道成员 B 干了一件 B 原本不会干的事，我们就说 A 对于 B 有权力，权力的大小（即力量）是由 A 能使 B 干那件事的能力而确定的。

对于权力（Power）的定义，通常会引起争论。有人会认为权力与"威信"、"影响"、"支配"、"强制力"、"权威"这些词可以互换使用，但实际上权力不同于这些词。强制力可以定义为制裁的实施，而权力则是使用强制力的倾向，是实施强制力及制裁的能力，而非真正的实施。另外，权力代表了社会环境中可被实施的强制力，是发挥权威的基础。

以上虽澄清了权力的定义，但对权力的辨认却存在着问题。权力不存在的时候，我们可能会认为有权力；相反，权力确实存在时我们可能又会忽视它，所以权力的存在仍很难诊断。应该说，当一个企业（受影响者）按另一个企业（影响者）的意愿去做事情的时候，就存在权力；但在影响者不存在的情况下，受影响者也在做同样的事情时，这就不是权力。因为"影响"意味着改变事件的本来进程，运用权力则意味着发挥影响力。因此，对于渠道内看起来相互吻合的行为，如 B 恰好做了 A 希望 B 做的事就说 A 对 B 拥有权力，就是一种对权力存在的误判。这种误判可能会引导影响者高估其影响能力，而采取一些不合时宜的乐观主义行动，从而引起渠道性质的某种改变。

还有一种看法认为：权力是假想的，具有投机性，并且不可能精确证明。任何未经使用的能力都很容易被忽略，且没有人能够说清楚在正常的进程中会发生什么事。也就是说，有些渠道成员无法确认其他渠道成员对自己是否拥有权力及到底拥有多大的权力，所以不必太在意渠道中的权力。但实际上渠道成员的受影响者可能处在影响者的影响力之下而毫无察觉，甚至不承认这一点。所以，弄清一个渠道成员是否拥有潜在影响力和拥有多大的潜在影响力，对权力的真正理解至关重要。

对渠道权力存在的利弊，学者们进行了讨论。一部分人认为，权力这个词与滥用、压迫、剥削、不平等和野蛮等反面词汇紧密相连，权力的使用对渠道可能产生巨大的损害。在渠道中，权力可以被用于强迫某个成员协助创造价值而不给予其应得的报酬。但这只是对权力消极性方面的认识，我们还应该看到权力积极的一面，也就是说，权力是潜在的影响力。如果权力运用得当，用于协调渠道运营的话，就可以产生巨大的利益。

可以用博弈论中经典的囚徒困境的例子来说明渠道中为什么需要权力和控制。囚徒困境是：两人合谋犯了罪，被抓住了。两个人被分别关起来进行审问，根据审问的结果量刑。如果两个人都不招供，那么都要被判 5 年监禁；如果一人招供，一人不招供，则招供者自由，不招供者判 20 年监禁；如果两个都招供，则两人都判 10 年监禁。如图 7-1 所示。

A \ B	招供	不招供
招供	A:10 年 B:10 年	A:0 年 B:20 年
不招供	A:20年 B:0 年	A:5 年 B:5 年

图 7-1　囚徒困境

在囚徒困境的例子中，由于两个人被分别审问，避免了合作的可能性，所以对于任何一方来说，面临的选择都是：如果招供，或被释放，或监禁 10 年；如果不招供，或监禁 5 年，或监禁 20 年。最后理性选择的结果是：两个人都选择招供，招供最坏的情况是监禁 10 年，被监禁 10 年总比被监禁 20 年要好，结果两人都被监禁 10 年，这是个选择中的次优结果。可是如果两人合作的话，就能够得到最优结果，就是被监禁 5 年。

这个理性选择的次优结果在什么情况下可以改变呢？假设有个黑社会老大，在这两个囚徒被抓住前和他们说：如果你招供，我们就要杀了你。这样，囚徒的困境问题就有了改变，他们的选择是：如果招供，就失去生命；如果不招供，或被监禁 5 年，或被监禁 20 年。当然被监禁 20 年也比失去生命好，结果两个人都不招供，两人都被监禁 5 年，实现了最优选择，这就是权力的作用。当两人被监禁 5 年释放后，会感谢黑老大，是黑老大降低了他们的犯罪成本，提供了增值服务，所以他们愿意拿出部分收入来报答他。

营销渠道成员必须全力合作才能给终端顾客提供好的服务。但由于渠道成员是各自利益独立的主体，有时对渠道总体有利的事情并不一定对每个渠道成员都有利，或者短期看，最大化整个系统的利润并不等于最大化每个成员的利润。因此，渠道成员有时并不能主动地配合渠道总体的行动，渠道成员常常担心自己的牺牲变成别人的收益。在渠道成员从自己的利益出发，不寻求合作时，就是一个次优选择的问题，渠道权力可以改变选择的结果，提供增值服务。

因为如果渠道成员不合作，就不能达到渠道目标，这时需要运用渠道权力，促使渠道成员去做本来不愿意做的事情。这种改变可能对整个渠道有利，也可能只对某个成员有利。因此，渠道权力可以用来创造价值和分配价值。

2．渠道权力的来源

关于渠道权力的来源有两种说法：一是依赖-权力说，二是权力基础说。

（1）依赖-权力说

依赖-权力说根源于社会心理学家 Emerson。这种学说认为，渠道权力来源于依赖。

当 A 依赖于 B，在一定程度上，B 就对于 A 拥有权力。相反，当 B 依赖于 A，A 就或多或少对于 B 拥有权力。那么，什么是依赖性？为什么 B 对 A 有依赖性？B 对 A 有依赖性的原因是：

1）B 从 A 处得到的效用（价值、利益和满足感）会更多；

2）B 能够得到的这些效用的替代来源越少。

这两者缺一不可，如果 B 从 A 处得不到太多的价值，那么，有没有替代的提供者就无关紧要；如果 A 能够提供给 B 较多的价值，而 B 可以容易找到其他来源的同样价值，则 B 对 A 的依赖性也低。

在渠道合作中，一个渠道成员为他们的合作者提供价值，就当然地认为自己很有权力。但如果他很容易被替换，他的权力是有限的。

由于渠道成员是在各自的领域里提供专业化的服务，从而共同完成渠道工作，因此，渠道成员之间实际上存在着相互依赖的关系。每个渠道成员都拥有一定的权力，但由于不同的渠道成员所提供效用的大小及其可替代程度的不同，产生了渠道成员权力大小的不同，这种差异使渠道系统的运行表现出在某一个或几个成员主导下运行的不同形态。

渠道成员之间的相互依赖，是渠道成员功能专业化的必然结果。由于成为一个渠道的成员这件事本身就意味着这个成员既依赖于别人同时又被别人依赖，所以从理论上讲，每个渠道成员都多多少少对其他渠道成员拥有一定的权力。依赖别人等于给别人权力，而被别人依赖又使自己拥有权力。

（2）权力基础说

权力基础说根源于社会心理学家 French and Raven。这种学说认为，与其他权力一样，渠道权力也有六种基础（Power Bases），即奖励权力、强迫权力、法定权力、认同权力、专家权力和信息权力。

1）奖励权（Reward Power）来源于一个渠道成员能够给予另一个渠道成员某种有价值的东西以帮助他们实现其目标的能力。比如，一个零售商具有给某种产品（实际是生产这种产品的企业）更多或更佳的展览货位的能力，这时零售商就具有了对生产商的奖励权。

2）强迫权（Coercive Power）基于一个渠道成员惩罚另一个渠道成员的能力。实际上，奖励权力和强迫权力是可以相互转化的。当一个渠道成员为另一个渠道成员提供某种优惠时，这是在用奖励权力；而当他撤销或威胁要撤销这种优惠，则是在用惩罚权力。

3）法定权（Legitigimate Power）产生于渠道内成文或不成文的规则，这些规则规定一个渠道成员有权影响另一个渠道成员的行为，而后者有义务接受这种影响。比如合同或协议规定的权力或义务。法定权力与强迫权力的区别在于：法定权力一般是有法律保障的，一方违法时另一方实施的惩罚也是通过法律机构进行的；强迫权力则无法律保障，一方对另一方的惩罚是直接的，无须法律机构或其他机构插手。

4）认同权（Referent Power）来源于一个渠道成员的形象，其形象对其他成员具有较大的吸引力，能够获得其他成员的尊重和认同。一般名牌产品、名店具有这种权力。

5）专家权（Expert Power）来源于一个渠道成员在某一方面所具有的专业知识。

专家权力与奖励权力的区别在于：作为一种资源，专业知识一旦提供给合作伙伴，就不能再撤回；而奖励权力是可以撤回的。

6）信息权（Information Power）产生于一个渠道成员提供某一类信息的能力。信息权力与专家权力很相近，二者在提供出去后都不能再收回。二者的区别在于：专家权力是长期经验积累或专业训练的结果，而信息权力则只是由于一个渠道成员容易接触到某一类信息而对于某一类事物具有更多的知识。最明显的一个例子是零售商具有的对于各种商品销售状况的信息。

因为在进行实际运用时，很难将各种非强迫性权力基础区别开，所以渠道权力理论倾向于将以上六种权力基础重新组合划分为两大块：一是强制性权力基础（Coerciver Power Bases），由上面的强迫权力构成；二是非强制性权利基础（Noncoercive Power Bases），由除强迫权力以外的其他权力构成。

当然，也有另一种较为常用的分法，即把渠道的权力基础分为中介性权力（Mediated Power）和非中介性权力（Unmediated Power）。所谓中介性权力，是指通过媒介物（直接的利益），如奖励（得到利益）或惩罚（失掉利益），才能展示的权力；而非中介性权力是指不需要通过媒介物就能展示的权力。前者包括强迫权力、奖励权力和法定权力：后者则包括认同权力、专家权力和信息权力。中介性权力和非中介性权力使用时的一个最大区别就在于：中介性权力直接要求对方做某事，而且有后续的手段或强制或引诱对方去做那件事；非中介性权力并不直接要求对方做某事，也不做任何承诺，权力使用者只是向对方提供信息或意见，去影响对方的决策或行为，而对方则根据自己的意愿做出自己的选择。

3．渠道权力的结构

权力是依赖性的反映，我们现在用依赖程度来讨论权力平衡的问题。

（1）净依赖程度

在前面的章节中，我们集中讨论了影响者对受影响者的权力，我们把这种权力概念化为受影响者对影响者的依赖性。但是，依赖从来不是单方面的，影响者和受影响者是相互依赖的，所以每一方对另一方都拥有权力。为了全面理解权力，除了要看到双方的依赖之外，还要评估一下净依赖程度（Net Dependence），因为双方的权力并不总是处于平衡状态。

高度的相互依赖相当于双方彼此拥有高度的相互权力。在这种情况下，每一方都可以利用对方，这样就可以增进协调，促进合作。高度的相互依赖有利于创建并且保持战略渠道联盟，渠道成员有可能创造非常高的附加价值。一般来说：较大的并且平衡的权力是达成协调一致、促进合作的有效方法。其原因有两个：① 双方都可以促使对方形成并且实施创造性的、双赢的方案。非平衡的权力最大的一个缺点，就是较弱的一方没有办法让较强的一方对它们之间的这种关系性资产给予足够的投资，对外依赖较少的一方会减少投资，因此这样就不利于附加价值的创造。② 较高且平衡（对称）的权力可以制止剥削。在这种关系下没有较弱的一方，双方都很强大，每一方都可以迫使另一方平等地分享收益。这样，公平团结的规范逐渐形成，从而更容易使双方达成协调一致。所以，这种对称的依赖增进了双方适应对方的意愿的程度，提高了双方的功效。

上面讲了这种“高—高”方式的相互依赖关系，但在分销渠道中，还普遍存在一种“低—低”方式结合的依赖关系。也就是说，当相互依赖程度很低的时候也存在对称性——双方对对方的需求都不大。带有“低—低”方式依赖关系的渠道（双方都是可有可无的）倾向按照古典经济关系的路径运行。

（2）不平衡的依赖

不平衡的依赖是指一方对另一方的依赖程度高于（或低于）后者对前者的依赖程度。在这种不平衡的依赖情况下，权力的天平偏向于依赖较低的一方，依赖较高的一方就有可能被剥削。在这种情况下，依赖性较高的一方在经济方面和非经济方面都将受到损失。即使渠道中权力较大、依赖性较少的成员并不企图占有依赖性较高一方应得的奖励时，这种情况也经常发生。

在分销渠道中，较弱的一方、依赖性较高的一方对被剥削的忧虑总是存在的。他们经常担心自己受伤害，而且很容易怀疑较强的一方是否有不良的意图。因而，相对于相互依赖的对称关系来说，不对称关系中的信任和承诺程度都较低，并更容易产生冲突。

如果渠道成员被牵涉进不平衡的关系，弱小的一方可以采取三种应对措施。假如说当 B 依赖于 A，而 A 不依赖 B 时，那么 B 可以通过减少对 A 的依赖来对付这种危险的环境。这三种方法如下。

1）发展 A 的替代者。在渠道中，这是三种应对措施中使用最为普遍的一种方法。当渠道成员对外的依赖程度增加时，因为害怕受剥削，他们会发展抵抗性的权力。例如，当部分销售代理商（制造商的代表）改变自己的运营方式以适应被代理人的要求时，就产生了不平衡依赖的潜在危险。为了平衡这种依赖性和权力，一些代理商不遗余力地教育客户，培养客户对代理人的忠诚性。这意味着在必要的时候，代理人可以诱导消费者转向另一个品牌。代理人有能力更换被代理人，因为它可以带走客户。另外，除了向下游发展抵抗性权力外，还可以从上游企业着手发展替代者。在必要的时候，我们可以增加一个供应商。许多渠道成员有意识地保留一个多元化的供应商名单，这样在某个成员企图利用不平衡的权力时就可以迅速做出反应。例如，美国的汽车经销商曾经一度只代表一种品牌的汽车，这使得他们高度依赖该汽车制造商。如今许多汽车经销商拥有多个门店，每个门店销售一个牌子的汽车，甚至一个门店销售多个牌子的汽车。这种多元化的品牌组合，使经销商成功地降低了对单个制造商的依赖程度，从而使得他们可以抵制来自制造商的压力。因此，多元化减少了被盘剥利用的风险。

2）组织一个联盟来反击 A。B 的另一个对应措施是组织一个联盟来对抗 A 的权力。在这种战略中，需要引进一个第三方。要做到这一点可以用很多种方法，欧洲的一种通行做法是签署一项合同，该合同规定在出现争端的时候可以诉诸强制性的第三方裁决。第三方通常是私人联盟，但有时候也可能是政府部门。美国的汽车经销商就是利用这种策略获得了成功，经销商们组织起来游说州立法机构，使许多州名为“法庭经销商日”的法律获得通过。这些法律通过制定新的诉讼依据和对苛刻的供应商的处罚措施，限制了汽车制造商向经销商施加压力的能力。

3）退出。第三种应对措施是退出业务并因此退出合作关系，不再寻求来自 A 的利益，也就不再受到威胁。但是，这种战略的前提是不再重视 A 所能提供的价值。许多渠道成员认为，退出某种业务而把资源改投别处（如卖掉自己的汽车经销权）的战略是不可思议的。但是，这是脱离对 A 的依赖性的最终办法。

较弱的一方可以通过以上三种方法减少自己的依赖性来调整不平衡权力，但最有创造性的战略应该是增强对方对自己的依赖性。也就是说，通过提供更大的效用或者使自己更加不平常地表现为稀缺资源的话，就可以使对方增强对自己的依赖性。

（3）容忍不平衡依赖性

容忍不平衡依赖性是指在不平衡的关系中，较弱的、依赖性较大的一方接受这种环境，并且努力争取在这种环境里做到最好的一种表现行为。那么接着会怎样？较强大的一方总是具有剥削性吗？较弱的一方总会倒霉吗？是否应该不惜一切代价避免不平衡的关系？

对此，我们认为不平衡的依赖并不总是有害的，尤其是在一种稳定的环境下，因为对渠道的要求不高，有时候不平衡依赖就可以起到很好的作用。例如，百货商店雇用采购员为每一个大类商品部门采购商品。一些生产商就会支配这些采购员，采购员依靠他们提供某些吸引人的名牌商品，但是这些供应商却不依赖这些百货商店，因为他们不是主要的分销渠道。尽管存在这样不平衡的权力，美国的百货商店还是在一个稳定的（可以预测的）市场环境中得益于一个受供应商支配的关系。当需求可以预测时，百货商店通过与主要的供应商紧密合作来尽量避免跌价。在不可预测环境下，该商店可以很容易地改变供应商。

另外，如果依赖性较少的一方自愿限制滥用它的权力，那么不平衡的权力关系也可以工作得很好。当较强大的一方比较公平地对待较弱的一方时，可以改进相互关系的质量，渠道也可以有效地运行。某个渠道成员如果不公平地对待别的成员，就会削弱它的名誉，而且使得以后吸引、保留和激励其他渠道成员也变得非常困难。公平对待的表现有两种形式。

一种形式是分配性公正（Distributive Justice），是指各种奖励如何在渠道成员之间分配。例如，许多汽车经销商依赖制造商的强力品牌，也在这些品牌上投资很多，一旦经销商转换代理品牌或者不做这笔生意时，这笔投资是难以收回的。这样，经销商依赖制造商，但制造商对于经销商的依赖很少，他们通常可以找到许多有意做代理商的候选人。由于经销商是较弱的一方，他们很容易怀疑制造商在剥削他们，这种猜疑的结果不利于彼此关系的发展。如果制造商按照经销商认为公平的方式分配利润，这种关系恶化的倾向可能就会避免。

经销商在权衡分配上的公平时，并不只是考虑绝对报酬。他们还把自己从这种关系中得到的利益同自己对关系的投入、同行可得利益、自己资源的机会成本以及另一方的投入进行对比。如果经销商投资很少、其他经销商得益也很少、经销商的资源没有更好的用途、制造商对于彼此的关系投入也相当多，那么在这种情形下，经销商认为即使制造商获利很多，自己得益较少也是“公平的”。相反，如果经过这些比较，经销商认为他们得到的应该更多，那么即使他们的报酬很高，他们也不会满意。

另一种公平的形式是程序性公正（Procedural Justice），是指较强大的一方在正常的日常运营程序上对待较弱一方的方式中隐含的公平性。例如，当汽车制造商与汽车经销商经常进行双向沟通、以中立的形象出现并欢迎讨论不同观点的时候，汽车经销商就认为他们的供应商在程序方面是比较公平的；同时，供应商的人员（与经销商打交道的人员）如果对一些事情能够做出解释、态度比较礼貌、对于渠道成员所处环境比较了解的话，经销商也可能会感到供应商在程序上比较公平。

所以，尽管存在内在不平衡的依赖，这些公平的表现形式还是有助于缓和渠道关系的。事实上，由于分配上的公正可能不容易观察清楚，而程序上的公正经常是比较容易被观测到的，这使得程序上的公正比分配上的公正更能说服较弱的一方相信彼此关系是比较公平的。

4．渠道权力的运用

渠道权力可以有多种不同的使用方法。一部分研究者将使用权力视同使用权力基础，另一部分研究者则将使用权力看成一个渠道成员（如渠道领袖）对另一个渠道成员实施影响的策略。当权力使用被看做影响或影响的沟通过程时，一个渠道成员（如渠道领袖）可以选择下述六种不同的影响方式或影响策略（Influence Strategy）。

（1）信息交换策略

信息交换策略（Information Exchange Strategy）是指供应商的销售人员就整体商业形势和市场信息与中间商进行分享和讨论，以期让中间商在观念上认识到自己利润最大化的最佳经营策略，从而达到改变中间商行为的目的。运用信息交换策略，无须说明自己想让对方做什么，只为对方提供信息或与对方探讨什么方式对双方的合作更有利，目的是改变对方的态度与看法，让对方自愿做出有利于己方的决定。因此，信息交换实际上作为一种沟通方式，供应商对中间商的信息交换过程就是对中间商行为的影响过程，不过这种影响是间接的！中间商在这种情况下行为的改变是一种主动积极的行为调整。

（2）建议策略

建议策略（Recommendation Strategy）是指供应商的渠道管理人员预计中间商采用自己的建议后会获得更多利润，这种建议要么使中间商避开不利局面，要么使中间商获取有利形势。如“如果贵公司按照我们说的去做，贵公司的赢利状况会更好”。与信息交换策略相反，建议策略是供应商让中间商明确其行为的实质，明确其行为的利弊所在。因此，中间商往往更愿意接受建议策略。不过，这显然是供应商在影响中间商的自主决策权，因而会引起中间商的某些怀疑。

（3）承诺策略

承诺策略（Promise Strategy），也叫奖赏策略，是指供应商对按照其意愿行事的中间商给予特殊的奖赏，这不同于建议策略，它是一种直接的影响行为。例如，“如果贵公司按照我们说的去做，我们就会给贵公司某种奖励，或使贵公司获得某些好处”。有效运用承诺策略需要仔细考虑提供的奖赏，如果中间商改变某种行为所耗费的成本高于供应商给予的奖赏，则这种承诺策略是很难实施的。每个渠道成员在渠道关系中都承担一定的渠道职能，供应商为了特定职能比如产品物流而实施一定奖赏，可能会促使其他渠道成员认为这是供应商不能很好地执行物流职能。

（4）威胁策略

当供应商在与中间商沟通过程中暗示如果中间商不遵从自己的意愿行事，其将受到惩罚时，这就是在运用威胁策略（Threat Strategy）。例如，“如果贵公司不按照我们说的去做，我们就会用某种方式惩罚贵公司，或者做出某些不利于贵公司的事情”。威胁策略成功与否依赖于威胁信息的可靠性和惩罚的严重程度，也就是中间商不遵从供应商意愿受到的惩罚与中间商遵守供应商意愿的成本的比较。威胁策略是一种高成本的渠道影响策略。首先，策略实施的监督成本是高的，特别是策略实施需要在一个相当长的时间内更是如此。并且如果实施失败，成本可能更高；其次，是对渠道关系的负面影响；再次，威胁也会缩减或者破坏其他渠道策略的有效性。例如信息交换和建议策略是基于双方的相互信任，而威胁策略往往会对渠道成员彼此的信任产生负面影响；最后，威胁可能会减少中间商的利润。这种总体的负面影响会降低中间商对供应商的依赖程度，而增加中间商脱离当前渠道关系的可能性。

（5）法律策略

法律策略（Legalistic Strategy）是指渠道双方基于正式的合同规定或者非成文的法律观念，供应商要求中间商遵从其意愿行事，这种意愿已经有清楚明晰的法律基础，双方认为是一个公平的协议。例如，“贵公司必须按照我们说的去做，因为根据协议（合同或备忘录），贵公司曾经答应过这样做。后面隐含的意思是，如果贵公司不按照我们说的做，我们不排除和贵公司打官司”。这种策略能产生一种长远持续的作用，并且不需要额外的监督。但是，如果中间商认为合同是不明确的，其就会有抵抗情绪，这种情况下就需要额外的监督。

当法律行为带有威胁的意味时，它可能会产生负面作用。过多运用法律策略对中间商来说是一种侮辱行为。所以，运用法律策略可能会加剧渠道冲突以及增加潜在的监督成本，而且这种策略很可能引发中间商退出渠道关系。

（6）请求策略

请求策略（Request Strategy）是指供应商在没有任何奖赏或者惩罚的情况下要求中间商按照自己的意愿行事。中间商被提醒遵循制造商的请求，即使他们知道这些改变不是他们想做的；或者这些要求不带有任何威胁、承诺、法律因素。这种情况下中间商遵循供应商要求的激励来自其对渠道互惠关系的认同，在这种互惠渠道关系下，渠道成员会对对方的期望、感情及需要做出反应。中间商受激励的强度主要基于它从这种关系中获取的经济收益或者其他个人关系。请求策略在以下情况下运用是非常有效的：① 当双方已有一个共同的目标。② 中间商认为遵循供应商意愿的收获超过其遵从意愿的成本。请求策略的合适运用会加强彼此的关系，促进相互信任和双方之间销售人员的认同，并且这种策略对信息交换和建议策略是有促进作用的。

对于以上六种影响策略，一些研究学者进行了归类。Frazier 和 Summers 将以上六种策略归为需要改变对方观念的影响策略和不需要改变对方观念的影响策略，前者包括信息交换和建议策略，后者包括承诺、威胁、法律、请求策略。渠道管理人员在考虑选择影响策略时，首先要明确影响策略的主要目的就是调整渠道成员的行为。而改变渠道成员行为的方法不外乎两种：一是通过改变对方的观念后间接改变对方的行为，这种情况下对方行为的改变是自愿的；二是在不改变渠道成员观念的情况下直接改变渠道成员的行为，这种行为改变是非自愿的。每种影响策略都有它的特点，当然这并不是说在影响一个成员时只能选择一种策略，有时两种策略的综合运用或许更有效。

而 Kale 将六种影响策略归为强制性影响策略和非强制性影响策略，前者包括承诺、威胁、法律策略，后者包括请求、信息交换、建议策略。大量研究的结果显示：使用强制性影响策略常常会引起权力对象的不满，甚至产生反作用力（权力对象以相同的影响策略来回应），进而发生较为严重的渠道摩擦或冲突，降低渠道合作水平；使用非强制性影响策略，由于是通过利诱的方式改变合作伙伴的行为或态度（其要点在于让合作伙伴意识到顺从得到的利益要大于不顺从得到的利益，从而自愿地改变自己的行为或态度），所以一般不会引起权力对象的强烈不满，也不会导致较为严重的渠道摩擦或冲突。

如何选择权力使用策略呢？以下因素值得考虑。

（1）供应商在选择影响策略时应充分考虑渠道合作环境

信息交换、建议以及请求策略在实施时无须很大成本，但需要一个很好的双方信任度和有效的合作环境。这是因为：

第一，非强制性影响策略的实施主要是基于相互理解和信息的交换，所以，频繁使用非强制性影响策略能够加强供应商与中间商在各个方面的共同点。

第二，非强制性影响策略是基于渠道成员的自我意识去执行，它能加强渠道成员之间的一致性。而渠道成员之间一致性的加强，反过来又会促进彼此非强制性策略的运用，公司之间就会进行更多的意见交换，就会分享共同的价值观。若公司之间彼此共同的价值观较少，渠道成员就更多地依赖于强制性影响策略。相反，当渠道关系中存在高冲突和不信任时，供应商可能不得不选择承诺、威胁、法律影响策略。所以，在强制性影响策略运用之后，渠道成员应加强非强制性策略的运用，虽然这些策略在这种情况下效果不是很大，但其主要目的是减少对承诺、威胁、法律策略的依赖。

（2）供应商在选择影响策略时应充分考虑渠道权力对称关系

当供应商处于渠道权力优势地位即对中间商有很大的控制力时，供应商更应该选择非强制性影响策略。虽然在供应商处于渠道权力的强势地位时，其运用强制性策略也可以达到改变中间商行为的目的，但从渠道关系的长远发展来看非强制性策略的效果更好。

首先，从中间商观念来说，非强制性影响策略是他们所欢迎的，在这种渠道策略实施情况下渠道成员行为的改变是基于双方共同的目标，或者说这种行为的改变对双方目标的实现都有很大意义。双方最初观念上的分歧会通过信息交换与建议策略来达到双方一致，而后通过观念的改变来调整彼此的行为，达到双方目标都需要的行为。并且这种策略的及时运用非常有效，会为双方带来很好的利润，使双方的关系进一步紧密，这反过来又会增加对渠道成员的影响能力。

其次，非强制性影响策略无须强迫实施。非强制性影响策略是指中间商基于对供应商的认可而主动遵从供应商的意愿，它是一种主动的服从。在这种情况下，中间商的行为改变是持续长久的。并且，供应商在渠道权力强势情况下行使非强制性影响策略，往往会更加出乎中间商的意料，会加强中间商对供应商的认可和信任，进而加强中间商对供应商的依赖。而强制性影响策略，往往会影响中间商对供应商的信任，一旦双方的信任受到影响，非强制性策略的有效性就会越来越低，同时强制性渠道策略就更加没有效果，从而供应商就会慢慢失去对中间商渠道权力的优势地位。

当然，信息交换和建议策略的一个不足就是需要较长的时间才能有效，如果供应商需要中间商迅速按照自己的意愿行事时，运用信息交换和建议策略往往没有效果，而这时，强制性影响策略的选择是必要的，虽然它会产生负面影响。

（3）供应商在选择影响策略时，也要充分考虑中间商对自身的依赖程度。如果中间商对自身的依赖程度很低，那么选择强制性策略可能会引起中间商的强烈不满甚至渠道交易关系的破裂。有效地使用非强制性策略能够加强双方的依赖关系，而频繁地使用强制性策略会降低双方的依赖水平。相关实证研究发现“供应商强制性策略的运用与中间商强制性策略的运用是正相关的”，供应商强制性策略的运用也往往会使中间商运用同样的策略来对抗供应商。

7.2 渠道激励

渠道激励是渠道权力的运用与外在表现，也是构建渠道目标、协调渠道行为的重要保证。实施渠道激励可从以下几方面进行。

1. 充分认识渠道奖励政策及其作用

有效的分销渠道战略需要通过若干具体的政策来贯彻执行。分销渠道政策是一定时期内和一定市场背景条件下，企业为实现预期的分销战略和业绩目标而制定的行动准则。渠道政策既要符合并有利于实现企业自身的利益，也要符合和有利于实现其他渠道成员和消费者的利益，同时要有利于促进分销渠道的协调和合作。从实践角度来看，渠道政策具有以下四项基本作用。

（1）分销战略执行作用

为了适应不断变化的市场环境，有效提高企业对市场需求的满足能力和对市场变化的反应能力，对渠道建设与运作实行战略管理是非常必要的。通过分销渠道战略的制定，市场营销经理能对企业现状、竞争优势与营销劣势，以及现实的经营环境及其变化尤其是即将出现的机会和威胁，有一个全面的了解和综合把握，进而能对企业市场营销活动和分销渠道的建设与运作，高瞻远瞩，从长计议，精心策划，早做安排。

但是，一般来说，分销渠道战略主要规定企业分销渠道的长远发展路线和资源配置方向。至于如何执行发展路线和资源配置，如何实现战略发展目标，则需要通过分销渠道政策来做出规划和安排。分销渠道政策所承担的任务是在战略执行期限中，针对每一个特定阶段的企业条件和市场条件，如何有效地利用现实的企业资源和市场力量，一步一步地执行渠道战略规定的路线和资源配置，借以实现分销渠道战略。

（2）渠道运作指导作用

为执行分销渠道战略和有效发挥渠道职能，企业需要筹集一定的资源，并要指导有关资源的配置和利用。有关资源包括人力、物力、财力，它们可以是企业自有的，也可以来自企业外部，尤其是利用各种流通企业的资源。吸引和利用企业外部资源以扩大分销职能的能量，是有效实现渠道战略的重要途径。有效筹集和综合利用各种资源需要通过明确的分销渠道政策予以指导。

分销渠道政策所要回答和解决的问题包括：是否鼓励以及如何实现分销渠道网络的扩张？如何改善分销渠道网点布局借以实现对目标市场的充分覆盖和避免内部摩擦？如何鼓励渠道成员承担渠道功能并提升渠道功能效力？如何建立和改进渠道成员之间的长期合作伙伴关系？合理回答和解决这些问题，将有利于指导分销渠道系统的有效运行。

（3）渠道行为激励作用

如前所述，分销渠道本身是一个超组织系统，或者说是由各种组织和个人所组成的实现各种渠道功能的人造系统。由于各种组织和个人进入分销渠道都有一定的利益目标，有些情况下还存在着利益的差异，因此，市场营销渠道经理就要协调各渠道成员之间的利益关系，推动渠道有效运转以实现各渠道成员的利益目标。于是，分销渠道政策就成为市场营销渠道经理用于履行这种管理功能的手段。

从政策内容来看，分销渠道政策主要是对渠道成员的激励政策。制定分销渠道政策时，市场营销渠道经理应针对分销渠道成员或中间商的行为特点，提出具有吸引力和挑战力的合作行为规范与奖励办法。正确设计分销渠道政策对于充分调动中间商和分销渠道成员的积极性，全面、高质量地实现分销渠道战略，推动创造良好的分销业绩，具有重要的意义。

（4）渠道能效控制作用

激励就是有目的的奖励和惩罚，奖惩是实现政策目标的基本手段。分销渠道政策强调对渠道成员的激励，其实质也是通过激励措施来调整渠道成员的行为，借以协调和改进渠道功能，促进分销渠道战略的实现。从这个意义上说，分销渠道政策也是渠道能效的控制工具。利用渠道政策来控制和改善渠道的运行，既可以利用政策的严肃性来有力实施分销渠道战略，也可利用政策的阶段性来灵活调整渠道运作，以适应环境条件和企业需要。

上述作用反映了分销渠道政策的基本原理，也是渠道政策的实质所在。它们之间的关系如图 7-2 所示。市场营销渠道经理应善于利用分销渠道政策这一手段，来推动分销渠道政策的有效运行，实现渠道战略。

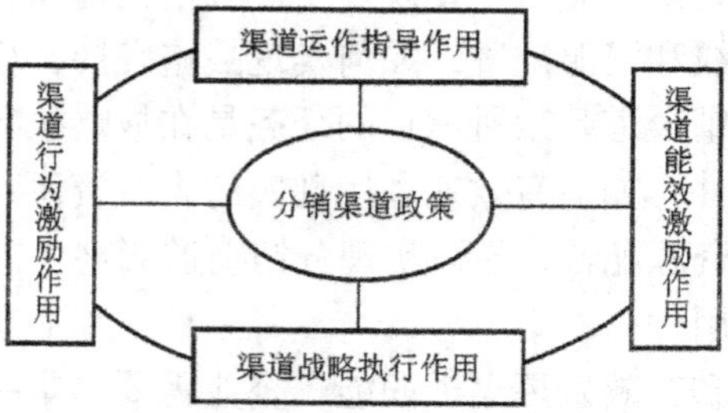

图 7-2　分销渠道政策的作用关系

任何政策都必须让政策的执行者充分了解，以便其自觉调整行动计划和努力方向，保证政策目标得以有效实现。让执行者了解政策内涵的途径就是将政策以恰当的形式呈现给执行者。从形式上看，分销渠道政策可以是成文的，也可以是口头的。实行特许经营或者连锁经营的企业，基本上都把自己的分销政策整理并打印成规范的文件，发送给渠道成员及产品推销人员，要求他们“照章办事”。这样做可以利用文字的确定性、可复读性及其意思解释的规范性，让政策执行者准确理解和有效执行相关政策，从而消除执行者“误解”政策的不确定性。公开的渠道政策着重于发挥渠道运作指导作用和渠道行为激励作用，通常要求各个渠道成员根据分销渠道政策自行调整合作分销行为，以利合理地承担和有效地履行渠道运作功能，并实现更高的渠道功能整合效应。

不过，有些渠道政策不公开，但是在高层管理者中是达成共识的，因为关系到敏感性的战略调整问题和潜在的非期望渠道反应的风险，所以只能让高层管理者掌握和灵活运用。

2．渠道激励政策的内容

任何政策都要达到吸引人关注、促使人们发生正确行为的效果。政策吸引人的地方，主要在于政策内容上。政策内容对什么是正确行为、什么是不正确行为、正确行为将得到什么回报和奖赏、不正确行为将承担什么后果或惩罚的陈述与规定，在人们的心灵上产生的深刻刺激，从而将引导人们只从事正确的行为。政策的内容通常可按照规范的项目来细分，每个项目都可视为一个吸引力因子。

（1）中间商选用准则

由于中间商队伍中的变异，为占领有利的分销渠道，分销渠道政策要对选择什么样的中间商作为分销伙伴做出规定，以指导渠道管理人员向什么样的中间商派发广告和诚聘信息，去和什么样的中间商进行谈判。比如，是关注和选择全国性连锁经营的中间商，还是选用地方性规模庞大的大型中间商；是选择功能全面（集商流、物流、餐饮、休闲、服务于一体）的中间商，还是选择人气旺、销量大、周转快的中间商。

（2）商品销售区域政策

虽然扩大销售区域就能增加销售，但是销售空间越广，商品供货需要量就越大，随之而来的仓储与分销机构的设置会增加、渠道控制就越复杂。企业应根据产品生产能力、市场需求的分布、产品市场生命周期的变化等因素，考虑开拓各个区域市场的次序、时间以及相应的策略，并将有关决策结果反映到分销渠道政策上来。商品销售区域政策应能体现快速占领战略性市场空间、不断扩大有利的销售空间范围、在市场潜力较大的区域实现深度渗透的渠道策略。

（3）区域差别化政策

不同区域市场通常因为文化差异、经济发展水平以及现实经济形势的差异、商业环境与习惯的差异，对商品分销渠道存在着不同的要求。这就要求分销渠道政策针对不同区域市场的特点，提出有所不同的区域分销渠道政策。比如，对于销售家用洗衣机的企业来说，在商业繁荣的大城市市场，应提供体积相对较小、用水少、能省电的滚筒式洗衣机。除了媒体广告之外，还要进行销售门店现场的推荐、展示和派发广告，要提供较多的销售服务，渠道上重点利用那些声誉高、客流量较大的综合零售店或专营零售店，由专业物流公司或厂家仓储机构上门配送货物，大量采用信用卡收费；而在农村地区或小城市市场，应提供容量大、洗涤力强、价格相当便宜的双筒式或可控性全自动洗衣机，除媒体广告之外，重点是现场演示以及利用口碑宣传，渠道上重点选择有较好声誉的连锁商店，由连锁商店的配送中心送货，以收取现金为主。

（4）销售价格

生产企业以多高价格将商品销售给中间商，或者生产企业将支付给中间商多少销售佣金是政策的重要内容。销售价格的高低与生产企业能否赢利、渠道成员或中间商的利润与投资报酬密切相关，也会间接反映到商品最终销售价格上，关系到消费者或最终购买者的购买价格。

（5）货款支付

商品销售货款应在什么时间支付的规定，除了商界惯例和银行操作程序所要求的时间外，重要的是防止拖欠货款。在这方面，如果发生货款支付时间延迟即拖欠货款的情况，必须规定可容忍的延迟期限长度多少、延迟支付比率多大；另外，还要规定延迟者应承担的代价，包括拖欠货款期间，拖欠者应给予债权人的补偿；最后期限之后若还不能支付货款时，债权人有权采取的法律行动。

（6）转售定价权

生产企业要求中间商以多高价格将商品销售给最终顾客，或者说中间商拥有多少商品转卖的定价权。有关转售定价权的规定，关系到消费者或最终用户的购买价格，也关系到所销售商品的市场竞争力，进而影响到生产企业和渠道成员的销售规模和边际收益。

（7）备货水平

每个销售门店或机构必须持有多大数量的存货，以便满足一定期限内的顾客购买需求；或者每个门店必须持有适合多少天销售需要的商品存量。规定销售门店的最低备货水平有三个基本目的：第一是防止缺货，保证顾客需求得到满足；第二是规范供应方的货物配送，减少不必要的运输费用和商品积压；第三是协调生产和销售的关系，均衡地利用生产能力与物流能力。

（8）商品质量保证

生产企业要保证商品质量是合格的，同时要求渠道成员也向消费者或顾客保证商品质量，尤其要保障顾客了解商品性能与特征的权利、顾客选择商品的权利、对不适用商品的退货与换货的权利。关于有瑕疵商品的处理，应有明确的程序规定，既要让顾客满意，也要增强各方保证商品质量的责任。

（9）铺货

在发展渠道成员的过程中，常常发现一些中间商乐意参与分销但缺乏足够资金来购买生产企业的产品；有些中间商愿意试销但不愿承担销售不畅的风险而不愿意购买。在这样的场合，生产企业为了建立分销渠道，开发市场，向有关的中间商事先提供一批货物而并不要求渠道成员马上支付货款，以便让这些中间商通过产品的销售产生再次购买、长期分销的兴趣。生产企业对中间商的这种支持行为就是铺货。铺货可以减少中间商的风险，也有利于快速建立和扩大产品的分销渠道。有关铺货的规定必须说明铺货适用的条件、最高铺货水平、铺货效果的考核标准、铺货货款的回收规则。

（10）货架与橱窗展示

分销渠道政策应要求并鼓励每个渠道成员为方便消费者选购，须在销售门店充分展现商品。比如，根据商品展示的橱窗数量、橱窗位置的醒目性、货架数量或面积、货架位置突出性的特点，分销渠道政策中可以规定若干不同档次的奖励细则，以鼓励渠道成员重视商品的橱窗展示，并拿出最佳的货架空间来陈列公司的商品。

（11）专人负责

对所销售的商品，渠道成员是否派出专人进行管理和销售，将反映出这一商品在渠道成员心目中的地位，也关系到该商品在顾客的选择购买中能否获得足够多的信息。分销渠道政策应当鼓励渠道成员对所销售的商品实行专人负责，并对专职人员在商品分销过程中的权利与职责进行规范，必要时还要提供相应商品及商品展示知识的培训，建立相关岗位的监督与考核制度，对表现优秀的专职人员以及渠道成员给予奖励。

（12）销售服务

不少商品在销售给顾客前后，都需要提供一定的服务。然而，渠道成员从事商品销售服务，必然会增加人力、物力的占用，增加经营成本。分销渠道政策应当能鼓励渠道成员向顾客提供力所能及的服务，规范渠道成员的服务范围（项目）与服务操作流程，必要时提供相关服务人员的服务技能培训和专业服务设备或工具，建立服务质量回访和监督机制，并根据服务提供的数量与质量给予补偿和奖励。

（13）促销组织

分销渠道是促销活动的主要场所，而且是最有效的促销舞台。当然，渠道中的每个促销活动项目都必须得到所在渠道成员的参与和支持。为此，分销渠道政策应当鼓励渠道成员参与和支持促销活动，切实履行本机构内的促销组织工作责任，并做好相应的信息沟通和信息反馈工作。

（14）竞争性品牌销售权

分销渠道是一项社会资源，一个生产企业可以利用它，别的生产企业也可以利用它。对渠道成员来说，通过承担多家企业的商品分销或渠道“出租”，能够增加资源的利用率和资产报酬率。但对生产企业来说，能否独占一定的渠道资源（尤其是那些具有较高战略功能和市场价值的渠道资源），会影响竞争的投入和竞争优势的高低，进而会影响到产品分销业绩。如果属于互补性产品或非竞争性产品，这种影响可能是积极的；如果属于替代性产品或竞争性产品，这种影响通常都是负面的。为避免产生负面影响，分销渠道政策应对渠道成员销售其他品牌商品（尤其是竞争性品牌）的权利、策略、资源分配与程序做出必要的规定。

（15）包装

虽然不少商品在进入分销渠道之前已被包装，但是商品销售后还会再次包装，以方便顾客携带、转移商品；部分商品进入分销渠道以后完成包装可能更为便利和更具有个性化，但这样就需要渠道成员承担商品包装的职能。分销渠道政策应明确由分销渠道成员承担哪些商品包装职能，并对包装物如何制作、印刷和相关成本如何补偿问题加以规范。

（16）配送

商品销售过程形成了商品实体的运动，因此，每个销售门店仓库与货架上的商品需要经常补充。此外，那些体积大、笨重的商品；或者技术复杂，需要专业人员上门安装调试后才能使用的商品；以及在非店铺销售场合，采用送货上门、当面支付货款方式的商品都涉及商品实体的转移。分销渠道政策应鼓励渠道成员承担各种情况下的商品实体转移职能，并就必要的设备与场地投资问题、使用租金问题、人员工资与附加费用、信息沟通及管理费用、配送程序、损失责任、垫付货款问题做出规范。

（17）信息沟通

有效合作的前提主要是信息沟通。在分销渠道中，成员之间应经常沟通的信息包括一个非常广泛的领域，从日常交易、商品存量变化到竞争行动、顾客咨询和区域事件。分销渠道政策应鼓励渠道成员和生产企业建立起经常性信息沟通机制，包括专门机构、专人负责、信息范围与沟通程序，并对相关费用补偿问题制定相应的规范和考核制度。

（18）顾客满意

一切商务活动的目的都是满足顾客的需要，一切商务活动质量的评价标准都是顾客满意与否。分销渠道是否真正为顾客提供了有价值的服务，是否全面有效地满足了顾客的需求，都要通过一定的顾客满意度调查评估机制来做出评判。分销渠道政策要对顾客满意度调查评估机制的建立和运行提供保障，尤其是对顾客投诉、公关危机事件的处理上做出明确的、详细的规定，要鼓励渠道成员建立顾客满意度监测与预警管理系统，并对相应系统的管理费用如何补偿问题加以规定，以便将顾客满意度管理落实到实处。

（19）知识产权保护

现代市场竞争的焦点之一就是技术与商誉，拥有专利、专有技术和商标、版权等知识产权的企业就能拥有他人无法超越的竞争优势。在分销渠道管理中，利用知识产权来赢得顾客是必然的选择，但这也提出了必须保护知识产权的要求。比如，渠道成员必须对产品中的专有技术知识守口如瓶；不得利用这种专有技术自行生产同样的或类似的产品；渠道成员不得销售假冒伪劣产品，尤其是不得将本品牌的包装物或品牌标识等用于本品牌之外的其他产品；渠道成员不得滥用本品牌名义从事可能损害本品牌名义的活动。如果未经同意，渠道成员也不得随意使用本品牌名义，标榜自己是本品牌的专卖店或者销售机构。分销渠道政策要对渠道成员如何保护公司知识产权问题做出明确的规范，包括品牌名称与标识的使用、包装物的使用、商品进货与来源、商品展示与销售服务中的知识产权保护、协助打击假冒伪劣产品等方面的责任和权利，并对渠道成员在知识产权保护中付出的费用和受到的损害如何补偿问题制定标准。

（20）佣金与奖金支付

对于渠道成员承担一定的渠道职能过程中的成本费用，生产企业应当考虑给予补偿。其补偿的方式通常可以有多种，如在商品销售价格中暗含的费用补偿、价格外现金补偿、商品数量多出部分补偿、服务补偿、设备设施无偿使用补偿、品牌无偿使用补偿及铺货补偿等；对于渠道成员在履行分销渠道职能过程中的积极表现以及对渠道有效运行所做出的重要贡献，还要给予奖励。奖励的方式包括物质的和精神的奖励。物质奖励主要是指支付奖金，其支付的方式也是多种多样的，可以就某一项职能给予奖励，也可以综合考察若干相关职能的执行情况来颁奖；可以即评即奖，也可以月月评年终再颁奖。物质奖励也可以采用非现金的方式发放。精神奖励对于渠道成员也是非常重要的，尤其是对渠道成员品牌建设、信誉提升具有重要作用。分销渠道政策对这些费用的补偿、佣金的支付以及奖励项目，应有明确的规定，以便形成制度，有效操作，真正达到激励渠道成员积极合作、努力做好渠道工作的目的。

上述各个政策因子都是关系生产企业、渠道成员或中间商以及消费者三方利益的因素，分销渠道政策通过对这些因子进行分析和规范，推动分销渠道有效运转。

小链接

“7-11”便利店成功启示

7-11 公司是世界上最大的便利店特许组织。至 1992 年年底，该公司在全世界 22 个国家和地区拥有 13 590 个分支店。在我国的深圳，该公司自 1992 年起，就开始以自营的方式开展业务，并以出售区域特许权的方式在中国开展特许业务。

7-11 便利店的店铺营业面积按总部统一规定，基本上为 100 平方米。总部每月要向分店推荐 80 个新品种，使经营的品种经常更换，能给顾客以新鲜感。商店内部的陈列布局，由总部统一规定、设计。商店的建设、管理遵循四项原则：一是必须商品齐全；二是实行限度管理；三是店内保持清洁明快；四是亲切周到的服务。这四项原则即是“7-11”便利店成功的秘诀。

7-11 便利店成功的特许制度包括以下内容。

（1）培训受许人及其员工

7-11 公司为了使受许人适应最初的经营，消除他们的不安和疑虑，在新的特许分店开业之前，对受许人实行课堂训练和商店训练，使其掌握 POS 系统的使用方法、接待顾客的技巧、商店的经营技术等。另外，总部还应店主的要求，为提高员工、临时工的业务经营能力，围绕商店营运和商品管理、接待顾客等内容，集中进行短期的基础训练。

（2）合理进行利润分配

毛利分配的原则是：总部将毛利额的 57%分给 24 小时营业分店（16 小时营业的为 35%），其余为总部所得。商店开业 5 年后，根据经营的实际情况，还可以按成绩增加 1%～3%，对分店实行奖励。如果毛利率达不到预定计划，分支店则可以保证得到一个最低限度的毛利额，以保证其收入。

（3）给予多项指导

总部对分支店进行开业前的市场调查工作，并从经营技巧培训、人才的招募与选拔、设备采购、配货等方面对分支店给予支持；总部还指导分支店的日常经营、财会事务等工作；总部还负责向分店提供各种现代化的信息设备及材料。

7-11公司周密、完善的分销计划赢得了众多分销商的青睐，以至于使其便利店业务在世界范围内得到了迅速的发展。

3．发现渠道成员的需求与问题

生产企业在与渠道中间商的合作中，要不断发现其新的需求和问题并加以解决，才能更好地促进双方的合作，顺利完成渠道目标。但是渠道成员不同于生产企业自己的员工，其需求及所面临的问题与生产企业所设想的可能完全不同，因此发现渠道成员的需求与问题是生产企业在激励过程中首先要做好的事情。

（1）渠道成员的需求特点

作为渠道成员的中间商企业，是独立于生产企业之外存在的法人。因此，在企业文化、定价策略、员工激励、技术培训、广告宣传、售后服务、营销手段等方面会存在或多或少的差异。

麦克威（McVey）将这种差异概括得最为全面，他认为中间商与生产企业在需求与所面临的问题方面的不同可以归纳为四点。①

- 中间商并不认为自己是"生产企业铸造的链条上雇用的环节"。中间商首先充当的是其顾客的采购代理，其次才是它的供应商的销售代理。
- 中间商对经销顾客希望从其处购买的任何产品都十分感兴趣。中间商试图把所有可供产品组合成一个产品家族，并将全部产品以系统组合的方式全部打包出售给顾客。
- 中间商尽力销售的目的是获取整体产品的订单，而不是单个产品的订单。
- 除非得到足够的激励，中间商一般不会保留按照产品品牌所做的销售记录。对生产企业的产品开发定价、组合或促销有用的信息通常被隐藏在中间商自己的记录中，有时甚至故意不提供给供应商。

（2）渠道成员的需求会随着时间而改变

前文多次提到产品在投入市场后会经历一个生命周期的过程，包括出生、成长、成熟和衰退。这种特点在描述渠道成员之间的关系时同样适用，即生产企业与中间商企业之间的渠道关系也会经历一个渠道关系生命周期，在周期的不同阶段渠道成员的需求和出现的问题也不尽相同，如表7-1所示。②

① Philip McVey. Are Channels of Distribution What the Textbooks Say? [J]. Journal of Marketing 24（January 1960）

② 卢·E·佩尔顿，等著．张永强，彭敬巧，译．营销渠道：一种关系管理方法[M]．第2版．北京：机械工业出版社，2004.

表 7-1　中间商在渠道关系生命周期不同阶段的需求和问题

渠道关系生命周期阶段	渠道成员的需求和问题
出生期	解释其经营哲学、目的
成长期	提出首要问题，不要让观点悬而未决，努力寻找机会，要诚实正直
成熟期	沟通、沟通、再沟通，持续强化问题
衰退期	迅速退出

生产企业与中间商的协议签订后，双方就正式进入了渠道关系生命周期。此时，生产企业应向中间商详细介绍其企业的经营理念、企业文化、产品的目标群体和将来的发展目标。同样，中间商也希望尽快进入角色，了解产品的特点，及时推广市场，为双方的渠道关系奠定坚实的合作基础。此时，合作双方的步调都比较迅速，积极推动合作，尽力解决对方的需求和出现的问题。如果此时生产企业忽略了与中间商的沟通，或在某些服务上做得不到位（如所承诺的技术培训没有如期开展、供货不及时），而又没有及时解决问题，则很容易由于初期的合作基础不牢固，信任关系没有完全形成导致无法继续合作。

达到成熟期的渠道合作关系应该是逐步趋于稳定。中间商的市场推广在正常情况下应该比较顺利，利润率上升，市场占有率加大，从而获得了预期利益。但这种良好的渠道关系需要双方共同的努力和维持，如果连续发生服务延迟、投诉处理不当、投入减少等冲突，双方的渠道关系将很快从成熟期步入衰退期。

总之，中间商的需求和问题会在不同时期有所不同，因此生产企业采用不同的方式对症下药才是维护双方关系的正确途径。当然，如果双方的关系确实难以维系，渠道总体效率下降，则应考虑结束渠道关系。

（3）渠道成员的需求类别

马斯洛认为人总是首先满足低层次的基本需要，之后才会逐渐地为满足高层次的发展需要而努力。类似地可以把渠道成员在渠道关系中的不同的需要简单、形象地划分为生存需要、关系需要和成长需要（见表 7-2）。[①]生产企业应根据渠道中间商不同类别的需要分别制订相应的渠道政策，以便更好地促进双方的沟通和合作。

表 7-2　渠道中间商需要的类别

需要的类型	中　间　商
生存需要	有维持企业生存的收益；关注购销差价及让利
关系需要	批发商与合作伙伴、政府、团体、大众的关系得到同行尊重
成长需要	为未来成就奠定基础，增强企业实力并积累发展经验

① 李飞. 分销渠道：设计与管理[M]. 北京：清华大学出版社，2003.

4．发现渠道成员需求与问题的方法

所有的营销渠道都通过它们的信息流作为存在于渠道中的正式和非正式信息交流系统的一部分。图 7-3 提供了构成典型渠道交流系统的大部分要素。

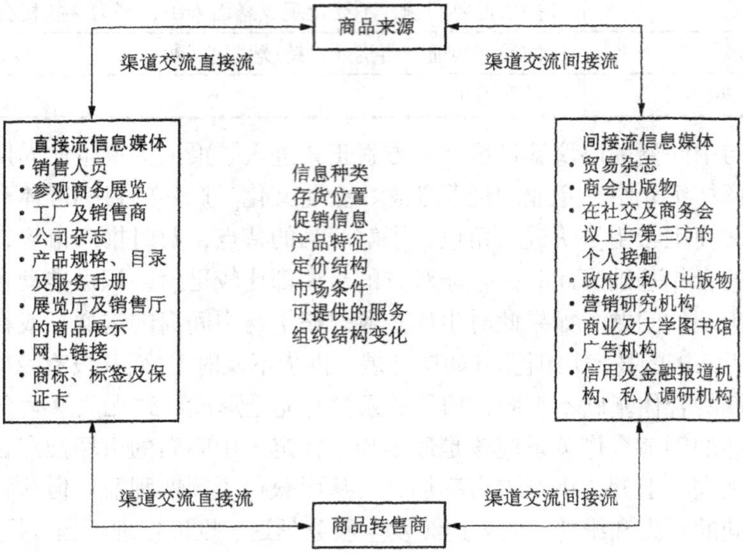

图 7-3　渠道交流系统模型

通常情况下，这样一种渠道交流系统可以为制造商提供所需的有关渠道成员的需求的全部信息。但尽管如此，渠道管理者还是不能仅仅依靠现有渠道交流系统的定期的信息流，来获取有关渠道成员需求和问题的及时准确的信息。他们有必要走出常规的系统，通过以下方法来了解渠道成员的需求和问题：由制造商自己对渠道成员进行调查研究；渠道管理者定期对营销渠道进行审计；请外部机构对渠道成员进行调查研究；设立经销商咨询委员会了解渠道成员的有关信息。

（1）亲自对渠道成员进行调查研究

一般情况下，制造商在进行新产品的设计时，会主要以满足最终消费者的需求为出发点，他们会了解顾客希望的产品种类、品牌是什么，他们采用哪些类型的购物方式以及其他方面的许多信息，但是他们对渠道成员的需求和问题的调查研究却很少。事实上，大部分制造商，即使是那些机构庞大且复杂的制造商，也很少进行过这样的调查研究。有时候，经销商的有些需求或问题尽管非常简单，但不是显而易见的，是需要制造商进行调研来了解的。在这种情况下，制造商主动对渠道中间商展开调研，对问题的化解非常有益。例如，一家制造商提供给经销商许多精美的产品样本，方便经销商宣传其产品。然而，制造商发现经销商的销售人员外出推销时，根本不携带此产品样本，由此制造商和经销商之间产生了不小的误会。后来，制造商决定亲自调查发生这种现象的原因。调查的结果发现，制造商的产品样本设计只适合放在公文包里，而经销商的销售人员外出从来没有带公文包的习惯。找出原因后，制造商立即重新设计了产品样本小册子，可以放在销售人员的口袋里，问题很快得到了解决。由此可见，亲自调研渠道成员的需求和问题，可以快速消除误会，有利于制造商和经销商一起推销公司产品。

（2）进行营销渠道审计

正如几乎所有的公司都要进行定期的财务审计一样，渠道管理者也可以定期对营销渠道进行审计。这种方法的基本目的应该定位在收集这样的一些资料：渠道成员如何看待制造商的营销系统及其组成部分；哪些地方关系密切，哪些地方关系脆弱；为了使渠道关系更加优化可行，制造商应该据此来制定何种改进措施等。例如，制造商希望了解渠道成员的价格策略、产品范围与特性、对新产品的营销开发能力、服务策略及流程以及其销售人员的表现等一系列的信息。

另外，在进行营销渠道审计时，渠道管理者应该详尽地制定与制造商和批发商及制造商和零售商相关的有争议的问题条款。例如 Ca1antone 及 Gassenhei-mer 基于对家具行业的深入研究，开发了一个迄今为止最为详尽的渠道争议问题清单。他们将具体有争议的问题归纳为四大类，他们认为这些条款列出了制造商和经销商之间的至关重要的问题。这个基本类型及争议问题的条款尽管不是普遍适用于任何渠道的审计，但仍对任何特定的渠道审计的计划及开发实施具有广泛的指导意义。这四大类问题是：

1）制造商的表现。具体为：① 制造商对渠道成员所作的基准订单周期的承诺。这其中主要包括制造商在到达最晚配送时间的配送承诺履行情况，订货方式的先进性和处理订单的准确性，更重要的是加速产品订购及提供相关服务的能力，对特定转运条款的履行情况，甚至是转运延迟的提前通知；② 制造商所能提供的产品的整体设计及外观，系列产品的范围，产品的价格竞争力，在相应的产品价格范围内制造商的制造水平和产品质量特别是产品系统在较长时间内的连续性；③ 制造商对渠道成员提供的帮助，包括制造商为销售商的本地服务及直接销售账款回收支付的费用，在设备管理方面提供的正式培训情况，制造商对渠道商品销售的陈列布置以及为渠道成员的存货管理提供的协助；④制造商的销售人员参加客户邀请与项目竞标的可能性及销售人员的售后追踪情况，以及制造商为渠道中间商销售人员提供适当的培训，另外还有制造商对渠道成员的援助请求和紧急情况的反应等。

2）经销商自主决策的愿望及对制造商的控制权。经销商都想做到独立于制造商自主决策，并希望对制造商有一定的控制权。经销商希望能自主决策的事项有：① 每年的最低销售限额，销售给顾客的利润；② 自己开发的新产品。对渠道中间商来讲，他们的接纳程度以及对其产品的选择与范围，另外还有选择相互竞争的制造商的产品的自由；③ 为促进商品的销售，发展销售人员队伍以及增强财务管理人员财务管理技能所采取的程序和方法。

3）制造商影响经销商决策的愿望及对经销商的控制力。制造商为满足自己的利益，达到自己产品的预期市场占有率，希望渠道中间商能够以他们的营销渠道计划为基础决策。这方面的条款内容与经销商自主决策的愿望正好相反：① 每年的最低销售限额，销售给顾客的利润；② 对制造商开发的新产品的接纳程度以及对其产品的选择与范围，另外还有选择相互竞争的制造商的产品的自由；③ 为促进商品的销售，发展销售人员队伍以及增强财务管理人员财务管理技能所采取的程序和方法；④ 经销商在配合产品的销售方面的投资，如经销商的展厅大小和外观，以及其他与此相关的软硬件设施。

4）经销商对合作关系的满意程度。经销商对与制造商的合作是否满意直接关系到经销商推销产品的积极性。以下因素直接影响到经销商的满意程度：① 制造商产品的销售增长潜力和产生利润的能力；② 制造商总部以及其地区办事处对经销商的态度，帮助经销商实现其目标的兴趣和愿望；③ 制造商新产品的市场机会以及制造商对可持续进行其营销项目的责任感；④ 制造商提供的顾客服务水平。

只有定期对渠道进行审计，才有可能跟踪那些保持不变的因素，那些逐渐消失的争议问题以及那些争议越来越大的问题。

（3）请外部机构进行调研

制造商若是自己对渠道成员的需求和问题展开调研，可能会不经意地在其中考虑自己的利益（也许他们本意并不想这样），所以要想站在第三者的立场获得完全客观的关于渠道成员的需求和问题的资料，由不属于渠道成员的第三方进行调研有时候是非常必要的。以下的例子可说明问题：

一家较大食品制造商以往都是依靠自己的销售人员去“研究”批发商的渠道效率，但是绝大多数情况下研究得到的结果都与销售数据及零售商的反馈不一致。于是该食品制造商就请第三方研究机构和零售商进行深入交谈、了解他们对批发商的看法以后，食品制造商对批发商的表现有了更真实更深入的认识。于是他们就结合从第三方获得的客观信息，对其营销渠道的结构体系进行了重大的改组。

一家运动品牌的制造商通过设在高档商场内的专卖店和大众商品零售店的商务广告来促进其产品的销售。尽管他们为此花费大量的资金，但是广告的效果还是不能令人满意。最后，他们聘请了一家独立的营销研究咨询机构，经过该研究机构对所有的销售其运动产品的专卖店及有关部门人员采访，他们不但找到了使广告信息对购买者更有吸引力的方法，而且发现了广告的目标群体定位需要改进。在获得这些信息后，他们立即采取了相应的措施，不久产品的销售就明显得以提高。

从以上的例子可以看出，采用不属于渠道成员的外部机构对渠道成员的需求和问题进行研究能够大大提高调研的客观性。而且，对于那些没有专门的市场调研部门或其调研能力有限的制造商来说，依靠外部专门的调研机构可以获得从其组织内部无法得到的专业调研技能。

（4）设立经销商咨询委员会

最后还有一种了解渠道成员的需求和问题的有效方法就是设立经销商咨询委员会。这个委员会应当由制造商最高管理层的代表以及主要经销商的经理代表组成。制造商最高管理层人员可包括主管营销的经理、销售渠道管理者以及营销管理部门的其他高层管理人员。经销商方面的代表应当选择那些具有代表性的经销商，例如那些销售量大、渠道管理相对完善或者市场经验丰富的经销商。但是，委员会的总人数应有一定限制，以使所有的成员都能够参加会议并充分交流意见。在设立经销商咨询委员会的时候，为了使咨询委员会真正发挥作用，最好按正规的程序同时设立两个执行主席，一个由制造商销售部门的高层管理人员担任，另一个由经销商成员选举产生。

挖掘设备行业的巨人 Caterpillar 公司就是利用经销商咨询委员会了解经销商的各种需求与问题的成功实施者。例如，在一次委员会的会议上，经销商汇报了有一类推土机设计有缺陷，这种推土机的一个盖罩装得太低，在正常的维护时顾客的头很可能会撞到盖子上，从而造成伤害，这将给经销商带来很大的麻烦。

委员会还提出，只要 Caterpillar 公司稍微改变一下其零部件库存管理流程，经销商们就有可能向顾客提供快速、高质量的服务，从而也显示了 Caterpillar 公司的服务特色。双方最后商定，以后销售商可以备有所有类别的零部件，包括成本相对较低的电池和风扇皮带，以代替以往必须订购常用零部件的做法，避免了不必要的延误。

因此，通过经销商咨询委员会的面对面交谈和互谅互让，为制造商提供了一个了解渠道成员需求和问题的好方法。

5．渠道激励的方法

渠道激励的分类方法有很多种，依据激励措施针对的对象不同，可以分为针对总代理总经销的激励、对二级代理的激励、对零售终端的激励和对消费者的激励；依据激励实施的时间不同，可以分为年度激励、季度激励和月度激励等；依据激励采取的手段不同，可以分为直接激励和间接激励等。

事实上，在营销实践中，制造商大多同时采用两种或两种以上的激励方式配合使用，这样可以根据制造商设计的渠道激励目标组合成各种各样的激励方案，以达到最大的激励效果。下面将重点讲解依据激励手段分类的几种常用的激励方案。

（1）直接激励

所谓直接激励，就是指通过给予渠道成员物质或金钱的奖励来激发其积极性，从而实现公司的销售目标。

1）品牌及产品激励。这是一种基本的激励手段。在某种程度上，渠道运营效率的高低取决于消费者对品牌的认可程度，因为企业可采取“拉”的策略加强对中间商的议价能力，同时也减少了中间商的很多工作。因此，制造商通过向中间商提供具备较高品牌价值的、适销对路的产品，可以形成对中间商较大的吸引力和激励效果。

2）对中间商返利。返利是指厂家根据一定的评判标准，以现金或实物的形式对中间商进行的滞后奖励。其特点是滞后兑现，而不是当场兑现。从兑现时间上来分类，返利一般分为月返、季返和年返三种；从兑现方式上来分类，返利一般分为明返、暗返两类；从评判标准上来分类，返利可以分为过程返利和销量返利两种。

目前，我国大多数企业对中间商采用的方式是销量返利政策，即根据中间商销售量的大小来确定返利比率。中间商销量做得越大，返利比率越高。这种销量返利政策的目的在于鼓励中间商尽可能多地销售本企业产品，较大限度地提升中间商的销售积极性。在产品进入市场初期，这一政策的作用较为明显，是帮助企业尽快提高市场占有率及品牌知名度的有效手段。但当产品进入快速发展期或成熟期时，企业销售工作的重点逐步转向稳定市场，随着竞争的日益激烈，销量返利也可能导致中间商窜货乱价等短期行为。

而过程返利政策则是依据渠道激励的全面性原则，根据企业所处的不同阶段对中间商在营销过程中的管理及投入（包括销售量、铺货率、安全库存保有量、区域销售政策的遵守、专销（不销竞品）程度、配送效率和付款及时性等指标）进行综合评定来确定返利标准。与销量返利相比，过程返利既可以提高中间商的利润，从而扩大销售，又能防止中间商的不规范运作，有助于渠道的长久发展。

3）利润分成。从某种程度上说，企业的经营业绩是整个渠道共同努力的结果。因此，制造商在所获取的利润中提取一定的比例分配给中间商，既是对中间商努力工作的酬劳与奖励，也体现了“利益共享”的渠道激励思想。

4）放宽信用条件。通常相对于制造商而言，许多中间商的资金实力都非常有限，他们对付款条件也会较为关注。因此，企业应针对此类渠道成员的特定需要，通过对其诚信度的调查，适当地放宽付款方式的限制，甚至可在安全范围内为其提供信用贷款，帮助其克服资金困难，如此也能达到较好的激励效果。

5）各种补贴。针对中间商在市场推广过程中所付出的种种努力，带有奖励性质地对其中一些活动加以补贴，如广告费用的补贴、商铺陈列的补贴等。这样能够扩大产品的市场推广力度，也能提升渠道成员的工作积极性。

概括地说，物质激励作为渠道成员激励的一种重要手段，能最大限度地满足中间商的利益保障需要，激发其工作热情，但多用也可能会导致渠道出现价格失控、管理失控的混乱局面，同时还需要承担企业利益损失的风险。因此，企业应在了解中间商实际需要的前提下，以建立长远稳定的发展渠道为目标，有针对性地适度使用物质激励政策。

（2）间接激励

所谓间接激励，是指通过帮助渠道成员进行销售管理，以提高销售的效率和效果来激发渠道成员的积极性和销售热情的一种激励手段。

1）帮助中间商进行库存管理。在通常的供应链中，以四阶段供应链（零售商、批发商、分销商和工厂）为例，零售商观察顾客需求，然后向批发商订货，批发商向分销商订货，而分销商则向工厂订货。随着往供应链上游前进，订货量变动程度会不断增大，这种现象称为“牛鞭效应”。

“牛鞭效应”的存在给买卖双方的经营都带来了不利影响。为了消除这种不利影响，最常用的方法就是在供应链内部集中顾客的需求信息，即提高供应链每一阶段有关顾客需求信息的准确度。意大利著名的通心面食生产商巴里勒公司就颠覆了传统的根据分销商向公司发出的订单来发送产品的做法，而是建议经销商提供详细销售数据，由巴里勒公司在做详尽预测的基础上帮助经销商管理库存。这种方式从很大程度上改善了渠道管理的效率，提高了经销商对巴里勒公司的忠诚度。

2）帮助零售商进行零售终端管理。终端管理的内容包括铺货和商品陈列等。例如，宝洁公司就通过很多方式帮助分销商，主要做法有：制定更完善的覆盖区域划分、向分销商派驻厂商代表协助销售、协助培训分销商销售人员、招聘专职市场覆盖人员并负责其工资奖金的发放、为分销商提供覆盖服务费、确立14天回款返利3%的回款激励系统、协助分销商提高物流管理水平并推行数字化管理等。宝洁公司要求经销商组建宝洁产品专营小组，由厂方代表负责该小组的日常管理。专营小组构成一般10人以上，具体又可分为针对大中型零售店、批发市场、深度分销三个销售小组。每个销售人员在给定的目标区域、目标客户范围内，运用“路线访销法”开展订货、收款、陈列、POP张贴等系列销售活动。厂商代表必须协同专营小组成员拜访经销商，不断对经销商进行实地指导与培训。同时，为了确保厂商代表对专营小组成员的全面控制管理，专营小组成员的工资、奖金，甚至差旅费、电话费等全部由宝洁公司负责发放。厂方代表依据销售人员业绩，以及协同拜访和市场抽查结果，确定小组成员的奖金额度。宝洁还要求经销商配备专职文员以及专职仓库人员，工资、奖金亦由宝洁公司承担。宝洁公司的这些做法，不仅有效地帮助经销商提高了运营管理水平，使经销商获得了更多利益，同时也在此过程中向经销商灌输了宝洁的经营理念和文化，更加巩固了与经销商的合作关系。

3）对中间商进行培训。在国际市场上，一些大型制造商经常采用向中间商提供培训人员、商业咨询服务来加强对中间商的支持力度。例如：立邦漆公司2000年年初经过系统的产品规划与流程再造，设计出具有战略意义的新产品新渠道推广方案及个性配色中心推广计划。这是目前世界上最先进的涂料销售供应方式，立邦漆通过向商店提供先进的电脑调色设备，使消费者得以在上千种色彩中选择自己喜欢的颜色，再配以“立邦爱彩科技”I Colour 软件的支持，就可以得到非常理想的家居装饰效果。同时，它的硬件系统也为日后的电子交易创立了条件。立邦漆面向原有渠道经营者，积极鼓励渠道成员共同参与这一网络的建立。至今为止，立邦全国已建立起1 000余家分属不同代理商、零售商的CCM个性配色中心，很快成为他们新的利润增长点，有效巩固了其在各自区域的业内地位，很多经销商通过 CCM 的实际推广，也重新定位了自己企业的发展方向。在此过程中，立邦漆公司也行之有效地掌控了渠道。

4）共同进行广告宣传。当某一产品进入一个新市场的时候，它通常不为消费者所知晓，中间商一般不愿意经营这种产品，除非企业提供强有力的广告宣传，与中间商合作，共同承担广告费用。这样既可减轻中间商的经济负担，又减少了企业的销售阻力。

5）提供市场情报。市场情报是开展营销活动的重要依据。企业应将所掌握的市场信息及时传播给经销商，使他们能很好地制定经营计划。为此，企业有必要定期或不定期地跟经销商进行座谈，共同研究市场动向，制定切合实际的销售措施；企业还可将自己的生产状况、今后的成长计划以及即将开发的新产品等信息传递给经销商，为经销商合理安排销售计划提供依据。

6）提升经销商的地位。对中间商进行物质激励是不够的。根据心理学的相关原理，任何社会的人，除了具有最基本的物质方面的需求外，还有更高的追求。所以对经销商进行非物质方面的激励是必要的，制造商可以通过激励支持让渠道成员有一种归宿感、成就感。具体的措施，可以对经销商进行综合的评价，选出业绩较好者，对其地位进行提升。比如说，由一般的经销商提升为特约经销商；由特约经销商提升为区域代理商甚至提升为全国代理商，采用这种方法可以进一步调动渠道成员的销售积极性。

7）加强渠道成员的参与。将渠道成员间单纯的产品供销合作拓展到共同进行产品的研发与改进、市场开发与推广、售后服务活动等领域，以进一步扩大产品品牌的知名度。在全面合作的基础上，不仅加强了渠道成员间的沟通与感情，维持了较好的渠道稳定性，同时不断提升的品牌效应也可使渠道成员长期受益，成为对其最好的激励。

在营销渠道管理中，很多公司都能非常熟练地运用直接激励的各种方法，但很少或不太善于运用间接激励的方法来赢得中间商的合作。事实上，间接激励涉及的内容与可能达到的效果有时比直接激励重要得多。

6．激励强度与激励效果

激励本身就是成本，或者称为投资。因此，必须讲求效率。在促销费用一定的情况下，需要认真研究的是激励效果。

对渠道成员的激励效果在很大程度上取决于商品市场的开发程度。在商品市场上，消费者对某种商品的需求与企业的市场营销努力具有密切的联系。有关影响可以用图 7-4 的市场需求曲线来说明。在目前存在一定的市场营销努力的情况下，现实市场需求处于高于自然需求的水平。随着企业市场营销努力的不断提高，现实需求将逐渐向市场潜量移动。一般来说，企业能够提供的促销费用是有限的，有关的促销费用被分配于渠道成员促销和消费者促销。向消费者促销费用的增加有可能带来向中间商促销费用的减少，反之亦然。另外，分销渠道的商品流通量必须与消费者的现实需求平衡。换句话说，消费者需要多少商品，分销渠道就应当有多少商品供给。在分销渠道的商品流通量受到渠道成员被激励程度的影响时，对消费者促销所产生的效果（销售量）将会受到向渠道成员促销效果（供给量）的制约。因此，对渠道成员的激励强度应当视消费者市场开发程度而定。

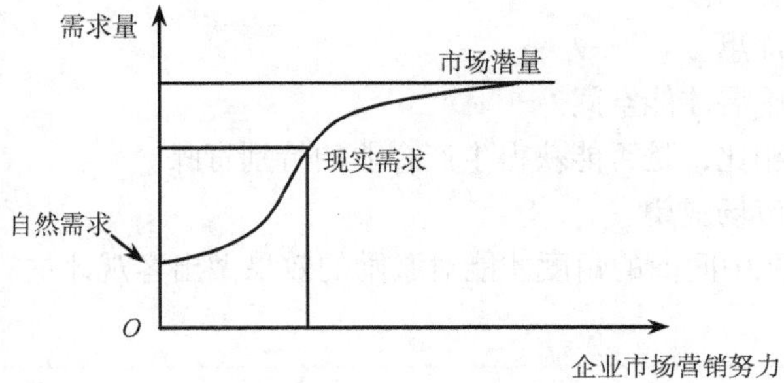

图 7-4 市场需求曲线

对促销效率的分析应建立在提高竞争力的基础之上。竞争环境对有关企业的市场份额、对中间商的报酬要求有显著的影响。随着竞争的激烈化，企业必须支付越来越多的促销费用，用于给中间商的奖励、分摊运费、广告津贴等。管理人员必须保持一个清醒的头脑，即每付出一分钱，都应当带来不少于一分钱的好处。关键在于，好钢要用在刀刃上，有钱要花在最需要它的地方。

绝大多数个人洁齿护齿用品企业支付分销代理商的佣金是销售额的 25%。某洁齿用品供应商为激发分销代理商的激励性，声称给予分销商的佣金可达销售额的 35%。然后，它不仅要求分销代理商完成销售任务，而且要求保持 60 天的存货量、按时付清货款和沟通信息。佣金的具体支付方案是：如果完成基本销售任务，支付 20%；如果保持 60 天的存货量，再支付 5%；如果按时付清货款，再支付 5%；如果给供应商提供顾客信息，再支付 5%；如果一个代理商能够做到以上 4 条，将获得相当于销售额 35%的佣金。

激励措施实施一段时间后，需要对激励实施的效果进行评估。首先需要评估中间商的努力程度是否有较大的提高，例如考察中间商是否比以前更主动地解决经销工作中的问题。当然，积极措施的效果最终要落实在销售业绩的提高上，通过对销售业绩的考察可以很直接的掌握激励措施的效果。但需要注意的是，随着卖方市场向买方市场的转移及“以顾客为中心”经营思想作用的日益凸现，生产企业在分析激励效果时，要站在中间商的立场上进行评估。

中间商一般从以下几个方面评估生产企业的激励措施：

- 是否获得丰厚的利润回报。
- 是否获得好销的产品。
- 是否获得优惠的价格。
- 是否获得一定数量的先期铺货。
- 生产企业供货是否及时。
- 是否获得广告支持。
- 是否获得销售技巧培训。

- 是否获得特殊补贴。
- 是否获得付款优惠。
- 是否有充分的施展才能空间。
- 和其他中间商相比，是否能获得生产企业的特别青睐。
- 是否具备目标市场威望。

生产企业只有站在中间商的角度才能对激励的效果做出客观评估。

小链接

经销商奖励规范示例

第一章　总　则

第一条　奖励对象。凡从本公司进货的立约经销商，均属于奖励预备对象。

第二条　奖励计算标准。

1. 以各产品批发价总金额（不包括保证金）综合计算。

2. 特价销售品，不适用本办法。

第二章　奖励项目

第三条　年度进货完成奖励。

1. 奖励期间：××××年×月×日起至××××年×月×日止。

2. 奖励规定如下所示：

级别	年度进货完成金额	应得奖金
特级	5万元	500元
A级	10万元	1 200元
B级	15万元	2 100元
C级	20万元	3 200元
D级	30万元	5 400元
E级	40万元	8 000元
F级	45万元	9 900元
G级	50万元	12 000元
H级	55万元	14 300元
I级	70万元	19 600元
J级	90万元	26 100元
K级	120万元	36 000元
L级	150万元	45 000元

3. 发放日期：××××年×月×日。

第四条　进货促销奖励。

1. 奖励日期：××××年×月×日至××××年×月×日止。

2. 奖励核算办法如下所示：

级别	全年度批发价进货完成金额	奖励率	应得奖金
A 级	$B_1=M_1\times100\%$以上	X_0	$B_1\times X_0$
B 级	$B_1=M_1\times115\%$以上	X_1	$B_1\times X_1$
C 级	$B_1=M_1\times125\%$以上	X_2	$B_1\times X_2$
D 级	$B_1=M_1\times135\%$以上	X_3	$B_1\times X_3$
E 级	$B_1=M_1\times150\%$以上	X_4	$B_1\times X_4$

（1）M_1 为××××年×月×日起至××××年×月×日止的基准进货金额。

（2）B_1 为××××年×月×日起至××××年×月×日止的实际进货金额。

（3）X_i（i=0，1，2，3，4）为各级奖励率（暂不公布）。

（4）$B_1\times X_i$（i=0，1，2，3，4）为应得奖金额。

（5）$B_1=M_1\times150\%$以上者，一律以 E 级计算。

（6）若为新开发经销商一律以 A 级奖励率乘以全年度进货金额计算。

3. 发放日期：××××年×月×日。

第五条　专售奖励。

1. 凡向本公司进货且不经销其他厂品牌产品者，给予各商品批发价进货总金额1%的奖励，但公司不生产的产品不在此列。

2. 非专售者，给予进货金额 0.5%的奖励。

3. 发放日期：××××年×月×日。

第六条　月份增长奖励。

1. 本年当月进货金额较去年当月进货金额，其增长率增加 10%以上者，给予 0.5%的奖励金。

2. 本年当月进货金额较去年当月进货金额，其增长率增加 15%以上者，给予 0.7%的奖励金。

3. 新经销商（无去年当月进货金额）按每月进货金额给予 0.3%的奖励金。

4. 但当月进货逾期付款或当月未进货而预付款者，不予奖励。

第七条　奖金的发放。

1. 各商店应得奖金应根据上列公式计算。

2. 奖金分两期发放：

第一期：××××年×月×日

第二期：××××年×月×日

第八条　付款奖励。

1. 付款日期：每月底应结清当月份全部货款。

2. 奖励率：凡超过 50 天以上者，则每天以 0.05%计算减发年度奖金，在 50 天以内的，参见下表。

付款奖励率

票期	奖励率	票期	奖励率
1～10 天	2.5%	26～30 天	0.6%
11～15 天	2.2%	31～35 天	0.4%
16～20 天	1.8%	36～40 天	0.2%
21～25 天	1.0%	41～45 天	0.1%
		46～50 天	0%

3. 奖金的发放：于当月货款结算之日从中扣除。

第九条 不动产抵押奖励。

1. 奖励范围：向本公司提供不动产担保的经销商。

2. 奖励方式：

（1）每年最高可得担保额 3%的奖金。

（2）月份平均进货金额不得低于担保额的 1/3，如低于此标准者，则以平均月份进货金额乘 3 倍为计算标准。

（3）发放日期：××××年×月×日。

第十条 同类价保证金。

1. 凡本公司产品按批发价加收保证金为收款价格，其保证金列为同类价保证金。

2. 发放日期：分两期。

第一期：××××年×月×日

第二期：××××年×月×日

第十一条 其他季节性奖励另行公布。

第三章 附则

第十二条 本奖励办法内奖金发放时须以统一发票或合法收据领取。

第十三条 本奖励办法内的特级，限定于交通不便、人口在 5 万人以下的区域。

第十四条 本奖励办法内的进货，是指向本公司进货，依批发金额（不包括保证金）为计算标准。

实务训练

微软新计划：给渠道提供向上成长通道

"简单生意轻松做"是近来微软针对广域渠道合作伙伴和潜在合作伙伴推出的一个重要活动，在很多经销商看来，今年是他们和微软合作或深度合作的一个重要时间段，而"简单生意轻松做"这一活动则是与微软合作的一个关键切入点。究其原因：一是微软今年推出了许多新的技术和产品，如Windows7，还有即将推出的Office2010，以及Windows Server等一系列技术，微软新的产品和技术受到很多客户的认同，事实上，微软新技术推出之时也是经销商把握解决方案创新的最佳契机；二是在这一基础上，微软推出了“简单生意轻松做”这一活动，及时地向经销商们抛出了他们梦想得到的“橄榄枝”。

1. 助渠道“简单轻松”做生意

与微软以往的渠道激励计划相比，今年“简单生意轻松做”明显变化是：一微软将活动的每个环节都落得很“实惠”，如只要经销商成功做成第一单（金额在2万元以上），微软马上兑现700元的现金奖励；二是放低姿态，更多地倾听合作伙伴的心声。“我们做了很多调研后发现，合作伙伴考虑的是如何来赚钱，如何能更轻松地实现能力提升。基于这样的原因，微软推出了这一活动，项目强调的就是简单和轻松。”微软大中华区渠道业务管理事业部总经理John Ball清晰地阐述了这一活动推出的初衷和目的。

“轻松赚大钱、轻松塑品牌、轻松做客户”是“简单生意轻松做”活动中强调的三个关键点。“轻松赚大钱”强调的是激励制度，即微软为经销商准备了众多的折扣和返点计划，将利润更多地让渡给经销商。这是一个双赢的做法，微软给合作伙伴更多的返点和奖励，激发经销商销售微软产品的热情，这也意味着微软产品的销量总额会不断增长，与此同时，合作伙伴也获得了更多的利润。

“轻松塑品牌”。微软有一个合作伙伴认证计划叫MPN，有了微软的认证之后，合作伙伴就可以更好地利用微软这一品牌。微软希望经销商做“有身份”的合作伙伴，这样经销商才能运用微软的品牌提升自身的品牌影响力，微软的品牌资源对于合作伙伴而言是一个重要的无形资产。

“轻松做客户”是微软通过电话营销中心帮助合作伙伴找到有兴趣使用微软技术和产品的客户。微软电话营销中心给经销商提供客户名单，并协助与这些潜在客户沟通，确认是否有销售机会。这样不仅为经销商带来了商机，同时也为他们节约了不少成本。微软将长期投资于这个项目，以便经销商可以通过这个项目来塑造他们新的业务模式。

2. 给渠道提供向上成长通道

无疑微软“简单生意轻松做”这一活动将吸引更多的潜在的经销商加入到微软渠道生态圈中，这也将让微软的渠道体系更好地覆盖区域。除了区域覆盖之外，微软还在紧锣密鼓地给渠道赋能。因为经销商除了想代理微软的产品之外，还希望能够通过微软的产品让他们向价值链的高端攀升，也就是通过做解决方案给客户提供更大价值。

微软有个渠道培训的网站叫“达人堂”，微软的合作伙伴在达人堂注册，合作伙伴的技术工程师和销售人员加入到这个俱乐部里，不用渠道合作伙伴加以管理，微软通过这个网站把渠道的销售和工程师集中在一起，让他们在这个平台上进行产品交流和销售技巧交流，“达人堂”不仅帮助渠道提升了工程师的技术能力，同时也提升了渠道销售人员的销售能力。

微软有完善的渠道培训和赋能体系，如售前售后培训，以及具体项目交付时的引导，甚至是协助合作伙伴去和客户交流和沟通。当然渠道要想由简单的产品销售代理转向解决方案项目的销售和服务，前提是要对微软的各个产品有足够的了解，有项目来推广。

因此可见，微软通过“简单生意轻松做”将经销商引进门之后，后续还有更多的解决方案来满足合作伙伴能力提升的愿望和期许。

问题

1．微软新计划包含着哪些激励理念、方法？

2．这一计划有何过人之处？

第8章 渠道冲突与控制

学习目标

1. 掌握渠道冲突的概念和类型
2. 了解解决渠道冲突的方法
3. 了解窜货的性质与危害
4. 掌握渠道控制的类型与内容
5. 了解渠道控制的手段

引导案例

樱花卫厨利用“冲突”启动上海市场

樱花卫厨是一家专业从事厨卫电器生产和销售的台资企业，工厂在江苏昆山，主要产品为燃气热水器、吸油烟机、灶具等。上海市场是其家门口的重要市场，细心的高经理在对市场进行了几个月的实地市场调研后，决定利用“冲突”启动上海市场。

第一步：广泛撒网　销量为先

高经理一改过去对渠道和网点进行“画地为牢”式的有序管理。对所有业务人员的考核除了销量额之外，将网点开发数量作为重要的考核指标。不管客户是哪种性质和处在哪个区域，只要能销售樱花公司产品的都可以成为销售网点。于是业务人员纷纷各显神通，短短几个月时间与公司签约并进行实际交易的网点客户几乎翻了一番。

第二步：利用冲突 广告造势

网点数量的快速成长带来了销售量的成倍增加，而由于网点的密集性与公司刻意造成的市场的无序状态，渠道间开始产生冲突，零售价格战也开始越演越烈，价格战的硝烟又吸引了更多消费者的购买。加上随处可见的终端形象与由于销量增加后广告投入的加大，樱花品牌快速崛起成了上海市场的知名品牌。

第三步：渠道盘整　新品跟进

对这场渠道战早就成竹在胸的樱花高层显然已经做好了足够的准备，当价格战打到在有些终端每台只赚 10 元左右，终端网点销售的积极性开始下降并且一些重点商场找到上海分公司要求公司立即进行市场整顿否则就停止合作的时候，樱花开始了声势浩大的渠道盘整行动。公司适时地召开了“上海区域经销商暨新产品上市推广会”，会议邀请了事先已进行了洽谈的目标客户。在会上，公司宣布了新的一年确保经销商的利益并重振其信心的上海市场经营计划，主要内容包含精减渠道网点、统一价格、严禁窜货和价格管控的相关措施，并重申一旦谁违反价格规定将给予严厉的处罚直至取消其经销资格。会上新推出的十几款功能和造型升级的产品让经销商满怀信心，毕竟上海的消费者需要樱花产品，而新产品的利润和政策保障措施更使经销商吃了定心丸。

接下来的行动就按照原先预订的计划进行了，对一些小网点或不能满足公司要求的网点停止了供货；对原先价格已乱的机型进行了集中处理；对恶意降低零售价的客户毫不留情地进行了处罚。经过一段时间的渠道盘整与市场整顿，樱花的渠道和网点又重新焕发了生机。

（资料来源：网上同名资料）

在渠道管理中，尽管制定了共赢的渠道政策并进行了有效的激励，但所有这些策略如实施不当，就会引起渠道中各成员之间的冲突。因此，渠道领袖企业就需要利用冲突、解决冲突并对渠道进行有效的控制。这就是本章将要讨论的主题。

8.1　渠道冲突

1．渠道冲突与渠道竞争

不管渠道经理做出多大努力去设计出一个既有成效又有效率的渠道结构，在很多情况下，渠道还是偏偏就不像计划的那样运行。首先，不可能在设计渠道结构时就预见到所有未确定的情况。正如交易成本分析提醒我们的：人们的理性是有限的，他们很难对所有关于市场和环境的信息进行恰当的处理。其次，即便有人在设计渠道之初就能够处理好所有可得到的市场信息，渠道运作时的环境也是动态和随机的。一旦竞争的、宏观的、消费者的或是内部的环境发生了意想不到的变化，原本运转良好的渠道也会陷入混乱，而渠道成员也就必须准备应付新的市场挑战。因而，渠道冲突在渠道运作过程中在所难免。

渠道冲突（Conflicts in Channel）就是指某个渠道成员意识到另一个渠道成员正在损害、威胁其利益，或者以牺牲其利益为代价获取稀缺资源的活动，从而引发的在他们之间的争执、敌对和报复行为。简而言之，渠道中相关成员的某一方或几方利用某些优势和机会，采取有损于另一个或几个成员利益的敌意行为的情况都可以认为是渠道冲突。因此，当一个渠道成员需要跨越的障碍是另一个渠道成员而不是市场时，该成员就面临渠道冲突。

渠道冲突区别于一般的渠道竞争。竞争是一种间接的，不受个人情感因素影响的，以目标为中心的行为；而冲突的传统定义一般描述为：故意伤害、设法阻挠以及其他类似于损害他人利益的敌对行为。冲突一般都是一种比较直接的、受主观情感因素影响的、以挫败对手为目标的行为。冲突和竞争的区别可以用一个例子说明这一点。比如，有两个人同时去应聘一个职位，如果两者都以尽量展示自己实力的方法力争得到该职位，那么他们是在进行竞争。如果其中至少有一个人通过其他方法，如设法阻止另一个人去应聘，或在另一人应聘时捣乱，那么他们之间就发生了冲突。具体到渠道关系中，当一个渠道成员需要跨越的障碍是另一个渠道成员而不是市场本身时，该成员就面临着冲突。在分销渠道中，成员之间的适度竞争不仅不会产生消极影响，而且有可能使顾客获得更好的产品和服务，有利于整个渠道组织绩效的提高。如果竞争发展到竞争双方相互诋毁、不择手段时，竞争就会演变成为冲突。

冲突与权力密切相关。渠道冲突的根源在于渠道成员的相互依赖。渠道成员倾向专注于某些方面的渠道功能——制造商进行产品生产和全国性的促销，零售商进行产品销售和地区性的促销活动。渠道成员之间的相互依赖是因为他们需要利用他人的资源——不仅仅是资金，还有专业技能和市场通道等。这种建立在资源上的相互依赖关系产生了彼此的权力关系。由此可见，相互依赖关系在为渠道成员提供合作必要性和冲突可能性的同时，也为处于两极的渠道成员提供了针对彼此的权力。而且，在渠道关系中，渠道成员为了各自的利益，会努力去扩大其自主权，这样就会产生干涉行为。干涉容易导致冲突。一般情况下，相互依赖性越严重，对渠道目标干涉越多，潜在的冲突也就越多。

2．渠道冲突的类型

发生在渠道关系中的冲突，可以按照以下四种标准进行分类。

（1）按照渠道成员的关系类型，可把渠道冲突分为水平冲突、垂直冲突和多渠道冲突

水平冲突是指同一渠道中同一渠道层次的中间商之间的冲突。这种冲突可能出现在同类中间商之间，如两家超级市场，也可能出现在同一渠道层次的不同类型的中间商之间，如超级市场和百货公司。

垂直冲突是指同一渠道中不同层次成员之间的冲突。例如批发商与零售商之间的冲突、批发商与制造商之间的冲突。

多渠道冲突是指当某个制造商建立了两条或两条以上的渠道向同一市场出售其产品（服务）时，发生于这些渠道之间的冲突。例如，上述雅芳的渠道冲突。

（2）按其产生的原因，可把冲突划分为竞争性冲突和非竞争性冲突

所谓竞争性冲突是指两个或多个渠道成员在同类或类似的市场上竞争时发生的冲突。例如，两个批发商在同一区域市场的竞争，同一区域的超级市场与百货公司之间的竞争，制造商自有零售店与并存于这一市场经销本企业产品的零售商之间的竞争。所谓非竞争性冲突，是指渠道成员在目标、角色、政策及利润分配等方面存在不一致引发的冲突。例如，

经销商、代理商对制造商的定价和促销政策持不同意见而引发的冲突、两个代理商为获得制造商较优惠的政策而相互诋毁等。

（3）按照其显现程度，可把冲突划分为潜在冲突和现实冲突

潜在冲突是指渠道成员由于在目标、角色、意识和资源分配等方面存在着利益上的差异和矛盾，而这种差异和矛盾还没有导致彼此行为上的对抗的一种冲突状态。现实冲突是指渠道成员彼此之间出现的相互诋毁、报复等对抗行为的冲突状态。

潜在冲突之所以存在是因为渠道成员彼此的合作和分工而产生的相互依赖性，以及各自利益上的差异性。潜在冲突会因为渠道设计不良或者环境变化，特别是渠道成员基于各自利益考虑而对渠道关系的种种干涉发展为现实的冲突。渠道管理者在开创渠道关系阶段就应了解潜在的渠道冲突及考虑如何在将来处理这些冲突。这样有利于减少现实的摩擦和冲突。当然，有许多事情是难以预料的，在渠道运作的过程中，会有事先预料不到的事件发生而引发渠道成员冲突。这时，就需要渠道管理者及时地去识别并化解冲突，以免延误有效化解冲突的时机。

（4）按其性质，可以把冲突划分为功能性冲突和病态性冲突

所谓功能性冲突，是指渠道成员把对抗作为消除渠道伙伴之间潜在的、有害的紧张气氛和病态动机的一种方法时的冲突状态。这种冲突具有建设性。功能性冲突一般具有下列特征：一是调和冲突无须多大的成本；二是相异的认知可产生新的、更好的观点；三是攻击行为并没有失去理智或不具破坏性，冲突有利于提高整体绩效。

所谓病态性冲突，是指渠道成员之间敌对情绪和对抗行为超过了一定限度并因此对渠道关系和渠道绩效产生破坏性影响时的冲突状态。病态性冲突对渠道关系具有破坏性，分散了成员为实现目标而作的努力；导致渠道资源不是主要用于实现既定目标，而是用来报复对方。旷日持久的冲突会在渠道组织中造成一种不良风气，影响渠道绩效，甚至会引起渠道关系的破裂。

以上按四种分类方法对冲突行为作了归类和分析，目的是想从不同角度去考察渠道关系中的冲突问题，找出妥善的解决方法。渠道成员应投入时间和精力去设计好渠道构架和“游戏规则”，以降低潜在冲突发展成为现实冲突的可能性。在每个渠道关系阶段，渠道成员都应能了解“事先”和“事后”冲突发生的原因并采取相应措施以确保冲突是“功能性”而非“病态性”的。

3．渠道冲突的原因

（1）渠道冲突产生的根本原因

1）角色不一致。在分销渠道中每个成员都可以说担任着一定的角色。一个成员的角色是指所有成员都能接受的有关该成员的行为范围。如果每个人的角色是合适的，那么其他成员就可以对他的行为做出预期，因而能够有效地处理彼此之间的合作关系。如果一个成员的行为超出了由其他成员角色预期决定的可接受的范围，即发生了角色不一致的问题，

就会发生渠道冲突。比如，处于价值链前一环节的成员对后续环节（购买者）延迟支付货款的做法，可能认为是难以接受的；而处于后续环节的单位如零售商对前一环节（供应商）延迟发货的行为，也认为是不可接受的。又比如，二级代理商可能认为一级代理商给予其赞助是义务、是责任，而一级代理商则不这么认为。这些成员的行为不符合他人预期，就会让他人感到难以接受，因而产生冲突。

2）观点差异。在分销渠道运转中，经常会面临一些需要有关成员共同做出决策的事情。例如，在决定商业折扣时，作为供货一方的生产厂商可能觉得 3%的商业折扣应当是合适的，因为该折扣率已经占到生产厂家销售毛利的 20%，但是作为购买者一方的零售商则觉得 3%的商业折扣太低，不能充分弥补零售商在组织商品销售中所付出的宣传和促销费用，应当再提高一些才行。反过来，生产厂商可能认为零售商在商品销售中的大量宣传和促销费用不能主要由本厂家的商品来分摊，提高本厂商品的分摊比例是不公平的。这里可以看到，生产厂商与零售商就商业折扣率高低的决策存在不同的意见。这样的观点差异也是一种冲突，它将影响其中一方参与合作的积极性。

形成观点差异的因素主要有两点。① 水平差异。例如，同一县级市场的零售商可能会因为二级代理商提高分销率而产生不满，这时代理商需要加大对各零售商的沟通力度，强调较高分销率有助于品牌感召力的最大化释放，可提高其综合商业形象；又如，商场或超市的售价与专营店有客观上的差异，可能引起渠道成员的不满，这时可采取供货价差异或返利标准差异的方式来平衡和协调。② 垂直差异。这主要是因为成员间缺乏纵向的交流和培训，应加强成员间的说服、沟通和协调力度。

3）决策权分歧。当一个零售商在特定地区以较高价格销售商品时，如果受到生产厂商有关价格限制要求的影响，这个零售商就会产生不满意的心情。在许多情况下，一个渠道成员在似乎拥有独立决策权的领域，受到来自同一渠道其他成员的权利影响，这样就产生了“决策权分歧”。

4）期望差异。由于渠道成员对经济形势的预测、市场发展、客户经营的预期不同，也会导致冲突。例如，制造商预测近期经济形势比较乐观，希望分销商经营高档商品，但分销商对经济形势的预期却并不乐观，拒绝销售高档商品。又如，二级代理商可能认为一级代理商所定的销量目标过高，导致自己无法获得期望的返利额而不满；而一级代理商则认为二级代理商对目标的努力程度不够，从而对二级代理商采取惩罚措施等。

5）目标错位。矛盾的一个主要原因是渠道成员有不同的目标，如代理商的目标是零售商有更多的存货、更多的促销支出、更低的毛利；而零售商的目标则是更高的毛利、更快的周转、更低的促销支出，当两者的目标值超出对方可接受的范围时，冲突就有可能产生。再如，生产企业希望占有更大的市场，获得更多的销售增长额及利润；但大多数零售商尤其是小型零售商，则希望在本地市场上维持一种舒适的地位，即当销售额及利润达到自己满意的水平时，就满足于安逸的生活；制造商希望中间商只销售自己的产品，但中间商只要有销路就不关心销售哪种品牌；生产企业希望中间商将折扣让给买方，而中间商却宁愿将折扣留给自己；生产企业希望中间商为它的品牌做广告，中间商则要求生产企业负担广告费用。同时，每个渠道成员都希望自己的库存少一些，对方多保持一些库存等。

6）沟通困难。渠道成员之间的有效沟通对于保证渠道合作具有重要的作用。然而，经常发现不少成员之间的信息传递存在障碍，或者非常迟缓，有的信息内容不清晰，甚至出现发布虚假信息的情况。例如，一种商品在市场上出现了销售无增长或下降的情况，零售商虽然了解这一情况，但是却没有告诉生产厂商，以至于生产厂商还在扩大其生产规模；某生产厂商销售一批商品后发现这些商品存在着不可忽视的缺陷，撇开批发商和零售商直接通知最终用户和消费者到原先购买的商店退货。在这些情况下，渠道成员之间由于缺乏有效沟通，必然使得某些成员因为缺乏信息而无法做出有效的反应，以致发生某些损失。

7）资源稀缺。分销渠道中由于资源（包括客源）分配上的意见分歧也会引起成员之间的冲突。例如，某些制造商在一个地区实行直接分销和间接分销相结合的多渠道策略，把一些大客户留给直接销售机构，而要求外部商业机构去寻找、开发小客户，肯定会引起外部商业机构的不满。因为相对来说，争取大客户的成本相对较低，而销售收入却很大。

（2）渠道冲突的直接原因

1）价格、折扣原因。各级批发价的价差常常是渠道冲突的诱因。制造商常抱怨分销商的销售价格过高或过低，从而影响其产品形象与定位；而分销商则抱怨制造商给自己的价格无利可图。折扣是渠道政策中比较常用的一种，企业总是希望尽可能地实现自己的利润目标，而只给分销商以较低的折扣率；而分销商也要求利润最大化，因而要求企业给予更优惠的条件和更高的折扣率，冲突也由此产生。

2）存货水平。由于季节性原因，企业产品的销售往往存在淡旺季的问题。如北方市场的冷饮、空调等，在旺季时，分销商往往要求企业大量供货，提供供货保证，缩短供货周期，以防止产品的“脱销”。而在淡季时，企业则往往要求分销商多囤货，因为这样既能占用分销商的资金，防止竞争性产品进入，又为旺季实现高铺货率，占领市场做好准备。而此时分销商则不愿意投入资金进行大量的存货，而是希望将资金投入到其他热销产品的经营中，以获取更大的利润，厂商与分销商之间的矛盾也由此产生。

3）大客户原因。制造商与分销商之间存在着的持续不断的矛盾来源是制造商与最终用户建立的直接购销关系。这些直接用户通常是大用户，交易量大，是企业的重要客户资源。而且工业品市场需求的 80/20 规则非常明显，分销商担心其大客户直接向制造商购买而威胁分销商自身的生存，从而产生了冲突。

4）销售回款。在渠道管理中，企业往往希望分销商尽快回款，以加快资金的周转，同时缓解企业的资金压力；而分销商则希望尽量延期付款，最好等到其下一级分销商回款之后再付款，以便使自己承担的风险最低。通常的情况是企业的分销商都是在支付定金或在完全依靠信用的基础上，先行提货，待货物售出后，再付清全部货款。但总分销商通常又以同样的方式将货物转让给其下级分销商，依次类推，构成了一个很长的回款链条，使货款很难付清。而且一旦链条中的某一个环节出现了问题，都会把风险转移给制造商，从而使企业蒙受损失。

5）技术咨询与服务问题。分销商不能提供良好的技术咨询和服务，因而常被制造商作为采用直接销售方式的重要理由。对某些用户来说，一些技术标准比较固定的产品，仍需要通过技术咨询来选择最适合其产品性能的渠道。

6）分销商经营竞争对手产品。制造商显然不希望他的分销商同时经营竞争企业同样的产品线。尤其在当前的工业品市场上，用户对品牌的忠诚度并不高，经营第二产品线会给制造商带来较大的竞争压力。另外，分销商常常希望经营第二甚至第三产品线，以扩大其经营规模，并免受制造商的控制。

7）渠道调整。由于市场环境的变化或者企业分销目标的调整，企业有时不得不对分销系统进行调整，如对分销系统成员的增加、减少或者更换。其中，增加渠道成员可能会引起现有成员的不满，而减少渠道成员则可能导致渠道忠诚度的降低，从而诱发渠道冲突。

8）渠道的控制与反控制。分销渠道中，渠道控制权将最终取决于各渠道成员实力的大小，实力相对较大的一方将能够获得对整个渠道的控制，而处于被控制的一方又会千方百计地增强自身的渠道权力来与之抗衡。由于厂商之间渠道权力分布的不均衡，渠道的控制与反控制便永远不会停止，从而导致冲突。

4．渠道冲突的水平与影响

渠道冲突可依据其强度、频度和问题的重要程度划分为高、中、低三种水平。冲突的强度，是指冲突双方争执的激烈程度；冲突的频度，是指冲突发生的频繁程度（或频率）；冲突问题的重要性是指引起冲突的问题的重要程度。冲突与强度、频度和重要性之间的关系可用以下的表达式表示出来：冲突=重要程度×强度×频度。

这个公式说明，如果冲突问题发生的频度很低，或者问题本身不重要，又或者彼此的分歧很小，那么因这一问题产生的冲突就不会真正出现。

以冲突的强度、频度和问题的重要程度分别作为三维坐标轴，就很容易画出反映冲突水平的三大区域，即高水平冲突区、中水平冲突区、低水平冲突区，如图 8-1 所示。

渠道冲突的水平不同，对渠道的影响也是不一样的。它们之间的关系可用图 8-2 来表示。从图中可以看出，在 $O\sim C_1$ 的冲突水平上，冲突对渠道效率是没有影响的，此时的冲突一般只是表现为不满和抱怨，而且双方较少发生争执，没有发生行为上的对抗。在 $C_1\sim C_2$ 范围内，冲突水平越高，渠道效率就越高。此时，冲突双方已经发生了行为上的冲突，但这种冲突只是为了消除渠道成员之间潜在的、有害的紧张气氛和病态对抗而发生的冲突。这样的冲突又称为功能性或建设性的。

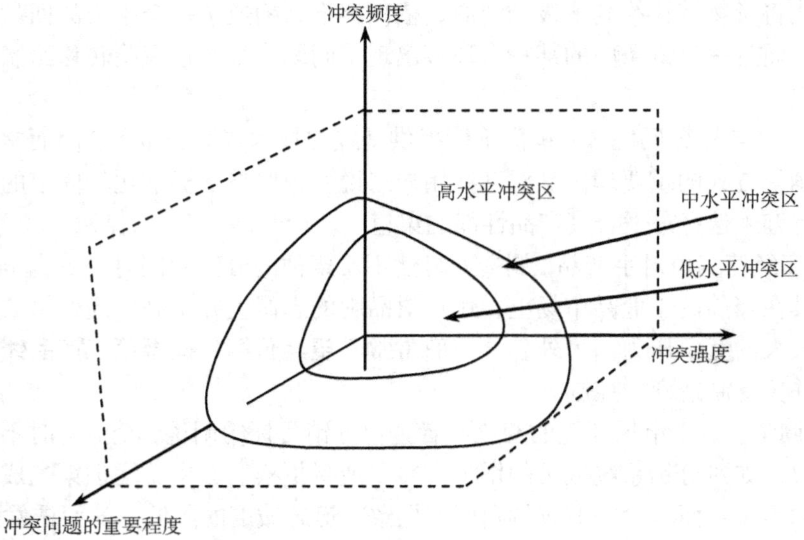

图 8-1　渠道冲突水平示意图

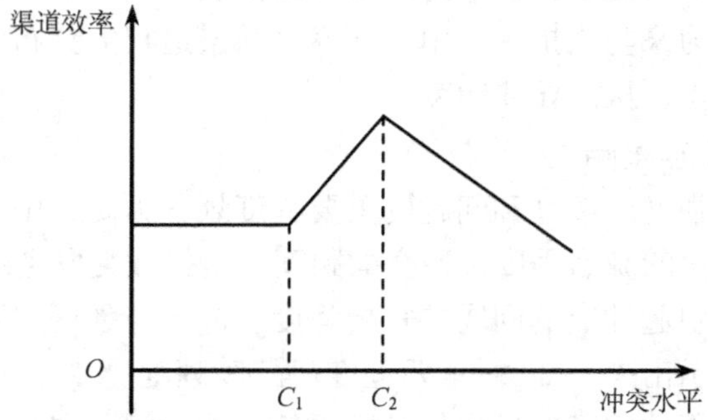

图 8-2　冲突水平和渠道效率之间的关系

当冲突水平超过 C_2 点时，则冲突水平越高，渠道效率越低。此时，冲突行为表现为成员之间相互对抗和报复。出现这种情况往往是因为渠道成员之间缺乏理解或者强制的、官僚主义的渠道管理行为造成的。这种冲突对渠道效率是有破坏性的，被称为病态性冲突。

一般认为，对渠道效率不产生影响的冲突是低水平冲突，对渠道效率产生积极影响（有利影响）的冲突是中等水平冲突，对渠道效率产生消极（不利）影响的冲突是高水平冲突。尽管难以界定低水平冲突、中等水平冲突和高水平冲突的临界点，但冲突水平及其对渠道效率的影响分析为我们开展渠道冲突管理提供了一个指导思想，即渠道管理者应努力将渠道冲突控制在适当的水平上。

5．渠道冲突管理

（1）渠道冲突过程与冲突管理层级

一般来说，渠道冲突是一个渐次发展的过程，如图 8-3 所示。

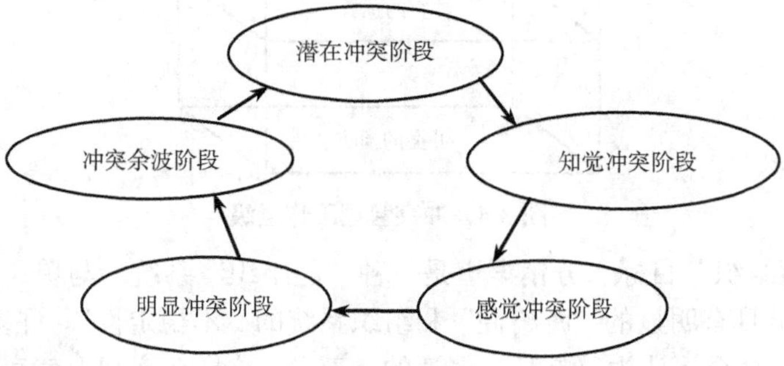

图 8-3　渠道冲突发展过程

这一过程主要包括以下五个发展阶段。

1）潜在冲突阶段（Latent Conflict）。这是指冲突的早期潜伏状态，表现为渠道成员之间目标的差异、角色不一致以及对现实的认知差异和缺乏有效沟通等情形。

2）知觉冲突阶段（Perceived Conflict）。渠道成员开始认识到与其他成员之间存在着潜在冲突。

3）感觉冲突阶段（Felt Conflict）。在这个阶段，开始出现以一方或多方的紧张、压力、焦虑和敌对情绪为特征的冲突，但尚未出现冲突行为。

4）明显冲突阶段（Overt Conflict）。这时表现为渠道成员之间行为上的冲突。渠道成员之间出现争执、甚至抵制、报复等对抗行为。

5）冲突余波阶段（Aftermath of Conflict）。表现为冲突得到解决后所产生的一些积极的或消极的影响。

冲突余波结束后，原有的冲突虽然解决了，但新的冲突又会产生，从而形成渠道冲突过程的闭环特征。

既然渠道冲突是一个渐次发展的过程，则渠道冲突管理就应针对冲突发生的这一特点，做好相关的工作安排。一般来说，渠道冲突管理的工作可划分为三个层级，如图 8-4 所示。

（2）冲突预防方法

冲突预防是指根据可能引致冲突发生的一般原因，有针对性地预先做好各种防范措施以消除冲突诱因，从而达到有效避免相关冲突发生的过程。冲突预防关注冲突的整体性、长期性和影响性，是冲突管理一项长期性、连续性和战略性的工作。针对引起渠道冲突的三大原因（目标不相容、归属差异、认知差异），渠道冲突的预防主要应做好目标、组织和制度等三方面的工作。

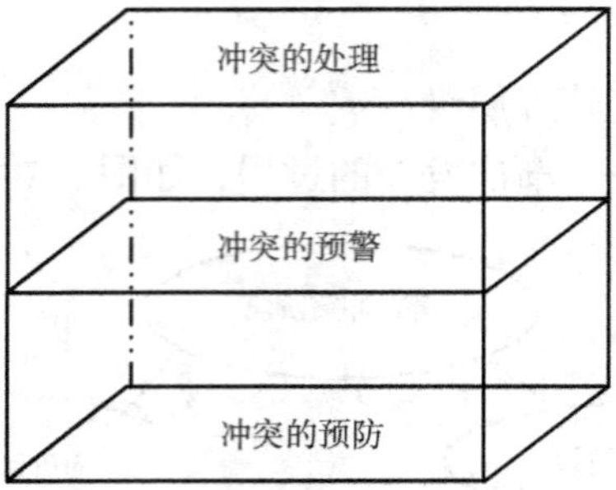

图 8-4　冲突管理工作层级

1）设立“超组织”目标。分销渠道是一种“超组织”系统。与单一组织相比较，“超组织”的组织成员具有明显的“游离性”和组织系统的“不稳定性”。许多渠道成员往往强调自身的独立性，甚至不认为其是某一渠道的一部分。这样在客观上就存在冲突的可能性。但同时我们也应看到，他们加入某一渠道，是因为这一渠道系统能为其提供较低的“附加成本”。所谓低“附加成本”，是指渠道成员彼此合作，为目标顾客提供服务所付出的成本，低于他们各自为顾客提供服务的成本之和；或者说，在相同条件下，“超组织”能为目标顾客提供更好的服务。这就为整合渠道成员的目标提供了可能性。渠道成员目标的整合不是建立在排斥各成员相对独立的目标上，而是建立在为各成员接受的有利于实现其各自目标的考量上；不是单一组织能够实现的，而是需要彼此合作才能达到的目标，这样的目标被称为“超组织目标”。这种目标能增进渠道成员对渠道合作和相互依赖的认同，从而达到预防冲突发生的效果。

2）强化渠道的组织管理工作。渠道冲突预防应贯穿整个渠道管理的过程。从渠道的战略计划、组织结构设计到渠道资源的配置和运作管理，都要体现出渠道冲突预防思想并落实有关冲突预防措施。有效的渠道冲突预防一定是从渠道的战略计划入手，在组织结构设计中加以体现，在渠道资源的配置和运行管理中得到落实和执行的渠道冲突预防过程和系统。从渠道冲突的情况看，做好以下的工作是非常重要的。

a. 加强渠道成员的选择管理。选择渠道成员是组织管理的重要任务。根据渠道目标和渠道分工的要求，要选择那些有能力并乐意互相配合去履行渠道角色责任的组织和个人作为渠道成员。正确选择渠道成员之所以重要，是因为分销渠道是一种“超组织”系统，其成员往往具有较强的独立性。可供选择的渠道成员由于其经营战略、经营目标、经营风格、经营资源和经营能力不同而存在着不同的合作目标和意愿。只有选择那些具有较强合作意愿的成员加盟渠道系统，才能减少渠道摩擦和降低有关风险。

b. 做好渠道权力配置工作。渠道权力不仅能表明渠道成员在渠道系统中的地位和作用，更重要的是能预防、处理渠道冲突：其一，合理使用渠道权力，减少渠道冲突。冲突往往与干预太多有关，而干预的基础是权力。因此，能否恰当地行使权力，是关系到能否有效地避免冲突发生的问题。许多学者对渠道权力的合理使用做了大量有益的研究。如果把权力分成胁迫权力和非胁迫权力两大类，那么，使用非胁迫权力有利于建立信任和加强合作，而使用胁迫权力则往往会导致不满，甚至冲突。因此，在权力的应用上，要慎用胁迫权力、多用非胁迫权力。其二，利用渠道权力预防渠道冲突。可以利用奖励权来减少渠道成员利益之间的差异，也可以利用法定权来约束利益冲突，还可以利用专家权实现利益共享，利用声誉权满足其他成员的心理追求，这些权力的使用都有利于防止冲突的发生。最后，利用渠道权力化解渠道冲突。一旦冲突发生，渠道权力也可以起到化解冲突的作用。例如，在同一销售区域使用多个代理商会引起利益冲突，因为这些代理商不得不为争取相同的顾客而进行激烈的竞争。这时，由于制造商对是否采取密集分销策略具有法定权，因此，制造商可以运用这种权力来协调与代理商之间或各代理商之间的利益冲突。制造商还可以通过增加功能性折扣或销售奖励等方法，行使奖励权，以化解与分销商的利益之争。当然，渠道成员也可以使用胁迫权达到化解冲突的目的。胁迫权的使用，最好的办法是让冲突的另一方了解到具有胁迫权的一方虽然具有这种权力但又不打算使用这种权力，除非其一直用不合作的方法去对待渠道的合作关系。

c. 渠道的组织优化。渠道的组织优化主要是通过解决渠道成员关系属性和信息的有效沟通问题，从而达到预防渠道冲突的目的。主要做好以下两项工作：一是渠道的扁平化。渠道组织的扁平化可以减少渠道层次，实现渠道成员较好的沟通，从而达到预防渠道冲突的目的。二是渠道的一体化。即通过自建、购并等方式变各自独立的渠道组织成员为企业的一部分从而预防因“超组织”的特性而产生冲突的可能性。

3）建立健全有关的信息沟通制度。这种做法被称为信息加强型（Information Intensive）策略。所谓信息加强型策略是指通过渠道成员之间充分的信息交流与沟通，实现信息共享，从而达到预防和化解渠道冲突的目的。信息加强型策略的实施和应用方法主要有以下几种。

a. 邀请渠道成员参与本企业的咨询会议或董事会议。如奔驰公司的营销委员会就有七个经销商成员，他们经常可以就奔驰公司的新车型提出他们的评价意见并为奔驰公司的营销战略出谋划策。这种做法可以促进渠道成员的信息交流，达到互相尊重和互相理解，从而有助于减少冲突。正如通用汽车公司一家广告代理商的发言人所说的：“你不可能完全排除冲突和争议的发生。但是，如果大家工作在一起，最起码可以在某种程度上得到预防和减轻。”这一做法由于公司吸纳了“局外人”来进行现状分析、制定目标和行动计划、甚至参与计划的调整和执行，公司可能会改变原有的决策制定过程，甚至不得不对其政策、计划加以折中以满足其合作成员的要求，并获得他们的支持。

b. 渠道成员间通过交换人员（互派人员）来加强沟通。这种做法涉及一段时间内双边或多边职员相互流动。例如，沃尔玛和宝洁公司之间人员的互换和流动；还有我国许多制造商派员到经销商处去帮助理货等。由于深入到对方机构里工作，因此，增强了相互了解。当互换人员回到各自的工作岗位后，更容易从对方的角度考虑问题，从而有利于加强彼此的理解、信任和合作。但是，这种互换行为有可能泄露公司的秘密，因而需要特别的指导。

c. 渠道成员之间共享信息和成果。这种做法因为渠道成员之间共同分享某一方所拥有的技术、信息而加强了彼此的合作关系。例如，克莱斯勒公司的一个铸件供应商向其推荐用塑料组件来代替金属组件，使克莱斯勒每辆汽车的成本降低了 3 美元。这个供应商因为不生产塑料组件而受到损失，但克莱斯勒非常感谢这个供应商的帮助。作为回报，与此供应商签订了新的订单合同。这种信息共享的方法需要彼此愿意将信息与他人分享，而且信息流动要畅通。

d. 渠道成员之间的彼此信任和授权。这种做法是渠道成员之间彼此分享各自的权力。例如，某瓷砖制造商授权其批发商和零售商指定一位熟悉其公司产品的代表具有决定其产品销售金额 1 000 元以下幅度的调整权。

e. 建立会员制度。通过会员制度，加强彼此的定期沟通和意见反映，以化解和预防会员间的冲突。

以上这些信息加强型策略措施，经常被整合利用。例如，3M 公司为其办公产品分销渠道设计了 11 种不同的方法以预防和化解渠道冲突，这些方法包括：① 参加行业组织；② 建立经销商建议委员会；③ 邀请渠道成员参与计划制定；④ 定期互访考察；⑤ 鼓励双方员工建立私人关系；⑥ 召开市场需求咨询洽谈会；⑦ 举办分销渠道成员协调会议；⑧ 举办全国办公用品研讨会；⑨ 与经销商合作开展市场研究；⑩ 经常举行非正式的小型碰头会；⑪ 经常举行与个别分销商见面会。

信息加强型策略的应用是以信任和合作为条件的，而这种策略的有效应用又能起到进一步加强渠道成员之间的信任和合作的效果。信任和合作是成功地解决渠道冲突的必要条件，但不是充分条件。

（3）冲突预警方法

冲突预警是指对可能发生的渠道冲突进行预先确认和报告，以便对其提前做出相应的措施安排以达到预防冲突发生或冲突发生时能对冲突做出及时有效的处理而不至于贻误时机造成更大损失的过程。冲突预警的重要方法是定期或不定期地开展渠道审核工作。所谓渠道审核就是对渠道关系进行审核以发现可能引致冲突的原因，并分析这些原因的重要程度以及引致冲突的可能性。为此，应做好三个方面的工作。

a. 寻找引起冲突的可能性因素。主要是对渠道关系做出分析研究，对其中两两相关的彼此关心的主要问题进行列表。这些问题不一定是处理争论中的问题，但应是渠道关系中的重要问题。

b. 评估问题本身对于渠道成员的重要性。一般情况下重要的问题才会真正引发现实的冲突。评估可以用打分法进行。

c. 评估问题引致冲突发生的可能性。这种可能性往往与问题引致意见不一致的频率有关，也会与分歧的强度有关。因此，我们可以通过调查有关问题引发的分歧的频率与强度的数据，来判断其引起冲突的可能性的大小。频率和强度各自也可以用打分法加以评估。

如果我们对问题的重要性、频率和强度分别用 0 ~ 10 的数字打分（0 表示最低程度、10 表示最高程度），则可以通过如下公式计算出这一问题引发冲突的预警水平：

冲突的预警水平=重要程度×强度×频度

由此计算的预警水平最低级为 0，最高级为 1 000。通过对引发冲突的各种问题的研究分析，我们就能够了解到最严重的冲突发生在哪里和为什么会发生。

（4）冲突处理方法

尽管我们做了很多工作预防冲突的发生，但是冲突总是不可能完全避免的。一旦冲突发生，冲突管理就进入到冲突处理阶段。冲突处理涉及成员对待冲突的态度和冲突的处理方法两个问题。

1）冲突的态度分类。对待冲突一般会有五种不同的态度。

a．回避态度。采用这种态度模式的渠道成员会最小化其与相关成员的信息交流，以回避冲突问题。渠道成员之所以要采取回避的态度，原因也许是认为冲突问题本身不重要，或者认为争论对解决问题无益。这种态度的产生往往源于当事人缺乏冲突处理意识和相关冲突处理知识所致。这种态度的好处是在某些情况下有利于避免冲突的扩大，但也有可能会因此而忽略了问题的解决而导致更严重的冲突发生。

b．克制的态度。这是一种息事宁人的态度。为了避免冲突，采取这种态度的当事人甚至不惜牺牲自己的利益来做出让步以求得合作的顺利进行。

c．竞争的态度。这种态度与克制的态度正好相反。为了取得在渠道中更好的权力和利益，当事人以牺牲对方利益的方法来达到自己的目标，这种态度有可能会导致冲突的升级。

d．妥协的态度。这种态度以彼此能得到适度的满足来化解冲突。采取这种态度一方面坚持了自己的利益，另一方面也考虑到合作的重要性，希望能通过这种态度达到加强合作的目的。

e．合作的态度。这种态度与妥协的态度相比，不是着眼于固有利益和资源的分配，而是本着真诚合作的意识以达到资源和利益的扩张，并从中实现“双赢”的目的。

由于渠道成员对待冲突的态度不同，因此，采取的冲突处理方法也就大相径庭。

2）冲突的处理方法。渠道成员之间的冲突处理方法可以归为二类，一是基于信息加强型策略的方法，如上述。二是基于信息保护型策略的方法。所谓信息保护型策略是指冲突双方不是通过协商、说服等充分沟通的方式来达到彼此谅解和理解，而是各持己见、互不相让，需要第三方介入来解决冲突的策略。这种策略的核心思想是渠道成员对各自的信息加以保护，不与其他成员共享。有关这种策略的具体方法主要有调解、仲裁和诉讼等。

利用调解的方式，冲突双方需要请彼此认可的第三方来帮助他们达成共识。在调解的过程中，调解者会引导冲突双方寻求彼此能接受的可行方案。调解的结果可能是成功的，即冲突双方能达成共识。成功的调解一般包括下列程序：澄清冲突双方争议的问题；寻找双方达成协议的条件；规劝双方达成协议；监督协议执行。调解有利于冲突双方有更多的沟通和理解，也是较为友善的方式，对双方的关系不至于有太多的不利影响；而且调解方提出的协议，不仅是化解冲突的依据，而且有可能是冲突双方以后进行交易的最好准则。

调解也可能失败，即冲突双方没有接受第三方善意的调解方案。调解无效，或者不能按调解结果行事，都叫调解失败。这就意味着冲突双方的努力已不能达成任何的冲突解决方案了。这样，他们就有可能被迫采用仲裁或诉讼的方式来解决争端。与调解相比，采用仲裁方式解决冲突，一般不会令双方都满意。但是，由于仲裁结果有约束力，因而，有利于冲突问题的最终解决。

另外，冲突方式也可通过诉讼的方式加以解决。诉讼需要花费大量的经费，还可能会旷日持久，但却不失为解决冲突的最有力的方式。一般情况下，冲突双方都较倾向于采用仲裁的方式而不是诉讼的方式去解决争端。因为与法庭审判相比，仲裁有许多优越性：可以尽快地解决冲突；不会泄露商业秘密；较少的成本支出；由于仲裁者具有较专业的贸易背景，所以冲突双方可能会得到更有益的解决方案。

8.2 渠道冲突的典型——窜货

1. 含义与类型

窜货（Channel Flow Diversion），也被称为“冲货”，在营销实践中具体表现为分销商在利益驱动下，向辖区以外的市场倾销产品的行为。

按渠道的组织形态，将渠道冲突划分为三种类型：垂直渠道冲突、水平渠道冲突、多渠道冲突。冲货行为即为水平渠道冲突的主要表现形式。在某种程度上，它的出现也会影响到渠道的纵向关系。

在营销实务中，冲货行为并不必然都会引发渠道冲突，如分销商对市场空白区域的跨区销售行为就不一定会导致水平冲突。而当某个分销商对另一个分销商所辖区域倾销产品时，冲突便产生了。而就属于冲突范畴的冲货行为来说，它又不都是不可调和的，在合理的控制下某些冲突实际上还加强和改善了渠道。所以，在对待冲货问题上，应该尽可能地合理引导渠道成员的行为，将窜货控制在使渠道安全的范围之内。

在类型上，根据冲货行为对渠道效率所产生的影响，可将其分为三种。

（1）良性冲货

在产品导入市场初期或在产品的市场空白区域，这种冲货行为较为常见。它是分销商在利益驱动下，通过灰色渠道的组建，对市场空白区域的跨区销售行为，这种冲货对渠道效率能起到一定促进作用。因为它实际上有效地提高了顾客对产品的认知度，一定程度上帮助企业节省了推广产品的成本，同时，也帮助企业测试了市场空白区域对产品的反应情况，为企业将来进一步在营销范围、推广力度等方面的决策提供了参考依据。因此良性冲突得到了诸多厂家的默许和认可。

（2）自然性冲货

这类情况多发生于分销商们的销售区域边界，属于在分销商无意识前提下的产品的跨区流动，这种冲突属于低水平冲突，一般不会对渠道效率产生太大影响。但无论如何，企业都应该密切关注渠道中的冲货水平，总结和鉴别渠道的冲突性质，并做出不同的对策和措施。

（3）恶性冲货

恶性冲货是指在厂家已经成型的销售网络中，分销商为获得非正常利润而以低于厂家规定之售价跨区销售产品，造成价格混乱，进而使其他分销商对所经销产品失去信心、消费者对品牌的信任度下降的行为。这种冲货会使渠道变得低效，甚至影响生产商的正常经营。

恶性冲货属于高水平的冲突，如不及时有效控制，就会产生较大程度的破坏作用，甚至渠道网络都将面临崩溃的危险。因此，企业应当在渠道监测的过程中通过有效手段将冲突水平控制在中等水平以下并适时对渠道系统予以改良。

2．窜货的表现形式

（1）经销商之间的窜货

企业进行销售区域划分后，由于不同市场发育不均衡，甲地的货品供不应求，而乙地的货品销售不旺。乙地为了应付企业制定的奖罚政策，想方设法完成销售份额，通常将货品以平价甚至更低价转卖到甲地区。

（2）分公司之间的窜货

企业为了完成销售指标，取得业绩，会将货品卖给销售需求大的兄弟分公司。分公司之间的窜货将扰乱公司的价格体系，最后导致市场崩溃。

（3）企业销售总部的窜货

企业由于管理监控不严，总部销售人员受利益驱动，违反地域配额政策，从而使区域供货平衡失控，造成市场格局不合理。

（4）低价销售、倾销过期或者即将过期的产品

对于食品、饮料、化妆品等具有明显使用期限的产品，在到期前，经销商为了避开风险，置企业信誉和消费者利益不顾，采取低价政策倾销产品，扰乱了价格体系，侵占了新产品的市场份额。

（5）经销商销售假冒伪劣产品

销售商为了获取高额利润，将假冒伪劣产品与正规渠道的产品混在一起销售，掠夺合法产品的市场份额，或者直接以低于市场价的价格进行倾销，从而打击了其他经销商对该品牌的信心。

3．窜货的危害

（1）经销商对产品品牌失去信心

窜货最容易引发的现象是价格混乱，一旦出现价格混乱，销售商的正常销售就会受到严重干扰，利润的减少会使销售商对品牌失去信心。随着销售商对品牌的信心日渐丧失，其最后会拒售商品，转而投向竞争品牌。

（2）消费者对品牌失去信心

消费者对品牌的信心来自良好的品牌形象和规范的价格体系。如果某品牌的商品在市场上以不同的价格销售，或者市场上充斥着大量的假冒伪劣商品，消费者就会对该品牌失去信任，转而选择价格稳定，以及销售渠道规范的其他品牌。

（3）破坏价格体系

以低价为特征的窜货必然会破坏产品的市场价格体系，导致产品价格下降，从而引发价格战，并最终影响企业的全部市场销售，而价格体系的崩溃最终会导致企业市场的丧失。

（4）渠道成员间为争夺销售区域互相倾轧

窜货的最根本动因是利益的争夺。渠道成员为了自身的利益进行窜货，争夺客户，互相报复，摄取渠道控制权，渠道冲突恶化最终使得销售渠道土崩瓦解。

4．窜货的原因

出现跨区经营的根本原因是：商品流通的本性是从低价区向高价区流动，从滞销区向畅销区流动。因此同种商品，只要价格存在地区差异，或者只要同种商品在不同地区的畅销程度不同，就必然产生地区间的流动。窜货乱价的根本原因，在于目前厂商之间单纯的买卖经销关系。

（1）厂商方面的原因

生产厂商盲目地向经销商加压加量，不切实际地增加经销商的销售任务。经销商为了完成生产厂商规定的销售任务，而不得不将自己经销的商品销售到其他经销商的市场上去，从而产生“窜货”现象。

一个市场到底有多少销售量，经销商事先并不清楚。其原因一方面是消费者需求总量难以确定，另一方面不同品牌的同类商品之间存在的竞争，也会将原来市场的一定的需求量分割。这种现象对新产品就更是如此，生产厂商为了促使经销商大量销售自己的产品以达到早日打开市场的目的，往往给经销商较高的折扣，同时也要求经销商销售较多的商品。在年度考核上，不重过程的考核方式和平时的监督不力，也在一定的程度上纵容了经销商跨区“窜货”。

此外，销售价格体系的混乱也是造成商品“窜货”的一个重要的原因。目前，许多企业在产品价格的制定上往往采用传统的“三级批发”定价制，即总经销价格、一级批发价格、二级批发价格、三级批发价格，最后加上一个建议零售价格，在每一级价格之间都安排一定的价格折扣。这样的价格安排表面上看是很合理的，但如果总经销自己直接做销售终端，那么中间的折扣便成了总经销商的丰厚利润。这样的价格安排所产生的空间差异非常大，自然成了经销商不惜冒险跨区销售的经济动力，市场商品的“窜货”现象就在所难免了。

（2）经销商方面的原因

由于生产厂商将销售量与给经销商的折扣大小直接挂钩，一些经销商受高额折扣率驱使，不顾当地的市场容量的大小，向生产厂商大量要货。若在当地不能销售，那么以“倒贴差价，赔本销售”为主要特征的“窜货”就开始了。在一些市场上，会发现一部分商品的价格甚至比供应商的进价还要低得多。这种价格“倒挂”表面上看，是外地经营者在做“亏本”生意，但实际上，这些做“窜货”的经销商并不亏。这些亏损在年度考核时，都可以从生产厂商那里获得高额的折扣来弥补。为利所驱，经销商往往不惜冒险。

（3）营销人员的原因

营销人员的职业道德问题、行为不正造成“窜货”的现象比比皆是，生产厂商不可掉以轻心。

5. 窜货问题的解决

（1）厂商的对策

针对造成“窜货”的原因，作为销售渠道源头的生产厂商要有的放矢地开展工作，采取切实有效的措施，杜绝至少也应该减少“窜货”现象，避免给企业造成不必要的损失。

1）完善渠道管理的约束机制。生产厂商在自己的销售部门设立销售渠道的管理机构，配备一定数量的、具有较强责任心的人员，在明确责任的同时给予一定的监督权力，使企业的销售渠道有人管理，有人负责。同时要建章立制，使对企业销售渠道的管理有章可循，有法可依。渠道管理人员应该经常到各地做市场调查，准确掌握第一手资料，为处理“窜货”提供依据。

生产厂商在建立规章制度时，应该召集各地的主要经销商商讨，在取得经销商的认同后，将有关条文列入经销合同，并将这些条文作为合同执行的保证。在外有市场检查人员、内有约束条文的控制下，使各经销商自觉按照自己的销售区域来经销商品。

2）根据实际情况适当划分市场范围，使每个经销商都有一定容量的市场。当某个销售商希望加盟生产厂商的销售系统时，在销售区域上，生产厂商的市场开发部门除了考察该商家本身的条件外，还应该到准备销售的区域去进行实地考察调研，了解当地的实际情况，比较准确地确定当地的可能销售量。根据销售情况，科学地确定中间商的销售量，使每个中间商都有一定的能力完成自己的销售任务，不用“窜货”也能获得销售奖励。

3）应用相关技术，加强查处力度。为了在发生“窜货”现象时，能够及时查处“窜货”者，生产者可以考虑除了明标货号、批次等外，还可暗标批号，采取荧光喷码技术，在商品的外包装不引人注意的地方喷上肉眼看不出来的荧光漆号码，在每批次发货时，暗中记下该号码和收货人或者经销商的名称，经常派出市场调查人员，检查市场上销售的本生产企业的产品，一旦发现“窜货”的商品，可以及时比对暗码，确定这批货是由哪个经销企业手中流出的。对这类经销商或经销企业从重处罚，甚至可以撤销其经销权。

4）工商联盟，商定合理的价格，理顺价格体系，合理分配利润。“窜货”现象出现的一个重要原因是厂家和商家，都片面强调自身的经济利益，想方设法使价格对自己有利，导致价格体系不尽合理，从而使“窜货”现象有了产生的条件。如果生产厂家和经销商结成利益均衡联盟，多协商沟通，制定出一个双方都能获得理想利润的价格方案，将能够从源头上对“窜货”现象进行有效的管理。

5）加强与经销商的沟通。生产厂家可以通过业务培训等方式，增进生产厂家和经销商的联系和沟通，使双方对“窜货”现象的危害性有共同的认识，在思想认识上和行为上做到自觉抵制“窜货”。

（2）经销商的对策

造成“窜货”的原因是多方面的，除了生产厂家应注意采取相应措施以外，经销商也应该采取一些适当的措施加以防范，以减少“窜货”所造成的损失。

1）应量力而行，确定一个合理的销售额指标。经销商在与生产厂家签订经销合同时，要先进行市场调查，确定一个合适的经销数量，这个数量应该是经过努力能够完成的，而不是超过经销商的经销能力的。

2）明确经销区域，用法律的手段来防范“窜货”。经销商在与生产厂家签订经销合同时，应该与生产厂家明确经销区域，并且在合同中明确规定出现“窜货”现象时，生产厂家应该承担的责任，这样当市场上出现了“窜货”时，经销商就可以根据经销合同要求生产厂家协助消除，还可以通过生产厂家追究“窜货”者的经济责任，并根据合同规定，要求生产厂家做一定的经济补偿。

3）加强对经销范围内商品来源的调查。经销商要对自己经销范围内的同种商品来源进行调查，一旦发现“窜货”现象就向生产厂商举报，及时沟通、查处。

4）提高经销商本身的素质。经销商应提高自身的素质，尽可能地提高自己的销售能力，做一些必要的宣传和公关活动，让当地的消费者尽可能去经销商的经销部购买，从而使“窜货”者没有市场。

窜货是一种易被忽视，但杀伤力强的营销病症。恶性窜货事件，会使企业辛辛苦苦建立起来的营销网络毁于一旦。因此，发生窜货时要认真研究，及时处理，凭借稳健的市场操作来平息。

8.3 渠道控制

1. 渠道控制的含义与内容

控制是社会化生产的必要职能之一。凡是涉及多人合作进行的经济活动，为了实现准确的配合和协调，为了实现预期的总体效率，就必须对每个人的生产效率以及人们彼此之间的合作关系进行检测和控制。所谓控制，是指对多人合作生产系统内的合作与配合状态，根据一定的计划和标准，进行跟踪监测，发现问题并及时纠正的活动或过程。

营销渠道控制是以分销渠道成员的分销效率以及合作和配合关系为对象，设计控制标准，进行连续的监测与评价，发现问题并采取措施及时纠正错误的管理过程。由于分销渠道控制的主要对象、核心内容是分销效率，因此也可以称为分销效率控制。

渠道控制的内容可以根据营销组合因素划分，分为对产品与服务的控制、对价格的控制、对促销活动的控制和对分销过程与分销区域的控制。表 8-1 从生产制造商和中间商两个角度，列举了在营销渠道中控制营销组合因素的具体内容。

表 8-1　营销渠道中对营销组合因素的控制

控制内容	控制者	
	生产制造商	中间商
对产品与服务的控制	控制产品的生产制造过程，产品质量保证的落实，中间商为产品提供的各种服务；监督中间商，不使与自己有关的假冒伪劣产品通过中间商入市	控制某一产品的定购数量、品种、规格和质量，产品质量保证的落实，产品的安装与维修；提供售前、售中和售后服务；通过严把进货关，杜绝假冒伪劣产品入市
对价格的控制	按照合同，监督与控制自己产品的批发和零售价格；监督与控制中间商对于企业折价政策的落实情况	根据市场情况和供销合同，确定或建议产品的批发与零售价格；落实生产制造商的折价政策；防止生产制造商制定对自己不利的价格歧视政策
对促销活动的控制	根据合同或实际需要，从事和控制企业产品的促销活动；监督中间商对自己产品的促销方式和促销努力	根据合同或实际需要，实施产品的售点促销，负责产品在售点的销售活动，进行售点的现场管理；向生产制造商提供促销活动的建议
对分销过程与分销区域的控制	按照合同，控制物流过程和分销区域，避免不同成员之间或不同渠道之间发生大的冲突	防止生产制造商的窜货行为和其他投机行为，如产品在售点的“体外循环”

另外，渠道控制的内容也可以按照渠道功能来划分，如分为对渠道信息的控制、对所有权转移过程的控制、对资金流的控制和对物流的控制等。

2．渠道控制的程序

根据管理控制的一般程序，渠道控制程序可分为分析影响渠道控制的因素、设计渠道控制标准、对营销渠道运行情况进行监测与评价和纠偏四个步骤。

（1）影响渠道控制的因素

1）顾客的需求因素。这里所说的顾客需求是指顾客愿意由营销渠道向他们提供什么样的服务。营销渠道的运作一般可提供四项基本服务：一是空间上的便利性，即产品、产品信息、销售点、技术帮助等距离顾客居住地的远近程度；二是批量规模，即允许顾客每次购买的数量单位；三是交货时间，即顾客从订货到收到商品所需的时间；四是品种的多样化，即产品多样化的类型和程度。

这四项服务是通过营销渠道执行一定的职能和流程来实现的。营销渠道提供多少服务，则要取决于其所掌握资源的多寡、企业的能力及顾客对服务的需求。顾客需要营销渠道所提供的服务越多，参与渠道运作的成员就可能越多，企业（生产商）对渠道的控制力就可能越弱。

2）渠道成员因素。渠道的功能是通过渠道流程，或者渠道中不同成员的职能来完成的。这些渠道的职能和流程客观上是可以由不同的成员来承担的，而特定的机构往往只是从事其中一项或多项流程。由于每个机构的资源条件不同，因而使得其在完成某些流程时有优势，成本低，而在完成另一些流程时则情况相反。这会导致渠道成员机构在运作中往往都集中精力执行自己最有优势的职能（流程），把自己没有优势的职能向效率更高的成员转移，以使自己能获得较高的效益。这种变化虽然客观上能提高渠道的效率和整个渠道的竞争力，但原本由设定成员执行的职能一旦转移到其他机构，由其他机构成员承担后，渠道流程和职能实施情况也必然发生相应变化，企业对渠道的控制力也可能会随之降低。此外，渠道成员个体的经营管理能力也存在差异性。

3）其他因素。影响企业营销渠道控制的因素还有技术、文化、自然、社会、政治等方面的因素。如地理环境、市场范围的大小、制造中心的位置、人口密度等对企业营销渠道的控制力也有重要的影响。当产地比较集中而消费人口较分散，营销渠道较长、有较多中间商时，企业对渠道的控制力就会降低。又如，法律法规也直接或间接地影响企业对渠道的控制力，如当政府要通过许可证制度来限制某些机构进入某个渠道时，企业的渠道控制力也会因此受到影响。

（2）设计渠道控制标准

渠道控制标准是渠道管理者希望营销渠道能够达到的状态或完成的任务，一般根据控制者的要求（渠道目标和渠道策略）、市场环境、目标市场的情况、竞争者情况和控制者的控制力等因素确定。

渠道控制标准可以分为两大类，一类是定性标准；另一类是定量标准。定性标准包括：

1）消费者或用户的渠道满意度。

2）不同渠道之间的关系与互动（如不同渠道之间的互补关系，不同渠道之间的冲突及其程度）。

3）渠道成员的角色与功能发挥。

4）渠道成员完成渠道任务的努力程度与成效。

5）渠道成员合作态度与成效。

6）渠道成员之间的关系发展。

定量标准包括：

1）销售业绩（产品、中间商或渠道的销售量与销售额）。

2）赢利能力（产品、中间商或渠道带来的利润及利润率）。

3）渠道费用（整个渠道或某个环节的费用及费用率）。

4）增长潜力（产品、中间商或渠道的销售增长率）。

5）竞争性（竞争性产品或竞争性渠道之间比较）。

6）渠道成员的货款返还情况。控制者从这几个方面进行考察，做出定性定量判断，看被控制者（某个渠道成员或某条渠道）是否满足了要求，还有什么地方需要改进。

在渠道控制中，一般采用定量标准比较容易，采用定性标准则比较难。这是因为定量标准的测量比较客观，大多是渠道运行的可观察的结果，比较容易量化；而定性标准的测量则比较主观，很多情况下只是人们的感觉，比较难以量化。但是，如果只控制定量标准而不控制定性标准，由于信息的不对称性，渠道成员会根据控制标准做得使自己“看起来很好”，而实际上采取投机取巧的行为。

在理论研究中，学者们采用了许多量表测量这些定性标准，如对渠道依赖的测量、对渠道冲突的测量、对渠道合作的测量、对渠道信任和渠道承诺的测量、对渠道满意的测量等。这些量表可以作为企业设定定性标准的参考。

（3）对营销渠道运行情况进行监测与评价

对营销渠道运行情况进行监测，就是收集与渠道运行情况有关的数据或资料。渠道控制能否达到预期效果，这一步是关键，因为只有对渠道运行情况有全面、真实、及时地了解，才能对渠道控制做到胸中有数。监测方法有许多，包括对销售业绩进行数据统计、对顾客进行调查、在现场进行观测及通过中介组织进行调查。

收集到适用的数据或资料以后，就要着手进行渠道运行情况的分析和评价。这一步的目的在于发现问题。渠道运行中的问题，是通过实际执行情况与控制标准之间的差距表现出来的。

第一，通过实际执行情况与控制标准的比较，发现哪里出现了偏差及分析偏差的性质。由于渠道控制的内容和标准很多，所以偏差可能出现在许多不同的方面。比如，偏差可能出现在渠道效率方面——销售业绩不佳或渠道费用太高；也可能出现在渠道关系和渠道行为方面——渠道冲突恶化、合作水平和合作意愿降低、投机行为增多等。找到偏差发生的地方，还要判断其性质。偏差不一定都是坏的，有时可能是对企业有利的偏差。比如，渠道效率好得出奇，事先没有料到；企业与某个合作伙伴的关系发展得太顺利了，超出了企业的预期。对于性质不同的偏差，渠道控制的目的有所不同。对于企业不利的偏差，渠道控制的目的重在纠偏，而对于企业有利的偏差，渠道控制的目的重在找出原因，以便向更有力的方向引导。

第二，分析偏差的大小及容忍度。偏差大小指示着实际执行情况与控制标准之间的差距。一般而言，实际执行过程总是或多或少地会偏离控制标准，这是正常的。相反，如果完全没有偏离控制标准，可能才不正常。问题在于，出现的偏差是否在允许的范围内。只有那些超出了允许范围的偏差，才是企业需要认真对待的。这体现了管理控制系统的“强调例外”原则。一般控制者对于发生在那些重要的控制标准上的偏差的容忍度比较小，而对于发生在那些不太重要的控制标准上的偏差的容忍度比较大。

第三，分析偏差形成的原因，制定纠偏措施。这里要把问题的表象和问题的根源区别开。有时，看起来是销售业绩出现的偏差，但实际上是渠道成员之间的合作出现了问题。要找到偏差形成的根源，就需要进一步收集数据和资料，并对其进行深入的分析和评估。只有找到了偏差形成的根源，才能对症下药，制定出切实可行而又富有成效的纠偏措施。

（4）纠偏

根据偏差形成的原因，纠偏有两个方面：第一，修改或调整企业自己的渠道目标和渠道策略，适应环境的变化。偏差有可能是因为环境变化而使企业以前制定的渠道目标和渠道策略不再适应所致；也可能因为企业在制定渠道目标和渠道策略时，对于未来过于乐观或过于悲观的估计所致；还可能是因为企业的渠道政策设计不当，留下了太多的漏洞给投机者钻空子所致。不管是哪一种情况出现，都意味着企业原有的渠道目标和渠道策略不再适用，需要做出修改或调整。随着渠道目标和渠道策略改变，渠道控制标准也要做出相应的修改或调整。

第二，影响或指导渠道成员改变某些不当行为，采用合理先进的工作方法，提高渠道效率与合作水平。如果偏差确属渠道合作伙伴的行为不当所致，那么就要通过各种手段或策略，对他们施加影响，改变他们的某些不当行为。当然，如果偏差为某一渠道合作伙伴的恶意投机行为所致，企业又无法通过重新设计渠道政策解决这一问题，那么企业要么严厉地惩罚他，要么与他中断合作关系。一般来说，同某渠道成员终止合作关系，是纠偏措施的一个最后选项。

3. 渠道控制方法

（1）运用强制性权力进行渠道控制

根据前面的介绍，所谓“权力”，就是使一个渠道成员做他原本不愿意做的事情的能力。要激励和引导由不同组织和个人组成的群体去共同努力，权力常常是不可缺少的。我们从这样一个假定出发：渠道成员不会自发地合作。这是因为，一个渠道成员的行为一般并不利于另一个渠道成员。每个渠道成员各自去寻求自身利益的无约束行为，只能产生次优的结果。只有通过施加渠道权力，才能使渠道成员产生合作行为。渠道权力对于改变渠道成员的行为以形成合作的结果是必要的。渠道成员积累他们认为重要的资源是形成权力的“基础”。

当 B 预期 A 会对他不服从 A 的行为加以惩罚，这样就产生了强制权力。强制包括在企业看来有可能实施的任何禁令或惩罚。比如，减少利润、收回原来许诺的奖励以及减慢送货的速度。但是必须注意，动用强制权力或以此作为威胁，常被看做“治疗疾病”的一种对策，在长期内，它的效果不如那些能产生积极作用的措施。所以，使用强制权力是“不得已而为之”。

1993 年，供应商对通用汽车的满意程度出奇得低。因为有人指控通用汽车压缩供应渠道中的成本，对供应商采取强制性行动。在对供应商的调查中，通用公司在职业道德、合作精神和信息交流方面，在十几个北美公司中排在最后。一些供应商对通用公司的这种状况会一直持续下去深信不疑，于是他们从通用公司撤走了最好的工程师，到福特和克莱斯勒工作，这样导致的长期后果是，将来通用公司的产品质量会落后于其竞争对手。

一般而言，在营销渠道中强制是非法的。本田汽车公司曾被指控在向分销商分配销售份额时有腐败行为。经销商为获准销售抢手的汽车，必须给公司成员“礼物”。那些没给好处的经销商只能得到低于公平水平的汽车销售份额。本田之所以索要这笔好处，是因为当时本田汽车非常抢手，经销商不管为苛刻的要求付出什么代价都能从汽车的销售中谋取高额利润，而且在渠道中，他们也能筹措到足够的资金来支付这笔好处。

（2）利用品牌控制渠道

从渠道管理的角度看，企业可通过产品品牌对消费者的影响，实现对整个渠道的影响。因为对于经销商来讲，一个优秀品牌的产品意味着利润、销量、形象；更意味着销售效率的提高。一般而言，畅销的产品需要经销商的市场推广的力度较小，销售成本比较低，还会带动其他产品的销售。因此企业只要在消费者层面上建立了自己良好的品牌形象，就可以对渠道施加影响，利用品牌优势而掌控渠道。

（3）提供良好服务，增强渠道感召力和控制力

服务是产品价值的一部分，售前服务集中体现在产品设计中；售中服务是销售过程中与顾客面对面的服务，它直接决定顾客的满意程度；售后服务实现的是顾客购买价值的增值，它是决定顾客忠诚度的主要因素。良好的服务通过口碑传诵，达到一传十、十传百的效果。“大众”汽车在我国销势不减，主要得益于其完善的服务体系和高质量的服务水平。所以，无论对于生产企业还是流通企业，只要拥有良好的服务，就会对上游和下游顾客产生强烈的吸引力和影响力。其实这是一种感召的权力，也是一种渠道控制力。

（4）推行“助销”制度，实现渠道控制

“助销”制度是由宝洁公司率先推行的一种有效的分销管理制度，它是指厂商通过人、财、物、广告、技术等资源的投入，支持中间商发展，是一种完善客户服务、强化市场开发管理的渠道运作理念。它的做法是：向中间商派出专业销售代表，协助中间商进行营销策划、市场开拓、队伍培训、营业推广以及市场管理，同时提供必要的市场费用支持。这

种策略的高明之处在于，通过帮助中间商，进而影响中间商，达到控制中间商和终端市场的效果。其中最微妙的是，通过输出培训、参与策划以控制理念、策略，实行的是文化控制；通过参与市场开发和管理，实现过程控制。这是用一只“无形的手”运作关系权力的最好范例。娃哈哈、美的、格兰仕等企业成功推行了这一制度。

（5）掌握尽量多的下游中间商甚至零售商

目前中国的法律不健全，通过合同契约根本无法约束中间商。因此，制造商若想争取主动，必须掌握越来越多的下游中间商以及未来的可替代该中间商的其他多个中间商，这样当遇到特殊情况时可以对其更换，而不会受其制约。因为渠道越长，可控性越差，如大的中间商对制造商的一些促销资源发放不到位，政策执行时有折扣，向制造商索要高的代价等；同时有可能改旗易帜，加入竞争对手的渠道。如果掌握下游中间商，若该中间商对制造商反叛时，就能起到釜底抽薪的效果。

（6）有效利用渠道激励资源，发挥其“杠杆”功能进行渠道控制

渠道激励实质上是渠道利益的再分配过程，它是利用渠道资源的掌握及分配来调节渠道成员之间的关系。渠道激励有物质激励和精神激励，包括授予独家经营权、提供专业培训、参与公司决策、额外价格优惠、年终销售返利、市场费用支持以及提供产品赊销等，都属于有效的渠道激励手段。不管是生产企业还是流通企业，如果拥有这些资源将获得强大的支配渠道和调节渠道关系的合法权利，这是一种最有效的权力。企业应该合理、有效地使用这些资源，发挥其“杠杆”作用；但切不可滥用这个权力，要兼顾个体和全局，兼顾现在和将来，还要考虑成本和效益因素。除此之外，企业选择直营（自建网络）、特许经营（加盟连锁）、一体化战略、个性化服务以及拓宽产品线、直控重点终端等，都不失为渠道控制的有效形式。企业应根据自己的战略目标、资源状况、产品特点、竞争态势等作因地制宜的选择。

渠道控制应注意以下几个方面的问题：

1）营销渠道控制的目的在于实现企业战略构想和经营目标，而不是为了限制其他渠道成员的发展。

2）营销渠道控制的手段有多种，这些手段只有综合应用才会产生整体的效果。

3）在不同的时期，企业对营销渠道的控制力是不同的，只有不断加强自身实力，才能牢牢抓住渠道的控制权。

4）必要时，企业还应该对营销渠道的结构进行改造，以适应其对渠道控制的需要。

5）最后，也是最为重要的是企业营销渠道控制应适度，即渠道控制的效益应大于成本。一般来讲，企业（生产商）自建渠道的控制性最强，但企业的销售成本可能较高；而使用中间商分销，就意味着企业对渠道失去部分或全部的控制，从而在分销的投入力度和根据市场竞争而采取的对抗性行为方面将受到影响，但企业的销售成本可能较低。因此企业须对渠道控制的效益和成本进行评估，要根据自己的市场目标、经营能力、资金实力和承担

风险的能力来确定渠道控制的规模和层次，切不可盲目进行不切实际的控制。渠道效益成本的评估和控制线的设定包括渠道成员的培育和淘汰，必须保持合理及时的动态调整，必须适应企业发展进程和目标以及市场环境要求的变化，这是营销渠道控制能否“适度”的依据和基础，也是这项动态系统工程的核心。

小链接

渠道掌控的五种手段

我们知道经销商守着一方市场，有充足的社会关系，有健全的销售网络，有经过市场考验的销售队伍。他的短期利益是要赚钱，长期利益是要发展，目标和厂家的不尽相同。那么企业要靠什么手段来“掌控”经销商呢？下面的五种手段或许能给出答案。

1．远景掌控

就像《第五项修炼》中所讲的，企业远景是企业领导人所要考虑的头等大事。一个没有远景的企业是没有灵魂的企业，是只会赚钱的企业，没有发展前途。虽然国内的经销商素质普遍偏低，没有自己的长远的规划是很正常的，但是对于厂家来讲一定要有自己的远景规划。因为每一个商家都要考虑自己上家的发展情况，市场机会是有限的，我主要做甲公司产品的经销，同时意味着我很可能放弃了乙公司同类产品的经销。如果几年以后甲公司出现了经营上的问题，而乙公司非常兴旺发达。那么这个经销商在选择上家时就付出了巨大的机会成本。

基于经销商的这个考虑，企业一方面要用市场的实绩来证明自己的优秀，另一方面企业要不断描述自己的美好前景给经销商，也即所谓的“唾沫粘鸟”。经销商认可了你公司的理念、企业的发展战略、认可了公司的主要领导人，即使暂时的政策不合适，暂时的产品出现问题，经销商也不会计较。具体的做法如下：

1）企业高层的巡视和拜访：直接让企业的高层和经销商进行沟通与交流，让他们建立个人的联系。通过高层领导传达企业的发展理念和展望企业发展远景，这样的举措可以让经销商更深入地了解企业的现状和未来的发展。

2）企业办内部刊物：定期刊登企业领导讲话，各地市场状况。最好是开办经销商专栏，让经销商的意见和建议成为刊物的一部分。定期把刊物发到经销商的手中。

3）经销商会议：企业定期召开经销商会议，在会议上对业绩好的经销商进行表扬和激励。公司的各项政策的出台，事先要召开经销商的讨论会议。这样使经销商有企业一员的参与感，觉得自己是企业的一部分，自己的发展和企业的发展密不可分。

2．品牌掌控

现代的商业社会是一个产品同质化的社会，往往区别产品的唯一特征就是品牌。品牌对于很多企业来说是最重要的资产，所以可口可乐公司的老板敢说：把我的所有的厂房都烧掉，只要给我可口可乐的品牌，我一样会做到今天的规模。有一些品牌就像麦当劳、百事可乐、MTV，已经脱离产品而存在，变成了一种文化、变成了一种价值观、变成了一种宗教。

站在渠道管理的角度上，产品品牌通过对消费者的影响，完成对整个渠道的影响。作为经销商也要树立自己的品牌，但是经销商的品牌只能是在渠道中起到作用，对消费者的作用较少。往往经销商的品牌是附加在所代理主要产品的品牌上的，没有厂家的支持，经销商的品牌的价值就会大打折扣。

对于经销商来讲，一个品牌响亮的产品的作用是什么呢？是利润、是销量、是形象，但是最关键的是销售的效率。一般来讲畅销产品的价格是透明的，竞争是激烈的，不是企业利润的主要来源。但是畅销的产品需要经销商的市场推广力度比较小，所以经销商的销售成本比较少，还会带动其他产品的销售。这样可以从其他产品上面找利润，同时因为销售速度比较快，提高了经销商资金的周转速度。

所以企业只要在消费者层面上建立了自己的良好的品牌形象，就可以对渠道施加影响。通过这个品牌给经销商带来销售成本的降低，销售效率的提高从而掌控渠道。

3. 服务掌控

一般来说经销商的管理能力要比企业弱，经销商的人员素质要比企业差。企业有专业的财务人员、销售人员、管理人员和市场推广人员，经销商可能是亲戚或朋友居多。很多经销商在发展到一定的时期以后，非常想接受管理、营销、人力资源方面的专业指导，有一些想借助一些大学的教授或者专业的咨询公司来帮助自己提高管理水平，最后往往发现对方不能满足自己的真实需求，不能达到自己的期望，费用也比较高。

现代营销所倡导的顾问式销售就可以专门用来解决这个问题。所谓顾问式销售就是企业的销售代表不仅是把产品销售给经销商，而是要帮助经销商销售、提高销售效率、降低销售成本、提高销售利润。也就是说销售代表给经销商的是一个解决方案。这个解决方案能解决经销商目前的赢利问题，也能解决他长远的赢利问题。

企业日常的销售都在固定的平台上面正常进行，很多企业的销售已经实现了“销售自动化”，商务助理就可以完成日常的销售工作了。销售代表如果把精力放在自身水平的不断提高上，不断在企业接受充电，根据经销商的需求开展不同的培训课程，对经销商的业务人员、管理人员进行培训。这样可以使销售代表的能力得到提高，可以提高经销商人员的专业性，同时可以促进经销商之间的知识交流，提高经销商整体水平。

在这样的解决方案的贯彻中，企业充当了老师的角色，经销商充当了学生的角色，经销商是按照老师的思路去运作的，企业在思想上面控制了经销商，这样的师生关系是牢不可破的，这样的渠道还会出现“叛变的问题”吗？对于企业来讲，培训经销商，帮助经销商加强管理，这样的投入和市场推广的投入相比较，要省很多。

4. 终端掌控

消费品行业用得最多的一个办法就是直接掌控终端，直接掌控经销商的下家。有一些企业是顺着做市场，也就是先在当地找到合适的经销商，在帮助经销商做业务的过程中逐步掌握经销商的下家和当地的零售店。也有一些企业是倒着做市场，也就是企业没有找到合适的经销商，或者是企业没有找经销商，企业认为做市场最重要，要先做市场再做渠道。企业直接和当地的零售店发生业务关系，通过直接对零售店的促销活动炒热了整个市场，使产品成为畅销产品。这时主动权在企业的手上，再通过招商的方式选择合适的经销商来管理市场，完成渠道的建设。

无论哪种方法，掌控零售店是最根本的目的，要让零售店首先认同产品、认同品牌、认同厂家，而不是首先认同经销商，厂家就有把握在经销商出现问题时，把零售店切换到新的渠道而不影响销量。具体的手段有几种：

1）建立基本的档案：制作零售店分布的地略图、建立零售店档案、建立主要店员小组档案、建立竞争对手的档案，建立经销商档案，建立厂家基本情况档案。这些档案要在例会时经常更新，保证基础资料的准确性和完整性。

2）建立零售店的会员体系：有一些企业组建了零售店的会员体系，定期举行活动，增加零售店和厂家的联系。摩托罗拉不单有零售店的会员体系，它甚至还建立了零售店店员的会员体系，定期举行会员参与活动，根据店员销售的手机数量进行积分式奖励。

3）促销活动：企业要把促销活动落实到终端，甚至举行零售店、零售店店员奖励活动，只有这样促销活动的结果才是最大的，只有这种活动的开展才能增强终端与企业的感情，增强企业品牌的影响力。

4）培训店员：零售店的店员在销售中起的作用是最大的。一个性能价格比非常好的产品，如果店员不积极推荐，甚至打击这个产品，它的命运可想而知。对店员的培训可以增加他对企业的认同，增加对产品的认同，有助于店员全面了解产品的性能和指标，增加销售技巧。

5. 利益掌控

以上的办法可以说是在服务方面掌控经销商，考虑的是和经销商长久合作。但是每个商家都是要一定的利益作为保障，尤其是短期的利益。这种短期利益要给经销商多少呢？我们经常听到销售代表这样和公司要政策：再多给点返利吧，给个好价格吧，如果不给，客户就不和我们做了。果真是这样吗？如果经销商不和我们做了，他还在经营其他的产品，经销商的变动费用在短期是减少不了多少的，房租等固定费用还会发生，折旧还会发生。如果损失了合作的利润，就使得他的整体利润降低，而费用没有降低多少，也就是说他很可能亏本，这样转换风险太大，他是不愿意冒险的。这时一定会充分尊重企业的意见，也就是企业掌控住了经销商。

那么什么时候经销商的风险才小呢？如果企业给经销商带来的利润很小，他和企业不合作以后，自己还是有赢利的。那么，这样的合作关系对经销商来讲是无所谓的，企业也就没有掌控住经销商。所以经销商的掌控除去上面的服务方面，还要在利益上掌控，要给经销商足够的利益。换句话说，企业给经销商的利润要大于经销商的纯利。只有这时，才会让经销商在和企业“分手”时感到肉疼，才是企业说了算，才是掌控住了经销商。具体办法有下面五种：

1）增大自己的返利和折扣，使自己给经销商的单位利润加大。

2）增加自己产品的销售量。

3）降低经销商其他产品的销量。

4）降低经销商其他产品的单位利润。

5）增加经销商的费用。

如果企业树立了远大的远景，并使经销商认同；如果在消费者心目中建立了良好的品牌形象；如果企业培养出来了客户顾问队伍，并真正服务于企业；如果企业掌控住了终端，并与终端建立了良好的沟通；如果企业能给经销商带来对方拒绝不了的利益，这个企业的发展前途就是远大的。这样建立起来的通过掌控经销商而形成的一流渠道，就能掌握行业的发展，实现真正的网络为王，树立行业领导者的风范。

（资料来源：根据网上相关资料整理。）

4．渠道控制力的获得

制造商与中间商对于渠道控制力的获得和建树有不同的方式。

（1）制造商渠道控制力的获得

1）规模经济和市场份额。实力是渠道权力的根本保证，制造商资金雄厚，生产规模大，销售量大，市场份额高，就能够具有很强的讨价还价的能力。因为销售量大，市场份额高，渠道成员流量大，赢利空间大，具有强的奖赏力。

2）高的品牌忠诚度。顾客对品牌忠诚度高，顾客需求拉动销售量的上升，一方面能够提高对其他成员的奖赏权，另一方面能够提高感召权。

3）提供较大数量的折扣和较高的销售费用。获得强的奖赏权。

4）提供较好的渠道培训和支持。获得奖赏权和专长权。

5）对分销商进行分级管理。对紧密的分销商提供紧缺商品；对表现不佳的分销商威胁终止合作关系；对大客户进行直接交易。获得奖赏权和强制权。

6）严格合同管理。获得合法权。

7）采取特许经营的方式销售。通过授予特许权方式销售，在销售指导、采购、店址选择等方面获得更大的发言权，从而获得奖励权、强制权、合法权、专长权和感召权。

8）建立竞争渠道或增加渠道内竞争。在同一销售区域建立新的类型的渠道，增加现有渠道与新渠道之间的竞争；或者在现有的渠道内部，增加同类型渠道成员的数量，增加渠道内的竞争，能够使制造商减少对单一渠道和少数渠道成员的依赖，获得控制权。

9）实施垂直一体化战略。制造商通过实施垂直一体化战略，自建渠道或合并和兼并现有渠道，获得渠道强制权。

10）建立渠道信息系统。获得奖赏权、专长权和感召权。

（2）批发商渠道控制力的获得

1）规模经济。实力强的批发商通过规模经济，能够提高与制造商讨价还价的能力，同时对零售商能够获得奖赏权、感召权。

2）客户网络和客户忠诚度。发展客户网络，培养客户忠诚度，对制造商获得强制权。

3）提供大批量订货折扣。对零售商获得奖赏权。

4）成为制造商的独家代理。获得合法权。

5）发展自有品牌。使供应商为批发商品牌提供产品，运作自有品牌，获得渠道感召权、合法权。

6）实施垂直一体化战略。通过前向一体化或后向一体化战略，获得渠道强控制力。

7）控制信息。批发商掌握客户的信息及厂家的信息，通过信息控制，能够获得专长权。

8）提供资金。批发商通过给制造商提供预付款，帮助制造商解决资金周转问题，通过给零售商提供商品信贷，帮助零售商解决资金周转问题，获得奖赏权和专长权。

（3）零售商渠道控制力的获得

1）顾客忠诚度。通过零售商的特色经营，获得顾客忠诚度，从而对批发商或制造商获得强制权。

2）大量销售。通过大量销售，获得一定的市场份额，获得强制权和奖赏权。

3）品牌建设。通过商店、超市品牌的建设，获得感召力。通过发展自有品牌商品对供应商获得奖赏权和感召权。

4）连锁经营。通过发展连锁经营，扩大商品销售，获得奖赏权和感召权；并且通过连锁企业的集中采购，获得强制权。

5）签订协议，获得专项权力。一些大的终端销售商，通过签订专项协议，如与制造商签订直接供货协议，保证从厂家处获得直接供货，从而保证销售中的价格优势。或签订提供专销品协议，保证独家销售某些商品。这些专项权力的获得，保证了终端的竞争优势，同时获得了渠道中的合法权。

6）实施垂直一体化战略：通过实施后向一体化战略，控制商品的批发或生产，从而获得对渠道的全面控制。

7）收取陈列费或其他费用。通过陈列费、新产品上市费等费用的收取，对上市的商品进行筛选，获得强制权。

8）信息控制。通过对终端顾客信息的控制和研究，获得专长权。

9）参加零售商行业协会。通过参加零售商行业协会，参与行业协会的活动，分享行业协会的集体争取的成果和对行业研究的成果，获得渠道中的强制权、合法权和专长权。

实务训练

站在渠道十字路口的中国企业

目前，我国大多数外贸出口都是订单贸易。由于缺乏自己的国际分销渠道网络和销售终端，中国企业与最终客户的直接联系往往被一些国外的贸易中间商所割断，不仅大部分的贸易利益被中间商截取，也影响了中国外贸企业的自主发展能力和出口竞争力。建立科学的渠道战略对企业的意义毋庸置疑。

1．渠道困惑

在很多企业苦于如何提高自主创新能力时，新奥博为的技术已居世界领先地位。但身为公司的常务副总，赵磊博士对公司的发展依然困惑："我们不知道通过什么渠道销售公司的产品。"赵磊希望有关专家能提供一些渠道方面的建议。

2003 年，赵磊和其他 7 位留美博士归国创业，与资本实力雄厚的民营企业新奥集团成立了新奥博为技术有限公司，聚焦数字医疗和自动化产业。2005 年，公司自主开发了世界上第一台 4 500G 永磁 MRI 系统，在永久磁体磁共振成像的核心技术领域走在了世界前端。公司拥有的以超声和光子为混合物理介质的分子成像技术，也属世界首创，并成功地应用于乳腺癌的早期诊断。目前，公司的 7 项技术专利已经成功在国内外注册。但即便拥有领先的技术，渠道的局限依然影响着公司产品的销售和企业的发展。

有渠道困惑的并不仅仅是新奥博为一家。四川长虹与 Apex 公司长达一年半的官司似乎也在不停地警醒觊觎海外销售渠道的中国企业：中国企业在海外选择中间商时一定要慎之又慎。

2．多种选择

当然，建立科学的海外渠道，选择海外中间商进行合作仅仅是方法之一。这种方法由于成本低，见效快，是目前中国企业拓展海外市场运用最多的方式。但是，由于这一方式并不能使得中国企业直接面对海外最终消费者；利润低不说，也极易被海外合作的中间商控制。长虹案就是最好的例证。

通过"收购"海外企业，借用其已经建立并拥有的渠道是中国企业拓展海外渠道的另一种可能。近年来，这一方式在东部沿海地区已经屡见不鲜。以生产摩托车出名的浙江钱江集团出资控股了意大利百年老厂贝奈利（Benelli）公司。有关负责人表示，利用这家老牌企业的品牌、技术、管理和销售渠道拓展欧洲市场，是他们出资并购的第一要务。汽配行业的龙头老大万向集团，如今已在美国收购了 18 家公司，其中包括美国 NASDAQ 上市公司 UAI，而通过收购，他们的产品已经成为通用、福特汽车制造商首选的拳头产品。

在海外直接投资设厂，更是中国企业建立海外销售渠道的最直接的方式之一。无锡光明（集团）有限公司的发展之路是这一方式最好的证明。1997 年开始，该公司在柬埔寨、蒙古和马达加斯加陆续投资兴建了 3 个海外成衣工厂，并以这些工厂为依托，在美国纽约、日本东京和澳大利亚的悉尼设立了“窗口公司”，集中承接当地市场的设计、接单、货流等。海外工厂还带动了国内其他行业产品出口，如面料、辅料出口，2005 年就有 2 000 万美元。

通过与外方合资在当地建立贸易公司，以建立并拓展自己的销售渠道，也是可供中国企业选择的海外渠道建立模式。近年来，雅戈尔就通过与意大利、日本、法国等国家的服装业巨头强强联手，在香港及美国、日本等国家和地区设立了合资贸易机构，建立起自己的海外销售渠道。虽然由雅戈尔公司生产的国际级品牌服装，制作费比国内其他企业要高出 30%以上，但外商仍趋之若鹜，订单纷至沓来。而未来中国零售业的海外扩张，也可以逐步为中国产品打造坚实的海外渠道。虽然中国零售业试水海外的步伐频频遭遇挫折，但 2005 年年末北京华联收购西友新加坡店的举动，为中国零售业注入了一剂强心针，也为未来中国产品的海外销售渠道增加了许多令人浮想联翩的可能。

3．因地制宜

渠道的建立还有更多的方式。但无论怎样选择，企业都要努力掌握自己的命运。

“企业要发展，就要掌控销售渠道。”宁波双鹿电池进出口公司总经理武义军表示，选择适宜的销售渠道，要根据自身的产品定位结合不同的市场灵活制定。双鹿正考虑通过减少中间环节的方式更有效地掌控市场，但武义军认为，只有企业发展到一定阶段，具备了一定优势，才能克服和弥补因减少中间环节所带来的相应资源的减少。而对于处在发展初期，只有少量外贸出口的企业，现实的做法还是选择合适的外贸企业和国外进口商来实现企业的销售。

江苏春兰进出口有限公司总经理冯斌也有类似的感受：“并不存在放之四海皆准的外销渠道；对不同的外贸企业而言，适宜的外销渠道都应该是个性化的。处于不同行业、不同发展阶段的企业，在不同的区域开拓市场，最适合的外销渠道也应该是不同的。”他说：“科学的渠道战略一定是建立在对市场的研究了解之上的。”外销渠道应立足于企业的战略目标、掌握的资源和自身实力之上。企业必须了解市场的需求、明白自身满足市场需求的实际能力以及向市场提供产品的有效途径。

冯斌认为，对渠道的控制力，也会受到企业生产的产品、所属产业状况和企业竞争力的制约，控制力并不在于企业是否自建销售渠道，直接进入流通领域，而是要看企业产品的吸引力和品牌知名度、影响力，对销售渠道拥有控制力，在与中间商博弈的过程中更具主动性。

更重要的是，冯斌认为，流通业和制造业所需要的技能完全不同，即便是拥有足够的资金，在海外自建销售渠道，或完全介入批发、零售领域，对某些企业也许并不适用。在冯斌看来，在社会分工日渐成熟的今天，春兰的专攻还应该是家电制造。但在做好自己产业的过程中，品牌建设尤为重要，“品牌是跨越渠道与消费者沟通的工具”，而建立了品牌影响力，就能在消费者和中间商之间形成拉力和推力，最终促进企业的销售和利润的实现。

（案例来源：卜妙金．分销渠道管理（第2版）．北京：高等教育出版社）

🕮 问题

1．何谓“自主控制的分销渠道”？根据上述案例，讨论强调渠道控制权的意义。

2．中国企业的创新产品要打开国际市场，尤其是进入发达国家的市场，应如何建立“自主控制的分销渠道”？

第 9 章

渠道中的产品、价格与促销管理

学习目标

1. 了解市场营销组合管理与渠道管理的联系和区别
2. 掌握产品决策、产品开发、产品生命周期与渠道管理的关系
3. 掌握渠道价格体系设计和管理的要点
4. 了解渠道促销的目的与常见的渠道促销策略

引导案例

某白酒品牌渠道的内部管理

2005 年 9 月，经营某白酒品牌的某公司决定利用白酒市场旺季的到来进行三、四级市场的开拓，并首先选定 B 市场作为试点。

经过对三、四级市场的特性和市场情况的详细调查分析之后，公司制定了进入三、四级市场策略的具体招数。经过周密的计划和执行，最终取得了很好的效果。以下是该公司在渠道内部管理方面值得借鉴的几点。

1．产品战：有效地对产品品项进行组合

根据市场竞争品种的产品价位和特点，将公司产品进行组合，在主线产品上以 A 品牌为基础，同时又将企业的两个副类品牌投放到市场进行独立运作。根据单品性质和经销商的长处进行分类规划：H 经销商运作的一支单品，他有很好的网络关系，其运作单品主要以利润空间保持正常走货；G 经销商运作低档产品，他的配送优势主要集中在农村，该单品由 G 经销商单独运作，直插终端底线；F 经销商运作的 A 品牌作为公司主线产品则以公司人员主推和协销为主。采取这种分而自治的办法相互推动，扩大市场的宣传面。

2．价格战：做好渠道利润分配

价格战是市场营销中最厉害也是最致命的武器。在实际工作当中，公司发现竞争品牌：

①在发货过程中不论何种渠道价格都一致，②竞争品牌的促销力度以30件以上的高基数开展，严重制约二级批发商发货的热情和终端的进货积极性。考虑到三、四级市场终端点的销售受利润空间的影响较大，为此公司对产品价格体系进行调整，采取了提高供货价加大赠送力度的销售方式；同时根据竞争品牌的不足，降低促销的基数点，以15件和16件为起点，并对从经销商到二级批发商、餐饮、终端的利差体系进行设计，如表9-1所示。

表9-1 终端利差体系

	经销商	二级批发商	餐　饮	零售终端
A品牌5年	—	二赠一，累计15件加赠一	分别累计10件、15件、30件、50件赠送不同礼品	二赠一
A品牌8年	—	三赠一，累计16件加赠一	累计10件、15件、30件、50件赠送不同礼品	三赠一

合理的利差不仅保证了二级批发商的利益，提高了二级批发商的积极性，同时也保证了零售体系价格的稳定和对产品的推动力。

3. 渠道战：保证渠道畅通

产品的快速分流需要渠道的畅通，为保证渠道的畅通和对渠道的有效利用，对渠道按白酒行业的特点进行分类：① 终端点包括便利店、商店、超市、卖场；② 餐饮渠道包括酒店、大饭店等；③ 特殊渠道包括KTV歌厅、夜总会、迪吧、度假村。并根据这些渠道性质的不同，将业务人员分为三个小组，分别专门跟踪这三个渠道的市场拓展和进货管理工作。

公司对中心市场的二级批发商除给予合理的利差外，同时协助其进行市场网点的开发。对乡镇市场的二级批发商采取结盟的方式将其纳入公司的分销商体系，除保证合理利差外，给予不同程度的销售奖励或小礼品的支持。此项工作的开展使渠道保持了畅通，A品牌产品在B市的分流速度与面积迅速扩大。

4. 促销战：不同时期的市场重点突破

促销战主要指通过对细分市场运作取得产品销售在一个点上的增长，公司为此进行了二次市场聚焦。

第一次：聚焦婚庆市场，开展婚庆市场的促销。针对婚庆这一特定市场对白酒产生的巨大购买力，公司与B市民政部门进行了一次合作，实施了婚庆促销大行动。婚庆促销活动的开展，由于赠品选用得当和活动面广，使A品牌酒成功搭上婚宴的快车，A品牌在短期内被很多消费者认识。

第二次：聚焦节假日，开展节假日市场的促销。随着节假日的临近，A品牌产品进入B市场已3个月，铺货率已达80%。进入节日前夕，为抢夺当地竞争品牌的节日市场份额，实现对二级批发商、终端等渠道的压货，借婚庆促销活动带来的效应，实施了“迎双节促销大行动”。

经过 3 个月的市场操作，在连续不断的有效市场宣传推广下，在 B 市场 A 公司由过去年销售 10 万元，增加至月销售 10 万元，A 品牌在 B 市成功突围成为 B 市的强势品牌。

（案例来源：汪明海，伯建新. 中国营销传播网，2006-03-09）

思考

1. 营销学原理中产品、价格、促销与渠道的一般关系？
2. 渠道管理者如何运用“市场营销组合”进行渠道管理？

本章与前两章的逻辑联系是：为保证渠道成员间的相互合作，渠道管理者除利用渠道权力对渠道成员进行激励和控制外，还应该最大限度地应用公司的产品、定价和促销等变量来实现渠道成员间的相互配合。在此，营销组合变量可理解为一种资源，运用这些资源可影响成员的行为。渠道管理者应该了解各营销组合变量与渠道变量间有何联系，而这些联系对渠道管理又会产生什么影响。

9.1　渠道中的产品管理

产品在市场营销组合诸因素中占有举足轻重的位置，因为产品的价格、分销和促销都是围绕产品展开的。营销渠道中的产品管理主要涉及产品决策、新产品开发以及产品生命周期和渠道管理的关系。

1. 产品决策与渠道管理

产品决策是指企业根据市场预测的结果，在企业经营战略的指导下，结合企业自身的具体条件，确定在未来的一段时间内以什么样的产品满足目标市场需要以及推出该产品的方案的过程。通俗一点来讲，就是用何种产品来适应市场需求、如何生产这种产品。例如，旅游产品决策是指根据目标市场的需要，开发适销对路的旅游线路。产品决策是企业经营决策的重要组成部分，是决定企业经营战略决策能否实现的重要保证，对企业生存和发展有重要影响，而渠道所要完成的任务就是将产品推向市场。显然，产品决策必须和渠道管理相结合，或者相协调。

（1）用产品独特定位吸引经销商

产品定位指制造商试图使消费者对该产品形成有别于其他竞争产品的特殊认知。若能做到这一点，就说明消费者会将该产品作为众多同类型产品中的选择对象。例如，Source Perrier 是一种法国产的瓶装矿泉水，在美国市场上被成功定位为软饮料的一种；于是橘子汁生产商也致力于通过大型的促销活动将其产品定位为软饮料中的一种；乳制品生产商也通过举行类似的活动将牛奶定位于其他诸多类型的软饮料中的一种；但七喜生产商却将其产品定位于与可乐竞争的饮料中的一种。并不只是饮料行业才有类似的产品定位决策，这种决策方法也被应用于其他行业。

同时还得注意产品定位和渠道管理的关系。在实行产品定位决策之前，首先，应考虑到产品定位决策和产品的销售地点及展示间可能存在的联系。其次，还得明确零售商正确介绍和展示产品的方式。另外，为了获得零售商对产品定位决策的认同，还得划拨一定的“专用资金”用来向零售商提供颇具吸引力的激励措施，如与他们合作投放广告，向他们提供促销津贴等。

（2）产品差异化和渠道管理

使用最为广泛的产品决策是产品差异化。产品差异在很大程度上是制造商所期望的，这就使得自己的产品区别于其他竞争者的产品，甚至其定价可能稍高些，对购买者也极具吸引力。

产品差异化并不一定追求产品的内在特征一定要有差别，采用不同的包装，产品冠以不同的名称，使用特定的广告效果及诸因素的某种组合均能产生产品差异。产品差异化的关键是让顾客能感知到该产品有别于其他产品的显著特征。相反，若顾客未能感知到该种差异，即使产品内在特征有别于其他产品也不一定具有购买吸引力。最近，许多以设计师名字为品牌的服装，如 Guess，Tommy Hilfiger 和 Polo 等又卷土重来出现在服装界，虽然这种做法早已被许多权威人士认为在 20 世纪 80 年代后期就已被淘汰了，但这足以证明建立在顾客认知基础上的差异化，还是很有影响力的。

表达产品差异不仅仅是制造商的任务，制造商应该激励渠道成员参与创造产品的独特差异。产品展示和销售的方式、产品零售商类型以及所能提供的服务等都可能成为塑造产品差异的关键。譬如金宝汤公司的 Godiva 品牌巧克力在现有高档巧克力中享有盛誉，售价为每磅 32 美元。虽然 Godiva 巧克力的品质从某种角度确实有别于其他高档巧克力，但也不能忽视以下事实：它们只是放在高档百货店及糖果店出售，陈列以及包装都很豪华，顾客购买这种巧克力时可以享受高档服务，所有这些都不亚于产品质量在塑造产品差异时能起的作用，这些都使得 Godiva 巧克力有别于其他品牌。没有零售商的这种支持，即使 Godiva 巧克力的内在品质再好，它也不可能自己展示出其高品质的形象。

综上所述，产品差异化决策的渠道管理方式有两种：① 如果产品差异化决策受“谁”来销售该产品的影响，渠道管理者就应设法挑选并帮助发展那些“适合”该产品形象的分销商。② 如果产品差异化决策受该产品的零售方式的影响，渠道管理者就应协助他们推销该产品。

（3）产品线管理和渠道管理

制造商根据市场的变化不时地扩展或缩减生产线是很必要的，实际上，他们在着手将那些处于生命周期末端的产品淘汰掉的同时，还在不断增加新产品。这样的产品线扩展和缩减策略很可能会与渠道成员产生矛盾。当产品线扩展时，一些渠道成员可能会抱怨由于产品品种过于复杂，会增加他们的仓储及销售成本。当淘汰部分产品时，另一些渠道成员又会抱怨失去了那些依然还有相当客户和利润的产品。

以产品品种过于复杂为例，Scripto 不断增加一些与已有产品并无多大差异的产品，而这些被认为同类的产品并没有增强 Scripto 钢笔的竞争力，许多经销商不再看好 Scripto 的产品。最后，甚至终断了与该公司的业务关系。

以产品的淘汰为例，当 IBM 公司退出电动打字机市场时，经销商对该决定相当不满。电动打字机曾是 IBM 公司办公设备中的主要产品，然而随着个人电脑与其他文字处理系统被广泛使用，电动打字机的发展及赢利能力受到了限制。

因此，进行渠道管理，实行产品线扩展或缩减的决策，制造商就要认真权衡渠道成员对此策略的满意度，并尽可能争取他们对决策的支持。制造商在处理产品线决策与渠道管理的关系时，首先，要控制其产品线尽量不只是为实现最大利润而做任意的变动，应该尽可能地综合考虑渠道成员的意见。其次，制造商应力图向渠道成员解释产品扩展或缩减的根本原因，这样至少在很大程度上可以消除双方的误会。最后，特别是生产线的重大变动，制造商应提前让渠道成员了解，以便让他们对决策有足够的时间准备。

（4）产品品牌管理和渠道管理

关于产品品牌管理的具体工作分为两个层次：一是战略与策略拟定层面；二是策略执行层面的工作。

品牌管理中特别要考虑并结合渠道管理的环节就是在策略执行阶段。具体包括与广告代理商和经销代理商共同开发市场推广方案——产品品牌推广的创意策略以及媒介策略；从品牌角度协助并参与管理市场推广组合，如促销、产品包装、POP、Events 等；激励推销人员和经销商对该品牌产品的支援；不断收集有关该品牌产品的资讯，发起对产品的改进，以适应不断变化的市场需求。

品牌扩展决策是指企业利用其成功品牌的声誉来推出改良产品或新产品，包括推出新的包装规格、香味和式样等。例如，美国桂格麦片公司成功地推出桂格超脆麦片之后，又利用这个品牌及其图样特征，推出雪糕、运动衫等新产品。显然，如果不利用桂抬超脆麦片这个成功的品牌名称，这些新产品就不能很快地打入市场。制造商采取这种决策，可以节省宣传介绍新产品的费用，使新产品能迅速顺利地打入市场。

此外，还有一种品牌扩展，即制造商在其耐用品类的低档产品中增加一种式样很简单的产品，以宣传其品牌中各种产品的基价很低。例如，西尔斯·罗巴克公司可以大肆宣传其经营的各种空调器最低价格仅 120 美元；通用汽车公司可以大肆宣传其新雪佛兰汽车售价仅 3 400 美元。这些公司利用这些“促销品”来招徕顾客，吸引顾客前来购买式样较好的高档产品。

（5）产品服务决策和渠道管理

不论是消费品还是工业品中都有许多产品需要售后服务，因此产品的制造商必须提供各种售后服务，可以在工厂内直接提供，也可以通过渠道成员或授权的独立服务中心、自己的服务网络提供，还可以通过这些组织来共同完成。

2．产品生命周期与渠道管理

图 9-1 标明了产品生命周期的四个阶段与渠道管理的主要关系，分别详述如下。

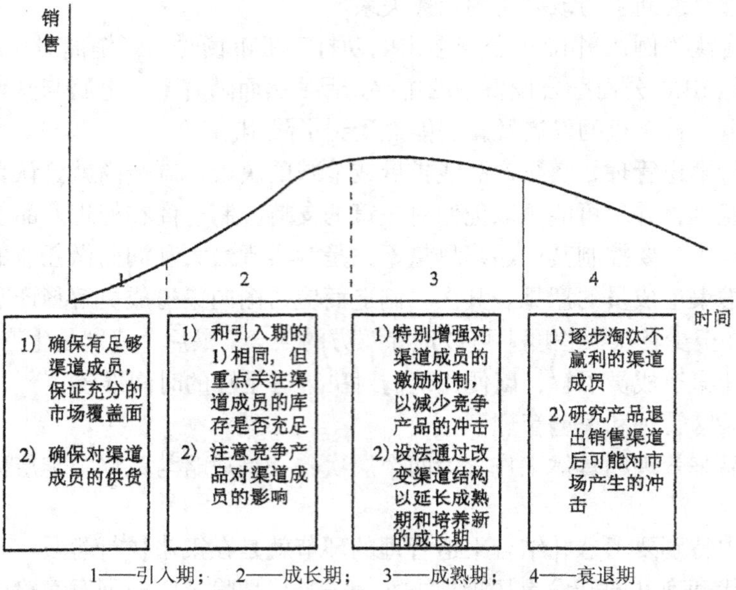

图 9-1　产品生命周期的四个阶段与渠道管理的主要关系

（1）引入期及其渠道管理

产品在引入期需要大量促销努力，这通常需要花费高额费用进行广告及其他形式的促销。然而，如果顾客在最终掏钱购买时买不到所需产品，那么所有促销都是徒劳。因此，在引入期，渠道管理者必须确保渠道成员能提供充足的产品以满足市场需要。如果不能及时增加供货，这种在引入期就脱销的状况很可能就会影响本应有美好前程的新产品的未来。例如，中国联通推出 CDMA 移动电话不久，就出现了 CDMA 终端手机供应不足的问题，大大影响了 CDMA 移动电话的迅速渗透市场的速度。

（2）成长期及其渠道管理

产品一进入成长阶段，销售迅速增长。制造商在这一阶段的目标是获取最大的市场份额，为了保持这种增势，此时渠道管理者面临两大挑战：一是确保渠道成员有效地将产品供应到市场中，以免阻碍销售增长的势头；二是密切注意渠道成员对他们所经营的其他竞争产品采取的行动，并留心企图挤入本公司销售渠道的其他潜在竞争者。

在产品由引入阶段进入迅速成长阶段时，制造商充分供应市场这一问题就变得更为棘手，尤其对那些需通过大量批发商和零售商推向大众市场的消费品更为如此。

密切注意产品在销售渠道的动向是解决这个问题的主要方法。为了实行有效的监控，部分制造商能根据销售分析数据、来自其销售队伍的报告以及其研究部门对市场的评估，开发出自己的报告系统。而越来越多的制造商则会求助于专门的市场调研公司。

密切注意渠道成员对竞争产品采取的行动与关注制造商自己的产品一样重要。一种新产品在成长阶段的庞大销售量往往会吸引那些急于参与抢夺市场份额的竞争者加入。在许多情况下，这些竞争者的产品也会出现在制造商的分销商货架上。因此，制造商为了维持其产品的增长而必须与竞争者竞争来争取分销商对其产品的支持。在经典的产品生命周期分析中，莱维特（Levitt）指出，应付此类在产品成长阶段的竞争，其关键在于对竞争行为的预期和在产品周期的前一阶段预先制定合适的战略计划。

尽管我们不可能预测销售渠道中的所有可能的竞争行为并提前为产品生命周期每个阶段预先制定渠道策略，但可以通过与渠道成员配合、合伙经营即组成战略联盟等多种不同的方法来满足渠道成员的要求，所有这些都考虑了可能出现的竞争行动并事先制定方案来减少销售渠道中的竞争带来的影响。因此，当产品进入其成长阶段时，已经为满足渠道成员需要而事先做了精心准备的制造商就比那些同样需要渠道成员的支持但却没有提前做任何安排的竞争者有优势。

（3）成熟期及其渠道管理

处于成熟阶段的产品面临日益激烈的竞争、更大的市场和替代产品的冲击，这些特征要求渠道管理者一方面应该关注并确保产品对渠道成员仍然颇具吸引力，另一方面要研究是否有可能改变渠道结构，尤其是通过选择不同类型的中间商以防止衰退期的到来并尽可能创造新的成长期。

大多数分销商面临产品低增长或近乎饱和的状态时，其产品销量和营业额都将下降，为了减少风险，他们就会减少定购或根本就不再定购这种产品。此时，渠道管理者必须通过提高产品的潜在利润，并降低分销商持有该产品的风险等措施使产品更能吸引分销商。此类方法包括提供额外的商业折扣、广告津贴、特殊打包折扣及较宽松的退货政策等。当然这些只是权宜之计，实施时还要考虑这些方法是否有利可图、是否与制造商的长远利益一致。产品成熟阶段更全面长远的渠道策略是改变产品分销渠道的结构，在某些情况下，这种做法会引发产品进入又一个成长期。例如，国产手机进入市场时，手机产品已进入其成熟期，但国产手机厂商通过建立自有销售网络，与地级代理商、省级代理商的合作采取地区性包销的方式，取代无区域划分、无章法操作的代理制分销模式。这一渠道结构的改变，促使近两年国产手机的市场份额一跃超过洋品牌手机，手机市场似乎又进入了一个成长期。

（4）衰退期及其渠道管理

处于衰退期的产品，利润和销售量都持续下降，对销售中间机构的吸引力也日益下降。此时制造商将减少进入间接渠道的产品，利润亦不足以弥补直接销售渠道的成本，因此，最好的办法是利用低成本渠道或企业自身的渠道进行销售，如采取电话营销和电子订货系统等。

即使产品已进入了衰退期，仍有相当数量的渠道成员持有该产品。但他们中的许多小客户通常只会订购少量的产品，而大多数大客户则干脆已经放弃经营该产品了。这使得渠道管理者既耗费了巨额成本，又只能取得小批量的销售业绩，从而进一步吞蚀了日益下降的利润。因此，渠道管理者应考虑是否要将那些销售业绩很差的经销商淘汰掉，这就要求渠道管理者对从每个经销商处所获得收益与所支付的服务成本的比例作一分析。

如果制造商想放弃处于衰退期的产品，应该考虑此举可能会导致渠道成员的反感行为。因为渠道成员经销的各产品总是互有关联的，一种产品的销售会受其产品组合中另一产品的存在与否的影响，当一种产品被淘汰时，原先向此经销商购买大量能赢利产品的顾客会被迫转向其他供应商购买，这对经销商的影响是显而易见的。同样对制造商而言，在处理产品淘汰问题时，如果该产品与公司其他产品的销售有关联，决策者应弄清楚哪些顾客在买处于衰退期的产品，他们同时还购买其他什么产品，购买量多少以及能从他们身上获取多少利润等。

以办公用的小型复印机为例，它最初是由生产企业的直销人员销售的，后来改为由办公室设备经销商销售，再后来通过大型综合商场销售，而在我国如今由电器零售商销售。美国市场营销专家米兰德·李里设计了一个坐标图，用来表示小包装商品和新款式服装在产品生命周期不同阶段的渠道变化情况（见表 9-2）。

表 9-2　产品生命周期不同阶段的渠道变化情况

衰退期 小包装商品：邮购公司 新款式服装：减价商店	**导入期** 小包装商品：业余爱好者商店 新款式服装：装饰品小商店
成熟期 小包装商品：大型综合商场 新款式服装：大型综合商场	**成长期** 小包装商品：专用连锁商店 新款式服装：百货公司

1）导入期。新产品或新款式一般经由专业的渠道进入市场，这种渠道能够迅速发现流行趋势并吸引早期消费者。因此，新款式服装在进入市场时，选择装饰品集中的商场容易吸引重视潮流的人的注意，并促使其进行尝试性购买。

2）成长期。随着消费者兴趣的增长，购买率上升，会出现高成本销售渠道（如专用连锁商店、百货公司）。这时候处于高速增长时期，产品有了一定的知名度，吸引了大量追赶潮流的消费者，他们愿意在新鲜的事物上投注金钱。高成本的销售渠道能提供优质的服务，吸引这些消费者消费，此时产品的价格相对较高。

3）成熟期。随着各项增长的缓慢下降，一些生产企业会将其产品转移到低成本渠道（如大型综合商场）中销售。处于成熟时期的产品的需求增长缓慢下降，市场上仿冒者众多，产品价格与利润都在降低，此时，生产企业为保持利润，会选择低成本渠道销售。

4）衰退期。当衰退期开始时，就会产生成本更低的渠道（如邮购商品、大减价商店等）。

（5）产品生命阶段与渠道管理的新做法

1）渠道重心延伸。产品进入成熟期后，生产企业通常采取两种办法延续利润线：向现有的市场提供新产品；给现有的产品找新市场。由于新产品开发风险较大，生产企业通常会选择为现有的产品找新市场，常用的办法是渠道重心延伸。渠道重心延伸也称为渠道重心下移，是指随着产品逐步被认知，消费群体由一级市场向下一级市场延伸，生产企业为了更好地服务于消费者、占领更大的市场，相应地将销售渠道也逐步延伸。

常见的做法是从经济发达地区向不发达地区延伸，从省会城市向地级、县级市场延伸。对于国际性的生产企业而言，从发达国家向发展中国家继而向不发达国家延伸也是习惯做法。当渠道重心逐步下移时，为了加强渠道管理和服务工作，生产企业的办事处、分公司等机构也相应下移。一个典型的例子是奶粉生产企业，这几年由于鲜奶市场发展迅速，城市奶粉市场逐步萎缩，奶粉消费群体由城市逐渐转向农村，奶粉生产企业的渠道重心逐步下移，许多奶粉生产企业将办事处、分公司直接设在地级市，以便更好地服务于地级和县级市场。

2）渠道战略合作。经过导入期和成长期的磨合，生产企业和零售商之间已经具有了良好的合作关系，但真正将这种良好关系转化为利益增值则需要双方在战略层面的合作。通常，双方战略合作的方式主要有合资共建渠道、战略联盟等。这些合作表现形式并没有改变传统的渠道结构，但本质上却将渠道成员中的生产企业和零售商由松散的、利益相对的关系变为紧密的、利益融为一体的关系。

通过渠道合作，产生的整体利润将高于各自为政的单个成员的利润，并且可以更好地应对日益加剧的竞争，满足消费者对优质、全面、具有价格优势产品的需求。这样对于生产企业而言，通过与零售商的战略合作可以谋求在利益分配中得到更好的利润分成，而且通过双方利益共同体的建立，可以无形中建立阻碍或延缓竞争对手进入该渠道的壁垒，延长生产企业获利的周期，延缓产品向衰退期的滑落。

3）渠道功能分类。导入期与成长期对渠道的关注点主要是使产品在最短的时间、更多的地点展现在消费者面前，所以对渠道的关注点主要是对品牌的宣传度，即便有些渠道短期亏损，考虑到以上因素生产企业也会进入。成熟期则要以利润为导向分配资源，生产企业应从功能上把渠道分为两大类：宣传渠道和赢利渠道。H 公司在北京的渠道有家乐福、普尔斯马特、燕莎等，由于规模较大，消费群体广泛，对品牌的提升贡献较大，开始被列为 A 级店，但进入成熟期后，公司发现这些渠道费用较高，总体上处于亏损状态。如果再在这些渠道投入太多资源，只能亏空更大，相反，由于规模较小被列入 B 级店的超市发、天客隆、万客隆等连锁系统在成熟期对公司利润贡献很大。于是公司对渠道进行了重新定位，把家乐福、普尔斯马特、燕莎等列为形象宣传渠道，把超市发、天客隆、万客隆等连锁系统列为利润贡献渠道，然后针对两类渠道分别制定不同的营销方案，实现了资源的合理分配和公司利润的最大化。

4）进行渠道收缩。处于导入期和成长期的生产企业要千方百计拓展渠道，增加产品展示和销售的机会，而处于成熟期的生产企业则要以利润为核心，除了拓展渠道还要考虑进行渠道收缩，淘汰业绩差的渠道成员。进行渠道收缩的基础是生产企业对渠道成员的绩效评估状况，在成熟期对渠道成员的评估应该紧扣赢利能力，主要考核销售绩效、维持库存、销售能力。总体而言，销售绩效要保证能够赢利，库存要保证风险不要太大，渠道成员投入的销售能力足以支持销量的稳定或增长。具体评估方法包括单指标评估法和多指标评估法（见表9-3）。

表9-3　渠道成员评估标准①

评估标准	经常使用的可操作的绩效度量
销售绩效	• 总销售量 • 销售量随时间的增长 • 完成的销售量/销售定额 • 市场份额
维持库存	• 平均库存保有量 • 库存量/销售额 • 库存周转率
销售能力	• 销售人员总数 • 分配到企业产品的销售人员数

单指标评估法是根据评估标准，选择相应的可操作的绩效指标，针对每个指标，统计各个渠道成员的具体情况，然后判断是否淘汰该渠道成员。多指标评估法是在单指标评估的基础上，将各指标进行细化后对成员进行评估，可以更准确地体现各渠道的不同。多指标评估一般包括7个步骤：决定评估标准和相关操作方法；定出每个标准的权重；给受评估的渠道成员的每个标准打分，分数为0～10分；每项标准的分数乘以该标准的权重，得到该标准的加权分数；各项标准的加权分数相加，得到该渠道成员的综合绩效总分；计算所有渠道成员的综合绩效总分，按分数高低排名；计算渠道成员综合绩效分值的频率分布，根据生产企业实际决定保留综合绩效分值介于6～10分或4～10分的渠道成员，低于6分或4分的成员则被淘汰。

3．新产品开发与渠道管理

对所有的制造商而言，无论是在工业品市场还是在消费品市场，新产品的开发都不是件简单的事，这既需要有能够改变消费者偏好的新技术，又需要拥有强大的开发力量。即

① 王永强，马丕玉．快速消费品成熟期的渠道管理研究．商业现代化，2006.

便如此，开发成功的比例也不一定很高。所有消费品公司每年能向市场成功推出上万种新产品，然而，它们中也只有 25%左右的新产品能保持两年以上的寿命，而在这 25%的新产品中，也很少有能维持超过五年的，因此，新产品开发的成功率只有 10%左右。鉴于如此低的成功率，制造商更应在新产品构思和开发时下一番苦功，这样才能稍微提高他们的成功机会。

影响新产品开发的因素很多，诸如产品的顾客需求、创新、产品质量、价格，竞争状况、促销效果以及其他诸多因素。在众多的“其他”因素中，渠道成员的支持程度相对重要。缺少了渠道成员的有效的协作，新产品会很难被市场接受。因此，对渠道管理者来讲，分析渠道对新产品构思及开发可能产生的影响是至关重要的，同时应着重分析在新产品构思和开发阶段怎样才能促进渠道成员的积极配合，以便将新产品成功地推向市场。尽管不同行业的渠道管理者根据不同的情况，可能会有不同的思路，但肯定要包括下面的五个问题：

- 渠道成员能为新产品的开发构思提供什么样的帮助？
- 若使渠道成员成功销售该新产品，要为他们提供一些特殊培训吗？
- 所开发的新产品适合目前渠道成员的经营范围吗？
- 该新产品会给渠道成员带来一些特殊困难吗？
- 应该采取什么行动使得渠道成员认可这一新产品？

（1）激励渠道成员参与新产品创新

要使渠道成员认可新产品，就要让他们主动积极地为新产品构思提供有建设性的创意，一直到市场试销阶段也要较好地收集渠道成员的反馈信息。

制造商在研究开发新产品的创意阶段，就应该意识到公司的销售代表和经销商是新产品创意特别好的来源。因为他们掌握着顾客需求和抱怨的第一手资料，他们通常也是第一个知道竞争发展情况的人。为了产生新的创意，越来越多的公司正在培训和奖励其销售代表和经销商参与新产品的开发创意。

但是，出于竞争的原因，要让渠道成员参与新产品的构思就不得不让他们及时了解新产品的开发计划，许多制造商对此都很敏感，只会在产品即将投放市场时才将一些信息透露给他们。对制造商来说这种保密行为并不是没有道理的，但如果竞争情况没有严重到要如此保密的地步，制造商应尽可能多地让渠道成员参与进来，因为渠道成员一旦参与其中，就会使他们觉得有一种主人翁意识，这样他们会更热情地支持由他们参与构思开发出来的新产品。

（2）提高渠道成员对新产品的认可

新产品开发的成功必然要得到其最终用户——无论工业用户还是最终消费者的认可，但是同样也取决于能否被渠道成员认可。值得一提的是，最终用户和渠道成员所关注的产品属性各不相同，最终用户更关心产品的使用性能，而渠道成员更关心的则是产品是否容易储存、展示及销售，更重要的是能否从中获利。

首先就产品的销售过程来看，这主要是与渠道成员的洞察力有关。他们得对产品的销售有信心，否则，他们不可能有热情去储备这种产品。例如，上海某艺术工程公司主营业务是经营艺术礼品和承接雕塑工程，在“多元化”经营方针的指导下，前两年与安徽某养蜂基地合作生产加工蜂蜜。然而，由于经销商对“南洋”牌蜂蜜没有信心，造成产品大量积压，投资严重亏损。由此可见，开发新产品首先要得到渠道成员的认可。

现在，越来越多的新产品在为争夺货架而竞争，所以要使新产品得到渠道成员的认可，其是否容易储存和展示，已变得越来越重要。同时，新产品给渠道成员能带来多少潜在利润，也不能做太乐观估计，制造商想悄悄地让零售商承担某些风险或让一种无赢利的产品蒙混过关的可能性都变得虚无缥缈。零售商及越来越多的批发商都意识到了货架空位的重要性，因此，他们是不可能让那些无利可图的产品占据这些宝贵货架的。

（3）将新产品纳入渠道成员的经营组合

制造商开发的新产品将被加入渠道成员的产品组合中。在新产品开发阶段，制造商可能已经从生产及营销两个角度考虑过该新产品是否能被很好地纳入其产品组合。而在做营销评估时，他们考虑的重点是现有的渠道成员能否将该新产品纳入其经营组合。

在此举一个出色处理此问题的经典案例。Hanes Hosiery Inc 公司生产著名品牌 L’eggs 连裤袜，这种裤袜的销售引起了产品分销的变革。多年来，Hanes 公司一直被视为一家受人尊敬的生产高品质连袜裤的厂商，他们生产的裤袜通常都是由高级百货店和专卖店负责销售的。为了赢得更大的市场份额，Hanes 公司开发了大众价位的 L’eggs 裤袜，并力图通过超市和零售店扩大销售，通过超市和零售店来出售裤袜并非突发奇想，以前 Lady Brevoni 也有过类似的尝试，但收效甚微。Hanes 公司的一位高层经理针对 Lady Brevoni 营销策略上的缺陷，指出了其失败的原因：“采购肥皂的顾客一般不知如何购买女式裤袜”。Hanes 公司可不想让其新产品步 Lady Brevoni 的后尘。零售商通常不愿将他们不熟悉的产品纳入其经营组合中，而这个问题被 Hanes 公司成功地解决了。他们直接让公司的销售人员帮零售商展示其产品，并且在每个销售点提供市场偏好的电脑演示。这种做法消除了不习惯将这些产品纳入其传统经营组合的超市和零售店在计划、订货和购货等方面的麻烦。

由这个例子可以看出，渠道管理者应该设法了解渠道成员对新产品的销售是否有信心。如果他们因缺乏处理新产品的经验而对将此类产品纳入他们现有的经营组合存在顾虑，那么，渠道管理者应该尽可能先消除他们的顾虑，然后再将新产品推向市场。

（4）对渠道成员进行新产品培训

制造商为了能成功地销售新产品，还要对渠道成员进行专门培训，而培训类型和程度会因新产品所涉及的行业及其产品难度而异。比如，对一成套设备来讲，制造商就需要用很长时间向渠道成员讲解设备的操作方法，并要让他们在销售时能就设备的重要功能着重介绍；对包装简单的消费品而言，渠道成员也许自己知道如何陈列销售。这只是两个相对极端的例子。而对介于这两者之间的新产品的销售而言，都应对渠道成员进行不同程度的培训。因此，在进行新产品开发的同时，渠道管理者就应设法对将来可能需要的培训做个先期研究，以制定必要的培训计划。

作为经营高科技产品的企业，惠普公司建立了非常系统规范的培训机制。1998 年惠普首创了“经销商大学”（惠普商学院），旨在向经销商传授惠普的领先产品、技术及先进的管理经验，以帮助经销商更清晰地认识公司的各类产品，以利于日后的销售工作。其授课地点主要是在新建成的“惠普信息产品培训中心”，内部配置了惠普全线信息产品和现代教学设施。培训的课程分产品培训、技术培训和经营管理培训三大部分，教学方式灵活多样，有案例教学、参观教学、函授自修和研讨等七种，所有经销商的销售人员、技术支持人员和经营管理人员均有机会参加这里的培训；经考核后成绩合格的能得到认证资格证书，成绩优秀的能获得相应奖励。惠普的这一智力支持对经销商来说是极具吸引力的，同时也激励经销商更好地销售惠普的产品。因为培训后经销商在专业技术和管理水平上会有较大提高，对惠普产品也有较深的理解，这样就能向用户推荐最适合他们需要的产品，提供最完善的服务，也就建立了公司的良好信誉。

（5）确保新产品没有问题

渠道成员绝不愿意接受会给他们带来麻烦的新产品，不管这种麻烦是发生在库存中还是在售后。就拿 Home Depot 来说，这是全美最大的家用产品连锁店，它们对接纳制造商的新产品要求相当高，连许多细枝末节的小问题也不放过。例如，Home Depot 曾坚持要求一些灯具和煤气灶的制造商重新起草其产品的使用安装说明书，原因只是因为读起来很费劲。更有甚者，为了仓储和用户提货方便起见，他们还曾要求制造商在诸如三夹板、木销钉等难以处理的大宗货物上贴上条形码标签。

虽然，我们不能考虑到新产品将会出现的所有问题，但在开发构思新产品时要特别注意，只有这样才会在新产品进入销售渠道甚至在到达顾客手中之前发现问题。显然，对维持一支强大的积极的渠道成员队伍，尽可能少地出现问题是至关重要的。

（6）让产品“渠道化”

产品渠道适应性并不仅仅是为一个给定的产品配置一个适当的渠道，相反，新渠道几乎常常要求对产品重新设计或重新构想。一个新渠道得以成功，产品通常必须首先是“准备好适应渠道的”。低成本渠道提供的是较低程度的“接触性”——销售过程中较少的人工作业、较少的培训和较少的定制。如果产品需要高接触性，它们对于低成本渠道是没有吸引力的。因此，要将产品放进低成本渠道，需要将产品简化和标准化，即低接触性渠道只对简单的产品才有效。标准化、性能降低和价格简单化减少了销售过程中的相互作用，同时也是为转入更低成本、更低接触性渠道重新设计产品的必要因素。当我们想把既有产品移入新的低成本渠道时，表 9-4 所示的产品重新设计方法很有可能是必需的。

表 9-4 改造产品适应渠道

产品简化	减少产品性能的数量
产品标准化	消除不必要的款式变化
渠道定价	识别现实的、可选择的渠道中能支持的目标价格
使用者的自我服务	把培训、某些环节的程序介绍和售后支持说明书作为基本产品的部分
购买精简化	除去引起混乱的购买要求，简化合同和财务条款
支持集成化	提供附属的支持渠道，提供所有必要的服务或售后支持，支持渠道中的服务内容不会出现在其他渠道中

总之，决定产品—渠道适应性的一个可行的办法是把产品的复杂性和渠道的"接触性"匹配起来。非常复杂的产品一般都需要高接触性的渠道或者直接销售队伍，反之，简单现成的产品可以更有效地在较低成本的直接营销渠道中销售。把产品"压进"行之有效的最低成本的渠道，可以产生更多的利润，通常也能产生更多的销售收入。如果想将产品放进低成本、低接触性渠道中去，有时需要对产品进行重新设计和改造，将产品变得简单、标准化。

小链接

用渠道拯救品牌

雅戈尔经历了从创造渠道价值，到努力把自己的渠道价值转化为品牌价值的过程。

1. 始终如一地寻求渠道优势

20世纪80年代，雅戈尔曾经和全国4 000多家国有百货公司建立了良好的合作关系，但随着经济体制的变革，到90年代中期，不少国有百货公司相继破产，雅戈尔早年所维系的终端体系由此瓦解。雪上加霜的是，经过重组改制的百货公司及大量外资百货公司，几乎都不太愿意让在它们看来"档次不高"的本土品牌雅戈尔继续进入。

迫于无奈，雅戈尔决定大量开设自营专卖店，以填补渠道真空。雅戈尔投入了巨资购买作为渠道终端的店面。为什么不以租代买，以节省成本呢？这基于公司领导一个朴素的想法：尽管从财务上看租店划算，但这也意味着每年都要付出一笔现金。如果把物业买下来，就相当于资金还留在公司内，而且，公司本身也有这个资金实力。雅戈尔也正好赶上了一个好时机，国内不少商业地产改制转型，雅戈尔借机购进了一大批炙手可热的店铺。从20世纪70年代至今，雅戈尔已经陆续投入了超过17亿元资金用于购买作为渠道终端的店面，买进的100多处物业多数位于各大城市的商业中心地段，增值幅度超过人们的预期。

现在，自营店已经成为雅戈尔最重要的销售渠道。2006年雅戈尔服饰40%的收入来自自营店，而且无论在数量还是销售规模上，雅戈尔自营店在国内同行中均排在第一位。

自 2006 年以来，随着 H&M 和 ZARA 等全球服装巨鳄相继抢滩中国市场，国内一线城市的最黄金商圈在对外资品牌推崇备至的同时，却将土生土长的本土品牌逐渐清理出场。这使得很多本土品牌不得不撤离核心商圈，向二、三线城市转移。但雅戈尔借助于自己掌控渠道的优势，正在实现其对品牌定位的宏大目标。

2．制定与品牌定位相适应的渠道策略

雅戈尔的品牌定位是相当不清晰的，最直接的表现就是城市、乡镇和农村等不同层次和类型的人都在穿雅戈尔西服。与此密切相关的就是价格体系比较混乱，这也正是雅戈尔几年来内销进展不大的主要原因之一。

意识到这个问题后，雅戈尔开始将自己的目标消费者群体明晰和细化为有稳定职业和收入的众多都市成功中年男性，具体包括公务人员、企业中高层人员、大中学老师、医生等知识人群。

为此，雅戈尔认识到必须在渠道上“有所为，有所不为”。雅戈尔拓展在核心城市的店铺，压缩非核心商圈的店铺。例如，雅戈尔已经宣布撤出一批四类商场或小型社区商场；原来有进驻想法的卖场、超市，现在给再多优惠条件都不进了，因为它们与品牌定位不符。

如今，雅戈尔明确了自己的商场定位：一线城市的二类和三类商场；二线城市的一类和二类商场；三线城市的一类商场。

过去，雅戈尔曾经花了不少精力去做一线城市的一类商场，现在认识到这样做是得不偿失的。赔钱并不是问题，关键是会给消费者造成品牌档次混乱的感觉，因为以前雅戈尔的专卖店很多是在二、三类商场的。

3．“壮士断臂”式的渠道调整

为了实现品牌定位的要求，雅戈尔已经花费了几年时间对服装销售渠道进行整合和瘦身，将 3 000 多家零售终端精简到了 1 500 多家，并借此实现了渠道门店向国内核心商圈集中的愿望。

眼下，雅戈尔拥有 350 多家自营店，900 多家商场店中店，以及 200 多家特许加盟店。公司计划将零售终端精简到 1 000 家以内。为此，公司销售部门表示，雅戈尔要舍弃那些地处偏远、规模小、不出效益的自营店，还要退出与品牌定位不相符合的商场。

这一做法令业内人士感到不解。因为近年来，国内的内销服装市场环境正变得越来越好，几乎所有服装企业都在扩大营销网络。有人分析，雅戈尔的这一做法目的是彻底执行新的品牌定位战略。这样做雅戈尔是下了决心的，可谓“壮士断臂”。

在整合、精简渠道的同时，雅戈尔的另一项工作是加强对终端的掌控能力，提高每个店铺的效率。目前，雅戈尔的终端单位面积销售额参差不齐，好的可以超过 10 万元/平方米/年，差的还不到 1 万元。为了提高终端单位面积销售额，雅戈尔设定了一个底线，目前尚未达到这个底线的 60 家门店要进行调整。

为了提升与品牌定位相称的终端效应，雅戈尔还决定淘汰一批面积较小的自营专卖店。公司计划，今后自营店在地级市的店铺面积至少须在100平方米以上，一线城市的店铺起码要在200平方米以上。

有人估计，雅戈尔的渠道价值形成之后，经过3～5年的积累，其品牌价值会发生从量变到质变的变化。

（资料来源：丁琳. 用渠道拯救品牌. IT经理世界，2007（5）：34-36.）

9.2 渠道中的价格管理

1. 渠道中的价格结构

营销渠道的定价好比很多人分吃一块蛋糕。销售渠道中各级销售商为了支付他们的开支以及获得利润都希望从总利润中分一杯羹。在图9-2中列出了定价为5元的两面针全能牙膏的渠道定价结构。这个结构的基础是顾客得到定价的16%折扣，零售商得到定价的30%交易折扣，批发商得到定价的42%折扣。那么顾客就可以以4.2元购买这种品牌的牙膏，零售商可以以3.5元的价格购买，而批发商可以以2.9元价格购买。可以设想制造商能够以2.4元的成本生产这种牙膏。

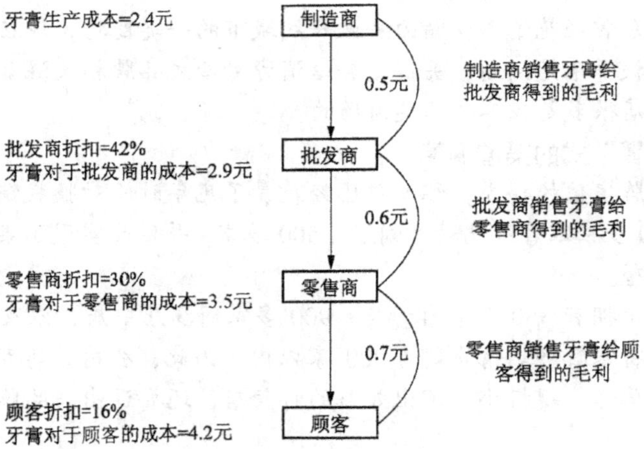

图9-2 对定价为5元的两面针全能牙膏的渠道定价结构剖析

由图9-2数据可见，每个渠道销售商都希望得到利差足以弥补他们花费的开支以及得到一定的利润。只要产品的利差足以弥补他们的成本，渠道销售商就会经销这种产品。

表9-5列出了对图9-2的财务数据总结，也包含了渠道中不同经销商的毛利百分比。

表 9-5　定价为 5 元的两面针全能牙膏的渠道定价结构

定价数据 渠道经销商	交易折扣（%）	成本（元）	利润（元）	毛利占售价百分比（%）	毛利占成本百分比（%）
制造商		2.4	0.5	（1）17.2	（2）20.8
批发商	42	2.9	0.6	（3）17.1	（4）20.7
零售商	30	3.5	0.7	（5）16.7	（5）20.0
顾客	16	4.2			

零售折扣是零售商由于竞争而打的折扣（严格说这并不是正式的交易折扣）

注：（1）利润/给批发商的售价（批发商的成本）=0.5/2.9=17.2%

（2）利润/制造商的生产成本=0.5/2.4=20.8%

（3）利润/给零售商的售价（零售商的成本）=0.6/3.5=17.1%

（4）利润/批发商的成本=0.6/2.9=20.7%

（5）利润/给顾客的售价（顾客的成本）=0.7/4.2=16.7%

（6）利润/顾客的成本=0.7/3.5=20.0%

在进行定价决策时，渠道管理者必须理解，仅仅基于市场、内部成本、竞争因素考虑定价决策是不够的，还要考虑定价决策对分销商行为的影响。当制造商的定价策略与经销商的利益一致时，后者很可能会与制造商高度配合。

渠道管理者必须时刻关注和及早了解经销商对定价策略的反应和想法，只有这样才能预计到价格制定后可能会产生的负面影响，以防患于未然（见图 9-3）。

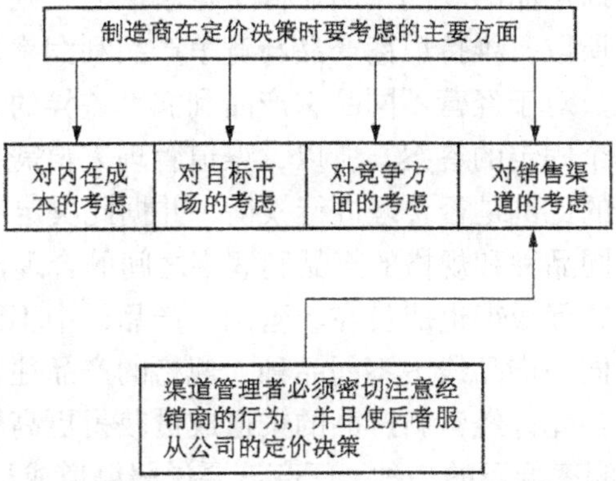

图 9-3　制造商定价决策中渠道管理者的任务

2．渠道与价格的整合

与厂商简单的定价决策相比，考虑到渠道管理需要的定价决策面临着许多特殊问题，要求采用独特的定价原则来处理。

（1）保证分销商获得满意的利润率

站在渠道成员的角度看，能够让它们满腔热情地去经营产品，至少要保证让它们得到合理的利润率。特别是从长远看，渠道成员不会经营那些无利可图的产品。所以，厂商如果不能让渠道成员得到它们预期的利润，就会失去它们的支持。那些感到厂商没能给它们带来足够利润的渠道成员就可能会去寻找其他的厂商或者创立自有品牌。不仅如此，任何渠道成员对于它们希望获得的利润率都会有一个习惯的标准，除非给出强有力的理由，否则没有一个渠道成员会接受背离标准的利润率。

因此，渠道管理人员应该经常检查渠道成员的利润率结构，看看渠道成员对它们的利润率是否满意，评价竞争状况的变化是否影响了现有渠道成员的利润，调查是否需要对渠道成员的利润结构做出调整。

（2）保持不同层次分销商利润率间的合理比例

由于不同层次分销商在渠道中所承担的责任和履行服务的成本不同，它们所得到的利润率也理应不同。在理想状态下，渠道管理人员可以按不同渠道成员所履行的职能直接决定各自的利润率，但实际上，只有很少厂商有能力这样做。所以，大多数厂商渠道管理人员所能做的就是对不同层次渠道成员所履行的职能和它们得到的利润率结构进行定期检查，并尽可能地进行协调。凡是承担库存职能的，大量购买的，提供维修、信息和运输服务的，以及帮助培训销售人员的渠道成员就应得到更高的利润率。如果渠道成员所履行的职能发生变化，则它们所得到的利润率也应做相应的调整。

（3）维持厂商产品与竞争产品利润率之间的合理比例

如果渠道成员经营厂商产品的利润率明显低于竞争产品，则渠道成员就不会投入太多精力去促销厂商的产品。所以，维持厂商产品与竞争产品利润率之间的合理比例是渠道管理的任务。但是，渠道成员对于经营不同品牌产品利润率差异的容忍限度究竟是多大，往往会随情况而变，没有一个固定的答案。所以，渠道管理人员需要根据具体情形对自身产品和竞争产品利润率之间的比例是否合理进行权衡，并据此决定对策。

（4）维持产品线的不同品种和规格的产品利润率之间的合理比例

厂商应该允许、说服并促成渠道成员在经营同一产品线中不同品种、规格的产品时获得不同的利润率。厂商的同一产品线中不同品种、规格的产品往往扮演着不同的角色。为了尽快开发市场，厂商应当允许经营新产品的渠道成员获得更高的利润率，以提高它们的推销积极性。对于那些利润率低下的品种，厂商需要说服渠道成员，激发它们的促销热情。只要让渠道成员认识到这些不同品种、规格的产品在产品线中的意义和价值，它们多半是愿意接受厂商的意见的。此外，厂商还应当尽量保持同一产品线内不同产品的价格差异与产品特征之间的差异相关联，否则，渠道成员想让消费者接受价格差异时就会感到困难。

3．渠道成员的定价策略

对于不同层次的渠道成员来说，由于在渠道中的地位、作用不同，其在渠道定价中的权力也会有很大差别。但是，所有渠道成员都是追求利润的，因此他们会根据自身实力和渠道整体的环境制定相应的渠道价格策略。

（1）生产企业的价格策略

1）价格维持策略。价格的维持策略可以认为是生产企业为了便于终端的销售和控制终端网点的合理竞争，对其渠道利益体系进行的一种价格梳理策略。生产企业或各个分公司遥控向其购买产品的批发商和零售商的再转让价格，明确规定其只能在一定的价格区间内销售产品。有时候这一策略也被称为“转售价格维持”。实施这一价格策略的优势包括下面几点。

- 生产企业可以用这一价格策略相对合理地分配利差，保证渠道的畅通。
- 减免“免费搭乘”即“搭便车”的现象。这种现象是指以特别低的价格进行分销的经销商根本不给消费者提供任何服务的行为。他们免费搭乘了高价经销商和分销商的收费服务。
- 如果某些经销商对产品的价格定得太低，在其大量销售产品的同时会损害产品和生产企业的声誉，也会增加零售商之间以及零售商和生产企业之间的冲突，因为那些不能以低价出售产品的经销商会不满于生产企业的态度，产品的经销体系最终会受到严重的破坏。
- 某些地区的经销商通过地区垄断的力量，会提高产品的价格，从而损害生产企业和消费者的利益。而通过应用价格维持策略，可使价格维持在大家都能接受的水平上。

2）可变价格策略。可变价格策略是指生产企业给经销商的价格根据交易双方的谈判结果决定，这种策略往往使用在一个竞争异常激烈的市场上。在这一市场上，同种类型的产品已经有很多不同的品牌在进行竞争，当生产企业想把自己的品牌打入这一市场而又很难靠自己的力量渗入其中时，就可以采用可变价格政策。这时，通过让利中间商，可以借助经销商的扩张力和已有销售网络，快速地提高市场占有率，将产品分销出去。但在这种情况下，买方因为处于有利的地位，常常向卖方要求更优惠的价格，使生产企业利润变薄。因此当生产企业在市场站稳脚跟，有较强的渠道权利，成为渠道控制者时，可以转向其他定价策略。

3）差异化价格策略。差异化价格策略是在着眼于市场细分的基础上产生的。在同一市场上往往同时存在这样两种购买者：一种是对价格不敏感、服务需求大的购买者，另一种是对价格非常敏感、价格弹性很大，而对产品的额外服务需求很低的客户。基于此，生产企业可以向第二种购买者提供或赠予比同一产品的第一种购买者更低的价格，这时，卖者便实施了价格差异化政策。这种政策往往可以通过价格、服务或产品特征实现。同时我们也可以很明确地发现，同一样产品通过不同渠道其价格是不一样的，这对生产企业来说是可以接受的，但有一个前提就是这种差别不会赶走生产企业已经建立并希望保留的某些渠道。

4）其他价格策略：

- 单一价格政策。这是一种不变通的价格政策。定价不顾及购买数量，不论什么人购买，也不管货物送到什么地方，价格都是相同的。
- 累计数量折扣。即价格根据一次购买的数量多少而变化。
- 累积数量折扣。允许由一定时期内（如 1 ~ 12 月）的总订货量打折扣。许多食品生产企业采取这种方法销售。
- 功能折扣。对履行不同职能的经销商给予不同的折扣。如一批、二批、三批商和零售商因履行不同的经销职能而享受不同的折扣。
- 统一送货价格。对不同地方制定价格有两种方法。一种是统一送货价格，即最终价格是固定的，不考虑买者与卖者的距离，运费完全由卖者承担。另一种是可变送货价格。
- 可变送货价格。产品的基本价格是相同的，运输费用在基本价格之上另外相加。因此，对于不同地方的顾客来说，产品的最终价格要依他们距离卖方的远近而定。

如果基本价格是确定的，运输费用是后来加上的，则称为离岸价格（自提价）。如果最终价格是确定的，其中包括运输费用，则称为到岸价格（到货价）。

在离岸价格和到岸价格这两种方法之间还有许多折中方法。

— 基点定价。货物以某个基点城镇为准确定基点价格，再加上从这个基点城市运往各个城市的运输费用。如果选定的基点城市不止一个，那么这种方法就称为“多基点定价方法”。

— 地区定价。即在一个地区性的市场上制定统一的价格。这种方法简单易行，在一个区域市场内宣传价格方便，而且实施起来比较简单。

— 对消费者的统一零售价。如果生产企业制定了零售商出售产品给消费者时必须执行的最终价格，而且零售商不得高于或低于该价格出售，则称之为统一零售价。这种价格通常印在价格单或包装上。生产企业对该产品在市场上的价格严加控制，除生产企业外，不允许价格出现任何人为波动。

（2）批发商价格策略

在分销渠道中，批发商通常采用成本加成定价法确定价格，其加成率以行业平均利润水平作为基准。具体来说，主要有三种策略。

1）低价策略。在这种情况下，加成率低于行业平均利润水平。渠道成员采取这种策略的目的是通过减少某些产品的毛利以吸引更多的新顾客。如果通过这种方法真的将销售额扩大，批发商就可以反过来要求生产企业给予特别的价格折让。

2）高价策略。在这种情况下，加成率高于行业平均利润水平。比较高端、复杂的产品的定价可以比生产企业规定的价格稍高些。因为作为批发商需要为下游的客户提供更多的服务，所以应当有所回报，当然这种情况应该与客户说清楚。

3）同价策略。在这种情况下，加成率等于行业平均利润水平。这种策略占绝大多数，批发商靠的是良好的服务，在信息非常发达的情况下他们应该与生产企业的报价保持一致。

（3）零售商价格策略

零售商品的定价战略通常在两个层面上运作。第一个层面是决定零售商市场定位的总体定价水平，如沃尔玛的定位是提供低价格商品，从而采用“天天低价”的定价策略；第二个层面是零售商战术意义上的定价策略，零售商通常运用这种策略实现特定时期内的特定目标，如刚进入一个区域时的定价、针对竞争威胁的反击价格，或者滞销商品的折扣价等。

1）长期定价战略。

第一，每日低价策略。零售商选择比竞争对手低的价格。选择每日低价的零售商总是保持每种商品稳定的低价，这样消费者无须在促销期便会获得低价。换句话说在这种策略下商品的价格有相对较长的稳定性。每日低价的优点有以下几点。

- 减少促销广告费用。如沃尔玛一个月在报纸上做一次广告，而那些实行价格提升的竞争者一年要在报纸上做 52 次广告。
- 减少价格战。成功的低价策略能使零售商从与竞争对手的残酷斗争中撤出，因为顾客一旦意识到零售商价格的合理性，就会更多、更经常地购买。
- 提高店员效率和服务水平。由于没有因为低价促销产生新的消费群，店员可以更专注于目标消费群。
- 提高利润率。虽然每日低价下的价格都比较低，但是因为不会出现高-低定价体系下低价时商品大量销售的情况，一般来讲仍会提高边际利润。

第二，高价格策略。一些零售商以比竞争对手高的价格销售某些或全部的商品。这通常是名牌或者奢侈品商店采取的方式。当商店的位置得天独厚时，销售商也会采用这种方式，如火车上供应的食物、校园超市出售的商品等。现实中采用这种定价策略的零售商非常少，零售商采用最多的定价策略是每日低价和高-低定价策略。

第三，高-低定价策略。在这种定价策略下，零售商在一段时间内选择较高的价格，但经常会降价销售商品进行促销。一般来讲，零售商会在不同的时间段选择不同的商品进行促销，从而吸引不同细分市场的消费者。每日低价和高-低定价是最有代表性的两种定价战略，现实中的应用也最为广泛。高-低定价的好处包括以下几方面：使商品占据更多的细分市场，在促销期能够吸引更多的价格敏感型的消费者；推动商品物流，所有的商品最终都能卖出去；初始的高价能够引导消费者对产品和商店的质量做出较高的判断；高的初始定价往往被认为是产品高质量和商店高品位的标志；刺激消费，降低消费者价位意识。

世界零售业排名首位的沃尔玛和家乐福就分别采用了每日低价和高–低定价的定价策略。沃尔玛和家乐福在中国市场的正面交锋也可以看做每日低价和高–低定价策略的交锋。

2）短期定价战略。

第一，亏损–领先型定价策略。在这种定价策略中，某些商品的价格被制定在很低的（甚至是亏损的）水平上，同时对这些产品进行密集的广告，以便吸引消费者的注意力。在生活中我们经常会收到一些超市的促销品目录册，这时超市运用的就是亏损–领先型定价战略。该战略的立足点在于坚信那些被低价商品吸引来的消费者不会只消费低价商品。在他们消费其他商品的同时，零售商可以从中收回前期投入的成本。这种策略的缺点也恰恰是针对它的立足点：低价的商品往往只吸引了专门搜索和储存便宜商品的消费者，而对于其他商品的销售却帮助甚微。

第二，多买多赠和关联购买策略。这种策略一般在快速变化的消费品零售领域非常普遍。它的优点在于能够促进新产品的推广、刺激特定产品品牌与品种的短期销售、提高每笔交易的金额以及鼓励关联购买。当然如果多赠的商品或者关联购买的商品对于消费者来说缺乏吸引力，那么这种策略往往会以失败而告终。

第三，积分和会员策略。在这种策略中，对于经常光顾的消费者，零售商会给予他们一定的价格折扣或者其他物质鼓励，这对于提高消费者的忠诚度无疑是很有益的。有些零售商还会给予推荐其他人成为会员的消费者一些奖励，这同时又能够扩大商店的顾客群和影响力。零售商尤其是大型超市在定价中采取会员价和普通价是一种常见的做法。经常购买的顾客享有会员价（低价），而普通价要高于会员价。因为普通顾客要么对商品价格不敏感，要么是很少光顾该商店。普通顾客具有较低的需求弹性，被索要较高的价格，而会员顾客往往属于需求弹性高的群体，因而支付的价格较低。一般情况下，零售商从低需求弹性的消费者（普通顾客）那里获取消费者剩余，而高需求弹性的消费者（会员顾客）却得到了低价格的好处，两者相抵后，零售商的利润要大于单一价格下的利润。

小链接

如何进行渠道定价

如何进行渠道定价是每位渠道经理都要面对的问题。每个生产企业会针对自己的情况和环境状况制定不同的渠道价格政策。

在餐饮业，"小肥羊"火锅以同样的产品行销全国，但是在不同城市的定价很不一样。"小肥羊"的目标客户群是工薪阶层，而在不同的区域市场，工薪阶层的收入是有差异的，因此"小肥羊"根据区域市场内目标客户群的收入差异，采取了差异定价。在高收入地区，定价稍微高一些，在低收入地区，定价稍微低一些，正好符合当地工薪阶层的承受能力。例如，北京"小肥羊"的价格比包头"小肥羊"的价格高出 30%～40%，这符合两地居民在收入上的差距，在价格差距中也包含了必要的物流成本。

当然，并非所有连锁餐饮企业都应该差别定价，“小肥羊”的这种定价方法与外国快餐的定价方法形成了鲜明对比。肯德基、麦当劳在全国所有快餐店的价格都是一样的，也就是说采取了统一定价的做法。为解决各地市场购买力不均这个问题，它们通过快餐店的密度来调节或适应各个区域市场的差异。在经济发达城市，快餐店的密度就大一些；在经济欠发达城市，密度就小一些。用这种方式来保证每家餐厅都有很好的客流和业绩，从而维护自己的品牌形象。如果在经济稍微落后的城市，定价不降低、密度也不减少，则由于当地的消费水平较低，必然会造成各家餐厅的生意欠佳，这不仅会直接影响每家店的赢利水平，还会由于客流量较小，而影响自己的品牌形象，这是麦当劳或肯德基要坚决避免的。

我国的摩托车生产企业宗申摩托也采取了与“小肥羊”类似的差别定价策略。宗申摩托采取“背靠背”、“一地一价”的方式，与各地的经销商、零售商分别签订供货协议，供应价格“一地一价”，由双方协商决定。为了防止其他经销商和零售商攀比，协议内容对外保密。这种做法也符合中国复杂的区域市场特点。由于摩托车体积大，库存和运输的难度都相对较大，很难出现窜货现象；即使出现窜货，查起来也非常容易，所以宗申摩托不用担心异地窜货。既然不担心窜货，那么“一地一价”政策就有了最坚实的基础。宗申给各个经销商和零售商“一地一价”，他们也认真地执行“一地一价”，无须担心本地价格过高而受到异地窜货的侵扰。所以，在销售渠道中定价时，可以完全根据本地市场的消费水平和自己的经营策略来制定零售价，在定价策略上可以非常灵活。

从上面的例子中可以看出：渠道定价是渠道管理中的一个重要内容。渠道定价不当将给渠道管理造成极大的混乱，情况严重者，甚至会导致渠道系统的崩溃和产品在市场上的彻底失败。

营销渠道中的定价由于涉及各渠道成员，因此针对的是组织间的控制管理。此外，由于渠道中各成员在市场中都是独立的个体，因此生产企业的定价变得更为复杂、多变。同时，渠道的运行需要渠道成员的共同努力，每位成员都享有一定的权利，这使得生产企业对营销渠道中的定价控制与管理存在一定的局限性。生产企业对营销渠道中的定价控制过大，容易激化渠道成员之间的矛盾，造成渠道冲突；生产企业在营销管理中过分强调相互合作、平等互惠的原则，将增大渠道的脆弱性，降低生产企业的防卫能力，可能会导致渠道的低效率，不能充分发挥渠道的效益。

因此，如何平衡和协调生产企业、批发商、零售商的利益，制定合理的价格体系和价格政策，是渠道管理的一项重要内容。

9.3 渠道中的促销管理

促销（Promotion）是生产企业为促使目标顾客购买其产品或服务而进行的一系列说服

与沟通活动，其本质是沟通信息、赢得信任、诱导需求、促进购买欲望。

渠道促销可以从广义和狭义两个层面来理解。广义的渠道促销是指从制造商到终端零售商各主体在各阶段所做的各种促销活动的综合。其中，零售商开展的促销活动被称为“终端促销”。

狭义的渠道促销是指生产企业对中间商及其销售人员开展的促销活动。

1. 渠道促销的类型及比较

（1）拉式渠道促销

拉式渠道促销是指生产企业通过刺激最终消费者的购买行为，从而拉动渠道中间商对生产企业产品需求的一种促销方式。它是由生产企业作为渠道促销的发起者，专门针对最终消费者开展的促销活动，其主要意图是通过有效的销售促进来带动最终消费者的需求，进而使其大量购买本企业的产品，继而产生由零售商向批发商求购商品，再由批发商向生产企业要求供货的良性的销售循环。其基本流程为生产企业—消费者—零售商—批发商—生产企业。

一般来讲，拉式渠道促销通常使用广告这种比较有效的方式来引起最终消费者的注意。生产企业先通过广告对最终消费者形成强大的促销攻势，把新产品或服务的相关信息传递给最终消费者，使之产生求新求变的购买欲望。当这种需求达到一定程度时，自然会形成对于渠道中间商的需求压力。渠道中间商缓解最终消费者这种需求压力的最有效的办法就是向上游的供应商订货。这就在一定程度上把渠道中间商拉到了生产企业的周围。

在拉式渠道促销策略中，除了广告之外，公共关系和营业推广也是比较常用的手段。通过这些手段，生产企业能够较快地树立企业形象和产品形象，进而在最终消费者中间形成一种心理上的拉动力，诱发其强烈的购买兴趣。拉式渠道促销战略比较隐蔽，其费用相对较低，效果也是间接获得的，因而需要包含一定的促销艺术成分。

（2）推式渠道促销

推式渠道促销是指生产企业通过对中间商开展促销活动，进而刺激最终消费者购买行为的一种促销方式。在生产企业的营销实践中，推式渠道促销方式使用得比较频繁。由于推式渠道促销是生产企业针对中间商的促销活动，因而促销的起点是生产企业。生产企业通过销售促进把产品推广给中间商，再由中间商把产品逐步推向最终消费者。生产企业向其他渠道成员促销的主要目的在于，通过有效的销售促进激励渠道的销售人员开发市场、扩大销售，鼓励和促进这些中间商更积极地把产品推向最终消费者。其基本流程为生产企业—批发商—零售商—消费者—生产企业。

推式渠道促销策略一般以人员推销为主要手段。生产企业需要争取渠道中间商的广泛合作，然后利用中间商的力量把新的产品或服务推向市场、推向消费者。在推式渠道促销中，生产企业承担的经营风险小，推销周期比较短，但其前提条件是须有中间商的共识与配合。这要求生产企业拥有比较成熟的推销人员队伍，要求推销人员针对不同的商品、不同的客户，采取不同的方式和方法。

（3）两种方式的比较

虽然拉式渠道促销与推式渠道促销仅一字之差，但是在现实生活中，它们的作用方式和运作机制截然不同，并在资金使用、促销方向、促销手段等方面有所体现。

推式渠道促销与拉式渠道促销有其基本的假定条件，在市场营销理论中都能够找到相应的理论支撑。推式渠道促销的坚持者认为，最终消费者或者渠道中间商一般都存在消费或购买需求的不充分和不完整性，这就要求生产企业必须主动向这些渠道成员或最终消费者发出准确的销售信息。另外，通过人员直接销售，能够增强促销工作的目的性和针对性。与拉式渠道促销不同，它更强调生产企业的主动性和开拓市场的能力。因而在这种渠道促销方式中，培养推销员工并提高他们的销售技巧显得尤为重要。

拉式渠道促销是一种比较现代的渠道促销方式，它的坚持者认为渠道中间商或最终消费者往往具有一定的识别能力，并能够做出非常理性的购买判断。因而生产企业使用这种渠道促销方式主要取决于下级中间商或最终消费者的主观判断能力。拉式渠道促销方式的成本比较低，一般通过广告的方式引起下级中间商或最终消费者的购买意愿，但它真正的促销效果受制于产品的特点或广告能够覆盖的地理范围。

虽然两种方式存在较大区别，但是生产企业通常会同时应用两种促销方式，也有一些生产企业先用推式渠道促销方式，然后再用拉式渠道促销方式。例如，先用推销人员建立一定的促销渠道，在产品的品牌形象树立起来之后，再用类似于广告的拉式渠道促销方式来固化产品的形象。这种先推后拉的方式，旨在让下级中间商或者最终消费者首先了解产品的基本特征和使用效果，然后让他们不要忘记这种产品的存在。而先拉后推则与之相反，这往往是首先让下级中间商和最终消费者注意到市场上有一种新的产品，然后再使用渠道推销的方式把这种产品送到他们手中。由于这两种方法没有内在冲突，因而通常情况下，它们会被共同使用。

生产企业在各种推式促销方式中必须花费巨额费用，以使其产品能够吸引批发商和零售商，并为其产品找到理想的摆放货架。很显然，这些批发商和零售商不仅仅满足于充当生产企业产品的输送管道。因此，现实情况迫使生产企业在制定和实施促销战略的过程中，必须寻求中间商的真正参与，并与之进行有效合作。从这个意义上讲，“推式促销策略”一词并不像其字面包含的意思那样，生产企业能够强制性地将促销方案“灌输”给渠道各环节。生产企业不是在推动渠道各环节促销其产品，而是寻找有效促销战略的参与者和合作者，这一做法对生产企业和渠道各环节都有利。

2．渠道推式促销策略

生产企业通常采用合作广告、促销补贴、展销和销售协助、店内促销、竞争和激励、特殊促销协议补贴等直接方式来获取渠道中间商的支持。此外，生产企业还会通过员工培训计划、产品销售配额、现场协助销售和贸易展览等间接方式促使渠道成员销售其产品。

（1）直接的促销战略

1）合作广告。生产企业为渠道成员提供的最常见的促销协助是合作广告，它是指生产企业和零售商共同分担广告成本的促销方式。合作广告由生产企业的全国性广告和零售商的地方性广告组成，前者是指生产企业在全国性市场进行的推广努力，而后者是指零售商在其所属地域进行的推广努力。全国性广告主要是创造更受人喜爱的产品形象，促使潜在消费者考虑购买该品牌产品。地方性广告主要是通过告知更为详尽的信息、产品价格、商店位置等，以此激励消费者的购买行为。

合作广告被大多数行业内的生产企业所采用，在生产企业的渠道发展战略中扮演了重要角色。合作广告一般由零售商提出，为了增加自己的广告预算，同时在促销方面节省资金，零售商通常会向生产企业寻求帮助。在生产企业看来，零售商的地方性广告支出比生产企业期望的支出水平低，因此，通过合作广告的促销方式能够促使零售商增加地方性广告支出。合作广告的制作水平取决于生产企业支付给零售商的津贴，生产企业可能对零售商的广告策略，如广告尺寸、生产企业品牌展示等提出具体要求。

对于生产企业而言，作为促销战略之一的合作广告的实际效果在很大程度上取决于其他渠道成员提供的支持。在渠道环节中，合作取得这种实际效果的前提条件是，渠道成员拥有足够的产品存货；能够提供足够的产品现场销售展示机会；在必要时提供人员销售支持。生产企业只有对合作广告拥有较大的管理权限，才能获得其他渠道成员的支持；缺乏切实的管理措施，可能使生产企业的合作广告费用被其他渠道成员转移用途，或者直接被截流用作利润分成。

2）促销补贴。促销补贴是一种比较直接的渠道促销战略，它是由生产企业直接向其他渠道成员发放现金或者其他形式的补贴，以鼓励这些成员在产品销售方面努力开展工作。例如，生产企业向其他渠道成员直接提供现金支持，或按特定产品交易额的一定百分比支付，都是比较典型的补贴方法。提供促销补贴是为了鼓励批发商或零售商尽可能多地购买生产企业的产品，或者在商业展示中为本企业的产品抢占更有利的位置。促销补贴与合作广告相比，其作用方式更为直接，且具有目的性和针对性，与渠道成员的经营效果直接关联，因而效果更理想。

3）展销和店内促销。展销是指生产企业在零售商的经营场所内对本企业产品进行有形展示，以此来刺激消费者的购买欲望。展销的主要功能有三项：展览，让更多的消费者直观地了解生产企业所生产的最新产品和最好的产品信息；现场销售，对于一些可以即买即用的产品，这种促销方式比较适合，如新潮的服装、鞋帽等；充分了解其他渠道成员和最终消费者对于新产品或者质优产品的客观评价。

展销的主要缺点在于生产企业提供的产品信息和资料很可能不被其他渠道成员所重视；其他渠道成员不能完全按照生产企业的要求组织展销，从而导致生产企业与最终消费者沟通过程中的信息失真，生产企业和渠道成员在展销的一些具体环节中可能存在较大的意见分歧。

店内促销是一种比较短期的活动，其目的在于为生产企业的产品创造附加价值或者开辟新的市场。国内一家著名的家电生产企业就利用其营销渠道，在一些比较大的商店开展了由高层管理人员签名促销的活动，效果非常好。一是促进了销售额的增长；二是引起了消费者的广泛关注；三是给竞争对手施加了压力。

4）销售竞赛与激励。销售竞赛和激励是另一种运用得非常普遍的促销方式。这种方式由生产企业发起，并承诺以现金、实物或其他福利形式来奖励销售业绩突出的销售人员，从而激励营销渠道中的成员为销售其产品做出一系列的努力。销售竞赛与激励的形式多种多样，主要有推销员之间的竞赛和中间商之间的竞赛两种形式。

推销员之间的竞赛能够直接提高推销员的销售技巧，增强销售人员的自信心，并快速提升其工作业绩。在中间商之间开展销售竞赛并给予奖励，可以调动他们销售生产企业产品、向生产企业反馈销售信息和市场需求信息的积极性和主动性，从而有利于保证生产企业销售任务的全面完成。

5）特殊促销方式。特殊的促销交易有很多种类型，通常是给予渠道成员或者最终消费者一定的折扣，以鼓励它们订购更多产品。买一送一、不用找零、价格打折、送优惠券、赠小礼品、有奖销售都属于特殊促销方式。特殊促销方式的主要问题在于，它在一定程度上降低了消费者的品牌忠诚度，甚至会出现鼓励商品在渠道成员之间流转的现象，这将使生产企业的产品在营销渠道成员之间的竞争变得激烈，从而导致总的销售成本不断上升。

特殊促销方式还会促使零售商和批发商为了尽可能达到生产企业制订的优惠标准，而购买超过他们在一段时间内的销售能力的产品，结果导致大量的商品停留于批发商和零售商的仓库中，在渠道环节之内形成大量的滞销积压，严重减缓生产企业的分销进程，使那些旨在通过低成本、大批量产出占据市场份额的生产企业面临进退两难的境地，最终导致生产企业市场份额的下降和竞争能力的退化。

6）价格折扣。价格折扣是指在原定价格基础上的再优惠。作为一种激励方式，它只针对那些完成销售任务比较好的经销商，在合同约定时，对于不能按期按质完成任务的经销商，一般不能适用这项优惠。价格折扣有按照回款速度决定的价格折扣、重复进货频率折扣、季节折扣、销售折扣补贴、进货品种搭配折扣等主要方式。

一般来讲，回款速度越快，折扣越高。一次性进货量越大，给予的价格折扣就越大。累计进货量达到一定的数量，也可给予一定价格折扣。在旺季转为淡季的时候给予分销商折扣，目的是期望大型分销商能够进行产品储存，在进入旺季时迅速占领市场。销售折扣补贴是对在规定时间内完成目标数量销售任务的一种价格补贴。这种补贴一般有约在先，对销货时间、销售的货品量、给予的折扣幅度都有明确规定。在最短的时间内，销售尽可能多的货物，折扣就会大；反之则比较小，甚至没有折扣优惠。进货品种搭配折扣是指中间商在进货时如果能同时买进生产企业规定的产品组合，则将获得一定的价格优惠。

（2）间接促销方式

1）培训计划。培训计划是指生产企业为了提高渠道成员的销售业绩，对渠道成员的销售人员进行业务培训。它是生产企业与渠道成员建立促销合作，有效地开展促销业务的重要策略之一。

对渠道成员的销售人员进行培训的首要工作，是要说服渠道成员，让他们认同培训的实际价值。由于渠道成员可能会经营多个生产企业的产品，因而对于一些有特殊用途的产品，必须通过培训使销售人员掌握产品的性能和使用方法，辅之以一定的销售技巧才能够达到销售效果。在向渠道成员推销培训计划时，生产企业应当将培训目标与渠道成员的经营目标相结合，提出可操作的培训计划，并对培训学习有效果的销售人员给予一定的奖励。

为了使培训计划行之有效，由生产企业制定的培训计划必须具有一定的针对性。一般来讲，应当有专门针对批发商和零售商的培训计划。在培训批发商的销售人员方面，应当将产品知识、销售技巧和咨询服务等内容结合起来。

2）配额规定。销售配额是指生产企业指定渠道成员在一个阶段内进行销售的数量，是渠道成员要努力实现的目标。制定销售配额的目的是激励渠道成员，使销售计划落实到渠道成员的行动上。配额规定应注意遵循公平性、可行性、灵活性和可控性的原则。如果配额以强制方式给予，会造成渠道成员的敌意和矛盾。如果生产企业的产品不能构成渠道成员产品组合中的重要一环，渠道成员就可能不重视这样的配额。另外，如果销售配额能与渠道成员相配合，或者有助于反映渠道成员销售潜力的相关信息，则配额在培养渠道成员方面将发挥积极作用。

3）现场协助销售。现场协助销售是指生产企业派出内部销售人员帮助渠道成员开展销售活动。由于派出的销售人员通常只帮助渠道成员提高本企业产品的销售水平，因而对于渠道成员销售其他生产企业的产品有一定的抑制作用。现场协助销售人员的主要工作包括：检查批发商和零售商的存货水平；向零售商宣传生产企业的新产品；帮助渠道成员安排橱窗和店内陈设；解答批发商和零售商的问题，提供销售建议和培训方案；协调生产企业与批发商、零售商之间的关系；处理产品订单。

4）贸易展览。贸易展览是指生产企业通过开展具有贸易性质和消费性质的展览会，刺激渠道成员和最终消费者的购买需求，从而实现产品销售的活动。贸易展览通常由行业协会组织，涉及的范围比较广。大型的贸易展览可能包括生产企业、批发商、零售商和服务中介机构等所有的渠道参与者。贸易展览可以充分展现生产企业的新产品和优质产品，从企业规模、产品服务等方面展示企业的实力和形象，同时也能够为本企业的销售人员提供锻炼机会。

生产企业参加贸易展览应做好以下工作：组建参展队伍，搞好摊位设计，认真挑选参展商品，充分掌握参展信息。在参展过程中，一方面要大力宣传本企业的产品；另一方面要认真关注竞争对手的情况，深入了解渠道成员的经营变化，及时发现消费者的消费倾向，突出优势，避开劣势，尽可能多地与其他参展单位进行交流合作。

3. 渠道促销的管理流程

渠道促销的管理是指组织者对渠道促销活动及其相关因素分析与决策的过程，包括以下五步工作。

（1）确定目标

终端销售促进的目标按其作用对象划分为三种：

1）针对消费者，目标是灌输某种概念，刺激购买。

2）针对销售终端，目标是吸引主动上柜，积极推荐，增加库存，产生品牌忠诚。

3）针对销售人员，目标是鼓励他们推销产品，寻找更多的潜在顾客。

（2）选择方式

终端销售促进的方式很多，企业要根据市场类型、销售目标、竞争环境及各种推广方式的成本和效益等，选择适当的终端销售促进的工具。对不同的对象，使用的工具也不同。

另外，在选择终端销售促进的促销方式时，企业还应注意终端销售促进与广告等其他促销形式的紧密结合。一项研究表明，单纯价格促销，仅会使销量增加 15%。当它与广告相结合时，销量会增加到 19%；当它与广告和售点展示相结合时，销量增加到 24%。许多大公司都有一名终端销售促进经理，专门帮助品牌经理选择恰当的终端销售促进工具。

（3）制定方案

1）确定推广规模。确定规模适度的依据是推广费用与推广收入之间的效应关系。

2）参加者的条件。要根据顾客或终端商的具体特点，选择能产生最佳推广效果的刺激对象。

3）推广途径。企业应根据其普及面及费用合理选择。必须选择既能节约推广费用，又能收到效果的终端销售促进的工具。常规途径有三种：包装分送、终端分发、邮寄广告。

4）推广期限。期限应适当，时间过短会使一部分潜在顾客来不及购买；时间过长，会对促销商品产生变相大拍卖的印象，激发不起购买积极性，且费用大而效益小，影响企业声誉。

5）推广时机的选择。推广时机选择得好，能起到事半功倍的效果，时机选择不当，则适得其反。企业应综合考虑产品的生命周期、顾客收入状况及购买心理、市场竞争状况等，不失时机地制定终端销售促进策略。

6）推广费用预算。终端销售促进固然可以使销售增加，但同时也相应增加了推广费用。企业要权衡刺激费用与营业收益的得失，比较推广费用与收益的产出，从而确定促销的规模和程度。

（4）方案实施

因为促销活动涉及的范围较广，因此比媒介广告烦琐得多。一般来说，包括创意，建议，与终端的沟通，落实物品。场地及相关人员，办好相关手续或协调好相关部门，产品、促销品、助销品的物流工作，信息的反馈与调整等。

（5）工作评估

促销工作结束后，企业需要从以下几个方面总结：

1）促销前定下的目标完成情况如何？

2）相关人员的工作达到要求没有？

3）人员之间的配合是否默契？

4）物料的配置是否到位，是否起到了理想的效果？

5）物料的发放是否按促销前的要求在执行？

一次大型的终端销售促进，是检验一个企业市场部洞察力、创造力、号召力和执行力的很好的标准。为了总结方案实施的经验教训，以便为今后的终端销售促进决策提供依据，还需要对促销效果进行评估。常用的评估方法有：

1）阶段比较法。对推广前、中、后的销售额和市场占有率进行比较，从中分析终端销售促进的促销效果，这是最常用的一种方法。

2）跟踪调查法。在推广结束后，有多少参与者回忆此次推广，其看法如何，多少参与者从中受益，以及此次促销对参与者今后购买的影响程度等。

但值得注意的是，判断一次促销是否成功，不能只简单地理解为促销阶段投入产出比的高低。如果要在全国范围某家 K/A 店搞一个大型的让利促销活动，怎样才能避免亏损并进行科学的统计呢？要避免亏损，就必须运用盈亏平衡点进行分析。

所谓盈亏平衡点分析就是找到该次销售必须达到的最低件数。比如，要在华联做一次让利促销。假设每件产品的出厂价为 20 元，厂家让利 0.5 元/件，又花了堆地费 3 000 元，DM 费 500 元，假设每件的毛利是 3 元，这样在这次促销活动中必须让华联至少销售：

最低销售件数=固定投资÷（毛利−让利）=（3000+500）÷（3−0.5）=1400（件）

当然，由于产品类型的差异，有的促销确实很难达到盈亏平衡点，但这并不能放弃促销评估。这时就可以通过对促销增量的单位成本进行测算，通过比较的方法以评估促销的作用。促销增量的定义是：消费者在促销活动的影响下超出正常消费水平所购买的额外部分。

促销增量=促销期间的销量+促销后的期间销量−以上两个期间内正常的销量

促销增量的单位成本=促销总成本÷促销增量

增量成本比=促销增量的单位成本÷出厂价

比如，还是上次华联的促销，后来统计该月总共做了 980 件，促销后一个月做了 530 件。平时该超市的月销量为 600 件。

$$促销增量=980+530-600\times2=310（件）$$

$$促销增量的单位成本=（3500+980\times0.5）\div310=12.87（元/件）$$

$$增量成本比：12.87\div20=64\%$$

增量成本比越低，表明促销越成功。由此，也可以通过横向的比较，或者设定一个百分比标准来推断促销的成功与否。

实务训练

渠道促销如何创新

下面讨论几个渠道促销创新的案例，以期给大家一点启发和思考。

案例 1　必须抓住产品的特性进行促销

可口可乐公司的“酷儿”产品在北京上市时，由于产品定位是带有神秘配方的 5～12 岁小孩喝的果汁，价格定位也比果汁饮料市场领导品牌高 20%。当时，在激烈的竞争以及新品并不被消费者所广泛认知的情况下，铺完货以后，产品周转却比较吃力，眼看销售不温不火，很多业务系统员工强烈要求将产品进行降价促销，与市场果汁饮料领导品牌抗衡，力图通过价格和产品双优势夺得市场的大份额，取得竞争的胜利。但市场部门经过研究，顶住了强大的销售压力，走出了促销创新的新路子：既然酷儿上市走的是“角色行销”的方式，那我们就来一个“角色促销”。于是，“酷儿”玩偶进课堂派送酷儿饮料和文具盒，买酷儿饮料赠送“酷儿”玩偶，在麦当劳吃儿童乐园餐送酷儿饮料和礼品，酷儿幸运树抽奖，“酷儿”脸谱收集，“酷儿”路演……虽然没有出现很多产品做完价格促销后的极为红火的现象，但销售却是一路走高，产品成长期特别的长。

案例 2　促销创新需要小心呵护好价格

美国人鲍洛奇的重庆食品公司生产的“中国炒面”，以“给美国人换换口味”为口号并运用东方神秘色彩的广告，在美国食品市场上占有一定的市场份额。当时，重庆食品公司在资金实力上属于行业中的中等企业，鲍洛奇深知公司经不起“薄利、降价、为市场份额而战”的竞争。为了进一步扩大市场销量，鲍洛奇仔细分析了中国炒面的对象——中等收入家庭的特点，这些家庭的收入并不丰厚，但虚荣心却在各类家庭中最强，总在亲友面前保持自己富裕的形象。经过这些分析，他制定出了提价促销的营销策略，将重庆公司的“中国炒面”定为同类产品中最高价位产品。

提价前重庆公司在各类媒体上做了大量的广告宣传，营造了吃中国炒面是家庭地位的某种象征，是三餐之外最佳营养食品的氛围。全新的包装和标识、优良的产品品质，使重庆公司的“中国炒面”在市场上出现了一个销售高潮；

时隔 4 个月，重庆食品公司又传出再次提价的消息，但公司在正式的传播渠道中没有确认和否定。市场上的消费者、商业企业出现了“投机心理”，发生“储存式购买”，中国炒面开始脱销。时隔30多天，包装稍加改变的“中国炒面”真的以更高的价格出现在消费者面前。市场调查表明；消费者不仅不认为“中国炒面”价格高，而且认为他“货真价实”。鲍洛奇的“提价促销”策略取得了巨大成功，“中国炒面”成为美国面食食品中的最高价格产品，公司进入了美国食品行业中的第一阵营。

翻开一些大超市的直邮广告，上面写的全是“买几赠几”、“促销价”、“优惠价”，似乎表明现在很多促销活动的实质就是“直接降价或变相降价”。毫无疑问，现在低价促销成了促销活动的主要内容，很多企业觉得用价格当做促销工具，将降价当做促销活动，战无不胜，但大家都知道这是一把“双刃剑”，刺伤了别人，自己也绝不会好过。所以，促销创新如果能让价格不受促销活动的影响而下跌，继续保持稳定且又能让促销效果良好的话，这将是促销创新的极大突破。

案例3 消费者行为的个性化是促销创新的原点

人们经常看到，高档奢侈品的“Road Show”活动台，围观着里三层外三层的民工和小孩，而目标消费者却没有一个；在排队领取化妆品礼品、运动饮料赠饮品的长蛇队伍中，老人、小孩为主，而目标消费者（化妆品针对25～60岁女性，运动饮料针对青少年）极少。那么再来看深圳的广家房地产公司，这家房地产公司进军山东，开发了100多套比当地现房最高房价还跳高高300%的住宅。他们进行促销推广的方法似乎也并不复杂，就是在主要街道拦截价格50万元以上的轿车，发放“私函”，大意是说，房子比车应该贵一些才相匹配。结果，100多套房子作为“富人的符号”被一抢而空。为什么后者会成功而前两者未必呢？区别就在于促销活动有没有直接针对目标消费者。可以说，没有多少企业的产品面对的是所有人群，基本上都有自己的特殊消费群体，而很多企业的促销活动都想一网打尽天下所有消费者，这给促销创新带来极大的困难，这也是促销创新最大的敌人之一。

案例4 从渠道价值链的角度出发，整合利用渠道资源

在这里，不得不提到的就是啤酒行业的“促销毒药”：瓶盖有奖促销。虽然这种促销方法也曾经遭到非议，说是一种短期行为，不利于饮料产品的可持续发展，但促销的效果是立竿见影的，因此不得不说是促销创新可借鉴的一种经典理念。

从渠道价值链的角度分析，瓶盖有奖促销模式符合渠道成员各方的利益。从厂家角度讲，可通过不断调整中奖比率来适应消费者消费行为的变化，将投入效果最优化、促销效果最大化，一定的投入得到最大的效果；从渠道中间商的利益分析，厂商通过对渠道成员的进货奖励，对其进行促销管理和服务的奖励等方式让他们从促销活动中得到好处，更重要的一点就是，由于瓶盖奖励数量是未知的，奖励也有大有小，这种活动本身具有很强的刺激感和娱乐性，所以能够将渠道中间商的积极性充分调动起来；尤其是对于一些小卖部或餐饮店之类的终端商，瓶盖有奖，实践证明可以让消费者在这里消费更多的产品，产生更大的效益，有的餐饮店还能让瓶盖费用当做服务员的福利或工资，降低了业主的经营成本；而从消费者方面来讲，通过设计出合理的中奖比率，消费者会有真正得到实惠和被企业关注的感觉。所以，一个小小的瓶盖将各方的价值和利益串联在一起，实现渠道成员之间的联动，是渠道利益得到充分协调的结果，更是对渠道价值链的一种深刻理解和灵活运用。

（案例来源：杨春富. 营销渠道管理. 南京：东南大学出版社，2006.）

问题

广泛收集资料，讨论渠道促销创新的基本思路与原则。

第 10 章

渠道中的物流、信息流与资金流管理

学习目标

1. 掌握渠道物流的关键问题
2. 了解渠道物流中订单、运输、配送、库存等各个环节是如何管理的
3. 掌握渠道信息系统的总体结构与功能结构
4. 掌握渠道成员间的信息沟通技术
5. 掌握企业信用政策
6. 讨论为企业讨债的原则和策略

引导案例

富士通和联邦捷运建立紧密联盟关系

这是一个在极短的时间内从无到有地建立起联盟的故事。

1996 年，富士通公司个人电脑部业务的 70%在日本市场。为躲避激烈的竞争，富士通进入了美国笔记本电脑市场，却发现市场竞争在这里和原来一样激烈。伴随着对业绩的失望，富士通进行了彻底的反思，发现物流是主要的问题。笔记本电脑在东京生产，再通过海运大批运至美国西海岸的两个仓库，其结果是提供给渠道成员的服务太慢。

认识到物流是一种渠道能力后，富士通将所有的仓储和配送功能都转包给了作为第三方物流的联邦捷运。1997 年 10 月，富士通还对联邦捷运进行了专项投资，在靠近田纳西州孟菲斯这个联邦捷运的超级集散中心，很少有其他承运商提供服务的地方开设了一个客户服务中心。富士通关闭了其在西海岸的一个仓库，进一步提高了对联邦捷运的依赖性。

富士通在孟菲斯的专用性资产产生了实体方面的紧密性，促进了沟通。联邦捷运产生了一个激进的想法：为什么要从东京运送已经组装完毕的笔记本电脑呢？为什么不代之以扩展孟菲斯的设施从而生产定制化的笔记本电脑呢？一个障碍是如何进行最后的组装：联邦捷运建议采用 CTI——一家为联邦捷运的其他许多客户提供类似服务的公司。（联邦捷运

也是在与其另一个客户戴尔电脑公司合作时产生整个构思的。这是渠道成员提供范围经济的一个杰出案例。）

富士通实施了这一想法。部件从大阪空运到孟菲斯转交给联邦捷运，然后交给 CTI。联邦捷运公司负责整个装配运营和个性化过程，并将最终产品交给零售商或终端用户。

不到一年，富士通就不再花一个月时间向渠道运送大批量生产的产品了。反过来，它已将业务转化为定制化生产模式，保证下单后 4 天内货物送到。这对富士通的竞争优势和赢利产生了巨大效应。

一位分析家这样总结了该联盟：

富士通是以一种真正的战略联盟精神进入这一关系的。公司选择联邦捷运不是因为价格低，没有要让业务人员为省下一点钱而四处颠簸并对联邦捷运撒谎，也没有在进入关系时带着疏远、半敌对性、凌驾于法律之上、特别遮遮掩掩、不信任、斤斤计较和机会主义的想法。相反，它将联邦捷运作为完全的、积极的和亲密的伙伴。富士通和联邦捷运的人员一起公开合作地解决了富士通运营方面的问题，并开发了经过更新的物流服务方案。

（资料来源：安妮 . 科兰，等. 营销渠道（第 7 版）. 北京：中国人民大学出版社，2011. ）

📖 思考

1. 物流的主要任务是什么？
2. 物流与商流的关系如何？

物流、信息流、资金流管理是渠道流程的重要组成部分，也是渠道管理的重要内容。本章在以上各章重点研究商流的基础上，展开对这些问题的讨论。

10.1　渠道中的物流管理

物流（Logistics）是物质实体从供应者向需求者的物理移动。它由一系列创造时间价值和空间价值的经济活动组成。

在营销渠道中，实体分销（Physical Distribution）与物流（Logistics）一直可以交替使用。这源于这样一种认识，即只有成品才是分销的内容，同时也只有成品才是渠道管理者所关心的。但从 20 世纪 80 年代以来，企业逐步开始集成物流的各个子系统，形成了包括采购物流、生产物流、销售物流与回收物流的物流系统。不过，渠道中的物流还是指狭义的物流，即销售物流。

尽管物流管理最初是作为渠道管理的一个分支发展起来的，但现在物流管理已发展为一个独立的学科，并进一步向供应链（Supply Chain）和供应链管理的方向拓展。与物流管理相比，供应链管理更强调从供应商到顾客的整个价值链的管理，它试图把公司在外部市场中存在的竞争机会和优势也包括在内，通过集成与联盟，重塑与供应商、代理商、顾客和第三方联盟的关系，来寻求竞争优势和效率的提高。

本节讨论与分销有关的物流活动问题，主要包括企业物流系统的构成和运作，商品订单管理、运输管理、配送管理及仓储管理。

1．渠道物流网络总体结构

营销渠道物流网络规划的主要任务是确定产品从工厂起点到市场需求终点的整个产品实体分销渠道的结构，包括物流设施的类型、数量与位置；设施所服务的顾客群体与产品类别，以及产品在设施之间的运输方式。图 10-1 描述了一个普通的产品流通网络。需求方可以从所在地仓库和销售点得到产品，也可以直接从产品的供应源头（工厂或总经销商）购买。中转仓库可以从区域销售中心或直接从供应源头获得产品。图 10-1 所示仅是一种概括性的网络结构，实际的产品实体分销网络可能较为简单，也可能更加复杂。

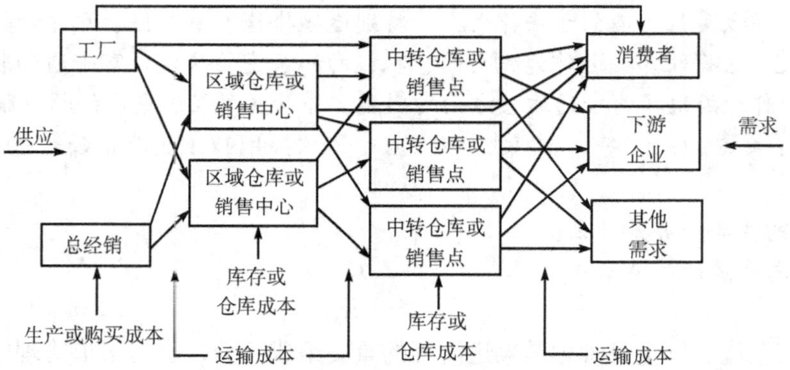

图 10-1　产品物流网络示例

在现代市场经济条件下，能够高效运作并重视满足顾客需要的专业性物流企业或运输、仓储机构等都得到了充分的发展，形成了相对完善的物流专业服务体系。这种条件使越来越多的生产和商业企业在组织商品实体分配时，已不再仅仅依靠企业自身的力量来进行. 而是趋向寻求与相关专业性公司的合作，以提高效率，节省费用。在这样的条件下，企业产品分销中的物流活动往往通过企业物流管理部门的统筹组织或委托专业储运公司、保险公司、经销商等内外部门和机构共同参与完成，这些部门机构一起构成了产品分销的物流系统。

（1）企业物流管理部门

作为商品分销活动主体的企业物流管理部门是物流活动的统筹组织、实施和监控者，是企业物流活动的中枢。物流活动的各环节能否顺利、高效、成功地实施，取决于该企业物流管理部门有效的筹划、组织和管理。因此，企业物流管理部门必须在物流活动的全过程有效发挥其职能作用。不但要充分处理好分销计划制定、存货管理、物流系统规划建设等“内部”管理工作；而且要力求使各部门、机构高度合作配合，处理好诸如储运公司的选择、联系，发货险别的选择、投保，经销商的发货、销售等物流的具体业务，从而保证物流活动的顺利进行；以尽可能低的成本达到实体分配的目标。

（2）经销商

经销商是企业分销渠道的主要成员之一。经销商的数量、位置、销售效率和分销功能，都与物流活动密切相关。在许多场合，经销商本身也是重要的物流组织者和承担者。因此，企业物流管理部门必须与经销商保持良好的关系，相互协调，以保证物流的顺畅，进而完成产品从生产领域向消费领域的转移。

（3）储运公司

储运公司是承办商品运输和仓储业务的专业机构。有些规模较大、物流业务量较大的企业，为了物流活动的便利，往往会设立企业自己的储运部门，承担物流活动储运环节的职能。但更为普遍的情况是，大多数企业在物流活动中，发货给经销商和顾客时，一般都需要通过外部市场上的专业储运公司来完成。储运公司的作用在于为企业创造时空效用，其专业化的储运工作往往比企业自己组织力量储运更完善、更快捷、更周到。而由储运公司按照商品实体运动规律实行专业化管理，还有利于减轻企业的投资和管理负担。

（4）保险公司和财务金融机构

财务金融机构和保险公司是提供资金融通和保险服务的专业机构。每个企业在开展物流活动时，都要与财务金融机构、保险公司建立一定的联系，进行一定的业务往来。如需要金融机构提供资金融通，以支付管理、包装、装卸运输、储存保管、保险等费用；需要各种保险服务，以避免物流过程中可能发生的潜在风险而造成的损失。因此，保险公司、财务金融机构也是物流系统的成员之一，企业应与这些机构建立密切的关系，以保证物流活动的顺畅进行。

2. 渠道物流和供应链管理的任务

渠道物流和供应链管理主要应当解决如下四个关键问题。

（1）明确渠道成员所需要的各种物流服务标准

厂商为渠道成员所提供的物流服务的标准越高，成本也就越高。如果向渠道成员提供他们所不想要的或超过了其需求的过高标准的物流服务，就会增加渠道成员的成本，自然不会受他们的欢迎和被他们接受。因此，渠道管理所面临的关键问题是，要准确地确定渠道成员所希望的物流服务的类型和水平。

事实上，厂商认为渠道成员想要的物流服务，并不一定真实地反映渠道成员所希望的服务类型和水平。在实施物流管理前，渠道管理者就需要对渠道成员的需求和想法进行调研，搞清他们究竟需要哪种标准的物流服务，他们对于物流服务质量是如何感受的。厂商要保证所制定的物流服务标准确实考虑到了渠道成员的看法和需要。

（2）确保物流规划符合渠道成员的服务标准

企业的物流规划常常是由物流领域的专家来完成的，但是厂商必须确保最终的物流规划确实符合渠道成员的需求，为此，应当邀请渠道成员参与物流规划的制定。实际上，即使采用最新和最先进技术的物流规划也不一定能满足渠道成员的需要。这样，物流规划就不可能得到渠道成员的支持。因此，对于初步完成的物流规划进行充分的评价，估计它实际能发挥什么样的作用，以及有错误发生时会产生什么后果，是非常必要的。

（3）使渠道成员接受物流规划

不管厂商所制定的物流规划如何完美，仍然必须让渠道成员认识到这一规划的价值，最终接受它。站在渠道成员的角度看，最能让它们接受物流规划的理由主要有三个：减少缺货、减少所需要的库存和增加厂商对渠道成员的支持。

缺货会使得渠道成员失去销售机会。如果一家厂商能够让渠道成员确信，新的物流规划将真正帮助它们减少缺货或者使缺货可能最小，这个物流规划就很可能被渠道成员所接受。科学合理的物流规划确实能改进现状，使得缺货可能达到最小。不过，如果厂商试图用虚假、误导或夸张的承诺来吸引渠道成员，就可能导致不愉快的结果。

为维持正常的交易，每个渠道成员都需要保持一定量的库存，由此而产生不少的费用。一个设计合理、响应性好的物流规划可以缩短订货周期，减少所需要的存货。一个设计完美的物流系统，如 JIT，其目的就是能满足用户生产需要的存货，而不再需要备用库存。如果物流规划设计科学，渠道成员之间合作紧密，物流规划运行良好，渠道成员的存货成本确实能大大降低。这一结论在汽车制造行业中已经被多次证明，可以应用于任何其他行业中。

厂商如果能使渠道成员相信，新的物流规划能帮助渠道成员取得更大的成功，那么，它们自然就会热情地接受新的物流规划。确实，新的物流规划正在致力于增强厂商与渠道成员之间的关系，构建对于渠道成员的支持，帮助渠道成员提高整体营销绩效。实际上，物流规划也真正为厂商提供了一种构建渠道成员之间的支持和忠诚度的越来越强有力的工具。物流规划还为渠道成员之间的伙伴关系和战略联盟奠定了基础，已经成为一种战略性的营销工具。

（4）对物流规划实施结果进行监控

在一种新的物流系统付诸实施以后，我们也不应当指望它就一定会运行良好，能始终满足渠道成员的需要。因为即使设计最完美的物流系统也可能因遇到意外而影响运行效果，渠道成员需求的变化也会造成物流系统无法满足新需求。在实施新的物流系统以后，渠道管理者应当持续地对物流规划的实施结果进行监控。

对物流规划实施结果进行监控的最有效办法就是直接对渠道成员进行调研，了解他们对物流规划实施结果的反应，以便找出需要改进的地方。对于渠道成员对新物流系统不满意的地方，厂商必须认真对待，并立即主动地采取改进措施；否则，渠道成员对新物流系统的兴趣就会大大降低。

3. 订单处理

订单处理是企业的一个核心业务流程，包括订单准备、订单传递、订单登录、按订单订货、订单处理状态跟踪等活动过程。改善订单处理过程，缩短订单处理周期，提高订单满足率和供货的准确率，提供订单处理全程跟踪信息，不仅可以大大提高顾客服务水平与顾客满意度，同时也能够降低库存水平。

（1）订单准备

订单准备是指顾客寻找所需产品或服务的相关信息并做出具体的订货决定。具体内容包括：选择合适的厂商和品牌，了解产品的价格、功能、售后服务以及厂商的库存可供水平等信息。

减少顾客订单的准备时间，降低顾客的寻求成本，能够显著地增加企业产品的市场份额。如美国的一家医疗用品公司在 1970 年就给其主要客户（各大医院）提供计算机终端设备及配套软件，医院利用公司提供的终端，可以方便地查看公司配送中心的库存信息，直接向配送中心下订单。这种改善顾客订货准备的战略行动使得该公司在市场占有率和利润方面远远超越竞争者，因为竞争者不能与医院进行如此直接、快速、准确的信息沟通。

（2）订单传递

订单传递就是把订货信息从顾客传递到产品的供应商处。订货信息传递方式主要包括三种：手工传递、电话或传真传递、网络传递（EDI/Internet）。常见的传递形式有以下 5 种：

- 顾客—（邮寄订单）—销售代表—（手工输入）公司数据库。
- 顾客—（订货）推销员—（带回）销售代表—（手工输入）公司数据库。
- 顾客—（电话或传真订货）—销售代表—（手工输入）公司数据库。
- 顾客—（订货）推销员—（电话/传真）销售代表—（手工输入）公司数据库。
- 顾客—（网上订货）—公司数据库。

其中，第 1 种和第 2 种两种为手工传输方式，第 3 种和第 4 种两种为电话和传真传输模式，第 5 种为网络传输模式。

显然，网络传输（EDI/Internet）的方式速度快，运行成本低，可靠性好，准确性高，这可能意味着沟通完全可以通过计算机直接由企业对企业或顾客对企业进行，而没有人为的干预，但在现实中，实施起来却困难重重。这不仅意味着要拥有功能强大的的计算机硬件与软件，还要求良好的沟通传输和信息流的标准化。

但随着技术的发展，虚拟专用网（VPN）将因特网的普及性、低成本与 EDI 专用性、安全性相结合，为改进渠道物流管理提供了新的可能。

（3）订单登录

订单登录是指顾客订货信息转变为企业订单的过程，包括：

- 检查订货信息的准确性，如订货编号、数量、品种、价格等。
- 检查库存状况，是否有货，是否能满足顾客的订货条件等。
- 准备延期订货或取消订单，如果不能满足顾客的订货条件，则需同顾客商议，是改变订货条件，还是延期订货，或者是取消订单。

- 检查顾客信用等级。
- 规范顾客订单，把顾客的订货信息按照公司所要求的格式规范化。
- 开单、准备发货单据等。

信息技术的迅速发展大大提高了订单登录的效率。条形码扫描技术的广泛使用提高了订货信息输入的速度和准确性，并降低了处理成本。借助计算机数据库使库存可供水平和顾客信用的检查等活动实现自动化处理。这些与传统的手工处理相比，自动化的订单登录所需的时间减少了 60%以上。

（4）按订单供货

按订单供货包括货物的拣选、包装、运输安排、准备运单、发送或运输。这些活动可以并行处理，以缩短商品配送的时间。

该阶段是整个订单处理过程中最为复杂的部分，包括商品的配送与大量的单据处理。确定供货的优先等级对订单处理周期时间有重要影响。许多企业没有正式确定供货优先等级的标准，操作人员面对大量的订货处理工作，只是习惯性地以处理简单的、品种单一、订货量少的订单为标准方式来处理一切订单，其结果往往造成对重要客户和重要订单供货的延迟。在确定供货优先等级时，以下的一些规则可供参考：按接收订单的时间先后处理；处理时间最短的先处理；批量最小的、最简单的订单先处理；按预先设定的顾客优先等级处理；按向顾客承诺的到货日期先后进行处理；货物总价值高的先处理。

（5）订单处理状态跟踪

为了向顾客提供更好的服务，满足顾客希望了解订单处理状态信息的要求，需要对订单处理进行状态追踪，并与顾客交流订单处理状态信息。

订单跟踪随着信息技术，特别是因特网技术的迅速发展，已变得越来越重要。美国的 UPS 公司能够对每天运送的 1 300 万个邮包进行电子追踪。例如，一个出差在外的销售员在某地等待其公司寄来的产品样品，它可以通过 UPS 安排的 3COM 网络系统输入 UPS 运单跟踪号码，即可知道样品目前所在的位置；当需要将样品送至另一地点时，可再次通过网络指引新的投递点。

中国邮政的 EMS 特快专递服务（http://www.ems.com.cn）也建设了以国内 318 个城市为核心的计算机跟踪查询网络，顾客可以通过网站查询、电话查询、营业窗口查询、传真查询和手机短信查询 5 种方式查询货物的运送状态。

（6）订单处理过程的改善

1）改善订单处理过程的意义。改善订单处理过程的动因主要来自两个方面。

从顾客的角度看，顾客所购买的不仅仅是产品或服务本身，更重要的是获得价值，感受到满意。而搜寻产品信息的便利性、订货提前期的稳定性与时间长短、送货的准确性、订单处理状态跟踪等因素都是实现价值与顾客满意的重要保证。

从企业的角度看，提高顾客服务与降低库存、减少运输费用是一个十分重要的问题，运用先进的技术手段和对业务流程的重组与改善，在提高顾客服务水平的同时也降低了物流总成本，从而获得竞争对手难以模仿的竞争优势，这是企业一项至关重要的经营战略。

2）改善订单处理过程的关键因素。

- 时间因素。订单处理过程的时间耗用，在企业看来即为订单处理周期，顾客则通常将之定义为订货提前期。改善的目标是在保证时间耗用的稳定性的前提下，努力减少时间耗用。较少订单处理时间也是减少整个物流过程使用时间的一个方面。
- 供货准确性因素。要求按照顾客订单的内容提供准确品种、数量、质量的产品并运送到正确的交货地点。当需要延期供货或分批送货时，应与顾客充分地协调与沟通，以取得顾客的同意。
- 成本因素。包括库存设置的地点和数量、运输批量和运输路线的调控等。
- 信息因素。通过完善的物流信息系统，向顾客以及企业内部的生产、销售、财务及仓储运输等部门提供准确、完备、快速的信息服务。
- 安全性因素。特别是贵重、易损坏的产品，在处理订单时要着重标注，提醒配送人员要特别注意。如果有必要，还要委托更专业的配送公司进行配送。

4．运输管理

运输管理是商品分销中物流管理的主要内容，它关系到消费者需要的商品能否及时、安全、低成本地转移到消费者的手上。运输管理的主要职能是选择合适的运输方式和运输方案，安排和执行运输计划。

（1）运输工具及其选择

运输决策的一个重要内容是根据商品对运输时间与运输条件的具体要求，选择适当的运输方式和运输工具，使企业能用最少的时间，走最短的路线，花最少的费用，安全地把商品从产地运送到销售地。目前，常用的运输工具是铁路运输、公路运输、水路运输、管道运输、航空运输、集装箱运输。

上述各种运输工具各有优缺点，企业在进行选择采用时，应重点考虑以下几个因素。

1）商品性能特征。这是影响企业选择运输工具的重要因素。一般来讲，粮食、煤炭等大宗货物适宜选择水路运输；水果、蔬菜、鲜花等鲜活商品，电子产品，宝石以及节令性商品等适宜选择航空运输；石油、天然气、水煤浆等适宜选择管道运输。

2）运输速度和路程。运输速度的快慢、运输路程的远近决定了货物运送时间的长短。而在途运输货物犹如企业的库存商品，会形成资金占用。因此，运输时间的长短对能否及时满足销售需要，减少资金占用有重要影响。一般来讲，批量大、价值低、运距短的商品适宜选择水路或铁路运输；而批量小、价值高、运距长的商品适宜选择航空运输；批量小、距离近的则适宜选择公路运输。

3）运输能力和密度。运输能力，一般以能够应付某一时期的最大业务量为标准。运输能力的大小对企业分销的影响很大，特别是一些季节性的商品，旺季时会使运输达到高峰状态，若运输能力小，不能合理、高效率地安排运输，那么就会造成货物的积压，商品不能及时送往销地，进而使企业错失销售良机。

运输密度，包括各种运输工具的班次，如车、船、飞机的班次，以及各班次的间隔时间。运输密度对于商品能否及时运送，使其在顾客需要的时间到达顾客手中，对争取顾客、及时满足顾客的需要和扩大销售至关重要，因此，它是影响企业运输决策的一个重要因素。企业在选择运输工具时，必须了解各种运输工具的运输密度，使企业能尽量压缩商品的待运期，抢时间争速度，加快货物运输。

4）运输费用。企业开展商品运输工作，必然要支出一定的财力、物力和人力，各种运输工具的运用都要企业支出一定的费用。因此，企业在进行运输决策时，要受其经济实力以及运输费用的制约。例如，企业经济实力弱，就不可能使用运费高的运输工具，如航空运输；也不能自设一套运输机构来进行商品运输工作。

5）市场需求的轻重缓急程度。在某些情况下，市场需求的轻重缓急程度也决定着企业应当选择何种运输工具。如市场急需的商品需选择速度快的运输工具，如航空或汽车直达运输，以免贻误时机；反之则可选择成本较低而速度较慢的运输工具。

（2）运输服务质量评价指标

企业可以从以下几个方面考察运输企业的工作好坏。

1）及时率。及时率是选择物流公司时的一个重要指标。及时率就是当公司某地需要某种或某些货物时，物流公司应及时地将货物送达，因为如果提前送到，则占用公司的经营空间，如果推迟则会造成商品短缺，从而影响公司的经济效益。

2）准确性。准确性就是物流公司要将货物准确地送到需要的地方，即配送的货物要是所需的货物而不是其他不相关的货物，并且配送的货物要送到正确的地点而不是错误的地点，以确保需要货物的经营能满足需求。

3）途中残损率。残损率是衡量物流公司的重要指标之一。残损率就是在运输过程中所造成的货物破损。破损会给公司带来一定的损失，会影响到公司的需求。当然，百分之百的无残损率是不大现实的，所以，一般公司都设定一个残损率，来确保物流公司的服务质量。

4）单据传递准确率。物流公司在进行配送时，经常要处理各种各样的单据，所以，单据传递的准确率也是评价服务质量的一个重要指标。如果单据传递有误的话，配送的货物和时间都会出现错误，那么及时率和准确率都不能得到保证。所以，单据传递的准确性应该是百分之百，而不能有任何差错。

5）满足特定需求能力。公司一般不大可能把所有的需求信息都全部在招标中说明，而且在特殊的情况下，临时需要紧急货物，那么特定需求的满足能力就成为评价的一个因素。如果物流公司没有这个能力，则会对公司造成一定的损失。

6）安全性。商品在运输过程中不发生霉烂、残损、丢失、污染、渗漏、爆炸、燃烧等事故，保证人身、商品、设备安全。对于某些特殊物质和危险品物资，物流公司要严格遵守相关的运输规定。安全性一般用货物安全和人身安全两项指标来考察。

5．配送管理

（1）配送流程与管理。配送是在某小范围中物流全部活动的体现。一般的配送集装卸、包装、保管、运输于一身，通过这一系列活动的完成将货物送达目的地。与一般物流不同，一般物流是运输及保管，而配送则是运输及分拣配货，分拣配货是配送的独特要求，也是配送中有特点的活动。配送中心是进行配送的组织机构，其作业管理主要有进货入库作业管理、在库保管作业管理、加工作业管理、理货作业管理和配货作业管理。

1）进货入库作业管理。进货入库作业主要包括进货、验收和入库三个流程。配送中心应做好如下准备：及时掌握客户计划中或在途中的进货量、可用的库房空储仓位、装卸人力等情况，并及时与有关部门、人员进行沟通。检验活动包括核对采购订单与供货商发货单是否相符、开包检查商品有无损坏、所购商品的品质与数量比较等。经检查准确无误后方可在厂商发货单上签字将商品入库，同时将有关入库信息转达采购部，经采购部确认后开具收货单，从而使已入库的商品及时地进入可配送状态。

2）在库保管作业管理。商品在库保管的主要目的是加强商品养护，确保商品质量安全，同时还要加强储位合理化和储存商品的数量管理工作。商品储位可根据商品属性、周转率、理货单位等因素确定。储存商品的数量管理则需要依靠健全的商品账务制度和盘点制度。商品储位合理与否、商品数量管理精确与否将直接影响商品配送作业的效率。

3）加工作业管理。主要指对即将配送的产品或半成品按销售要求进行再加工，包括：① 分割加工，如对大尺寸产品按不同的用途进行切割；② 分装加工，如将散装或大包装的产品按零售要求进行重新包装；③ 分选加工，如对农副产品按质量、规格进行分选包装；④ 促销包装，如促销赠品搭配；⑤ 贴标加工，如粘贴价格标签、打制条形码。加工作业完成后，商品即进入可配送状态。

4）理货作业管理。理货作业是配货作业中最主要的前置工作。即配送中心接到配送指示后，及时组织理货作业人员，按照出货优先顺序、储位区域别、配送车辆趟次别、门店别、先进先出等方法和原则把配货商品整理出来，经复核人员确认无误后，放置到暂存区，准备装货上车。

（2）降低配送成本的策略

配送管理的关键是在顾客服务水平与配送成本之间寻求平衡：在一定的配送成本下尽量提高顾客的服务水平，或在一定的顾客服务水平下使配送成本最小。降低配送成本除了要依靠以上介绍的技术方面的改进之外，成功的配送策略也十分重要，主要的策略有以下几种。

1）混合策略。混合策略是指配送业务一部分由企业自身完成，另一部分则外包给第三方物流完成。这种策略的基本思想是，尽管采用纯策略（配送活动或者全部由企业自身完成，或者完全外包给第三方物流完成）易形成一定的规模经济，并使管理趋于简化，但由于产品品种多变、规格不一、销量不等情况，采用纯策略的配送方式超出一定程度后反而不能形成规模经济。而采用混合策略，合理安排企业自身完成的配送和外包给第三方物流完成的配送，能使配送成本降至最低。例如，美国一家干货生产企业为满足遍及全美的1 000家连锁店的配送需要，建造了6座仓库，并拥有自己的车队。随着经营的发展，企业决定扩大配送系统，计划在芝加哥投资700万美元再建一座新仓库，并配以新型的物流处理系统。当该计划提交董事会讨论时，却发现这样做不仅成本较高，而且就算仓库建起来也还是满足不了需要。于是，企业把目光投向租赁公共仓库。结果发现：如果企业在附近租用公共仓库，增加一些必要的设备，再加上原有的仓储设施，企业所需的仓储空间就足够了，且总投资只需20万美元的设备购置费、10万美元的外包运费、再加上租金，也远未到700万美元。

2）差异化策略。差异化策略的指导思想是：产品特征不同，顾客服务水平也不同。当企业拥有多种产品线时，不能对所有的产品都按同一标准的顾客服务水平来配送，而应按产品的特点、销售水平来设置不同的库存、不同的运输方式以及不同的储存地点。例如，一家生产化学品添加剂的公司，为了降低成本，按各种产品的销售量比例进行分类：A类产品的销售量占总销售量的70%以上，B类产品占20%左右，C类产品则为10%左右。对A类产品，公司在各销售网点都备有库存，B类产品只在地区分销中心备有库存而在各销售网点不备有库存，C类产品则连地区分销中心都不设库存，仅在工厂的仓库才有存货。经过一段时间的运行，证明这种方法是成功的，企业的配送总成本下降了20%。

3）合并策略。合并策略包含两个层次，一是配送方法上的合并；二是共同配送。

配送方法上的合并指企业在安排车辆完成配送任务时，充分利用车辆的容积和载重量，做到满载满装。由于产品品种繁多，不仅包装形态、储运性能不一，在容重方面也往往相差甚远。一辆车如果只装容重大的货物，往往是达到了载重量，但容积空余却很多；只装容重小的货物则相反，看起来车装得满，实际上并未达到车辆载重量。这两种情况都造成了浪费。而实行合理的轻重配装、容积大小不同的货物搭配装车，既可以在载重方面达到满载，又能充分利用车辆的有效容积，取得最佳的效果，而且最好是借助电脑计算货物配车的最优解。

共同配送是一种产权层次上的共享，也称集中协作配送。它是几个企业联合起来集小量为大量共同利用同一配送设施的配送方式，其标准运作形式是在中心机构的统一指挥和调度下各配送主体以经营活动或以资产为纽带联合行动，在较大的地域内协调运作，共同对某一个或某几个客户提供系列化的配送服务。这种配送有两种情况：一是中小生产企业、零售企业之间分工合作实行共同配送，即同一行业或同一地区的中小型生产企业、零售企业在单独进行配送时运输量少、效率低的情况下进行联合配送，不仅可减少企业的配送费用，使配送能力得到互补，而且有利于缓解城市交通拥挤，提高配送车辆的利用率；二是几个中小型配送中心之间的联合，针对某一地区的用户，由于各配送中心所配物资数量少、车辆利用率低等原因，因此，几个配送中心将用户所需的物资集中起来，共同配送。

4）延迟策略。在传统的配送计划中，大多数的库存是根据对未来市场需求的预测量设置的，存在着一定的预测风险，当预测量与实际需求量不符时，就会出现库存过多或过少的情况，从而增加配送成本。延迟策略的基本思想就是对产品的外观、形状及其生产、组装、配送应尽可能推迟到接到顾客订单后再确定。一旦接到订单就要快速反应，因此，采用延迟策略的一个基本前提是信息传递要非常快。一般来说，实施延迟策略的企业应具备以下几个基本条件：① 产品特征：模块化程度高、产品价值密度大、有特定的外形、产品特征易于表述、定制后可改变产品的容积或重量；② 生产技术特征：模块化产品设计、设备智能化程度高、定制工艺与基本工艺差别不大；③ 市场特征：产品生命周期短、销售波动性大、价格竞争激烈、市场变化大、产品的提前期短。

实施延迟策略常采用两种方式：生产延迟（或称形成延迟）和物流延迟（或称时间延迟）。而配送中往往存在着加工活动，所以，实施配送延迟策略既可采用形成延迟方式，也可以采用时间延迟方式。具体操作时，常常发生在诸如贴标签（形成延迟）、包装（形成延迟）、装配（形成延迟）和发送（时间延迟）等领域。美国一家生产金枪鱼罐头的企业就通过采用延迟策略改变配送方式，降低了库存水平。以往，这家企业为提高市场占有率曾针对不同的市场设计了几种标签，产品生产出来后运往各地的分销仓库储存起来。由于顾客偏好不一，几种品牌的同一产品经常出现因某种品牌的畅销而缺货，而另一些品牌却滞销压仓。为解决这个问题，该企业改变以往的做法，在产品出厂时都不贴标签就运到各分销中心储存，当接到各销售网点的具体订货要求后，才按各网点指定的品牌标志贴上相应的标签，这样就有效地解决了此类矛盾，从而降低了库存。

5）标准化策略。标准化策略就是尽量减少因品种多变而导致附加配送成本的问题，并尽可能多地采用标准零部件、模块化产品。如服装制造商按统一规格生产服装，直到顾客购买时才按顾客的身材调整尺寸大小。采用标准化策略要求厂家从产品设计开始就要站在消费者的立场去考虑怎样节省配送成本，而不要等到产品定型生产出来后才考虑采用什么技巧来降低配送成本。

6．库存管理

（1）库存管理的含义

狭义的库存是指在仓库中处于暂时停滞状态的物资；广义的库存表示用于将来目的，暂时处于闲置状态的资源。不管是生产商还是销售商，库存成为价值链的重要环节，它在价值增值过程中承担着重要的职能。

（2）库存的分类

1）周转性库存。周转性库存是指为补充在生产或销售过程中已消耗完或销售完的物资而设定的库存，以便满足下一轮生产的物资需求，保证生产的连续进行。如每个月进一次货，每天的需求为 100，提前期为 10 天，则平均的周转性库存水平为 1 000。

2）在途库存。在途库存是指处于运输过程中的库存。即在航空、铁路、公路、水路等运输线上的物资。

3）安全库存。安全库存是指对未来物资供应的不确定性、意外中断或延迟等起到缓冲作用而保持的库存。如对未来生产商产品供应的情况，究竟是顺利还是不顺利不能肯定，这时需保持一定数量的库存。

4）季节性库存。季节性库存是指某些物资的供应或产品的销售情况经常受到季节性因素的影响，为了保证生产和销售的正常进行，需要一定数量的季节性库存。如冰激凌类产品的生产容易受到季节性的影响，这类产品就应该根据季节性的要求确定库存水平。

（3）库存持有成本

持有库存虽然可以通过规模经济、预防需求变动等降低成本，但库存在另外几个方面也引起了成本的增加。

1）资金的内部成本。存货价值经常占了企业流动资金的很大一部分，每单位资金的内部成本乘以存货价值就是存货占用资金的内部成本。

2）储藏费用。存储环境的控制、安全、保险、管理等方面所引起的成本。

3）产品过期或变质。例如，食品的变质、时尚产品错过最佳销售时机，这些都会引起成本的增加。

（4）库存控制的方法

库存控制的目的，是实现对企业整体经营进行有益的监控和管理，以维持客户服务水平和库存投资的最佳平衡。因此，要想以较少的库存投资保持较高的客户服务水平，就需要采取科学的库存决策方法。这里介绍 ABC 分类法、订货点法和经济订货批量法。

1）ABC 分类法。经济学家帕累托研究的内容，是总体价值中占相当大比例的物品在数量上却只占很少的比例。这个原理通常叫“20/80”法则，意思是在这种情况下 20%数量的库存占全部库存价值的 80%，而其余 80%数量的库存只占总价值的 20%。这是商务中有用的一个概念，应用于库存时，这一概念叫 ABC 分类法。ABC 分类法是库存控制的基本方法之一，并广泛应用于生产控制、质量控制及许多管理问题。

美国通用电器公司创立了库存 ABC 分类法，将库存分为如下 ABC 三级，A 级项目（AItern）：少数项目的价值占整个库存量总值比例特别高，通常为 15%～20%的项目约占 75%～80%的总值。B 级项目（BItem）：数量较多而总值不高，通常 30%～40%的项目约占 15%的总值。C 级项目（CItem）：数量很多而总价值量很少，通常为 40%～50%的项目仅占 5%～10%的总值。

将库存分为 ABC 三级，并非绝对固定的，也可以分为 ABCD 四级，或将 A 级再分为 AAA、AA 和 A 级三类。

2）订货点法。在库存管理的过程中，何时需要订货的问题比确定订多少货重要得多。因为库存往往涉及巨额的库存投资，万一缺货要付出极高的代价或造成较长的补货时间。为了恰当地控制库存，使用订货点法可以高效率地找到订货时间点。

订货点法是建立在客户需求不确定，从而导致预测不准但又要保证客户服务水平这一要求下的较好地确定订货时间的方法。它是指现有库存量降到预定的水平即订货点就开始订货的方法。根据现有库存与订货点比较，找出那些现有库存量小于订货点的物品，并选择批量方式和批量生成订货计划。订货点法适用于具有相对连续的、稳定需求的库存，并且可以和经济批量法结合来计算订货批量。

在需求量和运作周期已知的情况下，基本订货量或称再订货点（Recorder Point）的计算公式为

$$R=DT$$

式中　R——用单位数表示的再订货点；

D——平均日需求量；

T——平均运营周期。

如假定需求量为 10 个单位数/天，且完成周期为 20 天，则

$$R=DT=10\text{ 个单位数/天}\times 20\text{ 天}=200\text{ 个单位数}$$

当需求量或完成周期存在不确定因素时，就必须使用安全库存来补偿不确定因素。安全库存就是在采购提前期超出期望时间或需求量超过平均日需求量时用于处理需求的方法。在不确定条件下，再订货点公式变为

$$R=DT+\text{SS}$$

式中　SS——用单位数表示的安全库存。

订货数量是试图寻找使库存成本（库存成本和订货成本）最低的订货量。订货量越大则库存成本越大，订货成本越小；而订货量越小则库存成本越小，订货成本越大。

3）经济订货批量法。经济订货（Economical Ordering Quantity，EOQ）批量的确定主要是在订货成本和库存维持成本间寻找平衡，一般来说，平均库存等于订货批量的一半。因此，订货量越大，平均库存就越大，每年的库存维持成本就越大；但订货量越大，每一计划期需要的订货次数就越少，订货总成本也就越低。

把订货批量公式化可以确定精确的数量，使订货和维持库存的综合成本最低。如图 10-2 所示，订货成本和维持成本总计最低的点是最低总成本。

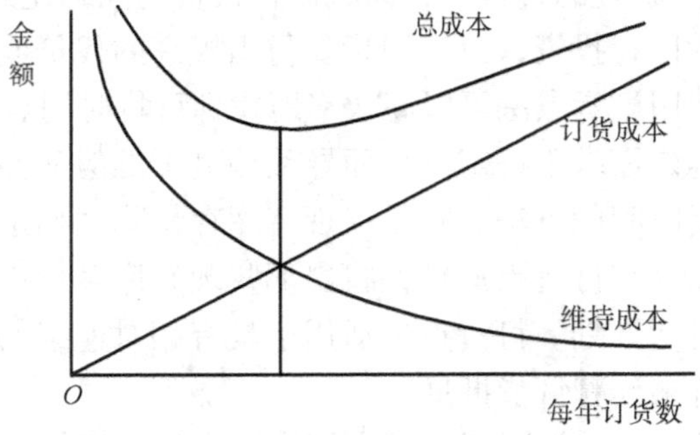

图 10-2 经济订货批量

经济订货批量的标准公式为

$$\text{EOQ}=\sqrt{\frac{2C_oD}{C_iU}}$$

式中 EOQ——经济订货批量；

C_o——每次订货发生的费用；

C_i——库存成本占产品价值的比率；

D——每年需求量，单位数；

U——单位产品价值。

假设有表 10-1 中的数据。

表 10-1 假设的数据

因　素	数　值	因　素	数　值
年需求量（D）	8 000 单位	库存成本占产品价值的比率（C_i）	8%
单位产品价值（U）	100.00 元	每次订货发生的费用（C_o）	2 000.00 元

代入公式经济订货批量为 2 000 单位，订货次数为 4 次，进而求得总订货成本为 8 000.00 元（4×2 000.00），库存维持总成本为 8 000.00 元[8 000/（4×2）×100.00×8%]。

虽然 EOQ 模型可以确定最佳的补给数量，但它需要某些相当严格的假设才能直接应用。在简单的 EOQ 模型中需要做出的主要假设有：已知全部需求量，对产品的任何需求都能满足；已知连续不变的需求速率，库存量随着时间均匀连续地下降；已知不变的订货成本和订货提前期，库存补充的过程可以在瞬间完成；产品价格保持不变；不限定计划指定范围；多种存货项目之间不存在交互作用。

在实际应用中，必须按照实际情况调整 EOQ 模型，如存在折扣、大小批量的装运费不同等。

（5）库存服务质量的评价指标

1）账实相符率。在仓储中，账实相符率是一个重要的指标，它的准确性直接影响到成本，如果账实不符，将会影响到物流公司其他标准的方方面面。某些公司有可能会夸大库存空间，以谋取更大的利润，所以，账实相符率是一个很重要的评价指标。

2）在库残存率。在库残存率是指仓库的物资所残余的量和需配送量的总和。一般情况下，不允许有残存的物资，需配送的货物必须达到百分百的运输，所以，在库残存率应该为零。

3）出入库保证能力。出入库的保证能力也是评价仓库的一个重要指标。当货物进仓库时，需要保证货物能安全的入库，当货物需要运输的时候，同样需要保证能安全稳当地出库。

4）单据传递准确性。同运输一样，物流公司仓储时经常要处理各种各样的单据，所以单据传递的准确率也是评价服务质量的一个重要指标。如果单据传递有误的话，则仓储的货物和仓储时间都会出现错误，应该要仓储的却被运输出库，而需要运输的却还保留在仓库中。所以单据传递准确性应该是百分之百，而不能有任何的差错。

5）满足特定需求能力。同运输一样，公司一般不大可能把所有的需求信息都全部在招标中说明出来，而且在特殊的情况下，临时紧急货物需要仓储以避免损失，那么特定需求的满足能力就成为评价的一个因素。如果物流公司没有这个能力，则会对公司造成一定的损失。

6）安全性。商品在保管过程中，不允许发生霉烂、残损、丢失、污染、渗漏、爆炸、燃烧等事故。必须保证人身、商品、设备的安全。对于某些特殊物质和危险品物资，物流公司要严格遵守相关运输的规定，仓库防火、防盗、防虫、防锈等均要符合规定的要求。一般用货物安全和人身安全两项指标来考察。

10.2　渠道中的信息流管理

随着全球化信息网络的形成和市场全球化进程的加快，越来越多的企业面临着缩短交货期（Time）、提高产品质量（Quality）、降低成本（Cost）、改进服务（Server）等一系列挑战。应对这些挑战的唯一选择，就是要求企业能对不断变化的市场做出快速的反应。为此，商品分销渠道必须加强信息流功能，为企业的各级管理人员提供准确及时的信息，使企业以最佳的 T、Q、C、S 赢得市场，赢得竞争。加强信息流管理的基本途径就是要做好渠道信息系统建设和管理工作。

1. 渠道信息系统总体结构和功能结构

渠道信息系统是以人为主导，利用计算机硬件、软件、网络通信设备以及其他办公设备，进行有关产品所有权转移信息、商品实物运动信息、回收货款等信息的收集、加工、传输、储存、更新和维护，借以加强渠道管理，及时准确、高效地满足顾客需要的一个人机系统，如图 10-3 所示。

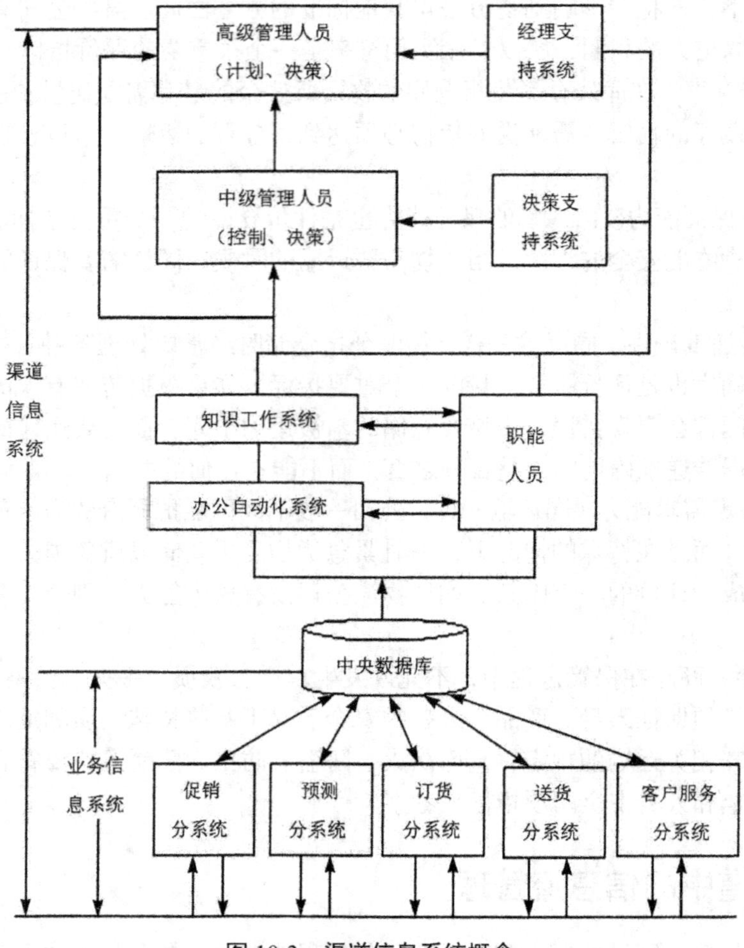

图 10-3 渠道信息系统概念

由图 10-3 可以看出，渠道信息系统是由许多子系统或部件构成的，各个子系统之间相互作用，相互提供信息和接受信息，并且存在功能上的相互支持和衔接关系。应当指出，渠道信息系统不仅是一个技术系统，它还是一个管理系统、一个社会系统。决定系统功能的主要因素是系统的结构，即在系统中各个子系统或部件之间的组合框架。对部件功能的不同理解就构成了不同的系统结构，其中最重要的是总体结构、概念结构、功能结构、软件结构和硬件结构。

一个渠道信息系统从使用者的角度看，它总是有一个目标，具有多种功能，各种功能之间又有各种信息联系，构成一个有机结合的整体，形成一个功能结构。

渠道信息系统的基本功能是为企业有效地组织商品分销、实体分配以及整体市场营销活动提供现实的和历史的真实、可靠、充分的情报资料。为履行这一功能，渠道信息系统就要承担市场情报收集、行情预测、接受和管理顾客订单、编制分销计划与实体分配计划、绩效分析与评估、文件输送等职能，并且要建立能够有效执行这些职能的子系统（或称为模块或工作部门）。一般来说，在渠道信息系统中要建立预测、需求计划、库存管理、销售订单处理、销售分析、采购订单处理、分销资源计划、仓库管理、电子数据交换（EDI）等模块，如图 10-4 和图 10-5 所示。

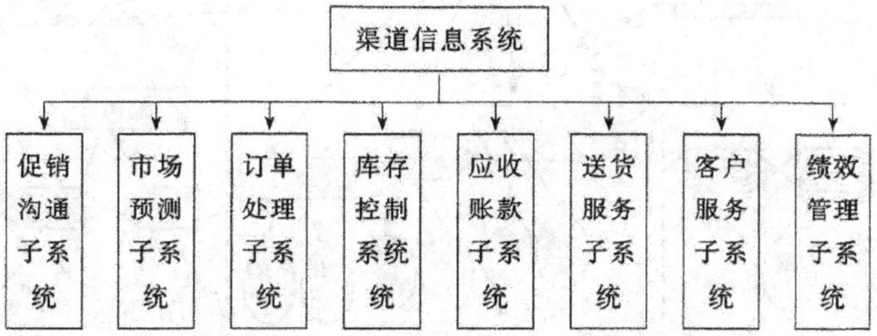

图 10-4　渠道信息系统功能结构

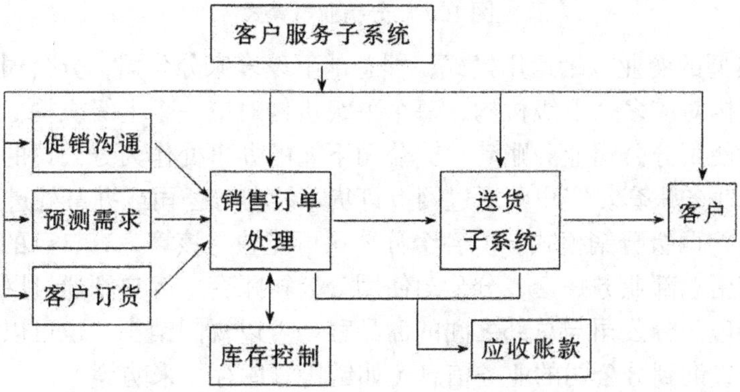

图 10-5 渠道信息系统功能结构

以上两个图不仅直观地说明了渠道信息系统的构成，也可用于说明各功能子系统之间是怎样联系和运作的，它们好像是企业渠道管理过程的一个缩影。

整个流程自左至右展开，企业进行促销、需求预测等活动以后，客户就通过电话、信件、电子信函等方式发生订货行为，销售订货子系统处理客户的各种订货请求，同时启动企业的库存控制系统，检查是否有存货满足顾客需要或者是通知生产；然后通过送货子系统把产品送到用户手中。其中，货款的收回发生在订单处理或送货子系统中。由于客户服务活动发生在产品的售前、售中、售后整个过程中，因此客户服务子系统作用于整个渠道信息系统的过程中。

2. 总部、分销商和门店管理系统

（1）总部管理系统

营销总部管理系统的设计应考虑不同的渠道模式。典型的渠道模式有以下七种类型，如图10-6所示。

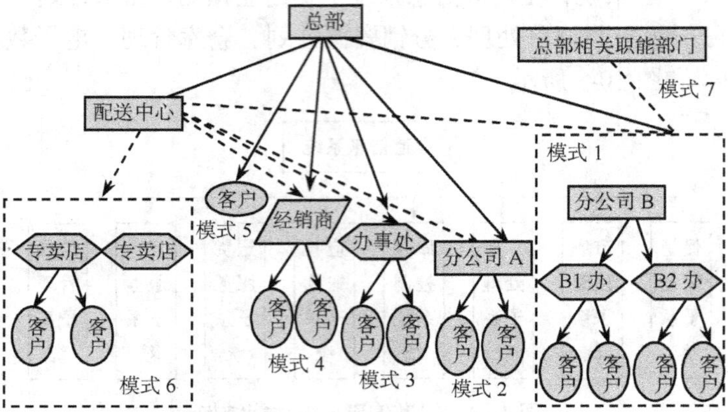

图10-6　分销业务模式

模式1为典型的商业分销运用模式，即总部下设多家分公司，分公司下设多个办事处等，每个上级机构对应多个下级机构，每个下级机构对应一个上级机构。总部使用总部业务账套，分公司使用分公司业务账套，分公司下属的办事处作为分公司的销售部门，与分公司使用同一个业务账套。客户则通过网上订货系统与分公司或办事处进行业务处理。

模式2一般为两级分销模式，但各个分公司可能独立核算，有自己的账套数据。在此模式下，总部使用总部业务账套，分公司使用分公司账套，客户则通过网上订货系统与分公司进行业务处理。分公司与总部之间的商品移动可以视同销售，也可以视同调拨处理。总部可以跨系统查询到分公司的业务信息（如销售、库存、采购等）。

模式3一般为两级分销模式，类似于模式2，不同的是各个办事处不独立核算，没有自己的账套数据，与总部共用一套数据。在此模式下，总部使用总部账套，办事处作为总部的一个业务部门，与总部使用同一个业务账套。办事处与总部之间的商品移动视同调拨处理。

模式4一般为两级分销模式，类似于模式2，不同的是经销商不但要求独立核算，有自己的账套数据，而且独立性较强，如可以销售集团外非本公司产品，故要求对基础资料等有相对独立修改、增加的权限。

模式5为一级分销模式，即我们通常理解的直销，直接面向客户销售产品。

模式6为连锁专卖分销模式，如连锁店、专卖店、超市、商场等。

在此模式下，总部、配送中心使用总部账套，门店既可以使用自己的业务账套又可以

统一用总部账套，其中门店又可分为前台、后台两个操作端，前台通过 POS 系统进行业务处理，当然也可以不配置门店后台，直接与总部账套连接，这完全取决于自身的管理是否需要。

模式 7 类似于模式 1，区别在于下级机构允许对应多个上级机构。这时的上下级之间的数据归总可以根据需要进行灵活设置。

营销总部处理分销运作体系跨域的往来业务，并对各分支机构的业务运作状况进行监控和分析，从而统筹其分销体系的物流、资金流以及信息流以达到整体管控的目的。它是连接进销存各系统的桥梁和纽带，负责总部与分支机构信息的交换处理，对从前台到后台、从总部到分支机构，从订货、补货计划制定到商品内部调拨分配，从移动下单到商品出库、货款收回、财务记账等提供解决方案。其包括 10 ~ 13 个功能模块：销售管理、促销管理、库存管理、采购管理、配送管理、客户资信管理、应收处理、应付处理、售后服务、系统管理、基本资料维护、综合查询统计、决策支持。

营销总部管理系统既适合于下设多级营销机构（利用分支机构、代理商等实现商品销售的渠道分销企业，如企业集团、销售公司等），也适合于百货商场、超市、连锁店、专卖店等中小型连锁配送企业。

（2）分支机构/分销商管理系统

分支机构/分销商的业务特点是实现集团分销数据的即时传输；实现购销双方业务单据的自动转换；上报数据管理——设定需要各业务处理系统上报的数据范围与内容；下发数据管理——设定需要集团统一设定、修改，然后下发给各业务处理系统的数据范围与内容，并在设定的时间内将这些数据自动下发到相应的业务处理系统内。因此，这一模块所应包括的基本的功能和营销总部管理系统的功能稍有区别（一般不设采购管理），各有侧重。

- 销售管理。
- 促销管理。
- 库存管理。
- 配送管理。
- 客户资信管理。
- 应收处理。
- 应付处理。
- 售后服务。
- 系统管理。
- 基本资料维护。
- 综合查询统计。
- 决策支持。

（3）门店管理系统

门店管理系统主要应用于零售柜台、连锁店、专卖店等。它为零售收银柜台提供方便、快捷地录单、收银及商品盘点功能，并和整体商业后台、总账财务系统实现无缝衔接，能自动将零售单转换为后台的销售单据，参与核算和统计分析。

1）销售管理：进行客户档案等基础数据的设置，完成销售业务，包括对销售单、要货、退货和返厂的管理，并提供销售台账查询。

2）促销管理：实现一系列销售的市场行为，包括促销计划维护、促销费用维护、折扣管理。

3）库存管理：完成库房日常作业并管理各分支机构和分销商的库存控制，包括入库、出库、盘点、调拨、库房初始化。

4）售后服务：提供服务记录、跟踪，包括消费者投诉、客户服务维护、重点客户管理。

5）系统管理：包括系统登录；系统用户管理；系统用户组管理；操作日志维护和查询；数据备份与恢复；界面操作权限管理；数据访问权限管理；信息/单据授权访问管理；数据上传、下载和同步管理等。

3．渠道成员间信息管理技术

（1）电子数据交换

电子数据交换（Electronic Data Interchange，EDI）是计算机与计算机之间结构化的事务数据交换，是通信技术、网络技术与计算机技术的结合，它将数据和信息规范化、标准化，在拥有计算机系统的渠道成员间，直接以电子方式进行数据交换。通俗地讲，EDI 就是一类电子邮包，按一定的规则进行加密和解密，并以特殊标准和形式进行传输。

EDI 在国际范围内被广泛应用。在美国，1999 年克林顿总统已经批准全面推行 EDI 以实现贸易无纸化。在欧洲，一些大公司，包括超市连锁公司，已经开始对不开通 EDI 的供应商实行制裁措施（价格、处理时间、付款方式上实行歧视政策）。在新加坡，新加坡贸易发展局宣布从 1999 年 1 月 1 日起，所有进出口贸易都必须用 EDI 方式申报。在香港，从 2000 年开始全面关闭进出口报关柜台，所有的进出口报关也必须通过 EDI 方式。

（2）条形码

EAN 条形码是国际上通用的通用商品代码，我国通用商品条形码标准也采用 EAN 条形码。主要是由 13 位数字码及相应的条形码符号组成，在较小的商品上也采用 8 位数字码及相应的条形码符号。

EAN 条形码的构成如下：① 前缀码。由 3 位数字组成，是国家的代码，我国为 690 到 692，是国际物品编码会统一分配的。② 制造厂商代码。由 4 位数字组成，我国物品编码中心统一分配并统一注册，一厂一码。③ 商品代码。有 5 位数字组成，表示每个制造厂商的商品，由厂商确定，可标志 10 万种商品。④ 校验码。由 1 位数字组成，用以校验前面各码的正误。

（3）POS 系统

POS（Point of Sale）系统最早应用于零售业，以后逐渐扩展到其他行业，利用 POS 信息的范围也从企业的内部扩展到整个供应链。现代 POS 系统已经形成了一个综合性的信息资源管理系统，POS 系统包括前台 POS 系统和后台 MIS 系统两大基础部分。

前台 POS 系统是指通过自动读取设备，在销售商品时直接读取商品销售信息，实现前台销售业务的自动化，对商品交易进行实时服务和管理，并通过通信网络和计算机系统传送到后台，然后通过后台计算机信息系统（MIS）的计算、分析与汇总等掌握商品销售的各项信息，为企业管理者分析经营成果、制定经营方针提供依据，以提高经营效率的系统。

后台 MIS 又称管理信息系统。负责整个商场的进、销、调、存系统的管理及财务管理、库存管理、考勤管理等。它可以根据商品进货信息对厂商进行管理，又可根据前台 POS 提供的销售数据，控制进货数量，合理周转资金，还可以分析统计各种销售报表，快速准确地计算成本与毛利，也可对售货员、收款员的业绩进行考核，是职工分配工资、奖金的客观依据。因此，商场现代化管理系统中前台 POS 与后台 MIS 密切相关，二者缺一不可。

POS 系统主要依赖于计算机处理信息的体系结构。结合商业企业的特点，POS 的基本结构可分为：单个收款机、收款机与微机相连构成 POS，以及收款机微机与网络相连构成 POS。

目前大多采用第三种类型的 POS 结构，包括硬件和软件两大部分。POS 系统的硬件结构主要包括收款机、扫描器、打印机、显示器、网络、微机与硬件平台。POS 系统的软件结构主要包括前台 POS 销售系统和后台 MIS 信息管理系统。

4．信息沟通路径

以上讨论的是电子形式的渠道信息系统。在实务上，还有一个更为重要的人际沟通形式的信息系统，这种信息沟通的方式或途径主要包括内部报告制度、客户数据库、销售代表的例行巡视和拜访、渠道成员会议及公司简报等。

（1）内部报告制度

内部报告制度是公司内部信息收集、处理制度，在销售信息部门牵头下，将公司内部各管理部门运作数据进行汇总，供管理层决策。公司产品开发部门、财务部门、生产管理部门、人事部门、仓管部门等都有责任提供本部门运作的信息，详细情况如表 10-2 所示。

表 10-2　公司内部各部门应提供的运作信息

影响因素	具体说明
1）产品开发部门	设计、式样
2）生产管理部门	生产能力、生产进度、产品存量、品种规格、交货
3）人事管理部门	销售人员计划、薪金、人员管理
4）库存管理部门	原材料采购、订货、库存水平、供料、发货、退货
5）财务管理部门	销售状况、成本、客户信用、销售费用计划、应收账款、应付账款

（2）建立客户数据库

客户从广义上来讲，是指每个能影响公司营利的人，包括终端用户和经销商。客户是公司的宝贵财富，应进行制度化管理。

- 根据客户对公司的忠诚度，可以划分为忠诚型客户、品牌转移型客户和投机型客户。
- 根据客户的购买量，将之分为重点客户、一般客户、散户。
- 根据客户信用程度，将之划分为不同的信用等级。

- 此外，数据库应包括这样一些信息：市场开拓能力、营销经验、行业声誉、库存能力、运输能力、供货需求、销货能力、合作诚意、客户本人的情况等。

（3）销售代表例行巡视、拜访

很多厂家都设有销售代表职位，承担区域市场经销商管理、市场助销等职责。

销售代表是公司在区域市场的代言人，负责向客户传达公司营销政策。同时，又是厂家安排的“耳目”，定期将客户的经销表现、市场开发情况、竞争情况报告给公司。

（4）渠道成员会议

渠道成员会议是公司与客户正式会晤的方式，会议内容包括：

- 渠道政策草案征询。
- 焦点问题研讨。
- 经验介绍。
- 实战培训。
- 协调冲突。
- 合作开发市场事宜。
- 产品销售信息反馈。

（5）公司简报

很多公司都有自己的简报，但如果上面登的净是些长篇大论、领导讲话、会议报道、花边消息之类的内容，那么，毫不客气地说：你把简报浪费掉了！

公司简报的目的应是向公司的合作伙伴、客户传递公司的整体运作态势，增强渠道凝聚力，培养客户的忠诚度，以及灌输上下一致、同仇敌忾的企业精神。

公司简报作为渠道信息管理的得力工具，以下内容是绝对不可少的：

- 公司的整体运作情况。
- 公司的渠道战略、渠道战术、渠道政策。
- 合作伙伴的业绩、经验。
- 渠道成员英雄人物访谈。
- 竞争对手、客户对渠道建设质量的反应。
- 渠道运作的相关新闻报道。

及时将公司简报送给所涉及的经销商、客户，这是一种很“人情化”的管理方式。

10.3 渠道中的资金流管理

1. 资金流管理的含义与重要性

渠道资金流管理主要表现为应收账款管理。目前，企业销售的资金回流方式主要有三种：预付货款、交货即付和赊销。应收账款就是由第三种方式引起的。在发达的市场经济中，企业逾期应收账款总额一般不高于10%，而在我国这一比例高达60%以上。随着市场经济的发展，企业应收账款数额日益增多。

应收账款包括广义和狭义两种解释。广义的应收账款是指公司所有的债权资产，包括对个人、公司及其他债务人形成的所有货币请求权。因此，广义的应收账款，又称为应收款项。狭义的应收账款是指企业对外赊销产品、材料，或者提供劳务及其他原因，应向购货或接受劳务的单位及其他单位收取的款项。

资金流管理的重要性体现在：应收账款在为企业带来利益的同时也会产生相应的成本。应收账款成本的主要内容包括：

1）应收账款的机会成本。这是指公司的资金因占用在应收账款上而丧失的其他投资收益，如投资于有价证券的利息收益等。有关计算公式为：

应收账款的机会成本=维持赊销业务所需要的资金×资金成本率

维持赊销业务所需要的资金=应收账款平均余额×变动成本率

应收账款平均余额=赊销收入净额÷应收账款周转率

应收账款周转率=日历天数（360）÷应收账款周转天数

变动成本率=变动成本÷销售收入

在正常情况下，应收账款周转率越高，一定数量资金所维持的赊销额就越大；应收账款周转率越低，维持相同赊销额所需要的资金数量就越大。可见，应收账款机会成本的高低在很大程度上取决于公司维持赊销业务所需要资金的多少。

2）应收账款的管理成本。这是指公司对应收账款进行管理时所发生的费用支出，包括调查客户信用情况的费用、收集各种信息的费用、账簿的记录费用、收账费用、其他费用等。

3）应收账款的坏账成本。这是指由于应收账款无法收回而给公司造成的经济损失。

2．应收账款的管理模式

企业对于应收账款的管理，应采取全程信用管理模式，对交易全过程进行全面管理和控制，这一过程可划分为事前控制、事中控制和事后控制。全程信用管理流程如图 10-7 所示。

事前控制——在正式交易之前（签约或发货），对客户的审查及信用条件的选择。

事中控制——发货之后直到货款到期日之前，对客户及应收账款的监督和管理。

事后控制——账款到期时，对应收账款进行的监控和管理，以及对拖欠案件采取的一系列挽回损失的措施。

全程信用管理围绕着客户和应收账款两个主题进行，包括对客户信息、资信状况的认真了解和掌握，做出准确的信用条件选择，并且能够及时收回应收账款。

3．信用政策与收账政策

应收账款赊销的效果好坏，首先取决于企业实行的信用政策。信用政策是企业基于对顾客资信情况的认定，而对顾客给予先行交货而后收款的结算优惠，这种优惠实质上是企业对顾客的一种短期融资。企业应收账款管理的重点，就是要根据其实际经营情况和顾客不同的信誉情况制定合理的信用政策，这也是财务管理的一个重要组成部分。

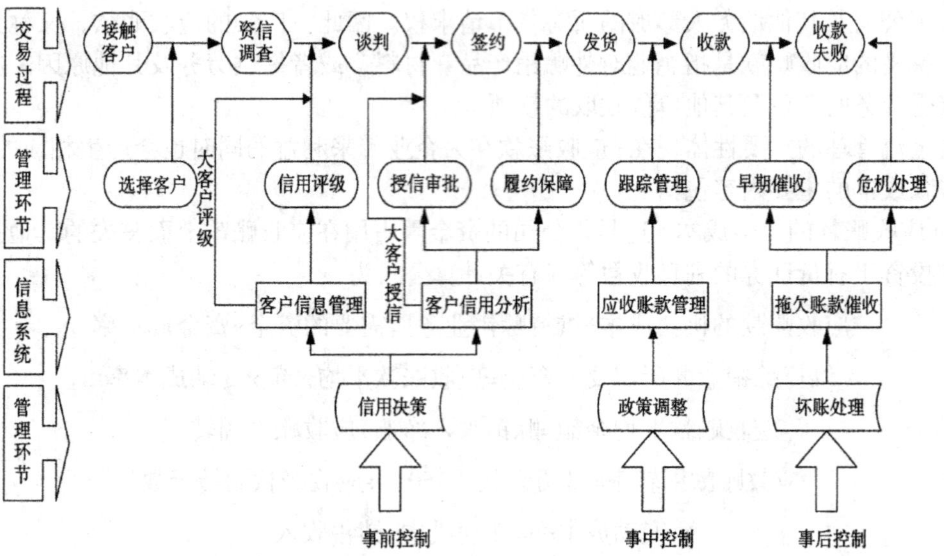

图 10-7　全程信用管理流程

信用政策主要包括信用标准、信用期限和现金折扣。

（1）信用标准

信用标准是指企业用来衡量顾客是否获得企业商业信用所应具备的条件。如果顾客达不到信用标准，便不能享受信用或者只能享受较低的信用优惠。信用标准通常按信用的“五C”系统来衡量。所谓“五 C”系统，是评估顾客信用品质的五个方面，即品德（Character）、能力（Capacity）、资本（Capital）、抵押（Collateral）和条件（Conditions）。

1）品德。品德指顾客的信誉，即顾客履行偿债义务的态度，这是评价客户信用品质的首要因素。企业必须设法了解顾客过去的付款记录，看其是否具有按期如数付款的一贯做法，与其他供货企业的关系是否良好。

2）能力。能力指顾客的偿债能力，即其流动资产的数量和质量及与流动负债的比例。顾客的流动资产越多，其转换为现金支付款项的能力越强。同时，还应注意顾客流动资产的质量，看是否会出现存货过多，质量下降，影响其变现能力和支付能力的情况。

3）资本。资本指顾客的资本金，主要是有形净资产和获利可能性，它表明顾客的财务实力和财务状况，也表明顾客可能偿还债务的背景。

4）抵押。抵押是指顾客拒付款项或无力支付款项时能被用做抵押的资产。这对于不知底细或信用状况有争议的顾客尤为重要。一旦收不到这些顾客的款项，便以抵押品抵付。如果这些顾客事先提供足够的抵押，就可以考虑向他们提供相应的信用。

5）条件。条件指可能影响顾客付款能力的经济环境，如宏观经济政策的变化对顾客可能造成的影响。这需要了解顾客在过去困难时期的付款历史。

信用的“五 C”系统代表了信用风险的判断因素，要做到客观、准确的判断，关键在于能否收集到顾客有关信用资料。这些资料一般来源于两大渠道：一是企业内部；二是企业外部。从企业内部来说，主要是通过企业以往与顾客进行交易所积累的经验，这往往是判断一个老顾客资信情况所采用的主要方法。从企业外部来说，主要是通过对顾客的调整、取证，收集与顾客有关的情况，以及通过有关信息机构获得顾客相关资料，这一般是作为判断一个新顾客所采用的基本方法。

在收集、整理顾客的信用资料后，企业可将其转换成顾客的分类等级。为避免信用评估人员的主观意向性，在对顾客信用状况进行定性分析的基础上，还可以对顾客的信用状况进行定量分析。例如，设定若干个具有代表性、能说明偿债能力和财务状况的指标作为信用标准，如表 10-3 所示。

表 10-3　客户信用评价指标

指　　标	信用标准	
	信 用 好	信 用 差
流动比率	2 以上	15 以下
速动比率	1 以上	0.7 以下
净流动资产（万元）	110 以上	35 以下
负债比率（负债/资产）	30%以下	70%以上
产权比率（负债/权益）	1 以下	2 以上
总资产（万元）	1 500 以上	300 以下
应收账款周转率（次数）	13 以上	9 以下
存货周转率（次数）	5 以上	35 以下
销售收入（万元）	5 000 以上	2 000 以下
赊购偿付情况	及时	经常拖欠

根据各种顾客的有关资料，计算出各个顾客的上述指标，然后再与上述设定的信用标准进行比较：凡顾客指标处于信用好范围内，则确定该指标无信用风险；若指标处于信用差范围内，则确定该指标信用风险为 10%；若指标介于信用好与信用差之间，则确定该指标信用风险为 5%。各项指标值比较后，即可累计顾客的风险系数。

例如，某顾客的 10 个指标值及累计风险系数计算结果如表 10-4 所示。

表 10-4　客户信用风险程度

指　　标	指 标 值	累计风险系数
流动比率	2.2	0
速动比率	0.8	5%
净流动资产（万元）	90	10%

续表

指　　标	指 标 值	累计风险系数
负债比率	60%	15%
产权比率	1.5	20%
总资产（万元）	1 600	20%
应收账款周转率	13	20%
存货周转率	4	25%
销售收入（万元）	5 300	25%
赊购偿付情况	及时	25%

企业按上述方法分别计算出各顾客的累计风险系数后，即可按风险系数的大小进行排序：风险系数小的排在前面，给予信用优惠；风险系数大的排在后面，给予较低信用优惠甚至不给信用优惠。

这种方法仅仅为企业信用决策提供参考依据。由于实际情况千变万化、复杂多样，财务人员在运用此法时，还应根据实际情况和历史经验，进行综合判断，以便做出正确的信用决策。

（2）信用期限

信用期限是指企业允许顾客从购货到支付货款的时间限定。销售额与信用期限之间存在着相互依存关系：信用期限越长，销售额越大。适当延长信用期限，能扩大销售额，增加收益。但信用期限延长，会造成两个后果：一是平均收账期延长，占用在应收账款上的资金增加，影响资金的周转和使用；二是使企业收账费用和坏账损失增加。所以，延长信用期限所带来的收益，可能会被占用资金的机会成本和可能发生的收账费用、坏账损失所抵消，甚至可能会造成利润的减少。然而，信用期限过短，往往又不足以吸引顾客，在竞争中会使企业销售额受影响。因此，企业必须慎重研究，确定恰当的信用期限。

信用期限的确定，主要是分析改变信用期限对收益和成本费用的影响。延长信用期限，会使销售额增加，产生有利影响；与此同时，应收账款、收账费用和坏账损失的增加，又产生不利影响。当收益的增加大于成本费用的增加时，可以延长信用期限；反之，则不宜延长信用期限。同样道理，如果缩短信用期限，会使应收账款、收账费用和坏账损失减少，但同时也会减少销售额。当成本费用的减少大于收益的减少时，可以缩短信用期限；反之，则不宜缩短信用期限。

例如，某企业销售产品，现在的信用期限为 30 天，年销售量为 60 000 件，单位产品售价为 8 元，单位变动成本为 6 元，固定总成本为 60 000 元。拟将信用期限放宽至 60 天，预计年销售量可增至 80 000 件，但预计的收账费用将由 4 000 元增加到 5 000 元，预计的坏账损失将由 5 000 元增加到 13 000 元。该企业最低的投资报酬率为 14%，试确定该企业的信用期限是否合适？

1）先计算放宽信用期限增加的收益：（80000–60000）×（8–6）=40000（元）

2）再计算放宽信用期限增加的成本费用

收账费用增加=5000–4000=1000（元）

坏账损失增加=13000–5000=8000（元）

应收账款占用资金的机会成本增加。

应收账款占用资金的机会成本=应收账款资金占用额×投资报酬率

应收账款占用额=应收账款平均余额×变动成本率
=日销售额×信用期限×变动成本率

30 天信用期应收账款资金占用额：

$$\frac{480000}{360}\times 30\times\frac{360000}{480000}=30000(\text{元})$$

60 天信用期应收账款资金占用额：

$$\frac{640000}{360}\times 60\times\frac{480000}{640000}=80000(\text{元})$$

30 天信用期机会成本：

30000×14%=4200（元）

60 天信用期机会成本：

80000×14%=11200（元）

机会成本增加=11200–4200=7000（元）

增加的总成本费用=1000+8000+7000=16000（元）

3）最后计算改变信用期限的净收益。

增加的收益–增加的成本费用=40000–16000=24000（元）

计算结果表明，可采用 60 天的信用期限。

（3）现金折扣

现金折扣是企业为了鼓励顾客尽早（在规定的期限内）付款而给予的价格扣减。现金折扣常用如“3/10，2/20，*N*/30”的方式来表示，其含义为：顾客在 10 天内付款，给予 3%的折扣优惠；在 20 天内（11 ~ 20 天）付款，给予 2%的折扣优惠；顾客必须在 30 天内（21 ~ 30 天）付款，需全额支付。

企业延长信用期限，会使应收账款占用资金增多。为了加速资金的回收和周转，减少坏账损失，企业可采用向顾客提供现金折扣的办法。但这同时也会增加成本，即价格折扣损失。所以，是否向顾客提供现金折扣，提供何种程度的现金折扣，关键仍是比较提供现金折扣后企业减少资金占用，减少收账费用、坏账损失的好处是否比运用折扣所付出的代价更大。若得到的好处比付出的代价更大，则宜放宽折扣条件；反之，则不宜放宽折扣条件。

接上例，若企业现在的信用条件为“2/10，*N*/30”，顾客均会在折扣期内付款，收账费用将降低80%，无坏账损失。拟放宽信用条件为“3/10，*N*/60”，预计有60%的顾客在折扣期内付款，收账费用将降低60%，坏账损失将降低40%，试对该企业放宽信用条件做可行性分析。

根据上述资料，对放宽信用条件可行性的有关计算如表10-5所示。

表10-5　对放宽信用条件可行性的计算　　单位：元

项目＼信用条件	3/10，*N*/60	2/10，*N*/30	差　额
提前收款而减少的机会成本	$80000\times60\%\times\frac{5}{6}\times14\%=5600$	$30000\times\frac{2}{3}\times14\%=2800$	2 800
减少的坏账费用	5000×60%=3000	4000×80%=3200	−200
减少的坏账损失	130000×40%=5200	5 000	200
现金折扣的代价	640000×60%×3%=11520	480000×2%=9600	1 920
净收益	2 280	1 400	880

表中的计算结果表明，放宽信用条件的方案是可行的。它能给企业带来880元的净收益。

综上所述，应收账款是企业的一项资金投资，是为了扩大销售和增加收益而进行的投资。而投资肯定要发生成本费用，如上述的机会成本、收账费用、坏账损失和现金折扣损失，企业需要在应收账款信用政策所增加的收益和采用这种政策所发生的成本费用之间做出权衡。只有当增加的收益超过发生的成本费用时，才应当采用该种信用政策。

（4）收账政策

收账政策是指企业对不同过期账款的收款方式，包括准备为此付出的代价。比如，对过期较短的顾客，不予过多地打扰，以免将来失去这一市场；对过期稍长的顾客，可措辞婉转地写信催款；对过期较长的顾客，可频繁地信件催款并电话催询；对过期很长的顾客，可在催款时措辞严厉，必要时提请有关部门仲裁或提请诉讼等。同时企业还应针对不同的拖欠对象和拖欠原因，区别对待：主观上故意拖欠的顾客，应采取坚决强硬的催收措施，给对方施加压力，以达到收回账款的目的；对客观上由于经营不善，财务出现困难，无力偿付到期债务的顾客，应做具体分析：若对方只是暂时的困难，企业可放宽信用条件，帮助对方渡过难关，以便收回更多的应收账款；若对方确已无力偿付，已达破产界限，则只能向法院起诉，以求在进行破产清算时得到部分的清偿。

催收账款要发生费用。一般来说，收账的花费越大，收账措施越有力，可能收回的账款就越大，坏账损失也就越小。因此，制定收账政策，要在增加的收账费用与减少的坏账损失和应收账款占用资金的机会成本之间进行权衡。若前者小于后两者之和，则说明制定的收账政策是可取的。

4．强化资金流管理的对策

针对企业应收账款管理的现状及成因，资金流管理应从以下几方面加以解决。

（1）制定合理的信用政策

制定合理的信用政策可以有效解决管理行为的短期化、风险意识淡薄、顾客存心赖账的问题。企业应从实际出发，制定以信用标准、信用条件和收账政策为主要内容的信用政策。

1）确定适当的信用标准。信用标准，是给予客户最低的信用条件，一般用预期的坏账损失率表示。企业确定信用标准，着重考虑以下几个因素：一是同行业竞争对手情况。面对竞争的市场，应根据对手实力，相应采取宽或严的信用标准，以便争取竞争的主动性；二是企业承担失信违约风险的能力。企业承担风险的能力强，就可以以较低的信用标准争取客户、扩大业务。反之，如果企业承担风险的能力薄弱，就只能执行严格的信用标准，以最大限度地降低违约风险；三是客户的资信程度。企业要在对市场用户资信程度的调查分析基础上判定客户的信用等级，然后以此决定是否给予信用优惠。

2）实施具体的信用条件。信用标准是决定给予或拒绝客户信用的依据。一旦企业决定给予客户信用优惠时，就需要考虑具体的使用条件。企业在接受客户信用订单时，要向其明白提出付款时间及其他相关要求，包括信用期限、现金折扣和折扣期限方面的约定。

企业允许客户购货款赊欠一定时间，会在一定程度上扩大销售，增加毛利。但不适当地延长信用期限，会引起应收账款机会成本和收账费用的增加，也许还会造成坏账损失。因此，企业必须要求因信用期延长带来实际收入的新增量大于实际成本的上升数。

3）完善收账政策。客户违反与企业约定的信用条件，拖欠甚至拒付账款时，企业应首先分析现行的信用标准及信用审批制度是否存在纰漏，然后对违约客户的资信等级重新调查，以便采取更为切合实际的措施加以解决。

从理论而言，履约付款是客户不容推卸的责任和义务，也是企业正当、合法权益所在。但如果企业对所有客户拖欠或拒付账款的行为都付诸法律手段加以解决，往往不是上策。因为企业解决与客户账款纠纷的目的是在于怎样才能最有成效地将账款收回。在实际经济活动中，客户拖欠货款的原因是多方面的，通过法院收回账款一般是企业最后的招数。基于此种考虑，企业能够通过和客户商量，选择一个双方都认可的方案，也许就可以最大限度的收回货款，将风险降低到最低限度。

（2）健全企业应收账款内部控制制度

应收账款管理的内部控制对于保证信用制度的贯彻执行和应收账款的有序管理都具有

十分重大的意义。企业应根据自己的实际情况，设计出一套能反映本企业自身特色的内部控制制度。具体包括以下几种。

1）明确责任，相互配合。应收账款究竟由谁来负责管理？有人认为理所当然应该由销售部门或销售人员管理。但若真如此，又由谁来监督销售人员呢？销售人员的异动，造成了其原来管理的客户应收账款回收的困难，又怎样解决？所以仅仅由销售部门自己来管理并不妥当。应收账款的管理，是企业全程信用管理的核心所在。对市场中的各种情况进行认真仔细的分析，灵活运用赊销手段，合理确定现金折扣与折让比例，是企业在市场经济下快速占领市场和发展壮大自己的一项基本策略。因此，各企业应组织不同部门的专业人员，专门研究企业的营销策略，调查了解客户的资信程度，建立由主管领导牵头、销售部门负责具体执行、财务部门实施监督的应收账款管理机制。

2）制定合理的赊销方针。企业可以借鉴西方对商业信用的理解，制定适合自己的可防范风险的赊销方针。如有担保的赊销、条件销售等。

3）加强资金监督，定期核对账目。定期核对账目，一可避免记账的错误与遗漏；二可避免收账人员收款后不及时报账而挪用企业的资金；三可依据核对清楚的双方共识的账款进行催收工作。

4）建立赊销审批制度。在企业内部应分别规定销售部门、销售经理等各级人员可批准的赊销限额，限额以上须报请上级审批。这种分级管理制度使赊销业务必须经过相关人员的授权批准，有利于将其控制在合理的限度内。在企业了解一个潜在客户相关信用资料并认为值得与其合作且风险在可控的范围内之后，才会进一步商谈合作的意向和合作的具体条款。然后通过企业规定的合同审批流程，各部门在明确的职责范围内对合同和客户进行综合评审，最后由总经理审查确认。

5）建立销售回款责任制。为防止销售人员片面追求完成销售任务而强销、盲销，企业应在内部明确追讨应收账款是销售人员的主要责任。同时，制定严格的资金回款考核制度，以实际收到货款数作为销售部门的考核指标，每个销售人员必须对每项销售业务从签订合同到回收资金全过程负责。这样就可以使销售人员明确风险意识，加强货款回收。

（3）强化应收账款的日常管理

1）实施应收账款的追踪分析。应收账款一旦形成，企业就必须考虑如何按期足额收回的问题。赊销企业有必要在收款之前，对该项应收账款的运行过程进行追踪分析，重点要放在赊销商品的变现方面。企业要对赊购者的信用品质、偿付能力进行深入调查，分析客户现金的持有量与调剂程度能否满足兑现的需要，应将那些挂账金额大、信用品质差的客户的欠款作为考察的重点，以防患于未然。

2）认真对待应收账款的账龄。一般而言，客户逾期拖欠账款时间越长，账款催收的难度越大，成为呆坏账损失的可能性也就越高。企业必须要做好应收账款的账龄分析，密切注意应收账款的回收进度和出现的变化。

在应收账款的账龄结构分析中，企业财务管理人员要把过期债权款项纳入工作重点，研究调整新的信用政策，努力提高应收账款的收现效率。

3）建立坏账准备制度。企业不论采用怎样的信用政策，只要存在商业信用行为，坏账损失总是会发生的。根据《企业会计准则》的规定：应收账款可以计提坏账准备金。企业要遵循稳健性原则，对坏账损失的可能性预先进行估计，积极建立弥补坏账损失的准备制度。

4）强化应收账款的明细记录。企业为加强应收账款的管理，应在总分类账的基础上设置明细分类账，以便详细地、序时的记录各客户的往来情况，提供客户最系统、最完整的资料，为企业制定和实施其他管理方式提供信息；为应收账款的回收提供原始的、具有法律效力的结算凭证；与其他分类账一起共同构成完整的账簿系统。

（4）提高企业员工的素质，加强业务培训

1）加强企业员工职业道德教育，强化销售人员的原则性。企业应对其销售人员加强职业道德教育，正确处理企业与客户的关系。企业销售人员在同经销商维持良好关系的同时，一定要加强原则性，严格执行公司制定的销售政策，尤其是执行应收账款的管理制度。

2）提高销售人员追款技巧。销售人员在成功追收账款中扮演着重要角色，在日常工作中要加强销售人员在这方面的培训。例如，追讨函件；丰富和完善客户资料档案；让对方写下支付欠款的承诺函件，并加盖公章；录音；与负责人直接接触；向警方求助；了解财务、税收、银行等方面的知识等。

3）加强销售人员的回款意识。企业应培养销售人员良好的收款习惯：货款回收期限前一周，电话通知或拜访负责人，预先告知其结款日期；期限前三天确定结款日期，在结款日一定按时前往拜访。总之，销量与回款是当今世界所有企业的难题，企业只有措施得当、方法对路、常抓不懈才能把应收账款管理上存在的问题加以解决。

实务训练

花王公司的账款回收管理

1．了解客户的资金状况和防止商业诈骗

（1）了解客户的资金状况

1）先看零售单位是否有钱。北京市有好几家亿元商场。什么是亿元商场呢？就是指那些每年销售额超过 1 亿元的商场。就是说这些商场每天的销售额是 1 亿元/365 天，即每天就是 30 多万元。这从侧面说明，零售单位手中肯定是有钱的。但零售单位怎么去用这笔钱，会直接影响到商场与公司的结款。商场有时候可能会把一些货款结出去，有时候要进行店堂的装修，有时候要用这些钱添置一些新设备。如果到了结款的日期，公司未能将货款从商场结回来，而让商场用作为其他用途，那我们就等于被客户给算计了。

2）再看批发商手中是否有钱。有时候，批发商的账目上可能是一分钱没有。为什么呢？

他要大批量地进货，集中地购进一批产品，这时候账上就会没钱。但不久后，他账目上又会有钱。这又是为什么呢？

因为销售收入是批发商的生命线。批发商从厂家买了商品，然后又卖给零售商，从零售商那里迅速实现了零售收入。一旦没有销售收入，批发商就会很快垮掉。要特别注意的是，批发商有一种特殊的融资能力，他们可在短时间内筹集到很多钱。

了解到客户手中是否有钱，也就是了解了客户的付款能力，这对于看透客户的推托，及时结款是很有帮助的。

（2）防止商业诈骗

商业诈骗在当今经济活动过程中普遍存在，而诈骗又集中在结款环节：防止商业诈骗，销售人员要具备以下几方面的能力。

1）观察能力。一个具有丰富经验的销售人员能迅速地发现客户在哪些方面有异常，一旦出现异常情况，就会立即停止跟他的业务往来。因为“做贼肯定心虚”，要有敏锐的观察力，发现对方“心虚”的地方，随时采取相应的措施。

2）看破真伪，谨防上当。客户在与我们洽谈的时候，如果准备购买我们的产品，他应该提出一些正当的异议。

因为发要购买产品，客户是要下一定决心的，他提出异议才是正常的情况。要是客户一点异议都没有的话，那将是很不正常的事情。

3）学会从第三方了解客户。对一个人的观察应该是多方面的，要从多方面去了解一个客户的人品。一位心理学家曾经说过：“观察一个人要从三个方面着手。第一看该家人的家庭情况，家庭情况代表了这个人的本质；第二看他的朋友圈，朋友圈能反映出一个人的人品；第三看该人的竞争对手，竞争对手能反映一个人的实力。

4）第一次发货要非常小心。一是量不能太大，二必须是现款。

5）最好找一家单位担保。

2．结款时应注意的事项

（1）增加新客户时必须进行信用调查

信用调查的内容包括客户的经营性质、经营历史、营业场地的租赁情况和他的供应商。并填写客户信用调查表。在填写信用调查表的时候，首先要把客户的名称写清楚，然后是客户的地址，负责人是谁，营业执照的编号，经营的形式，是批发还是零售，其经济所有制是公有、私有、或是公私联营，每月的租赁情况。接着销售代表要对以上条件进行评价，再看看他的开户行和银行账号。另外对他的一些供应商也要进行了解，他的供应商有哪些，如何联系。把这些表格上报给公司，公司再授予这家客户一个信用额度，然后再由销售经理进行审阅，这样才能算做好了一个完整的客户信用资料卡。日本公司的客户信用资料卡比较详细。第一条是他的祖父是谁，他的父亲是谁，先了解他们祖父辈和父亲辈的人品。在中国由于各方面条件的限制，现在还不能达到这种程度。但这里有几条比较关键。一是客户的所有制性质。如果是国有的，信用会相对好些，如果是私有的，信用相对差一些。二是开业时间。如果他已经有两年以上的开业历史，在一定程度上可说明他的信用还是可以的。

在选择客户的时候，还要考虑其他一些因素，在考虑一位批发商的时候，不但要考虑其经销的品种是否齐全，还要考虑他的仓库仓储运输能力、人员能力、销售能力和资金状况。这五个要素是考虑批发商的重要条件。只是这五方面都能达到一定的要求，才能算得上是一位好的批发商。

（2）结款时的数量要以送货单的数量为准

许多客户希望能采取代销的形式进行销售。代销就是说客户卖出多少货，再结多少款。从经营方式讲，这也是一种正常的商业往来，他卖出多少货就结多少钱。但是在具体操作时，绝对不能按这种正常的商业往来，他卖出多少货就结多少线。要树立这样的观念：送到客户那里的货就不是我们的货了，它已经是客户的货了，他们应该对这批货负责。跟客户结账，要以送货单上的数量为准，但有些情况，可以适当调整，比如“铺底”，先让客户卖起来，但当停止业务来往时，一定要把铺底的货款结清。

（3）结账时候的态度

一是不要有胆怯心理。特别是对一些刚刚做业务的销售人员，在向客户结账时，老有一种胆怯的心理，这是不可取的。结账时要理直气壮，要像欠我个人的钱那样理直气壮地讨要公司的货款。

二是态度一定要严肃认真。也许平时跟客户无话不谈，非常随便。但在结账时，一定要严肃认真：比如向客户直言：“张经理，你好，今天该我结账了。”当然也可以利用一些技巧：“张经理你是上午结账还是下午结账？是今天跟我结账，还是明天跟我结账？”

（4）销售概况决定收款是否顺利

例如，一个销售代表，向两个客户都发了货，甲客户第一次 1 万元货，乙客户也是 1 万元货。第二次甲客户补了 9 万元的货，乙客户没有补货。月底库存甲有 1 万元货，乙有 0.9 万元的货。虽然甲客户的货款额远远大于乙客户，但还是甲客户的货款容易收回来。

因为甲客户已经从我们销售的产品中赚足了利润，而乙客户没有实现利润。因此能否帮助客户销售出商品，对于收账也是非常关键的。

要帮助客户做好销售工作，应从产品促销、产品陈列和店员教育三个方面着手。只有做好这三项工作，才能使销售工作有所进展，最终有利于从客户那里收回账款。

（5）公司的调剂政策有利于账款回收

公司回收账款时，往往公布一些调剂政策，一般的做法是确定一个结算日，在结算日之前结清账款的客户，可以享受 3%的返利；如果拖延 10 天，返利下降为 1%，用这种方法刺激客户结款，往往能收到预期的效果。也有公司制定这样的调剂政策：如果能在年内结清全部账款，又完成了一定的销售指标，公司就会奖励客户一辆汽车，用这种方法刺激客户的积极结款，常常有效。

3. 收账技巧

在收账的时候，掌握一定的技巧，对于顺利收账会有很大的帮助。

（1）超过信用额度停止发货

这样做的目的是为了防止客户倒债，给公司造成损失，即使万一客户倒债，也可以将风险控制到最低点。这就要求给每个客户限定一个信用额度（赊卖到某个程度的限度）。比如，某个客户的信用额度为 2 万元，当他欠公司的钱达到 2 万元后，如果还要向公司订货，公司就应该给予拒绝。只有当他结清账款的时候，才能继续给他发货。

（2）收款前应该打电话给客户，进行提醒，让其提前准备好货款

约好时间后，收款当日一定要拜访客户，即使当时经理不在，也要求会计跟我们结清货款。拜访时，首先要提出收账的目的，其他事情以后再谈。比如促销工作，推销其他新产品等，这些都以后再谈，要先把账款结清楚。即使客户那里有其他客人，也不要离开，直至他结清账款。

（3）如果客户当时确实没有钱，就要求客户写张欠条，写上日期，盖上公章，并约好下次付款日期，到时候要不厌其烦地去找他们。

（4）要有黏缠性

销售人员要有一定的黏缠性，即回收账款时，销售人员到客户那里一定要做好打持久战的准备。用这种方法去结账应注意以下几点：

1）不要从感情出发。客户有时候讲感情套近乎：“小张啊，平时我们对你不错，这次就放我一马吧。”作为业务员不能为此所动。

2）即使对方说出苦衷，也不可落入对方的圈套。什么“手头比较紧啊。如果把你的结清了，明天就该破产了”等，绝不能落入这种圈套。

3）可能导致麻烦的话，率先说清楚。必要的时候要对客户讲：“如果你再不结款的话，公司会到法院起诉你们。”

4）要有信心和意志力：“今天来的目的就是要把货款结清，不结账今天就是不会离开的。”

5）必要时还要针锋相对。对方说：“我们手头紧。”我们应该说：“我们手头比你们还要紧。”“你穷我们比你更穷。”实在不行的话，就同上司一起拜访客户，要求结账。

4. 培养关系和防止倒债

（1）培养和客户的关系

能否顺利结款与平时与客户关系好坏有关。如果与客户有很好关系的话，客户一般会很自觉地把货款结清。在与客户的交往过程中，应注意进行沟通，搞好关系。

不但要维护好同客户的关系，还要培养与发展同客户的关系。这里应注意三方面的问题。

1）千万不要介入客户的内部矛盾，特别是外埠业务代表和驻店的销售人员，他们与雇

主或员工之间会有一些矛盾，搞不好会影响自己公司的业务开展。

2）要注意投其所好。要注意客户平时爱好些什么，如果这个客户爱好的是足球，那么即使我们自己不喜欢足球，也要尽量谈及这些事情，以引起客户的兴趣，扩大沟通范围，加深情感交融。

3）对个人事情表示关心。如果客户的孩子有升学问题等，我们如果有条件的话，要尽量提供相关的信息或是提供一些直接的帮助。同时，送礼能加强与客户的关系。送礼绝不是行贿。送礼要注意两点：一是不要在公司内部送礼，要找一个别的地方，在方便的情况下送一些小礼品；二是送礼前要避免谈业务，送礼后再轻轻点题。如果客户拿着小礼品比较喜欢，这时就可以说："你看明天早上给我们结账，行不行呢？"通过这些努力，可以加强与客户的沟通和感情，这对于回收账款会有很大的帮助。

（2）防止倒债

什么叫倒债？就是客户因破产、倒闭而可能给公司带来的损失。如何防止倒债，把风险降低到最低点，这是每个企业都关心的大事。一个公司在倒闭前都有一些预兆，业务人员应该洞察客户的各种变化，警惕客户突然破产给公司带来的损失。

1）观察客户付款途径和方法是否有变化。原来是通过工商银行结款，突然变成农业银行结款；小额付款比较干脆，大额付款拖延；这些都是很不正常现象。应当提高警惕。前几年，台湾来的一个骗子把温州的几家眼镜厂骗了一把，他开始少量进货，迅速付给厂方货款，使温州人觉得他很有信誉。然后他从这些厂家同时大宗进货，当货提走后，逃之夭夭。

2）观察客户的进货渠道是否变化。如果客户突然终止原来的进货渠道，另寻厂家进货，或突然转向我们公司进货，其改变的真实原因一定要调查清楚。如果毫无正常理由，突然大幅度增加订货量，也必须高度警惕。

3）要观察客户营业状况的变化。销售情况突然变化；销售对象诉讼增多；客户突然胡乱倾销，大幅度降价抛售商品，说明客户出现很大亏空。这需要业务人员时时进行观察。

4）要观察其员工的变化。客户那里不断有人提出辞职，多数人对公司有不满的情绪，员工的工作态度开始变得生硬，上班时经常有人打私人电话，这些都说明客户的内部管理开始出现了问题。

5）要观察客户的经营者有什么变化。经营者开始自夸自吹，不谈业务只谈享受，搁下原有的生意，突然大量投资风险行业，这不但说明客户对钱的苛求和急需，也说明他的信用出现了问题。

（案例来源：张伟．临门一脚——花王订单争取与账款回收策略．销售与市场，2002 年增刊．）

📖 问题

1．你认为花王公司的账款回收管理有什么特点？

2．你如何评价花王公司的回款管理措施？

3．提出你的建议和管理方法。

Ⅳ 绩效篇

第 11 章 渠道经济绩效评估

学习目标

1. 掌握渠道评估的定义与流程
2. 了解从企业角度出发的渠道绩效评估的内容
3. 掌握渠道成员绩效评估的标准与方法

引导案例

如何评价渠道绩效

梁经理是三个月前刚从省公司机关调入 J 市移动公司任经理的。J 市移动公司近年来业绩严重下滑，梁经理的任务就是找出原因，扭转业绩下滑的趋势，促使公司健康发展。经过一段时间的调研，梁经理发现，公司分销渠道缺乏有效管理可能是造成这种局面的原因之一。公司分销渠道实际上是随着公司成长过程和竞争的需要自发形成的。由于缺少对渠道的合理规划与设计，渠道体系庞杂，内部关系不顺，难以实施有效的管理。J 市移动公司的渠道包括如下六种形式。

1）重点客户渠道。内部又分为集团客户和个人大客户两大类，分别由政企客户经理和个人大客户经理负责。

2）电子自助服务渠道。包括公司因特网的主页、10086 电话客服中心及电子自助营业厅。

3）自办营业厅。不仅为客户办理所有业务，而且起着为公司塑造形象的作用。

4）行业合作渠道。主要是诺基亚品牌手机的服务维修点。

5）增值合作渠道。主要是与各品牌电脑销售网点合作推广无线网卡等增值业务。

6）社会代理渠道。又分为零售网点、普通代理渠道和核心代理渠道等，在J市移动业务的市场竞争中发挥着重要作用。

上述渠道体系在移动通信快速发展时期曾经起到了巨大作用，但近年来随着用户规模发展速度的放缓，这种粗放型渠道模式也日益暴露出严重的管理问题。主要体现在：

1）渠道成员目标不一致。某些代理商为追求短期利益，采取了严重的违规行为。其中最严重的就是在发展"全球通"品牌用户时，为谋取更多的用户发展酬金，放松了对新入网用户资格的审核，被不法套利分子利用，导致大量的恶意欠费，严重影响了公司的利益。

2）抱团与公司叫板，谋求过高佣金。随着市场的逐渐饱和，公司为压缩成本，适当减少了入网代理佣金，但多家渠道结成联盟，向公司提出不合理的要求，使得公司异常被动。

3）无法适应服务转型的要求。随着电信行业日趋成熟，公司发展战略的重点也由之前的用户发展调整到客户服务上来，但某些渠道由于缺乏相关专业知识和能力，无法达到服务转型的要求。

尽管导致上述问题的原因很多，但梁经理认识到，首先对上述六类不同渠道的业绩及它们分别在公司业务中的地位和作用做一个评价是必要的。只有在评价的基础上，才能对渠道调整做出正确的决策。但是，究竟应当从哪些方面，具体采用哪些指标来进行评价呢？梁经理准备组织业务部门讨论一次，希望明确应当从哪些方面来衡量渠道绩效，并列出一组尽可能具体的评价指标。

本章考察的是渠道运行的结果，也是企业渠道管理工作的新的起点。在目前市场竞争日趋激烈的形势下，企业要想完成自己的销售目标，使销售渠道高效率运作，就要对渠道的绩效进行定期的评估，以便为更科学的管理决策提供依据，而且绩效评估还具有重要的战略性意义！这一意义可用一个问题的回答来表达，即渠道设计与管理中的各项条款是否能确保有效地对渠道绩效和渠道成员的表现进行评估？这一问题的回答应该能够使渠道管理者将表现评估看做市场营销渠道发展与管理中不可缺少的一部分，而不是一种事后的思考。

11.1　渠道评估的定义与流程

1. 渠道评估的定义

渠道绩效评估就是指厂商通过系统化的手段或措施对其营销渠道系统的效率和效果进行客观的考核和评价的活动过程。

渠道绩效评估可分为宏观层面和微观层面。从宏观方面来说，渠道绩效就是指渠道系统表现出来的对社会的贡献，是站在整个社会的高度来考察的；从微观方面来说，渠道绩效则是指渠道系统或渠道成员对厂商所创造的价值或服务增值，是从厂商自身的角度来考察的。我们在本章中主要从厂商的角度出发来阐述如何对渠道系统进行渠道绩效的评估，评估的对象既包括整个渠道系统，也包括渠道系统中某一层级的渠道成员。在营销实践中，不少厂商同时对某个层级的渠道成员及整个渠道系统进行评估。尤其是在渠道扁平化的发展趋势下，厂商更多地加强了对渠道系统中具体渠道成员的绩效评估，以利于厂商决定是否对某些层级的渠道成员进行扁平化管理。

2．渠道评估的流程

渠道的目的在于帮助实现企业的销售目标。对渠道的评估旨在建立一套与企业特定经营目标相一致的评价指标，引导渠道行为。渠道评估整体流程如图 1-1 所示。

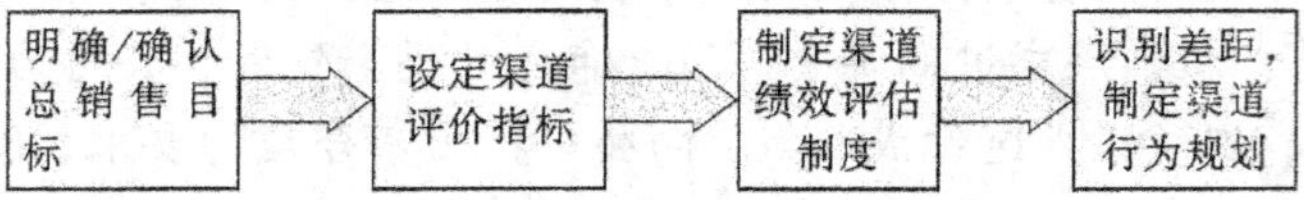

图 11-1　渠道评估流程

（1）详尽了解企业的经营目标并将其分解成一系列的销售目标

如图 11-2 所示，在公司目标与渠道行为之间建立更紧密联系的方式是将公司目标分解成一系列具体的明确的销售目标。一个呼叫中心很难从诸如“提高经营利润”这样的公司目标中决定应该采取什么行动，但“使交易成本降低 5%”这样的销售目标则容易操作得多。销售目标提供了期望值的底线，围绕这个底线，可以建立渠道的绩效指标和评定制度。

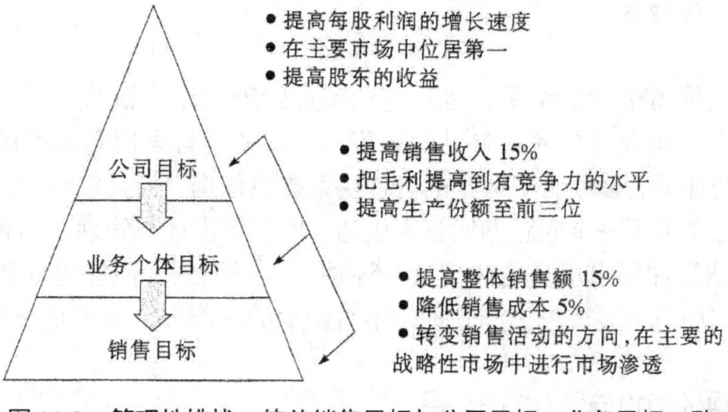

图 11-2　管理性挑战：使总销售目标与公司目标、业务目标一致

一些企业已经拥有自己强大的销售目标，这些销售目标能够将公司目标有效地传达给各个独立的渠道。但大多数情况下，企业管理层，尤其是那些运用复杂多渠道体系的企业的管理层，很少能对“在市场领域中所有渠道组合后应该完成哪些任务指标”这个问题给出一个满意的答案。

通过以下步骤可以给出答案。

1）将每个单个的公司/业务目标一一分解为对应的销售目标。将公司的每个目标独立分解为一个定量的销售目标，如目标“将经营利润提高到有竞争力的水平”通常被直接转化成诸如“降低销售成本的 5%”这样的销售目标。为帮助企业实现其每个高水平的战略目标，销售标准应该逐一明确、量化。

2）将公司目标分解成三类：收入增加、利润提高和客户忠诚度。尽管公司目标各不相同，但大多数都适用于这种分类法。将有关公司目标与以上三大类别一一对应是有必要的，因为这种简单的分类法能为企业在设定合理的销售目标过程中提供许多明确的销售任务。① 收入增加目标，要求对应的销售目标致力于获取新客户，增大客户群的范围，加强对新市场的扩张，以及加强对已有市场的渗透；② 利润目标，要求对应的销售致力于保留老客户，降低交易成本，将重点置于大多数能带来利润的客户，更有效地运用销售资源；③ 客户忠诚度目标，要求对应的销售目标着重改善客户服务质量，提供更强大的售后支持，向主要客户提供更灵活的销售资源及渠道的配置。

以上三类目标并不是相互排斥的。事实上，在设定综合绩效指标时，大多数企业至少考虑到三类目标的其中一部分。通过将公司目标分解成以上三大类，企业通常能给出更明确的销售任务以设定合理的销售目标。

（2）设定渠道绩效评价指标

绩效指标是有效的渠道管理的一个中心部分。一个清楚而明确的绩效指标描述，如“使今年的渠道销售量增加 10%”或“将每月电话量提高 10%”，为评估渠道成功与否、追踪渠道绩效状况提供了一个基准点，也便于企业采取补救措施，使渠道绩效与其预期值相一致。合理的渠道绩效指标基于销售目标和销售过程中的渠道作用两个前提。销售目标指的是所有销售行为的总目标。它说明，一个单独的渠道个体，其目标绩效水平必须以能帮助企业实现其销售目标为导向。设定的绩效指标必须能反映销售过程中每个渠道各自扮演的角色。例如，如果某个渠道的职能是提供客户支持服务，那么为其设定一个收入指标显然是没有意义的。同样，客户满意度对一个仅负责企业潜在客户的渠道来说通常也不是一个有价值的绩效指标。企业为每个渠道设定的期望值必须能够反映该渠道在销售过程中所承担的特定职责。

（3）制定渠道绩效评定制度

渠道的绩效评定使企业管理者能够随时追踪渠道的绩效状况，确保其与对应的绩效指标相符，并揭示存在的绩效问题。

合理的绩效评定应关注绩效的主要决定因素。所谓绩效的主要决定因素是指能直接并强有力地影响渠道综合绩效的渠道行为。例如在远程服务领域，创造更多销售电话量是一个呼叫中心业务业绩的主要决定因素。

（4）认清绩效差距并制定渠道行为规划

渠道评定制度有两个基本用途。首先，它们可被用做管理渠道绩效的强有力的连续检测工具。连续的绩效评定是动态渠道管理的基础，它使市场预期值与实际值实现“实时”'对照及调整。其次，同样重要的是渠道绩效评定制度提供了认清渠道现有水平与实现销售目标所需要的未来绩效水平之间的差距的一个机会。企业要明确为达到未来绩效水平，每个渠道现在必须采取什么行动。

渠道行为规划是决定为实现渠道目标而必须采取哪些具体行动的管理手段。制定渠道行为规划包含以下步骤：

1）以渠道绩效指标及主要评定制度为起点，对渠道行为进行评定，以使其与绩效指标相符。

2）记录与每种评定制度有关的渠道实际绩效。

3）确定18~30个月后渠道绩效必须达到的水平。

4）确定一系列具体的针对渠道的行为，以帮助渠道从现在的绩效过渡到未来（期望）绩效水平。

渠道行为规划通过将企业的销售目标和渠道绩效指标解析成具体的渠道行为来发挥渠道优势，该渠道行为与渠道实现其目标、达到其绩效指标的要求相一致。当涉及一个多渠道投资组合时，应高度强调渠道绩效管理的重要性。

作为一个指导性体系，一系列经过认真推敲后选定的目标和评定制度，为确保销售渠道能够服务于企业的主要目标并在销售过程中履行其应该履行的职责提供了基本前提。同时，该目标和评定制度也使企业管理者能够按照“渠道绩效必须与公司目标及期望值相符”的要求确定具体的渠道行为。

11.2 渠道整体绩效评估

从企业的角度考察整个渠道，可以从渠道管理组织、渠道的运行状况、渠道的服务质量和渠道的经济效果四方面进行。前三者主要是定性分析，后者是从财务角度定量分析。

1. 渠道管理组织评估

渠道管理组织的评估包括两个方面的内容：第一是考察渠道系统中销售经理的素质和能力。比如在厂商的某渠道系统中，从事销售工作三年以上且达到一定学历以上的地区经理占销售经理总数的比例有多大，该比例越大，表明销售管理组织的素质和能力就越强。第二是考察厂商分支机构对零售终端的控制能力。比如，厂商分支机构是否有自控的零售终端？如果有，自控零售终端的销售额占厂商分支机构所在地销售额的比例是多少？

2. 渠道运行状况评估

渠道的运行状况是指渠道成员之间的配合、协调以及积极性发挥等方面的综合表现。它决定渠道的效率和功能。

渠道运行状况评估是以渠道建设目标和分销计划为依据，考察任务的分配是否合理、渠道成员的合作意愿与努力程度、渠道冲突的性质与程度、销售是否达到既定目标等。具体分析时可从渠道的通畅性、渠道的覆盖面、渠道的流通能力及其利用率、渠道的冲突等方面展开。渠道运行状况关系如图 11-3 所示。

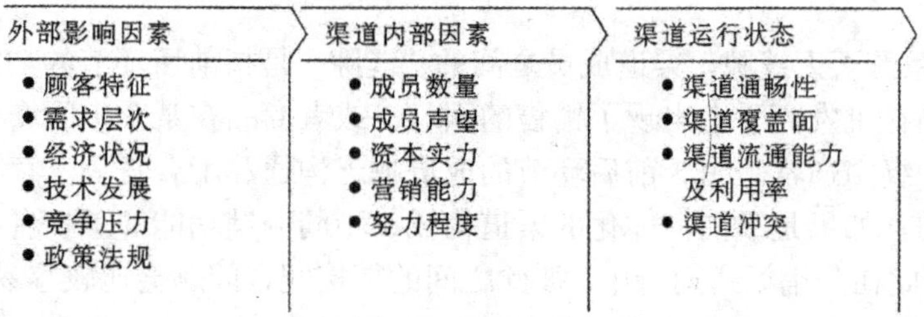

图 11-3　渠道运行状况关系

渠道运行状况评估的基本任务是以渠道建设目标和分销计划为依据，检查分销渠道各项功能是否被指派到了合适的主体，有关主体的合作愿望与努力程度是否符合渠道有效运行的要求，分销渠道的各种功能是否发挥正常，商品销售的范围和销售量是否达到了分销渠道目标的要求，是否存在有害的渠道冲突等。评估的对象包括渠道功能和渠道成员两个方面，原则上以功能评价为主。具体从渠道畅通性、渠道覆盖面、流通能力及其利用率、渠道冲突等方面进行。

（1）渠道畅通性评估

商品价值链的不可间断性要求商品分销渠道保持高度畅通性，保证消费者所需要的商品从生产厂家顺利地到达消费者手上。这一要求如同对灌溉渠道、工业输气渠道的要求一样，如果存在阻隔、不畅通，就达不到预期的传输效果。只有那些能够使商品所有权转移、商品实体流动、货款返还、信息沟通等畅通无阻的渠道，才是有效运行的分销渠道。

商品分销渠道与流水渠道、输气渠道不同之处在于，分销渠道是由市场经营主体构成的，它所承担的各种渠道功能实际上要落实到有关渠道成员的肩上，并且要发挥有关成员的积极性，彼此有机地联结起来，持续不断地有效运转。对分销渠道畅通性的评估可以从有关功能的主体是否到位、是否有效发挥其职能并且有效衔接和连续发挥作用等方面来评估。

1）主体是否到位。在商品分销渠道中，各种渠道功能都必须由一定的主体来承担。不论有关主体多少，也不论它们是谁，只要需要它们承担特定的功能，它们就一定要到位。如同流水线上任何工序都不能没有操作工人一样，分销渠道上各个环节的主体一定要明确，要落实。不能有效运转的分销渠道大多是那些渠道上有些功能没有明确承担的主体，或者有关主体不具备相应能力和资格。

2）功能配置是否合理。承担任何一种分销渠道功能都需要专用资源。例如，商品供应商应有商品生产能力或生产条件，储运企业应该拥有仓储设施和运输设施，销售机构要有店铺和稳定的客户。由于不同企业具有不同的专用资源，在承担有关分销渠道的职能上能力存在差异，因此，是否将分销功能分配给了不具备相应专用资源的主体，将影响到分销渠道的畅通性。这里需要特别重视评估的问题是是否存在有关主体不能胜任其指定职能的情况。

3）衔接关系是否无缝隙。渠道成员之间的“缝隙”是指前后环节的功能不能衔接的情况。例如，商品在批发商手上出现了销售的困难；或者商品在某个中间仓库久久不能进入零售环节。这种缝隙通常是由于前后环节的成员缺乏沟通和配合意识、存在目标冲突、利益摩擦等造成的。如果是纵向一体化的渠道构成，不同分销功能的承担者之间具有产权一体化的联系，因此在分销渠道运行中，彼此之间的衔接配合问题会比较容易解决。对于“柔性”垂直整合组织来说，维系分销渠道中各个成员的渠道联结力主要靠的是成员之间的合作愿望和相互信任。这种合作愿望和相互信任机制容易发生蜕变或波动。

4）能否长期合作。分销渠道系统能否长期稳定运转，取决于有关成员之间联系或契约的长期效力。契约型垂直整合渠道常常面临的问题是，一旦合同执行到期，而又没有签订新的合同，双方之间的合作关系就会终止。如果企业还没有新的渠道接续上来，那么企业就会失去商品供应来源或销售点。相对来说，产权一体化的分销渠道就有较强的连续性。

（2）渠道覆盖面评价

市场覆盖面是衡量商品分销渠道运行状态和功能的重要指标之一。所谓市场覆盖面是指某个品牌的商品（或来自某个厂商的商品）通过一定的分销渠道销售能够达到的最大销售区域范围。销售区域范围越大，则该商品能够接近的潜在顾客就越多，购买该商品的顾客数量就越大。对分销渠道覆盖面的评估可以从分销渠道中成员数量、分布区域、零售商的商圈大小等几个方面来进行。

1）分销渠道成员数量多少。分销渠道成员数量多少在一定程度上能够反映该渠道的市场覆盖面。例如，在二阶分销渠道中，由于在生产厂商与消费者之间至少存在一个批发商和一组零售商，批发商往往向多个地区的零售商批发商品，因此，该分销渠道的市场覆盖面就是这些零售商的商圈所构成的市场区域。当分销渠道的宽度较宽时，商品分销的地区范围就会很大。在三阶或更高阶次的分销渠道中，由于存在地区差别较大的多层批发商，因此，分销渠道带来的市场覆盖面更大。

2）渠道成员分布区域如何。现代经济运行中出现了商品分销渠道扁平化的趋势。具体来说，越来越多的商品销售渠道的环节数（阶次数）趋向于在 2 阶或 2 阶以下，这时同时一个环节的中间商数量（渠道宽度）出现了越来越多的趋势。同一渠道上中间商的合理分布应当是彼此拉开空间距离，不会出现商圈或销售区域的重叠，避免自相竞争的情况发生。

3）零售商的商圈有多大。零售商的商圈是指在零售商周围，能够方便地光顾零售商店铺的潜在顾客的分布范围。例如，对于一个日用杂货商店来说，能够方便地前来光顾的潜在顾客可能来自周围 300 米范围。那么以该日用杂货商店为中心、半径为 300 米的圆圈所划定的空间区域，就是该日用杂货店的商圈。一般来说，零售商的商圈受到交通条件、商店声誉、经营规模、竞争者的相对位置（距离）、周围服务环境以及顾客购买行为习惯等因素的影响。不同地区的零售商的商圈可能是有差异的。准确地说，一个品牌商品的分销渠道带来的市场覆盖面是指在该渠道中，所有零售商的商圈不重复部分的总和。不妨假设一个分销渠道中零售商数量是 n 个，第 i 个零售商的商圈是 S_i，第 i 个和第 j 个商圈的重叠部分为 S_{ij}，则该分销渠道包括的市场覆盖面 S 就是：

$$S=\sum_{i=1}^{n}S_i-\sum_{i=1}^{n}S_{ij}$$

由该式可以看出，如果零售商的数量越多，企业的市场覆盖面 S 就可能越大；如果零售商彼此之间距离越大，则它们的商圈发生重叠的可能性越小，企业的市场覆盖面就越大。

对应于市场覆盖面，还有另一个常用的评价指标——市场覆盖率，它是指某个特定的市场范围内，企业的商品分销渠道所形成的市场覆盖面的相对大小。它反映企业所利用的商品分销渠道在服务某个特定范围的市场时的全面性程度，用特定市场范围的平面面积和在该区域内分销渠道产生的市场覆盖面积之比来量化说明。具体计算指标可以是：

$$\mathrm{CR}=\frac{S^*}{S_0}\times 100\%$$

式中，CR 是指市场覆盖率，用百分率来表达；S_0 是指特定市场范围的平面面积；S^* 是指在该区域内分销渠道产生的市场覆盖面积。特定市场区域通常是指企业的目标市场区域。市场覆盖率也可以用相应区域的目标顾客数量和所有商圈范围内的目标顾客数量来计算。

（3）渠道流通能力及其利用率评价

某个分销渠道的流通能力是指平均在单位时间内经由该渠道从生产厂商转移到目标顾客的商品数量。流通能力也称为单位时间流通量，或简称为流速，是从渠道的横截面上来观察的商品从渠道上通过的数量与时间的比值。对分销渠道流通能力进行评估，是对分销渠道本质功能的监测和估计，也是考察分销渠道是否有能力实现预期销售目标的主要内容。

一般来说，对分销渠道流通能力的评估应当从纵向进行，并且主要取决于瓶颈环节的流通能力。例如，如果对于某种消费品，生产厂商月均供货量是 700 单位，某个批发商月均批发能力可达 500 单位，从该批发商购买商品的 3 个零售商月均销售能力是 600 单位，消费者的需求量是 580 单位。不难看出，在分销渠道“生产厂商—批发商—零售商—消费者”这一价值链的构成上，批发环节是瓶颈，受其制约，整个分销渠道的流通能力只有月均 500 单位。

了解分销渠道中的瓶颈环节，可以使渠道建设的力量投放到合理的地方，例如扩大薄弱环节的承担单位数量，增加人员，或者设法改进渠道结构，利用其他渠道来弥补薄弱环节的不足，也可以考虑减少对非瓶颈环节的投入，借以减轻瓶颈环节的压力负担，还可避免造成渠道资源的浪费。

在设计和建设分销渠道时，要特别重视评估分销渠道的流通能力；在渠道的运转过程中，渠道流通能力评估的重点是流通能力的利用率，即实际商品流通量与流通能力的比较。其计算公式是：

$$\text{流通能力利用率}=\frac{\text{实际流通量}}{\text{渠道的流通能力}}\times 100\%$$

流通能力利用率在一定程度上可以说明渠道成员参与商品分销的积极性发挥程度。具体来说，流通能力利用率的大小与每个生产厂商的供货量、仓储运输的效率、批发零售企业的促销努力以及各个环节之间的有效配合有关。常用来考核流通能力利用率的主要指标是：

1）平均发货批量（一次发多少）。前后环节之间的发货（购货）批量是指根据后续环节的销售需要和送货通知，前一环节向后续环节发送一批货物的数量。例如生产厂商每次向批发商、零售商的发货数量。平均发货批量大，说明生产厂商的供货能力大，同时也说明运输能力和批发商、零售商的销售量大，因而流通能力就能够得到充分利用。发货批量直接影响到在分销渠道中的商品流通量。一般来说，流通能力利用率与发货批量成正比，发货批量越大，则通过分销渠道销售的货物越多，流通能力的利用率越高。

2）平均发货间隔期（多久发一次）。发货间隔期是指前一环节向后续环节先后两次发送货物的间隔时间。这个指标用于说明供应单位向后续环节发送货物的频繁程度，可从一方面表明供应单位的供货能力。平均发货间隔期短，说明后续环节销售量大、速度快，也表明仓储运输运转效率高。后续环节的日均销售量可以用平均发货批量和平均发货间隔期两个指标来计算，计算公式是：

$$\text{后续环节日均销售量}=\frac{\text{平均发货批量}}{\text{平均发货间隔期}}$$

与平均发货间隔期对应的另一个指标是年均发货次数。平均发货间隔期与年均发货次数的乘积等于一年的天数。平均发货间隔期与年均发货次数成反比。可以根据平均发货间隔期计算年均发货次数，计算公式如下：

$$\text{平均发货间隔期}=\frac{365\text{天}}{\text{年平均发货次数}}$$

后续环节的年均销售总量是平均发货批量与年均发货次数的乘积，也可以说是其日均销售数量的365倍。

3）日均零售数量。平均每天的零售（销售）数量反映零售商的销售努力程度，也反映生产厂商与批发商对零售的服务水平。如果这个指标较高，说明在整个分销渠道中商品的流通能力也较高，或者说流通能力利用率较高。

4）平均商品流通时间。商品流通时间是从商品从生产线下来或出产之日算起，到最后销售到消费者手上之日为止所经历的时间长度。这个时间长度是商品在流通过程中，占用仓储设施和资金的时间长度。按照分销渠道中转移的全部商品来计算，平均商品流通时间较长，则表明流通过程中商品占用的仓储设施和资金的时间长，仓储环节的工作效率就较低，或者说批发零售环节的销售速度较缓慢。

平均商品流通时间也可以反映商品处在流通过程中的数量。计算公式是：

$$\text{滞留在流通中的商品数量}=\left(\text{日平均产出量}-\text{日平均零售量}\right)\times\text{平均商品流通时间}$$

这些商品中绝大部分停滞在仓库，等待转运或销售。造成大量库存商品的主要原因可能：一是商品不对路，需求过少；二是市场不景气，需求不旺；三是促销不力，没有引起消费者注意和兴趣；四是供过于求，商品竞争力不高；五是销售淡季；六是运力不足。由于这些商品占用过多的仓储设施和资金，严重影响商品流转、资金周转和流通经济效益，因此，必须对库存商品进行严格监督和控制，并通过提高流通环节的运行效率来改进库存状况。

上述这些指标都可以用来说明流通能力的利用情况。通过分析分销能力的利用率，可以判断分销渠道运转的有效性程度。正常运转的分销渠道，应当是能够使流通能力充分加以利用，没有浪费。但是，可能由于渠道的畅通性存在问题，或者有关成员的积极性和主动性没有得到充分发挥，渠道流通能力的利用率就不会很高。在这种情况下，企业就要寻找对策，尽快扭转局面。

（4）渠道冲突分析

有效运转的分销渠道应当能够有效控制成员之间的冲突。渠道成员之间的冲突即渠道冲突，是指由于在分销渠道的功能分配、利益分配或权利分配上的某种安排，造成至少一个成员感觉到至少其他的某个（某些）成员对它的权利存在不利的影响。渠道冲突是一种心理反应。但是冲突的存在有可能使得成员之间的合作关系或工作效率受到影响。在分销渠道运行状况的评估分析中，分析成员之间的合作效率往往需要考虑渠道冲突因素。

3. 服务质量评估

对服务质量的评估可以从信息沟通、实体分配服务、促销效率和顾客抱怨与处理等方面进行。

（1）信息沟通

市场信息的收集者和传送者主要是零售商或批发商，信息的接收者和使用者主要是生产厂家或渠道领导者。信息沟通质量主要是考察渠道的下游对上游所反馈的市场信息与产品信息是否有效，衡量指标包括沟通频率、沟通内容、沟通时间和沟通方式。

渠道商家往往身在市场第一线，相对生产厂家而言更接近消费者。在沟通良好的情况下，下游企业在某种程度上而言可以常年为上游企业承担市场调研的职能。沟通的信息范围可以是当地的经济状况与发展趋势、政府的政策与法规，可以是竞争品牌的营销新举措、新进入者的情况，也可以是自身业务开拓如市场份额变化、宣传与促销等诸多方面。因而渠道信息沟通质量对于生产厂家的营销决策而言具有重要意义。

（2）实体分配服务

实体分配也称为物流。它指对原料和最终产品从生产者向使用者转移，以满足顾客的需要，并从中获利的实物流通的计划、实施和控制。实体分配的基本功能包括物质的运输、保管、装卸、包装、流通加工以及与之相联系的物流信息。实体分配服务质量是指渠道成员满足顾客需求的及时程度。及时满足顾客需求不仅要求快速完成谈判、签订合同，而且要快速交货，以便使顾客在需求产生时能立即购买到所希望的产品。可口可乐公司的“无所不在”策略就使得其实体分配服务具有极高的质量。

不少公司这样描述它们的实体分配目标：以最低的成本将适当的产品在适当的时间运到适当的地方。这一目标缺乏实际的指导意义，没有一个实体分配系统能同时兼顾最佳顾客服务和最低分销成本。最佳顾客服务意味着大量的存货、足够的运输工具和许多仓库，这一切都将增加分销成本。最低分销成本意味着低廉的运输费用、低水准的存货和少量的仓库。

渠道成员从自身利益出发，一般倾向于保持尽可能小的库存，以减少资金的占用；倾向于通过铁路运输，以节约成本。但铁路运输的速度相对较慢，较低的库存容易造成断货。

西方许多企业在设计和管理渠道时，着重从六个方面来控制实体分配的服务质量：快速反应、高弹性、最小库存、优化运输、全面质量控制和产品生命周期支持。

（3）促销效率

渠道促销效率是指在促销活动的前后渠道中产品流通量的变化与预期效果的比较。促销效率的事后评估是检验促销活动是否达到预期目标以及促销花费是否合算的较好途径，同时也是在为下一次的促销决策提供参考和衡量的标准，从而避免盲目行动的风险。为了提高促销的效率，营销管理者应该坚持记录每次促销活动的成本和对销售的影响，可以通过统计促销促成的销售比例、赠券回收率、询问人数等来研究促销效率。宝洁公司采用销量浮动评估法、随机抽样评估法和数据综合分析评估法评估促销效果，而对渠道促销效率的评估是其整体促销评估方案的一部分。

企业可采用多种方法对渠道的促销效果进行评估，而且在不同市场可采取不同的做法。比如，可根据促销活动前后零售商销量、商店货架空间的分布和零售商对合作广告的投入等评估对零售商促销的效率。

（4）顾客抱怨及处理

顾客对产品或服务的不满和责难叫做顾客抱怨。顾客的抱怨行为是由对产品或服务的不满意而引起的，所以抱怨行为是不满意在具体行为上的反映。顾客对服务或产品的抱怨即意味着经营者提供的产品或服务没达到他的期望，未满足他的需求。另外，也表示顾客仍旧对经营者抱有期待，希望能提高服务水平。生产厂家应协助渠道成员建立顾客抱怨管理制度。第一，鼓励顾客公开提出批评和建议，同时应对那些私下抱怨的顾客进行追踪调查，积极收集顾客对其产品和服务反应的完整资料，并对其进行分析，及时发现问题并予以纠正。第二，建立顾客抱怨卡。它用于记录顾客发生抱怨事件的内容，通常是关于客户因企业失误而产生抱怨的事件的发生时间、内容，经过及处理结果等。

4．财务绩效评估

分销管理人员可运用五种绩效评价工具对商品分销渠道网络的经济效益进行评估。这五种评估工具是销售分析、市场占有率分析、渠道费用分析、赢利能力分析和资产管理效率分析。

（1）销售分析

销售分析是分销渠道运行效果分析的主要内容。它主要用于测量和评估分销计划及其销售目标的实现情况。这是通过将计划目标与实际销售水平进行比较来评估，有两种主要方法：

1）销售差异分析。无论是商品销售额还是市场占有率，都可以看成许多因素影响的综合结果。分销渠道的有效工作，必然使商品销售额有所增加，销售额的增加可能表现为销售量的增加和销售价格的上升。而市场需求的变化、竞争的激烈化等因素往往造成销售量的降低和价格下降，导致渠道销售额的减少。要测定各个影响因素对销售绩效的作用大小，就可以采用销售差异分析。例如，假设年度计划规定第一季度销售 4 000 件产品，每件 1 元，即销售额 4 000 元。在该季结束时，只销售了 3 000 件，每件 0.80 元，即实际销售额 2 400 元。那么，这个销售绩效差异为–1 600 元，或预期销售额的–40%。现在要研究的问题是，绩效的降低究竟有多少归因于价格下降？有多少归因于销售数量的下降？销售差异分析可以回答这些问题。具体的分析可通过下面的计算来说明。

$$\text{价格下降带来的差异}=\frac{(1-0.8)\times 3000}{1600}=\frac{600}{1600}=37.5\%$$

$$\text{数量下降带来的差异}=\frac{1\times(4000-3000)}{1600}=\frac{1000}{1600}=62.5\%$$

由上述计算结果可知，本假设中的销售差异中有 62.5%属于分销渠道成员未能实现预期的销售数量。由于销售数量通常较价格容易控制，企业应该仔细检查为什么不能达到预期的销售量。

这里的销售差异分析是对整个分销渠道整体效率而言的，着重于分析有关综合评价指标的影响因素的差异，来判断它们对整体分销效果的作用。

2）微观销售分析。微观销售分析可以把分销渠道进一步细分为若干不同的部分，例如不同产品的分销渠道和不同地区的分销渠道的销售水平的差异。假设一个企业在三个地区销售其商品，其预期销售额分别为 1 500 元、500 元和 2 000 元，总额 4 000 元。一年下来，三个地区的实际销售额分别是 1 400 元、525 元、1 075 元。就预期销售额而言，第一个地区有 7%的任务没有完成，第二个地区则有 5%的超出额，第三个地区有 46%未完成。主要问题显然在第三个地区。利用前面的销售差异分析方法，可以找出造成第三个地区不良绩效的原因。一般来说，可能的原因有：① 该地区的销售代表或分销商工作不努力或有影响其努力程度的原因；② 有主要竞争者进入该地区，抢占了部分市场份额；③ 该地区居民收入下降，需求水平总体下降。

（2）市场占有率分析

单纯分析企业的销售绩效不能说明它相对于其竞争者而言，经营成果究竟有多大。一般来说，如果企业销售额增加了，可能是由于整个经济环境和市场的发展，顾客需求大大增长了，也可能是因为其市场营销工作较之其竞争者有相对改善，取得了较大的竞争优势。计算和评价市场占有率可以剔除一般的环境影响，通过企业之间的横向比较来考察企业市场营销和分销渠道管理的改善情况。

如果企业的市场占有率升高，表明它较其竞争者的情况良好；如果下降，则说明相对于竞争者其绩效较差。有三种不同的测算市场占有率的方法：

1）全部市场占有率。全部市场占有率是指企业的销售额占全行业销售额的百分比。用这一指标或方法来测量企业的市场占有率水平时，通常需要弄清楚两个前提：第一，是以销售量还是以销售额来计算；第二，要明确界定行业的范围，即要划定计算时所指的行业包括哪些产品、多大的市场范围等。

2）可达市场占有率。可达市场占有率是指企业认定的可达市场上的销售额占企业所服务市场的百分比。所谓可达市场是指企业计划进入的重要目标市场。它具有三个特征：其一，企业认为是其产品最适合的市场；其二，是企业市场营销努力所及的市场；其三，在企业销售绩效中占有重大比重。一个企业可能只有相对较小百分比的全部市场占有率，但是有近 100%的可达市场占有率。

3）相对市场占有率。所谓相对市场占有率，是指企业销售额与主要竞争对手销售业绩的对比。这一指标可以说明企业分销渠道是否比竞争对手的更有效率。常用两个指标来计算相对市场占有率：一是企业销售额相对最大的三个竞争者的销售额总和的百分比。如某企业有 30%的市场占有率，其最大的三个竞争者的市场占有率分别为 20%、10%、10%，三个竞争者的市场占有率总和是 40%，则该企业的相对市场占有率是 30/40=75%。一般情况下，相对市场占有率高于 33%，即被认为强势的。另一个相对市场占有率是以企业销售额相对市场领袖型竞争者的销售额的百分比来表示的。如果这个相对市场占有率超过100%，表明该企业本身就是市场领袖；如果相对市场占有率等于 100%，表明企业与所考虑的竞争者同为市场领袖。在动态评估中，如果发现这个相对市场占有率呈现增加趋势，表明企业正接近市场领袖型竞争者。

了解企业市场占有率之后，尚需进一步分析市场占有率变动的原因。市场占有率的变动不是生产厂商单独行动产生的效果，而是分销渠道整体行动的效果。通过分析市场占有率的变动，可以判断分销渠道整体的运转效率。

一般来说，企业可从产品大类、顾客类型、地区以及其他方面来考察市场占有率的变动情况。一种有效的分析方法是分别考察和评估顾客渗透率（CP）、顾客忠诚度（CL）、顾客选择性（CS）及价格选择性（PS）四项因素，然后进行综合评价。所谓顾客渗透率是指从本企业购买某产品的顾客数量占该产品所有顾客数量的百分比。所谓顾客忠诚度是指平均每个顾客从本企业所购产品数量与其所购同种产品总量的百分比。所谓顾客选择性是指本企业一般顾客的购买量相对于其他企业一般顾客的购买量的百分比。所谓价格选择性是指本企业平均价格同所有其他企业平均价格的百分比。这样，全部市场占有率（TMS）就可表述为：

$$TMS=CP \cdot CL \cdot CS \cdot PS$$

如果某企业发现近期内市场占有率有所下降，则不妨从四个方面采寻找可能的原因：① 企业失去了某些顾客（较低的顾客渗透率）；② 现有顾客从本企业所购产品数量在其全部购买中所占比重下降（较低的顾客忠诚度）；③ 企业现有的顾客规模较小（较低的顾客选择性）；④ 企业的价格相对于竞争者产品价格显得过于脆弱，不堪一击（较低的价格选择性）。经过调查原因，企业可确定市场占有率改变的主要原因。

假设在期初，顾客渗透率是 60%，顾客忠诚度是 50%，顾客选择性是 80%，价格选择性是 125%。根据 TMS 的计算公式，企业的市场占有率是 30%。假设在期末，企业的市场占有率降为 27%，什么原因造成市场占有率下降呢？在检查影响市场占有率的因素时，可能发现顾客渗透率为 55%，顾客忠诚度为 50%，顾客选择性为 75%，价格选择性为 130%。很明显，市场占有率的下降的主要原因是失去了一些顾客（顾客渗透率下降），而这些顾客一般都有高于平均的购买量（顾客选择性下降）。这样，企业营销管理人员就可以对症下药采取相应的改进措施。

（3）渠道费用分析

评价分销渠道的经济效益，必须认真分析在分销渠道中发生的各种费用，这些费用的总和称为分销渠道费用，一般指零售总成本与制造成本之差。渠道费用总量的大小以及各种费用之间的比例关系，直接影响到有关成员单位的利润。它由如下项目构成：

1）直接人员费用。包括制造厂商的直销人员、流通企业的销售人员、促销人员、销售服务人员的工资、奖金、差旅费、培训费、交际费等。

2）促销费用。包括广告媒体成本、赠奖费用、展览会费用、促销方案设计与执行管理费等。

3）仓储费用。包括租金、维护费、折旧、保险、存货成本等。

4）运输费用。包括托运费用等。如果是自有运输工具，则要计算折旧、维护费、燃料费、牌照税、保险费、司机工资等。

5）包装与品牌管理费用。包括包装费、产品说明书费用、品牌制作费、品牌管理费等。

6）其他营销费用。包括营销管理人员工资、办公费用等。

评价分销渠道费用主要采用两个原则：一是费用比例与功能地位的匹配性；二是费用增长与销售增长的对应性。

合理的渠道费用构成应当是与分销功能分配相匹配的。各个分销渠道功能的有效运行都需要一定的费用作保证；重要的、难度大的分销功能应当配备较多的渠道费用。这样就可以保证渠道费用的合理使用。根据价值工程原理，每项必要的、有意义的渠道功能都可以按照其重要性、执行的难度和占用专用资源的价值，赋予一定的功能系数；有关功能执行中耗用的费用与渠道总费用之比就是有关功能的费用系数。合理的费用分配应当是对于每一项功能来说，费用系数与功能系数之比等于 1。如果不是这样，说明有些费用支出是不合理的，应当查明原因，设法予以控制。

从总量上看，渠道费用与商品销售额应保持一个合理的比例关系。经常出现的问题是费用在大幅度地增长，而销售额却增长缓慢。在市场竞争十分激烈的情况下，很可能会出现这样的问题，因为不少渠道费用支出的效果被竞争抵消了。从渠道内部来看，费用超过销售额的增幅，表明部分渠道分销功能减弱了，它们缺乏强劲的顾客吸引力和竞争力。因此，要采取得力措施，扭转费用增长局面，理想的情况是渠道费用的增长幅度低于销售额的增长幅度。

（4）赢利能力分析

取得利润是分销渠道网络及其成员最重要的目标之一，也是渠道建设和运转的理由。渠道赢利能力分析历来为企业经理和营销管理人员所高度重视，因而在分销渠道管理中占有十分重要的地位。

赢利能力评价主要是通过若干重要指标的分析来进行。

1）销售利润率。销售利润率通常作为评估分销渠道获利能力的主要指标之一，用于说明渠道运转带来的销售额中包含多少利润。不少企业销售额的增长是由过度促销、低价销售实现的。在这些企业，销售额提高了，但利润却降低了。这种不讲效益的做法显然不是有效的分销行为。有效运转的分销渠道能够节约成本费用，树立品牌形象，因而能带来较高的销售利润率。这里，销售利润率是税后利润与商品销售额的比率，其计算公式是：

$$销售利润率=\frac{税后利润}{销售额}\times 100\%$$

就分销渠道整体而言，“销售额”应当是指最后环节的销售额，即零售额；“税后利润”是指渠道中各个主体的税后利润之和。即：

$$渠道销售利润率=\frac{各个主体税后利润之和}{零售总额}\times 100\%$$

2）费用利润率。评价分销渠道效率的另一个重要指标是分销费用利润率，即分销渠道在运行中每花费 100 元资金能够创造多少利润。费用支出相当于投入，利润则是产出。对费用利润率进行分析也就是投入产出分析，也称为成本利润率分析。有效运转的分销渠道应当是具有较高费用利润率的渠道。有关分析的基本公式是：

$$费用利润率=\frac{当期利润额}{费用总额}\times 100\%$$

如果“当期利润”是税后利润，则费用利润率与销售利润率之间存在下列关系：

$$费用利润率=销售利润率\times 费用效果系数$$

其中，费用效果系数是指分销渠道在运转中单位费用创造的销售额，或者说是分销渠道创造的销售额与其花费的分销费用两者之比。即：

$$费用效果系数=\frac{销售额}{分销费用}$$

费用效果系数在分销渠道财务效果分析中也是一个非常重要的评价指标。通常，人们还用到另一个重要的费用效果评价指标——销售费用率，即分销渠道的运转费用与其所获得的销售额两者之比，可说明为获得单位数量的销售额分销渠道所付出的费用代价。销售费用率是费用效果系数的倒数。如果采用销售费用率，则上述关系式可改写为：

$$销售利润率=费用利润率\times 销售费用率$$

3）资产收益率。资产收益率指企业所创造的总利润与企业全部资产的比率，它能反映投资者的效益评价观点。其公式是：

$$资产收益率=\frac{当期利润}{资产总额}\times 100$$

渠道成员利用所掌握的资本总量来进行经营，希望所取得的报酬在补偿成本费用之后，还能够有所剩余（资产收益），用于形成投资者新增权益。有些企业可能是利用贷款或者借债来经营的，只有在资产收益率高于平均负债利率的情况下，才可以认为分销渠道的运转是有效的。

一般来说，企业的资产价值是经常变动的，即使在当期利润基本相同的情况下，也会出现某个时期的资产收益率与另一个时期的资产收益率不同的问题。尤其是受到固定资产折旧等因素的影响，部分资产因折旧退出了经营，在计算资产收益率时继续考虑这部分资产价值是不合理的。为避免这个问题，可考虑采用净资产收益率进行评价。净资产是指总资产减去折旧总额的余额。净资产收益率指税后利润与净资产之间的比率。其计算公式是：

$$净资产收益率=\frac{税后利润}{净资产额}\times 100\%$$

（5）资产管理效率分析

要评价分销渠道是否处于有效运转状态，除了对有关结果进行分析外，还可以对发生在渠道运行过程中的有关资料进行分析。这类资料主要反映渠道资产（如资金、货物）管理的效率高低。评价指标有：

1）资金周转率。分销渠道的运转不仅是有关商品的流通销售过程，也是资金循环过程。资金循环使用，表明渠道可以相对较少的资金占用来反复组织商品流通，提高资金的有效利用率。为评价资金周转情况，可采用资金周转率。资金周转率，或叫资金周转速度，反映分销渠道中现有资金被循环使用的次数。该指标是以分销渠道中的资产占用总额去除产品销售收入而得到的，其计算公式如下：

$$资金周转率=\frac{产品销售收入}{资产占用额}$$

例如，在某商品的分销渠道中，2000年度实现商品零售额15 000万元，而制造厂商平均占用资金500万元，批发商平均占用资金600万元，零售商平均占用资金300万元。可以计算出该商品分销渠道的资金周转次数如下：

$$资金周转次数=\frac{15000}{500+600+300}=10.7(次)$$

进一步可以计算资金周转天数，即每次资金周转约为34天。这是就整个渠道而言的，如果分析单个企业的情况，资金周转率可能更快一些，因为单个企业的占用资金数量较少。

资金周转速度与获利能力密切相关。资金周转速度高，获利能力相应也高。这可以从资产收益率与资金周转率及销售利润率的关系表现出来，如下式：

$$销售利润率=\frac{税后利润}{销售额}\times 100\%$$

上式表明，资产收益率实际上是资金周转率和销售利润率的乘积。在销售利润率一定的情况下，资产收益率与资金周转率成正比例关系，即资金周转率越高，则资产收益率也越高。

2）存货周转率。管理资金离不开存货的管理，因为存货占用资金。在分销渠道中，在绝大多数场合，资金是以存货形式存在的，通常称为“存货余额”。要提高资金周转率，必须提高存货周转率。所谓存货周转率是指产品销售收入与存货平均余额之比。其计算公式如下：

$$存货周转率=\frac{产品销售收入}{存货平均余额}\times 100\%$$

这项指标可说明某一时期内库存货物的周转次数，从而考核存货的流动性。

一般来说，存货周转率次数越高越好，因为这种情况下，通常商品库存量较低，存货周转快，这样就提高了渠道资金的循环使用次数和效率。

11.3　渠道成员综合评价

本节简要介绍对经销商的综合评价方法。对经销商评估的本质在于确定经销商的价值贡献，找到改进点。

1．影响渠道成员绩效评估的因素

我们主要以影响评估范围和次数的各种因素来讨论对渠道成员的绩效评估的影响。而影响评估范围和次数的四个主要因素是：① 制造商对渠道成员的控制程度；② 渠道成员的相对重要性；③ 产品特性；④ 渠道成员数目。

（1）制造商对渠道成员的控制程度

制造商本身对其渠道成员的控制程度对制造商确定其评估范围和次数有重要的影响。如果制造商对其渠道成员的控制以双方牢固的合同协议为基础，那么该制造商就处于可以要求获得渠道成员大量的绩效信息的地位，甚至是遍及渠道成员运作的各个方面信息的地位。此外，倘若某些制造商生产的产品市场接受程度很高或在市场占主导地位，这些制造商对渠道成员就会有很大的影响力。对于处于这样市场地位的制造商来说，他们就能更容易地从渠道成员处获取大量的绩效数据信息，以便更容易地对渠道成员的绩效进行较为全面的评估。但另一方面，若制造商的产品市场接受程度不高，即使制造商也以合同条款为基础来实施渠道控制，也不一定能对渠道成员发挥强有力的控制。此外，由于该制造商的一些特殊品牌的产品可能只占渠道成员销售额很小的百分比，许多渠道成员并不认为该产品品牌对他们来说有很大的重要性。因此，他们就不太愿意花费过多的时间和精力向制造商提供与此相关的绩效数据。这样制造商对渠道成员就因缺少这部分绩效数据而不能进行全面的渠道成员绩效评估。所以制造商在确定绩效评估范围和次数时，对其渠道成员的控制程度起到关键性的作用。

（2）渠道成员的重要性

对于通过专业的市场开发代理机构销售其产品的制造商来说，对渠道成员的绩效评估可能要比不太依赖这种专业机构的制造商全面完整得多，这是因为这样的企业在市场上的成功直接取决于渠道成员的绩效。例如，工业品器械制造商其全部产品一般都由分销商和经销商销售出去，这些分销商和经销商是公司产品进入最终市场的唯一通道，制造商就要对这些渠道成员进行仔细而详尽的全面评估。另外，若一家生产高级化妆用品的制造商利用本公司自己的零售商店或与自己连锁经营的专卖店来销售其大部分产品，同时靠独立的生活用品商店销售较小比例的产品，这时制造商只要对这些经销商进行粗略的评估就足够了。

（3）产品的特性

一般而言，制造商的产品结构越简单，就越容易进行评估；产品复杂程度越高，那么对渠道成员绩效评估所涉及的范围就越广。例如，一个大批量生产价格低廉又几乎不要求售后服务的产品的制造商，他要进行渠道成员绩效评估，可能只会以那些日常销售数据作为评估渠道成员的依据，不会就很广的范围来进行审查。而另一方面，一个生产相对较复杂的、高价值的甚至是需要提供相当全面的售后服务的成套工业设备的制造商，就必须在相对广阔的范围内，按照不同目标市场的满意度等相关的标准来仔细审查它的渠道成员。另外，对于单价很高的产品，获得或失去一个订单对于制造商来说至关重要，这甚至可能会直接影响到他的赢利或亏损。在这种情况之下，制造商可能会非常仔细地审查渠道成员的绩效。

（4）渠道成员的数目

制造商渠道成员的数目会影响到制造商对其进行绩效评估时的工作量。对于营销渠道采用密集分销方式的制造商，对渠道成员的绩效评估也许只要粗略地从头到尾看看最新销售数字就行了，有些制造商甚至会只对那些销售数字表现出异乎寻常的渠道成员进行较为彻底的评估。另一个极端是，利用经过精心选择的分销机制的制造商发现他们与渠道成员之间的紧密的工作关系使他们能获得大量数据，以便他们对渠道成员进行全面的绩效评估。

2．制定绩效评估标准

度量渠道成员绩效有许多可用的标准。例如，斯布立格司（Spriggs）在载重汽车工业中所做的研究采用了34项标准来评估经销商的绩效，如表11-1所示。但是对渠道成员绩效的评估大多数制造商可能会采用渠道成员的销售业绩、渠道成员保持的库存、渠道成员的销售能力、渠道成员的态度、渠道成员面临的竞争和渠道成员总的发展前景等指标。

表 11-1　载重汽车工业中研究渠道成员绩效所采用的 34 种绩效度量

基于成果的度量	基于行为的度量
1）总的经销量	18）保单投诉处理
2）总的经销利润	19）各种建筑物/各种设施
3）销售利差	20）办公室系统
4）库存周转率	21）雇员激励机制
5）市场份额	22）生意区域的覆盖情况
6）客户满意度	23）对产品的知识传肖售人员
7）销售费用	24）销售技巧/销售人员
8）投资利润	25）经销财务计划
9）库存费用	26）经销商业计划
10）对顾客服务的总体水准	27）优势/促销计划
11）按产品类型的销售量（件数）	28）顾客投诉数量
12）每个销售人员的销售量（金额）	29）买方贷款管理
13）销售量（金额）与定额之比	30）销售预测准确性
14）供货商的利润	31）销售电话总数量
15）按产品类型的销售量（金额）	32）现有顾客的电话数
16）不同产品类型的利润	33）非顾客的电话数
17）服务部门	34）产品展示的数量

（1）渠道成员的销售业绩

在制造商看来渠道成员的销售业绩毫无疑问是最直接、最重要、且应用最普遍的评估渠道成员绩效的标准。的确，如果渠道成员的销售业绩不佳的话，制造商的第一直觉就是该成员的绩效不行。

在制造商检查渠道成员的销售业绩时，负责绩效评估的渠道管理者应该特别注意区分这样两点：① 制造商销售给渠道成员的销售量；② 渠道成员把制造商的产品销售给渠道成员的客户的销售量。这两者对于衡量销售业绩是不同的。渠道管理者要想能对渠道成员做一个相对准确的评估应该尽可能设法去取得渠道成员把制造商的产品销售给其顾客的数据资料。然而，制造商能否取得这些信息，很大程度上取决于其对渠道成员实施控制的程度。若在渠道中渠道成员是特许经销商，制造商可以利用特许经营合约的法律条款约束来获取这些信息。另外，若是在那种传统的松散结盟的渠道体系中，制造商要想获取这些对绩效评估相当重要的销售资料则可能相对较困难，制造商对其渠道成员的控制达不到这样的程度。在这种情况下，制造商就只能近似用自己销售给渠道成员的销售数据作为渠道成员当前销售量，这时渠道管理者只能依靠经验数据对渠道成员做出绩效评估。

但是不管使用以上两种销售数据中的哪一种，渠道管理者应该根据下列要点来评估销售数据：① 渠道成员在当前的经济增长水平和竞争状况下，其销售量同历史销售量的对比；② 一个渠道成员的销售量同其他渠道成员的销售量的横向比较；③ 渠道成员的销售量同预先确定的销售定额相比较。

当与历史数据资料做比较时，渠道管理者既要注意整个产品线总的销售数据，也要关注某些单项产品的具体销售数字。这些数据按产品类别分得越细，数据资料越详尽，渠道管理者就越能够发现其不同类型产品销售情况的变化，这样就能使渠道管理者根据这些销售变化来改变产品线的销售类型。

比较不同渠道成员之间的销售业绩对渠道成员绩效度量也是至关重要的。我们也许都知道管理学中的 2∶8 定律，销售渠道的销售也遵循这一定律。因为根据制造商的经验，他们会发现经常是少数渠道成员完成的销售额占了总销售额的大部分，几乎是 20%的渠道成员完成了 80%甚至更高比例的销售额，图 11-4 说明了这种情况。这种情况通常会造成营销成本过高且不成比例，这是由于业绩差的渠道成员的销售造成的，其结果是在制造商利润图表上产生负面影响。定期在渠道成员之间做销售业绩的横向比较，有助于更加方便及时地揭示这些不利的销售情况。

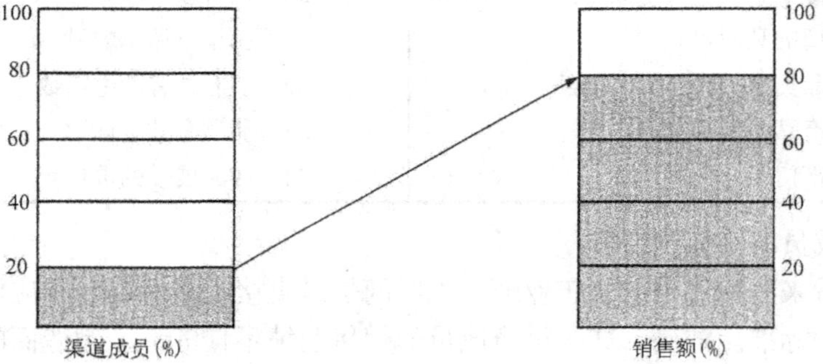

图 11-4　少量成员占有大部分的销售额

最后，如果制造商已经给渠道成员制定了销售定额目标，他就应该把渠道成员实际完成的销售业绩与定额相比来做评估。如果将这种定额转化为产品类别，那么就应该对渠道成员每一类产品的销售业绩进行考核。此外，把渠道成员的销售业绩与定额做比较时，渠道管理者不仅要关注比例本身，而且还要考虑在完成这些销售定额基础上所获得的绩效。如果大多数渠道成员所达到的定额比例普遍较低，那么，问题很有可能就不是渠道成员的经营业绩不好，而是销售定额过高，即不切实际。所以制造商使用这种方法必须建立在制造商所定的目标合理的基础上，在制定各渠道成员的销售目标时，应该根据不同渠道成员的具体情况进行深入全面的分析，为每个渠道成员制定合理的销售目标。

（2）库存维持状况

渠道成员能否维持适当的库存水平是制造商对其考核的另一项主要的绩效指标。从本质上来讲，制造商要求渠道成员做到保持一定的库存要求，特别要求达到制造商与渠道成员最初签订的合同协议销售额。有些协议十分正式，而且在制造商和渠道成员之间的经销或分销合同里写得很明确。为适应个别需要，制造商和渠道成员可根据对该地区市场销售潜力的预测共同制定出一份库存要求计划。这样，渠道成员就该遵守协议，并相应地接受评估。如果渠道成员达不到协议中的规定，则经常被制造商看做严重问题。

即使在双方的合同中最初没有就渠道成员的库存做正式协议，保持一定的库存依然是一项重要的评价标准。然而，由于没有正式合同，制造商就不能较好地控制在这方面表现不佳的渠道成员。因此，如果制造商将库存维持作为渠道成员绩效考核标准之一，并把它当做非常重要的问题来看待的话，那么，就应该在渠道设计的选择阶段，想尽一切办法将这些内容写到可能成为渠道成员签署的正式协议中去。当然，许多不具优势的小型制造商不具备这样的权力，无法使有潜力的渠道成员接受内容苛刻的存货储备条款。

这种维持库存的方法在考核渠道成员库存保持水平时可以很简单，也可以非常困难。对于一些通过大量批发或零售渠道成员来销售产品的制造商来说，例如，生产大众消费品的制造商，这项工作要艰难得多，并且也许需要请外部的市场调研公司来协助完成对渠道成员的库存调查。如果制造商在批发层次上只与少量渠道成员打交道，那么它通常只要求其销售人员以常规销售拜访方式来对渠道成员的销售数据进行统计，为制造商的绩效评估决策提供依据。不管是制造商自己来调查分析其渠道成员的库存，还是由外部的专门公司来做这项工作，他们最起码应该考虑表 11-2 中列出的这些与库存相关的问题。

表 11-2　评估渠道成员库存工作的主要问题

1）库存商品和库存设施的状况如何？
2）多少货架或场地可供存货用？
3）多少货架或场地提供给了竞争者的存货用？
4）渠道成员库存的总体水平如何？
5）按件数和金额计算的特殊产品分类细账有哪些？
6）渠道成员预测购买的相关产品和竞争对手的产品类别相比校，结果如何？
7）原先的库存还有多少，为出清库存做了哪些努力？
8）渠道成员库存管理和库存记录保管制度是否恰当？

（3）渠道成员的销售能力

制造商对其渠道成员尤其是批发商层次进行绩效评价时，通过对渠道成员的销售能力进行分析，从而推断出他们将会达到的销售业绩，因此制造商将他们的销售能力也当做绩效评估的一项衡量指标。而我们知道批发商的销售能力主要是由他们的销售人员的销售能力来决定的，所以制造商认为可以通过评价批发商的销售人员来直接评估渠道成员的能力及价值。如果能够获得渠道成员的销售人员个人的销售记录，那么制造商就有了极好的信息来源来作为评估的依据。通过这些个人销售记录制造商能看出销售业绩状况，并给每个渠道成员进行总销售能力评分，然后将此用于在渠道成员之间做横向比较。不过获取这样的信息一般较困难，因为许多渠道成员一般不愿意向制造商透露这些信息，他们不希望制造商对其有全面的了解，而清楚地知道他们的经营状况。

根据渠道成员的这些数据，制造商应对其进行详细的分析，从这些数据的分析中来对渠道成员进行准确的评估。但对这些数据，制造商最好能就以下几点得出完整的回答：

1）渠道成员为制造商的产品类别配备了多少销售人员。

2）渠道成员销售人员的业务知识和能力。

3）销售人员对制造商产品的兴趣。

4）分销商及其销售人员对竞争对手的产品和服务的了解程度。

5）该经销商是否具有经营制造商产品所需的技能。

从渠道成员愿意为制造商的产品配备的销售人员的数目可以看出制造商的产品会有怎样的陈列，产品的市场覆盖面将会有多大，以及经销商对制造商的销售投入的精力有多少。

业务知识和能力常常是销售能力评估的基础。然而，有些制造商已经通过其他的度量方法来给渠道成员的业务知识和能力定量地打分，这就是看该渠道成员总共要用多少额外的销售时间才能完成销售任务。也就是说，经销商需要额外的帮助和时间越多，说明其销售能力越差，反之亦然。不论用哪种方法，一定要看到评估结果随时间的变化，这才是最有用的数据，而要想得到这些最有用的数据，制造商就得进行长期的数据收集。如果渠道成员的销售人员专业知识比较薄弱，就会影响未来销售的业绩数据。

销售人员对销售该产品的兴趣，制造商可以通过下面一些具体的行为反应来了解：销售人员参加由制造商资助的学校、各种研讨会、现场教学和讨论会的情况；销售人员是否会主动收集来自批发商客户的反馈信息；是否关心制造商现场销售业务员的意见。如果渠道成员的销售人员对这些没有关注，就说明渠道成员最高管理层没有重视该制造商产品的销售。如果真是这样的话，该渠道成员未来的绩效几乎可以肯定会下降。

随着市场化的不断发展，现在市场的竞争激烈程度可以说绝对不逊于战场上的激战，市场犹如没有硝烟的战场，绝对是那种你死我活的较量，所以企业要想守住自己的阵地，百战不殆，就应该知己知彼。这样就要求渠道成员的销售人员要很好地了解竞争对手的产品和服务，既承认竞争对手的优势，更要了解他们的不足，以在销售中针对他们的不足培育自己的市场优势。

（4）渠道成员的态度

渠道成员的态度也可以说是渠道成员对制造商的某些政策的服从度。以渠道成员对制造商及其各类产品的赞同态度作为评估标准，渠道成员的态度最终会影响销售业绩，对这点的重要性一点也不能低估。然而该指标在实际的应用中，除非渠道成员的销售业绩不能令人满意，制造商通常是不会对他们的态度做评估的。正如佩格兰姆（Pegram）在他有关渠道成员绩效评估开创性的研究中所指出的那样：只要分销商的销售还不错，就认为利益和协作关系都保持在可接受的水平，他们的态度也就不会被仔细地审视。只有当分销商账面的销售业绩达不到供货商的期望值时，供货商才想到要审视态度方面的问题，而这也可能就是绩效差的根源。

因此，渠道成员的态度只有在不好的销售数据中反映出造成不良绩效后，渠道成员态度的问题才被制造商关注，这才开始着手采取措施。为了在渠道成员的态度问题影响销售绩效之前及早发现这种消极因素，应该在销售数据以外单独地对渠道成员的态度进行评估。而做到这一点可以借鉴前面所讨论过的了解渠道成员需求和问题的方法，诸如，由制造商利用自己的调研部门或企业外部的研究机构所做的正式调研，以及渠道审计和经销商咨询委员会，都可用于渠道成员态度的评估。最后，尽管不如正规的那些方法那么令人满意，渠道管理者还是可以利用从自己的销售队伍得到的非正式反馈来跟踪渠道成员的态度。

（5）竞争状况

在制造商进行渠道成员绩效评估时，渠道管理者还应该了解渠道成员所处地区的竞争状况。一般考虑两种竞争类型：第一，来自其他中间商的竞争；第二，来自制造商自己的渠道成员经营其他产品类别的竞争。

针对用渠道成员面临同一区域内其他中间商的竞争来评估渠道成员的绩效有两个目的。首先，为渠道成员的绩效评估提供了一个参照物，有助于提高渠道成员的销售绩效。例如，假设某个特定的渠道成员可能已经被评估为在销售额上表现不佳，可是经过对其仔细了解，如果发现该地区的竞争异常激烈，那么就应该以一种完全不同的眼光来看待该渠道成员的绩效。很可能，在这种异常激烈的竞争环境下他的表现可以认为优秀了。所以制造商应该具体情况具体分析，制造商可以适当地走出常规，向那些面临超乎寻常竞争的渠道成员提供额外支持。其次，如果制造商决定通过增加新的渠道成员来拓展分销业务，或认为必须替换掉现有那些销售绩效不佳的渠道成员时，渠道成员之间的对比信息就非常有用。虽然要获得竞争对手绩效的精确而又详尽的数字有难度，但是通常制造商的销售人员和销售管理人员能提供一般的信息和排名资料。例如制造商只要直接要求其销售人员，地区销售经理，或其他负责销售管理的有经验的人员，在某些特定的市场范围内，根据渠道成员的竞争对手的重要性来排定名次。

第二种类型的竞争，即由制造商自己的渠道成员经营的各类竞争产品，也应该仔细评估。当然，这里评估的主要问题是渠道成员为制造商的产品及竞争对手的产品各提供了多少支持。如果看起来渠道成员给予竞争产品更多的支持，而仅给予制造商的产品投入了较少的支持，那么这一事实通常会在制造商评估的其他绩效标准（特别是销售业绩标准）中反映出来。可是，渠道成员注意力转向竞争者产品，并导致制造商产品销售下降，这之间经常会存在一定的时间滞后。及早发现渠道成员精力投入的变化，可使渠道管理者处于一个相对有利的地位，以便在渠道成员的行为影响到销售额之前，采取相应的措施。

（6）渠道成员的发展前景

通过定期对大部分或全部渠道成员按照表 11-3 中列出的增长前景问题进行评估，渠道管理者就可以较完整地把握整个渠道体系。这将为今后制定切实可行的渠道目标，特别是对公司未来的营销策略规划及确定渠道中各渠道成员的作用，提供非常有用的信息。

表 11-3　评估渠道成员发展前景的主要问题

1）渠道成员过去的绩效是否表明制造商产品的销售情况能与为渠道成员所在的销售地区或贸易区所规划的销售情况保持同步？
2）一个时期以来，渠道成员整体业绩是否与该地区商业活动的一般水平保持一致？
3）渠道成员的组织机构是否在扩展，是否表现出在设施、资本运作、库存保持和展示产品的质量上有改进的迹象？
4）渠道成员的销售人员是否不仅在数量上增加，而且素质也在提高？
5）渠道成员以及制造商在该地区的代表是否有可能在未来某一天由于渠道成员的管理、年龄、健康状况或接班人的安排，而陷入某种危险境地？
6）渠道成员是否有适应能力和接受能力以满足该地区有可能出现的市场营销扩张？
7）渠道成员对自己中期和长期的展望有哪些预测或估计？

3．绩效审计实施

在制造商制定了一系列的渠道成员的绩效评估标准以后，渠道管理者就要根据这些指标来对其渠道成员进行评估。

（1）绩效审计实施的一般方法

制造商根据其制定的绩效评估标准来对渠道成员进行考评时，主要可以采取以下三种方法。

1）独立绩效评估法。独立绩效评估法，指的是制造商通过一项或多项指标来对渠道成员的绩效进行评估。这种方法适合应用于密集分销的渠道体系中，即当制造商的渠道成员的数目较大，而且若制造商所采取的只是销售绩效、库存维持和销售能力这些指标时，这种方法更适用。制造商将这三项指标用于绩效评估时各项具体指标是分别单独进行考核的，一旦制造商获得了某项考评指标所需的数据信息，就可以对该指标独立地进行考核，而没有必要等收集了所有考核数据后再做考评，以提高考评的效率。采用这种方法的优点就是使制造商对渠道成员的考评变得相对简单、及时、快捷和更有条理。

不过这种方法也有一定的缺陷，因为在追求条理和快捷等效率的同时，必然会使绩效评估的综合性有所下降，不能很好地提供综合绩效的深入分析，特别是当渠道成员在各项评估指标方面的表现不平衡时更为突出。比如说，现有一渠道成员从他的销售数据来看，他是有较好的销售业绩的，但同时该渠道成员的库存水平确实是很低，这也许能说明该渠道成员能以较低的库存完成好的销售业绩。而事实上该渠道成员可能是将他的“库存”存在制造商那里，使自己的库存管理相对轻松。这种情况在相对较短的时期制造商可能还能接受，但长期看来，这无疑是增加了制造商的成本，渠道成员的这一行为必定会暴露出问题。也就是说，他的所谓好的业绩是没有经过综合评价的，是以牺牲制造商的库存成本来换取的。

2）非正式的多重标准组合评估法。非正式多重标准组合评估法比独立绩效评估法更科学，它开始将各类标准组合起来对渠道成员的绩效作综合考核。这种方法是将每个标准以非正式的形式组合起来的，其主要优点是：简单而且灵活。当根据不同的标准进行绩效考评后，渠道管理者再根据自己对渠道管理的经验，来决定它们的权重，而不需要对每个标准都做明确的权重分析。所以这样就使考评工作变得简单。而这种方法的灵活性表现在，当这个标准的相对重要性发生变化时，权重也可做相应的调整来反映这种变化。

但是这种方法也存在一定问题。首先，渠道管理者在给渠道成员绩效打分时，当渠道成员有一些方面做得很好而另一些方面做得不行，由于渠道管理者在打分时并没有正式对每个指标分别打分，这样就会在综合绩效考核评分上出现很大的主观性和任意性。其次，这种非正式的多重标准组合评估法最终也仍然不能提供反映综合绩效的定量指标。

3）正式的多重标准的组合评估法。该方法的实施首先要求制造商为考评制定相关的标准和操作方法；其次，根据各个指标的重要性分别定出相应的加权数；最后，将各项指标的加权分数加起来，就得到了每个渠道成员的综合绩效的总分。

该方法的主要优点是对每个标准的各项指标的绩效衡量都做了明确的权重分析，正好解决了非正式标准组合的缺陷。但是也有其不足之处，如果制造商对渠道成员的绩效评估采用多种标准，而且每个标准中都有很多操作条款，那么用这种方法就会给渠道管理者带来相当的工作量。

（2）绩效审计的财务方法

前面我们所讲的绩效审计的方法可以说是从宏观层面上来讨论的，是凭借渠道管理者的经验得到的综合绩效数据，这些数据的得出可能多少带有一点主观感情色彩。下面将从财务方面就成员的绩效作评估，也就是所说的财务绩效。

我们知道制造商和渠道分销商在渠道体系中处于不同的位置，他们分别作为独立的经济实体而存在。所以在进行渠道绩效分析评估时，双方关注的内容是不一样的，这样在对渠道成员的绩效进行评估时，各自采用的方法也不是完全相同的。下面针对只适合制造商的财务绩效方法——贡献率法做一定的讨论。

运用贡献率法可以帮助制造商就不同的分销方式、不同的分销渠道和不同的渠道中间商对净利润的贡献度来进行比较对照，可为制造商的决策提供可靠的依据。

贡献率法将与渠道相关的所有成本分为四个部分：固定成本、变动成本、直接成本和间接成本。这里所讲的固定成本指的是在短期内不会发生变化的成本，要与管理会计中的固定成本相区别。例如公司工作人员的工资，在短期内是不会变化的，属于贡献率法中的固定成本。变动成本指的是在一定时间内会随一些指标的执行情况变化的成本。

现以国内某手机制造商的分销为例，来对不同的分销渠道的贡献率进行比较分析（见表 11-4）。

表 11-4　某手机制造商的分销渠道贡献率

	运营商专柜分销	零售商店分销	总　计
销售收入（万元）	120 000（①）	180 000（③）	300 000（⑤）
间接变动成本（万元）	48 000	85 000	133 000
直接变动成本（万元）	1 200	14 000	13 200
直接固定成本（万元）	16 000	28 000	44 000
渠道净贡献（万元）	54800（②）	53000（④）	107 800（⑥）
间接固定成本（万元）			15 000
净利润（万元）			92 800
渠道贡献率（%）	45.7（②÷①）	29.4（④÷③）	35.9（⑥÷⑤）

从表中所列出的各项数据我们能较清楚地了解到该手机制造商的渠道贡献率的具体数据资料。表中的间接变动成本是与每个渠道中的各种产品组合形式有关的变动成本，主要包括制造产品所需的各种原材料，制造产品所包含的直接劳动成本以及在制造商供货时消耗的运输成本等。直接变动成本包括销售所需的佣金、产品的折扣以及其他随产品销售量的变动而引起变化的项目。直接固定成本指的是包括与渠道的存在直接相关的一些成本，包括销售人员的基本工资以及实现销售所需的费用、为促进销售而对渠道投放的促销费用和其他费用。间接固定成本指的并不是由于本渠道的存在而发生的固定成本，如公司为增加销售而投入的广告费用、公司的各级管理人员的工资等。从表中数据可以看出，在分别计算各渠道的净贡献率时，间接固定成本的那部分没有被扣除，而只是在计算整个分销渠道为制造商所贡献的总净利润时扣除。这就反映了贡献率法的不足，因为它没有指明间接固定成本在制造商的各条不同的销售渠道的分摊问题。

另外，从表中数据还可以看出，该手机制造商利用运营商专柜分销这条渠道所得到的贡献率比从零售商店这条渠道所得到的贡献率高，也就是说，对于这家手机制造商来讲零售商店这条分销渠道的财务绩效比不上运营商的专柜分销。但是这并不意味着零售商店的这条分销渠道的绩效差而要将这条分销渠道取消，因为进行更为深入的分析后可知，造成这种渠道贡献率的差异的最主要的原因是间接变动成本所占销售额的比例不同，运营商专柜分销中占 40%，而零售商店分销中该比例则为 47.2%。若制造商对零售商店分销这条渠道进行一定的整合，对使前面所提及的间接变动成本包含的几个项目进行调整，间接变动成本就会降低，就可以提高该渠道的贡献率。若是制造商不进行较深入的分析只是凭借最终的贡献率指标这一项来衡量渠道的贡献，进行渠道的决策，就会造成制造商自己的损失。

第12章

渠道关系绩效展望

学习目标

1. 了解渠道关系管理的理论基础
2. 理解渠道关系概念的内涵和类型
3. 掌握关系型分销渠道的定义和特点
4. 阐述影响渠道成员关系发展和管理的主要因素
5. 掌握发展和管理渠道关系的方法和策略

引导案例

联想的“大联想”的渠道关系策略

我国企业——联想集团公司自1984年以20万元人民币起家，到1997年营业额为125亿元人民币，联想品牌价值为41.06亿元人民币。联想是目前中国PC领域唯一能够在市场份额上可与国际跨国大公司比肩的高科技企业。这家20年前由中科院计算机所的20多名员工，靠20万元人民币起家的国有民营企业，在发展战略上有一个十分清晰的脉络：由联想汉卡解决西文汉化，再由联想汉卡促动外国品牌电脑的分销，继而到推出联想电脑，逐步形成国内电脑整机产销，在海外通过做配套制造业进入国际市场十几年来，联想就是沿着这样的思路，学习国外一些先进的企业如何做市场，如何做渠道，一步步走到今天的。

在联想涉足营销初期，联想电脑一部分走直销，但当利润下降规模效应形成以后，联想与其代理商之间的矛盾越来越明朗化。为了解决这个问题，联想最终决定彻底放弃直销，建起了一条与国际模式相似的渠道。如今，其商用机的经销渠道模式为：厂商–一级代理–二级代理–用户。这种渠道模式是目前我国PC业一种主流的渠道模式。它的特点是重在区域的划分，一级代理相当于地区经销商，只负责本地区的销售，这样使每个地区的分销商都有相对独立的发展区域。一般来说，使用这种方式能够较为有效地避免渠道间的冲突，避免地区间代理商的恶性竞争，但也存在着信息沟通相对较弱的问题。

联想随着自身的发展，也逐渐意识到关系营销的重要性，将关系营销战略引入营销工作中，改变原来的思维方式，从简单营销因素法转变为真正营销导向的思维方法。这就是深入分析营销环境，明确本企业的优势和劣势，注重与目标顾客和其他的合作者建立关系。在关系营销思想的指引下，联想在渠道管理上及时推出“大联想”渠道策略，即在与代理伙伴相互融合的基础上，进一步加强一体化建设，不仅将代理商纳入自己的销售服务体系，而且将其纳入培训体系，强调作为厂商的联想集团与代理商及其他合作伙伴共同发展、共同成长。这种大市场与大渠道的模式，将保证渠道随时、无限制的扩张力（包括代理品牌的数量、产品的数量与规模及渠道覆盖面等），同时也确保了渠道的畅通无阻。

防止经销商“跳槽”！联想通过一系列的措施来保障联想销售队伍的稳定。第一，信誉保证。联想对代理伙伴承诺了许多优惠条件：向代理商提供质量可靠、技术领先、品种齐全的产品；建立合理的价格体系和强有力的市场监督体制；通过强大的市场宣传攻势来营造更好的电脑销售氛围；向代理商提供良好的售后服务保障等。联想以实实在在的行动实现了自己的承诺，取得了很好的口碑。第二，保障代理商的利益。许多电脑厂商迫于竞争的压力，逐渐压缩流通环节的利润，而联想却在考虑如何保障代理商的利益；通过加强内部管理和运筹能力来降低成本，向市场提供极具竞争力的价格；通过对市场进行强有力的控制和监督，防止代理商违规操作，进行恶性的削价竞争，只要代理商坚决地执行联想制定的价格，就可以获得较好的利润。第三，与代理商共同发展。据 IDC（一家世界著名的市场调查公司）1999 年的统计，联想电脑销售额连续 3 年居中国市场第一位，在亚太市场的占有率排名上升到第三位，1998 年在全球 PC 市场上以 0.6%的份额排名第 15 位。作为目前中国最大的分销商，联想科技公司与多家国外著名企业有着不同层次的合作关系，同时代理 10 多个国外著名品牌的信息产品，有 1 000 多家二级代理商队伍，拥有雄厚的分销实力。联想的“大联想”策略，将大批的经销代理商纳入自己的体系下，为自己赢得了很大的竞争优势。至今，联想仍然凭借其“以渠道为本”的经营理念在中国企业中享有很高的声誉。

思考

1. 关系营销的实质是什么？如何增强渠道成员的“关系满意度”？
2. 如何将“交易”型组织间关系转变为“关系”型的关系？

渠道关系绩效是渠道跨组织管理的最终目的，也是渠道竞争优势的重要来源。尽管渠道理论对这方面的研究才刚刚开始，却预示着渠道实践今后的努力方向。

12.1 渠道关系管理的理论基础

传统的营销观念与理论都把“交换”当做营销的基本目的，将买卖双方之间的交换关系视为不连续的活动，而没有看到延续买卖关系的重要性。自 20 世纪 80 年代以来，随着关系营销、渠道联盟、交易成本和资源依附等概念和理论被广泛应用到渠道管理实践中，分销渠道管理出现了新的运营模式，并渐渐形成了关系型或联盟型渠道组织形式。

1. 关系营销理论

（1）关系营销的提出与定义

关系营销是从“大市场营销”概念衍生、发展而来的。1984 年，科特勒提出了所谓的“大市场营销”概念，目的在于解决国际市场的进入壁垒问题。在传统的市场营销理论中，企业外部环境是被当做“不可控制因素”来对待的，其暗含的假设是，当企业在国际市场营销中面临各种贸易壁垒和舆论障碍时，就只能听天由命，无所作为。因为传统的 4P 组合策略，在贸易保护主义日益盛行的今天，已不足以打开封闭的市场。要打开封闭的市场，企业除了需要运用产品、价格、分销及促销四大营销策略外，还必须有效运用政治权力和公共关系这两种营销工具。这种策略思想称为大市场营销。西方营销学者巴巴拉·本德·杰克逊于 1985 年正式提出关系营销这一概念。他认为企业的市场行为应当看成一种连锁的、长期的、稳定的和互利的伙伴关系，企业的营销活动应致力于妥善处理对企业产生直接影响的多重行为者关系，包括供应商、消费者、中介机构、政府、股东和员工、同行和社区公众等。因而在其看来关系营销就是把营销活动看成一个企业与以上各方发生互动作用的过程，其核心是建立与发展和这些公众的良好关系，以获得长期的市场利益。

关系营销各学派从不同的角度入手，采取不同的方法研究关系营销，因此对关系营销的定义也不同，主要有狭义和广义之分。狭义的如 Bickert（1992）认为，关系营销就是数据库营销；Jackson（1985）认为“关系营销是与关键客户建立牢靠、持久的关系的一个营销导向”；Gronroos（1990）认为“关系营销就是建立、保持和加强与顾客及其他合作者的关系，以此使各方面的利益得到满足和融合。这个过程是通过信任和承诺来实现的”。Berry（1983）认为，“关系营销就是吸引、维持与强化与客户的关系，吸引新顾客仅仅是营销过程的中间步骤，使对企业漠不关心的顾客转变为忠诚顾客，并巩固这些关系才是营销的核心”。Gummesson（1990）从关系与互动的角度定义关系营销，认为“关系营销是市场被看做关系、互动与网络”。有些学者从更宽广的角度认识关系营销，如 Morgan 和 Hunt（1994）认为“关系营销是指所有的旨在建立、发展和保持成功的关系的一切活动”。

比较以上几种观点，对于关系营销的内涵，我们可以得出这样的认识：

1）关系营销是由许多管理“关系”的一系列活动所构成的一个社会性过程。

2）关系营销的重点在于利益各方相互之间的交流，并形成一种稳定、相互信任的关系。

3）关系营销的最终实现要靠产品或价值的成熟、顺利、高质量的交换。

4）关系营销的一系列活动都是为了达到一定的营销目标。

（2）关系营销的价值

关系营销理论认为，应用关系方法可以给企业带来价值，主要体现在以下几方面。

1）关系是减少不确定性的手段。企业在变化急剧的环境下面临很大的不确定性。从供应商方面看，供应商可能会根据市场情况提高价格，使企业付出更高的成本，供应商也可能转向更加有利的客户而使企业不得不付出更换供应商的成本和不确定性。企业虽然可以通过供货合同约束供应商行为，但这种约束在一定的情况下并没有很大约束力；从客户方面看，需求的变化常常使企业的生产量供应不足或大量过剩，难以预期；从企业内部看，企业管理者不仅面临环境的不确定性，同时还要面对内部许多限制因素，多数人没有足够的精力去分析数据。在决策过程中，管理者必须减少可能采取行动的可能性数量，设定某些因素是不变的。

2）关系型交易提供了解决复杂性问题的有效方法。为了克服不确定性给企业带来的负面影响，企业可能选择一次性交易与内部交易的折中——长期重复交易。一次性交易代表的是典型的市场行为，而内部交易则是企业内的计划组织，长期的关系交易恰好可以克服两种机制的不足而具有灵活性和效率。关系方法是市场价格机制、科层组织行政手段之间配置资源的有效方式。

3）关系型交易可降低交易成本。这是因为：① 有限的供应商数量减少交易成本。包括花费较少的时间收集信息和评估新的供应商，谈判、协调、行为的控制和检查等。② 因双方行为协调而降低单位成本，以及共同学习、经济规模交易而降低价格。③ 因减少在几个供应商之间转换而降低的运作成本，其中包括双方磨合成本。关系性交易的收益来源于交叉销售、发展新的产品和服务以及进入新市场的收益等。

4）利用外部资源实现效率。单个企业的资源是有限的，企业必须具备获取外部资源的能力。为解决内部资源的有限性与企业经营的灵活性矛盾，企业从孤立地依靠自有资源转向建立关系，关系型交易在提高新产品开发速度、构筑进入壁垒、能力互补等方面具有优势。

5）关系营销可使企业获得经济价值之外的社会价值。就单个公司来说，关系是一种重要资产，其价值不仅表现在创造效率和创新上，还表现在提供信息、影响其他公司等方面。对许多公司来说，关系可能是最重要的资产，关系是组织之间学习的良好途径。

2．渠道联盟理论

渠道联盟（Alliance）本质上是一种合作关系，是一种企业行为，是企业组织之间团结合作、合力创造价值的关系。它与一般的企业间合作关系相比具有如下特征。

（1）更全面的整合

与一般的企业间合作关系相比，联盟关系不仅在操作层、战术层实现合作企业间的整合，而且在企业战略层次也能够实现系统整合，使各合作方有共同的战略目标与战略规划，同步进行战略管理。

（2）更深广的合作

建立了联盟关系的企业间不仅在物流、资金流方面实现相互融合，而且在信息流上也实现了高度集成。并且这些信息流不仅包括操作层和战术层的决策与市场信息，而且企业战略层次的决策信息也实现集成化。

（3）更一致的目标

联盟关系是企业间全方位、深层次的合作，合作双方在战略层次的高度一致性、战术层次上的完美结合、操作层次的跨企业横向即时信息交流使联盟关系各方不仅能够做到及时、动态的协调，而且使合作系统内企业间目标保持一致。

（4）更高的相互信任

良好的合作联盟关系是以相当高水平的相互信任为基础。联盟关系一般是在企业间反复多次合作的基础上逐渐形成的。由于合作的时间长，能够通过信息的共享实现深层次的相互了解，并且通过建立关系纽带增强双方的融合程度，因此该合作关系具有相当程度的对等的信任。

（5）更持久的效果

企业间的联盟关系是实现了高度系统整合的合作关系，这种合作关系建立在合作双方一致的战略目标下，因而其注意力将不再集中于短期利益，而是注重于长期共同利益的最大化。在合作双方利益共享、风险共担的前提下，这种“双赢”的合作效果能够更加持久。

3．交易成本理论

（1）交易成本理论的主要内容

交易是指人与人之间的交互活动。人类社会的存在就是通过人与人之间打交道实现的。在分工和专业化高度发达的现代社会中，一个人生活中所必需的产品和服务，绝大多数都要通过同别人打交道（交易）获得，是交易把整个社会联结了起来。所以也可以说，交易费用是社会赖以运行的费用。只不过在不同的经济制度下，人们的交易方式不同，所耗费的资源数量也不同。科斯发现，市场中的交易其实是要耗费大量成本的。从搜寻交易对象、讨价还价、订立契约、监督契约执行、维护交易秩序、解决交易纠纷到对违约加以惩罚等。在一定范围内，企业内的交易要简单得多，工人之间的固定分工节约了寻找交易对象的费用，经理对工人的指挥代替了讨价还价，工人和其他生产要素所有者与企业之间的长期合同减少了在市场中多次反复订立契约的麻烦，因而人们很自然地要选择企业的形式。也可以说，企业的存在节约了交易费用。当然，随着企业规模的增大，企业的管理难度会增加，对工人的监督会越发困难，企业官僚机构的弊端会越来越严重，企业内的交易费用会非线性地增长。用经济学的术语来说，就是边际交易费用在递增。当企业内交易费用（边际）增长到和市场交易费用（边际）相等时，企业规模就不再增大，这也就决定了企业的边界。这样，科斯就完满地解释了企业存在的原因和决定企业规模的因素。他把这个发现写进了后来闻名于世的论文“企业的性质”中，并于1937年发表在美国的《经济学》杂志上。

威廉姆森认为，交易成本的存在取决于三个因素：有限理性、机会主义以及资产专用性。机会主义描述了“狡诈的追求利润的利己主义”。资产专用性是指耐用人力资产或实物资产在何种程度上被锁定，而投入一特定贸易关系，因而也就是在何种程度上他们在可供选择的经济活动中所具有的价值。资产专用性水平高意味着双边垄断的存在。从深层次看，交易成本的存在与人的本性密切相关。威廉姆森说，人的本性直接影响了市场的效率。市场上交易的双方不但要保护自己的利益，还要随时提防对方机会主义行为。影响交易成本大小的因素，威廉姆森认为主要与交易的维度有关，这些维度包括资产专用性程度、不确定性和交易频率。资产的专用性程度较高，使得拥有专用性资产的一方在退出交易时变得困难，因为专用性资产在移做他用时通常表现为较低的价值。交易的不确定性含义很广，它既包括那种只要花费代价便能预见的变化，从而可以在合约中预先设置条款加以处理，也包括那种事前最多只能加以粗略猜想的变化，还包括交易一方掌握了另一方所不知晓的重要信息。不确定性很高时，交易双方对未来可发生的变化太过渺茫，因此，很难达成交易的合约。如果双方的交易量很大且正常地不断进行，那么，就值得双方花费资源去做一个特殊安排，同时这种花费可以分摊到大量不断重复进行的交易中去，因此，相对交易成本下降。

从交易成本的角度来看，在流通过程中交易成本是流通顺利进行所必须花费的代价。交易成本主要由以下几方面的内容构成：① 获取潜在买主信息的成本。② 获取或传递产品信息的成本。③ 获取另一方有关信用、财务等信息的成本。④ 监督合同执行的成本。⑤ 有关合同完成后的所有成本。渠道的交易过程实质是一个博弈过程，博弈双方的知识结构和权利结构决定了均衡状态的情况。当厂家和终端用户由于知识结构、信息结构的不同，决定了双方要达到均衡，将要付出很高的交易成本。而中介机构的出现，由于其掌握的知识、信息较全面，中介机构和厂家以及和终端用户的交易容易达成。因此，理想的渠道的存在大大降低了流通过程中的交易成本。

（2）交易成本理论与企业关系

交易成本理论可以在一定的条件下解释交易类型的差别以及在何种程度下一体化的存在条件。交易成本分析提供了具有潜在的管理解决方案的一般模式。在本质上，它研究的是与成本结构有关的东西，它力图找出使短期交易成本与长期交易成本最小化的方法。然而，买卖关系在许多方面存在，尽管这些关系并非总是十分清晰。在组织市场上，妨碍进入市场的最为重要的一个因素是该市场内买卖双方的紧密合作关系的存在，特别是在市场上现存的重复购买关系中，顾客认为他们的购买是满意的因而没有进行任何改变的意愿。在这样的情况下，存在着稳固的持续的买卖间关系。在其他情况下，技术的依赖性、正式的合同，以及改变供应商所带来的额外成本等因素均加强了这种关系。

按照交易成本理论，在市场条件下，公司的运作更有效率。公司意识到，价格竞争并不能增加公司的利润，通过产品差别化则可能获得垄断利润，这就需要在研发上进行投资。由于投资的特殊性与市场的不确定性，公司希望与其顾客和供应商之间建立紧密的联系。建立与顾客、供应商之间的双边结构不仅出于成本效率的考虑，而且也是为了避免或减少不确定性，但是这种双边关系会因新进入市场者以性能优越的新技术产品或低价竞争的方式而打破。因而公司要么通过兼并建立一种单边的控制结构，要么被动地融入以市场为基础的市场体系中。

同时，交易成本理论认为，由市场治理到非市场的层级组织治理是一个纵向一体化的连续区间，这个区间的两端分别是“市场”与“非市场的纵向一体化”，介于其间的则是“半市场化”的关系缔约。由“市场”到“非市场的纵向一体化”是一个关系演进的连续过程，伴随这一过程，交换双方的关系由松散的关系向紧密关系发展。以交易成本理论为基础，渠道组织通过“关系缔约”实现关系治理，强调渠道组织的渠道管理行为不是一种孤立的行为，而是一种置于某种特定关系构架中的双边互动的活动。渠道组织对渠道结构与模式的管理，在互利与长期导向等因素驱动下，日益成为双边互动影响的结果。

4．资源依赖理论

（1）资源依赖理论的主要内容

以早期的社会交换理论为基础，资源依赖理论将企业间的治理问题视为对环境的不确定性和依赖性的反应。该理论的假设是由于企业的关键资源不可能自给自足，这就会产生两个潜在的问题。第一，对拥有重要资源的群体的依赖性；第二，将不确定性引入企业的决策中，在一定的程度上资源的流动不依赖于企业的控制，同时也难以对其进行准确的预测。

资源依赖理论的主要内容有以下几个。

1）交换的发生原因在于获得必要的资源。一般而言，公司难以掌控实现其业务目标所需的所有资源，为此，公司力图通过建立内部的管理等级制来解决这一问题。然而，在一个急剧变化的全球环境中，这一策略日益显现其无效性和较大的风险。从资源依赖的角度看，这一问题被视为一个控制问题。

2）与交易成本分析理论相似，资源依赖理论认为公司存在的环境具有很大的不确定性，因此资源依赖是对环境的不确定性的反应，同时也是对机会选择的反应。

3）对合作伙伴的依赖的主要动机是寻求资源的保证。与合作伙伴建立安全的关系旨在建立交换关系的平衡机制。

4）驱动这一进程的关键步骤是对控制（权力）-冲突的评价。这一特点在渠道研究文献中有充分的反映。基于这一观点，有人认为渠道研究的范围应扩大到社会政治的层面上，社会交换会减少滥用权力的可能性，而开放式的沟通则会降低冲突的风险。

5）资源依赖理论分析中，转换成本是关键的因素之一。在买卖关系中，转换成本的存在和规避是一个两难选择的核心问题。然而，从社会交换的角度看，双边企业都有相互依赖的需要，这与资源基础理论的说法相反。

6）资源依赖理论对关系研究的贡献在于在资源依赖理论中关系可被视为一种资产或资源。关系之所以成为一种资源，是因为关系的存在与发展可能会给企业带来收益。这是社会交换理论与资源依赖理论的共同点。其不同在于，以企业的古典经济学理论为基础的资源依赖理论强调的是单个企业利用环境资源的能力；而社会交换理论则强调交易双方通过建立关系而产生的互动作用。就现实的目的来看，资源依赖理论的主要意义是，它将不确定性和依赖性的识别作为建立企业间关系的关键的预设激励条件。

（2）资源依赖理论与企业关系

资源依赖理论固然是从公司的角度而不是从关系或网络的角度来解释这类行为，但该理论涉及通过合作关系获得资源与控制的问题。认为关键资源的控制与权力依赖的延续，是决定控制的关键因素。换言之，在资源依赖理论中，关系成为一种重要的战略资源。

资源依赖理论认为，企业通过与其他企业建立正式或非正式的联系这一有目的的行为来构建交换关系，可避免环境的不确定性并对环境的依赖性进行管理。有关建立企业间联系的文献提出了建立联系的多种方法，包括合约、合资，以及完全的合并。从相关文献的概念上看，构建企业间的联系就是通过加强与有关交换伙伴的关系来处理不确定性和依赖性的问题。就渠道关系来说，企业的渠道资源依赖关系能使企业获得超出一般水平的利润回报及可持续的竞争优势。

12.2 渠道关系的基本认识

1. 渠道关系的内涵与类型

渠道关系反映了渠道中的各成员之间的交往状态和合作深度。它强调的是组织与组织之间的关系（Inter-organizational Relationship）而非组织内的关系（Intra-organizational Relationship）。目前对渠道关系的定义主要分为两派：以 Hunt 为代表的交易利益学派和以 Stern 为代表的交易伙伴学派。

Hunt（1983）从交易利益的角度认为渠道关系是“渠道成员间寻求相互利益帮助的关系”，此定义获得了众多学者的认同。Pelton 等（2002）对 Hunt 的定义进行了完善，将渠道关系定义为“在获得、消费和处置产品和服务的过程中，为了创造顾客价值而建立的各种交换关系”，他们认为渠道关系是作为一种服务于市场需要的方式，因市场的需要而产生的。

交易伙伴学派认为渠道关系是渠道成员之间相互承认的某种特殊地位，以信任和承诺为基础，关系各方视彼此为伙伴，共同为改善产品品质及降低管理成本而努力。Gronroos（1990）对该定义进行了发展，认为渠道关系是经由相互的交换及承诺的实践，建立、维持及商业化渠道成员间的关系，目的在于让所有渠道成员的目标能够相互达成。Stern（2001）进一步指出渠道关系的实质是渠道成员为保持持续竞争优势和超额利润，上游和下游企业努力建立的联盟。

交易利益学派和交易伙伴学派对渠道关系定义的分歧主要在于视角的不同，一个关注利益，一个更关注目的。从后来的研究文献看，学者更多地从社会心理学和组织理论中借鉴概念和理论，以社会为导向来研究渠道成员间关系的目的、实质、生命周期和绩效，因此，从相互信任和承诺、双向交流、社会支持、共同的价值观、情感、合作等关键要素的角度定义渠道关系更为可行。结合多位学者的成果，我们可以认为渠道关系是借由渠道成员间的互动而建立的渠道上下游长期的彼此互惠的关系，目的在于使双方都可获得更大的渠道价值。

渠道关系是指一条渠道中共同做生意的各成员之间的交往状态和合作深度。图 12-1 显示了这种关系的 4 种状态，分别为和谐的、对立的、误解的和混乱的关系。和谐的渠道关系建立在各成员有相同的目标（目标收敛）和实现目标过程的协调（过程收敛）上。按业务关系的合作深度，还可将渠道关系分为交易关系、合作关系、伙伴关系和联盟关系。如图 12-2 所示，其一端是业务操作导向的交易关系，另一端是发展导向的战略伙伴关系。

关系目的 \ 关系性质	特意安排的	不断发展的
战略性的	联盟关系	伙伴关系
操作性的	交易关系	合作关系

图 12-1　渠道关系的 4 种状态

和谐关系需要：

1）目标收敛（“做什么”）。

2）过程收敛（“怎么做”）。

过程 \ 目标	分散	收敛
收敛	误解关系	和谐关系
分散	对立关系	混乱关系

图 12-2　按合作深度分类的 4 种渠道关系

渠道关系表明供应商和中间商或供应商同顾客之间的合作深度。这一看似简单的概念包含了极不简单的内容。渠道各个部分必须就目标、政策、定价和货物分销过程达成一致意见，尝试和采用最新的方法分担履行各项业务的责任。通过系统管理，促进渠道成员转变观念，面向市场和顾客，实现所有成员在整个渠道内密切合作，形成渠道垂直增值连锁，可以极大地提高效率，降低成本，为独立经营的公司和渠道创造竞争优势。

2．渠道关系的价值分析

关系型营销渠道模式既能获得传统渠道灵活性的好处又能得到一体化的优势。这主要体现在以下几方面。

（1）协同效应

制造商和分销商能从彼此信任的关系中获取更高的利益而无损于双方的利益。瑞士国际学院的 Nirmalga Kwmar 教授的实证研究表明，能够与经销商保持良好依赖关系的制造商可以获取更多的竞争优势。该研究将销售商分成两类：对制造商信用度高的销售商和对制造商信任度低的销售商。结果发现，销售商寻找新的供应货源，销售商对制造商的信用兑现，销售商销售制造商的产品线宽度以及由制造商评估的销售商业绩方面，不同的信任关系有较大的差异（见表 12-1）。

表 12-1　制造商与经销商之间不同信任关系产生不同的竞争优势

项　目	竞争优势	
	低信任	高信任
零售商寻找新的供应源	100	128
零售商的承诺兑现	100	112
制造商产品线销售	100	178
零售业绩	100	111

（资料来源：苏勇. 合作型营销渠道理论及实证研究. 中国流通经济，2000，1.）

（2）分享详细的顾客信息

毋庸置疑，信息在企业市场竞争中正发挥着越来越重要的作用。美国当代创意权威塔克尔在《未来赢家》一书中指出，企业成功的方程式的解在于：尽量接近顾客，真正的接近，是每一分钟都要接近。要做到每一分钟都接近，掌握信息是关键，20 世纪 80 年代以来，由于条形码、POS、EOS、VAW 等系统的广泛使用，使得零售商能以非常低的成本获取全面的顾客信息，信息中心的地位已经悄然由制造商转移到零售商。通过零售商的数据库，制造商可以以非常低廉的成本建立起相当完备的客户资料库，可以精确到对每一个消费者的购买行为、消费行为进行量化分析，这与制造商通过样本调查得来的统计数据在信度、效度及功能上有天壤之别。因此，如果制造商与零售商能建立起良好的、关系型的、协同的渠道关系，通过相应机制共享信息，则能够更接近和了解消费者，从而降低经营决策的非理性程度。制造商通过相关信息改进产品设计、调整促销策略，并把有关产品、促销的信息及时反馈给零售商，也将对零售商的业绩产生积极的促进作用。

从另一个角度讲，制造商及时获取零售商各种不同规格产品的即时销售、存货数量的信息，既使得制造商可以预测产品的销售，合理调节生产计划，也使得零售商能够把库存降到最低程度并杜绝缺货现象。

（3）分享对方企业能力，实现企业能力的递增收益

关系型分销渠道的另一个贡献之源来自成员间彼此可以借用对方的企业能力。由于企业能力的内部培育是一个漫长且要耗费大量人力、物力、财力的过程，另外，由于企业能

力的不可知性、因果模糊性等，更使得每个企业应该集中在其涉足的领域内培育和拓展自己的企业能力。与其他有用资源不同的是，它遵循知识产品的收益递增规律，而关系型分销渠道正好提供了一种可能性，使成员之间可以互相分享对方的企业能力，在一定程度上实现企业的递增收益。

3．渠道关系的发展过程

渠道成员间的关系是随着交易双方的互动过程而产生的，在这个过程中双方成员建立了关系。渠道关系是动态发展的，在不同的阶段常常表现出不同的关系特征。随着关系营销的发展，越来越多的学者发现企业的任何客户关系都会经历一个有明显阶段特征的过程。

（1）知晓阶段

知晓（Awareness）指的是渠道成员一方认识到另一方是个可取的交易伙伴。环境的临近（Situational Proximity）使得双方的这种知晓更为便利。正如一个家庭更容易结识邻居一样，购买者更容易结识本地商人以及在自己视野范围内的频繁广告的品牌。在网络时代，空间对知晓的约束已经淡化，信息传播维度成为知晓的决定因素。在该阶段，潜在交易方之间并没有发生实质的互动。虽然可能存在其中一方对另一方的评估，也可能双方都做出某些行为以增加自己对特定的（或一般的）交易方的吸引力，但这些行动都是单向的。在这个阶段不会有任何对对方的承诺，双方也不用负任何责任。任何一种形式的双向行动——甚至包括默许的合作都标志着关系发展的下一阶段的开始。

（2）开发（探索）阶段

开发或探索（Exploration）指的是渠道关系交易中的搜寻与尝试阶段（Search and Trial）。在该阶段，潜在的交易方首次考虑到义务、收益与负担以及交易的可能性，可能会发生尝试性购买行为。开发阶段可能会非常简短，或者还会包括一些检测与评估内容的期间延展。制造商可能会考虑分销商的促销计划和店铺位置；分销商可能会参加制造商的广告、参观其产品展示。开发阶段的渠道关系是非常脆弱的，交易双方较少的资源投入和最低的相互依赖程度都可能导致关系轻而易举地终止。但是渠道成员常常愿意在探索阶段做出调整，以期与有希望的交易伙伴之间的交易更加协调。探索阶段的交易尝试为渠道成员提供了建立相互信任的首次机会。一般而言，开发阶段包括五个子过程：吸引、沟通与讨价还价、权力的发展与使用、规范的发展、期望的发展。

（3）拓展阶段

在拓展（Expansion）阶段，交易参与方所得收益持续增加，彼此的相互依赖性也在增强。拓展阶段是渠道关系的快速发展阶段。双方关系能进入这一阶段，表明探索阶段双方相互满意，并建立了一定的相互信任和互相依赖，而且在扩展阶段双方从关系中获得的回报日趋增多，互相依赖的范围和深度也日益增加。关系开发阶段运作的几个子过程同样适用于拓展阶段，但是关键的区别在于，开发阶段建立的信任以及共同满意度在拓展阶段被提升到风险承担的意义上来。结果，相互依赖的广度与深度也随之增加。这种联合得到了重要的发展和演化，从试探、初步检验等到一方提供给另一方的各种奖励的不断扩大，从而增加了相互依赖性。一些学者把这个扩展的过程定义为每个交易方对其他交易方的表现满意的结果。也就是说，开发阶段的交换结果为其他交易方提供满意度的能力和意愿做出了检验。当一个交易方在初始阶段完成了一项实现预期的交易义务，则它对其他方的吸引力就增加了。因此，保持关系的动机增加了，尤其是当交易方所表现出的高绩效降低了自己的可替代性，它们对关系的投入也会增加。实际上随着双方信任的进一步建立，渠道成员面临的风险常常比以前更少。对一致的目标和合作的感知能使交易方超越原先所规定的条件，增加合作，渠道成员也会显示出很强的适应能力和灵活性，愿意对长期合作关系做出承诺。

（4）信守阶段

信守（Commitment）指的是表示交易方之间关系维持的明示或暗示的誓言。信守的概念意味着团结和凝聚，是对团结性等关系规范的进一步维护，因此也就是对关系的维护。在这一时期双方的互相依赖水平达到整个关系发展过程中的最高点，双方关系处于一种相对稳定状态，交易方通过交易过程获得某种水平的满意度，而这实际上就排除了能提供相同利益的其他交易方。因此，在关系信守阶段，渠道成员达到了一定的忠诚度。渠道成员间的忠诚是关系发展的最高阶段，每一个成员都会忠诚于这种关系，每个参与交易的成员都认识到渠道长期合作关系的价值要远远大于个别交易或一系列交易的价值，这是一种以完全的适应性和灵活性为特点的关系，建立在维持关系的共同期望上。然而，即便渠道关系发展到信守阶段，还是有许多力量会使关系变得紧张，如交易成本的上升，与潜在交易方接触的障碍的减少，个人或组织的需求的变动造成对回报的评价的降低等。但是，在该阶段各渠道成员当前的利益会产生压力来调整关系，但不是解散关系。这种利益包括从相互预期的作用和目标的确定性，从交易的改善或讨价还价中获得的效率以及由信任所带来的交易效率方面的信心。

（5）关系弱化和关系延续/解除阶段

关系弱化阶段是关系发展过程中关系水平逆转的阶段。关系的退化并不总是发生在信守阶段之后，在任何一个阶段，客户关系都可能退化。引起关系退化的可能原因很多，如一方或双方的不满意，或者是发现了更适合的关系伙伴，认为继续合作下去的成本将会高于收益。退化期的主要特征有交易量下降、一方或双方正在考虑结束关系、开始考查替代关系、交流结束关系的意图等。但是，关系弱化阶段并非意味着渠道关系的终止，虽然此时渠道成员间的关系不如从前，但是并不意味着交易双方业务活动的完全停止，而可能是交易量减少，用于专用性资产投入的资源减少，双方的互动和相互信任的程度降低，对关系承诺的行为和要求降低等。但只要交易的双方通过沟通及时地采取补救措施，陷入危机的渠道关系还是有望恢复正常。所以，除非关系调整彻底无效或者渠道关系本身的价值耗尽，否则不会轻易进入最后的关系解除阶段，而是会继续延续下去，出现渠道关系的良性循环。

关系的撤销或解体的可能性其实一直隐含在关系发展过程中。如果进入关系解除阶段，渠道关系将真正结束。此时即使其中的一方再努力，另一方可能还是坚持终止渠道交易伙伴关系，而且双方关系可能再也无法恢复。当交易方已经进入扩展和信守阶段的高度相互依赖的阶段时，关系解体就会有很严重的后果。从某些证据看来，商业关系的结束要付出双重的代价，如可口可乐试图要撤销"旧"可乐，柯达从瞬间摄影业中退出而付出昂贵的成本，以及在结束分销渠道关系时漫长的反托拉斯诉讼过程等。关系解体策略有两个关键维度：直接导向和其他导向。直接导向指的是直接向交易伙伴提出要退出关系的意愿；非直接导向指的是通过不直接提出退出关系的方式来达到关系解体。其他导向指的是在关系解体中尽量避免伤害到另一方。

4．关系型分销渠道与交易型分销渠道的比较

交易营销代表传统的营销观点。在交易中，顾客利用多种供货通路，经常更换供货商，购买者主要考虑的因素是价格因素。这种营销的重点是单个交易中双方的互换，从本质上讲，交易营销是对立的，供应商和购买者都寻求自己短期利润的最大化，卖者想从顾客身上尽可能地获得利润，而买者想根据产品质量和顾客服务寻求一个最合适的低价，在买者与卖者之间缺乏信任与合作。具体来说，交易营销渠道和关系营销渠道的区别主要有以下四个方面。

（1）目标不同：单次交易与长期交易

交易型分销渠道的目标是实现单次交易，重视每笔交易与利润之间的关系，往往只考虑如何吸引和获取中间商，而很少考虑怎样保留中间商，在交易中存在着一种机会主义倾向；关系型分销渠道的目标是造就忠诚中间商，长期维持和发展业务经营，在与关键分销商的交换中比竞争者享有优先权，强调不同层次的关系水平与企业利润之间的协调，不仅重视分销商的吸引和获取，更重视分销商的长期保留。

（2）观念不同：单方利益和双方利益

交易营销者在同中间商的关系上往往持有以自我为中心的"个人主义"观念，在交易中追逐自身利益最大化而不考虑对方的利益，把交换双方的关系看做一种对抗性关系，认为一方得到的利益是另一方所丧失的。关系营销者在同中间商的关系上往往持有以双方利益为基础的合作观念，认为交易中获得的利益是双方共同创造的，是互相给予对方的，要获得对方给予的利益，必须同样给予对方利益，不是采取对立的态度抢夺固定大小的馅饼，而是通过双方的信任与合作力争把馅饼做得更大，实现双赢，从追求每一笔交易利润的最大化转变为追求与其他各方利益关系的最大化。

（3）手段不同：售前营销与售后关系

交易型分销渠道以获取中间商为目的，重视售前营销，依据每笔交易同利润之间的关系选择营销策略，只对中间商实行有限承诺以实现短期效益，产品售出后不重视维系中间商的关系，不主动提供售后服务，不关心分销商的利益。关系型分销渠道以保留中间商为目的，注重分析关系水平与利润之间的联系，以维持合理的关系水平而获取长期利润为依据确定营销策略，除开展有效的售前营销吸引中间商以外，在产品售出以后仍对中间商实行高度承诺以实现长久的关系收益，依靠优质产品、优良服务、公平价格和双方组织之间密切的经济、技术和社会的联系，同对方建立长期的、相互信任和互惠互利的关系。关系型分销渠道所信奉的原则是：与利益伙伴建立良好的关系后，有利的交易会随之而来。

（4）人性假设不同：经济人与社会人

交易型分销渠道完全依靠市场价格机制发挥作用，供应商与中间商都是完全的理性“经济人”，追求短期利益的最大化。关系型营销渠道以“关系”作为研究的核心，认为中间商在交易中不但要得到经济价值还追求经济价值以外的其他价值，他们是有限理性的“社会人”，关系以互惠为基础并存在“利他主义”倾向，关系的维护因素是信任与承诺，因此关系是处于市场价格机制与科层组织的行政指令之间的“关系范式”来发挥作用。

总之，传统的分销方式，是一种交易营销，在其特点上与关系型分销渠道截然不同（见表12-2）。

表12-2 交易型分销渠道与关系型分销渠道的特点比较

交易型分销渠道	关系型分销渠道
双方关系不稳定	双方关系稳定发展
强调单个交易	强调多个交易
合作时间较短	合作时间较长
满足顾客方式单一	满足顾客方式较多
重点在一次性交易	重点在分销商的忠诚度
交易带有偶然性	交易是预先计划好的
交易的目标是各自独立的	交易的目标是实现共享
供应商的数量较多	供应商的数量较少
追求每一次交易的获利	探索长期问题的解决
不断获取新顾客	争取保持现有顾客
双方信任程度低	双方信任程度高
双方合作内容少	双方合作内容多
双方信息反馈少	双方共享资源多

12.3 渠道成员关系的主要影响因素

1．信任

信任是关系营销和渠道关系研究领域被广泛考察和确认的概念之一。在渠道战略联盟理论中，信任被视做形成“战略性伙伴关系的核心”。在对谈判的研究中，信任是促使买卖双方合作性地解决问题，进行建设性对话的关键因素。信任支撑联盟关系，它意味着关系中一方相信另一方的行为会带来正面作用。作为关系影响因素的信任，为厂商和分销商关系中的社会政治层面提供主要基础。Anderson 和 Narus（1990）指出，一旦确立了信任关系，企业共同努力的结果将超过建立在自身利益最大化行为上的结果。

直到目前，学术界还没有给信任一个统一的概念。但是，大多数对信任的定义都反映出一个共同概念：关系一方将采取对关系其他方最有利的行动。例如，“信任，即认为对方之一言辞或诺一言是可信的，对方将在交易中充分履行其应尽的义务。”“信任是一种意愿，即愿意依赖对其有信心的交易伙伴。”“信任指对交易伙伴的可靠性、正直性充满自信。”“公司相信另一公司将采取对自己有利的行动，不会采取对自己不利之举动。”

信任在本质上是一种心理态度，它的强度和广度是通过具体的活动体现出来。具备这种心理态度的人或者组织会自觉不自觉地在其行为上表现出与不具备这种心理态度的人或者组织不同的特征。在渠道关系中，渠道各方之间的相互信任可以在成员个别活动或成员间的交互活动中得到体现。

在相互信任的基础上，合作者将会树立长期导向并自觉做出具有信任特征的行为，最终提高企业竞争力和改善经济绩效。这是信任发生作用的一般机理。信任对承诺的形成非常重要，因为承诺由于注重长期性，因此将只对值得信赖的伙伴做出，如果彼此不信任将导致承诺水平的降低。缺乏起码的非正式信任感，很难造就现代化的经济生活。正如诺贝尔奖得主经济学家艾罗（Kenneth Arrow）所说：“信任度拥有十分重要的实用价值，信任是社会系统里很重要的润滑剂，它的效率极高，为人们省却了许多麻烦，因为大家对别人所说的话能有相当程度的信赖感。”

信任对维系与供应商的关系非常重要。在纯粹市场导向的关系中，买方公司总是乐于见到各供应商之间的互相竞价，以坐收渔翁之利，得到对自己最有利的价格与品质。可是这种做法到头来会在双方之间制造猜忌心理。而在存在高度信任感的关系中，由于双方都知道他们所经营的是长期关系，关系是建立在互惠道德义务基础上的，因此不会因为价格或品质的些许差异就转向别家，即减少了机会主义行为。另外，在渠道联盟中，为了追求联盟体长期利益的最大化，有时可能要求一方放弃部分局部或短期利益。在这种情况下，信任将发挥重要作用：良好的信任将使需要做出让步的一方进行真心实意的配合；而缺乏信任将导致缺乏效率的妥协或没有成效的不欢而散。

2．相互依赖性

由于渠道职能的分工，任何一个渠道成员都无法单独完成所有的营销渠道职能。虽然在一些非充分竞争的行业和市场中，有些企业自产自销，但这种效率非常低下。而渠道职能的专业化有助于营销效率的大大提高，这在 20 世纪 60 年代以前是西方学术界一个非常重要的研究主题，正因为渠道职能的进一步专业化发展，使渠道成员之间紧密联系，彼此都不能离开。渠道成员之间的相互依赖这个概念也为众多研究学者提了出来。Pfeffer 和 Salancik（1978）认为“当企业无法完全控制外在环境的不确定时，企业间便会产生相互依赖性”。Etgar 和 Valency（1983）认为相互依赖性是“企业对相互交易的承诺程度”。关系中的互赖可以认为一方的行为、行动或目标依赖于另一方的行为、行动或目标的程度。Frazier（1983）在研究营销渠道时，对渠道成员之间的依赖下了一个准确的定义，他认为依赖程度就是一个组织为达到个人目的与另一个组织维持关系的必要程度。总体来说，相互依赖性可以解释为，当一个企业无法控制为达成企业目标所需要的资源时，而与其他企业进行经济交易的结果。渠道依赖度是渠道成员之间为达到各自目的而相互依赖的关系，在当前情况下，虽然分销商规模越来越大，但总体来说还是分销商对制造商的依赖度大于制造商对分销商的依赖。

西方学术界认为有两种重要因素创造了对依赖性的感知，一是来源企业所提供的资源的重要性和决定性程度，二是目标企业能够得到所需资源的备选来源的数量。Heide 和 John（1988）指出经销商对于供应商的依赖程度因为三个方面的原因而增加，一是经销商的销售成果，来自此供应商的产品不但重要，而且具有高度价值，交易数量也很大；二是经销商销售此供应商产品的成果，超过了最佳的备选供应商的产品；三是经销商可选择的资源或潜在交易资源不多。当渠道成员拥有有价值的资源，如资本、专门技术、信息、服务等对渠道伙伴具有利益，并且这种利益不容易被取代的时候，那么渠道成员就会对此产生依赖。Robbins（1992）认为，只要有一方掌握的资源具有重要性、稀缺性与不可替代性时，组织间的相互依赖程度就会加深。

一般而言，当甲方能主导乙方所希望达到的目标时；当甲方有助于乙方目标的达成，且该目标对乙方十分重要时；当乙方从甲方获得高额利益，且占乙方总利益相当大比例时；当乙方无法从其他关系中获得甲方所能带给它的利益时；当乙方只有相当少的资源可供替代，或者没有什么资源可供交换时，在这些时候高度的依赖就会形成。此外，关系终止成本高、转换成本大与市场变化快、环境不确定性高、市场需求变化快、市场多样化以及特殊的交易形态都会导致高的依赖性。

3．影响策略

在营销渠道行为的研究中，渠道成员如何影响另一个渠道成员的行为与决策，一直是许多学者感兴趣的研究课题，其中主要的研究集中在厂商使用什么影响策略来左右另一个厂商的行为。影响策略是厂商为了影响经销商的行为及决策所运用的方法或手段，影响策略可以分为非强制性影响策略与强制性影响策略。

影响策略是影响渠道满意度最重要的行为变量。渠道满意度是渠道成员对渠道关系在情感和认知上的评价。根据渠道成员对经济报酬和非经济报酬的强调不同，渠道满意度又可分为经济满意度和社会满意度。研究表明，厂商使用威胁策略会降低经济与社会满意度；运用承诺策略会提高经济满意度，但会降低社会满意度；使用非强制影响策略可以提高经济与社会满意度。其具体关系分析如下。

（1）强制性影响策略与满意度的关系

当厂商经常对渠道成员施压，会增加冲突，造成渠道成员在管理上的混乱，并使其有紧张与挫折感，因此，威胁与诉诸法规策略应该会降低渠道成员的满意度。一些研究表明，威胁和诉诸法律与渠道成员的经济和社会满意度均有负相关关系。厂商以奖励为诱因，促使渠道成员顺从其所期望的行为，所以，允诺应该可以提高经济满意度；相反，允诺可能会降低社会满意度，因为厂商是利用外部力量促使渠道成员做出改变，这会损害渠道伙伴内在的行为动机。研究还发现：允诺会显著提高渠道成员的经济满意度，但会导致社会满意度降低。

（2）非强制性影响策略与满意度的关系

非强制影响策略属于非条件式策略，一般使用权力的一方会提供帮助，这将减少渠道冲突，使渠道关系高度一致。当厂商给予渠道伙伴援助时，应该可以提高渠道伙伴对渠道关系经济结果的满意，且渠道伙伴可能认为厂商的协调整合能力强，所以，其对渠道关系的非经济面也会有正向情感反应。

（3）满意度与渠道绩效的关系

研究表明，较高的满意度能减少渠道成员的分歧，降低冲突水平，进而提高渠道效率。经济满意度重视渠道伙伴在经济层面的报酬，社会满意度重视双方关系上良好的互动，所以在渠道关系中，满足财务上的结果与良好的情感交流，都有可能促使渠道成员有更佳的绩效表现。

4．供应商的声誉和承诺

（1）声誉

声誉（Reputation）是形象的感知，包含了对企业品质的主观评价。对组织过往行为的评价可来自自己的经验，也可来自他人的口碑。声誉不仅构成了组织特征的种种期望，还构成了对其未来行为的期望。

供应商的声誉被定义为业界认为供应商是诚实和关注客户利益的程度。以往的研究表明，供应商的声誉与购货方的满意度有相关性。换句话说，购货方认为供应商是可以信赖的并且从他人的言行当中产生了期待的满意度。声誉可能是创造和保留客户时最强的因素。显然，买方更愿意和一个拥有良好声誉的，能提供专业指导、专门服务并达到期望的服务质量的供应商合作。当供应商拥有较高的声誉时，就可以拥有更多的权威和声望，交易伙伴就更加希望建立亲密的合作关系。良好的声誉能增加市场转移的能力，提高可靠性。如果供货商的感知声誉降低，将导致渠道成员的不满意。

管理实践中，许多基于信任做出的商业决策都与伙伴的声誉相关。因为在无法实际检验的情况下，声誉往往作为信任的衡量标准。在交往的初始阶段，由于双方都没有交往经验，声誉可能发挥更大的影响作用。此外，移情性也可以使良好的声誉转化为对供应商的信任。声誉同样可以对人际信任产生影响，组织如果没有一个良好的声誉将会使买方不愿意对其销售人员给予信任。Swna 和 Nolna（1985）认为组织形象对于发展信任尤为重要，供应商销售人员现场拜访有利于增强顾客与销售人员的关系。

（2）承诺与关系承诺

承诺（Commitment）是影响公司与各种类型合作伙伴（供应商、客户、内部员工）之间关系的核心。承诺是决定是否终止关系的重要决策变量，是对继续维持关系的期望。

关系承诺（Relationship Commitment）从制度经济学的角度讲被看做一份没有付诸文字但却又早已被人们默认的非正式契约，是一种心理契约（Psychological Contact）。建立、维持双方的关系，是要达成双方这种心理契约。这种契约的达成有利于长期稳定关系的建立和发展。因此关系承诺实质就是关系双方做出承诺，以达成关系这一契约，它是关系契约成立的要件。客户对关系这种心理契约所做出的承诺，可以是心理上的，但是更多表现为一些承诺行为。对于关系承诺的理解和定义有两种方式：一种是把关系承诺看做承诺行为，研究的是承诺行为对关系保持的作用；一种是把关系承诺做一种心理承诺态度，研究的是关系保持态度对关系保持意愿的影响，把承诺行为看做态度的输出结果。

Morgan 和 Hunt 把对关系承诺定义为：一个交易伙伴相信与另一个交易伙伴的关系是如此重要，以至于他保证要尽最大的努力去维持这种关系。类似地，Anders 和 Weitz 把关系承诺定义为：一种发展稳定关系的渴望，并且为保持这种关系愿意牺牲自己的利益，同时对关系的稳定有信心。Dwyer，Schuur 和 Oh 为代表的学者认为，承诺是在决定是否改变业务伙伴时，对原有关系持续之绝不含糊、坚定的保证。他们将承诺形象地比喻为一对年轻人的结婚，在一方提出建立长期的婚姻关系时，对方只有做出关系保证，如举行婚礼，双方关系才能长久。

对关系的承诺由于着眼于关系的持续性，会引发双方维系关系的努力，故而可以将承诺理解为建立渠道联盟关系的意愿，渠道联盟只不过是其结果而已。较高的承诺水平有于形成长期、稳定的渠道联盟关系，且是建立渠道联盟不可或缺的环节。据此，我们可以推测，渠道成员（供应商与经销商）欲建立联盟关系，就应该注重承诺对双方关系的影响。

5．环境不确定性

所谓“不确定性”，可以认为期望和实际未来产出之间的感知差距。不确定性可以是主观的，也可以是客观的。

渠道成员之间合作的不确定性由于各种原因而产生，如机会主义行为、知识的缺乏等，它影响了承诺的做出以及合作治理结构。竞争和技术的快速变化导致了环境的动荡，环境越易变，决策者就面临着更多的不确定性。决策者对不确定性的感知基于他现有的知识存量，决策者对环境知识的感知越不充分，意味着不确定性就越强，因此决策就限制投资到合作中的资源量。Lawrence（1981）确定了环境不确定性的两个维度，一是不可预见性（Unpredictability），即变化的比率与环境事件相关的偶然性；二是复杂性（Complexity），即环境因素中的变异性和相互依赖性。同样地，Achrol 和 Stern（1985）证明有几个维度影响了环境的不确定性，如环境慷慨度（Environmental Munifieenee）、环境多样性（Environmental Diversity）和环境波动性（Environmental Volatility）。

环境慷慨度指的是在市场中输入或输出的可得资源的丰富程度，也就是支撑发展的环境容量（能力）。环境慷慨度通过环境能够为组织提供关键性资源以支撑其成功和生存的程度来衡量。从客户的视角来看，企业的关键性资源是适当的关系伙伴的可用性。如果环境中仅存在少数几个可供选择的竞争性供应商，那么其将更加依赖于现有伙伴。环境中潜在的伙伴越多，任何一个现有伙伴对客户来说都不是至关重要的，其依赖性也较低。

环境多样性指的是外界市场环境要素差异化和复杂性的程度，是不确定的静态部分。对组织而言，环境的复杂性意味着更大的投入和产出的差异性。与其他伙伴重新开始合作意味着还要就复杂的具体条款进行协商、签订或履行关系契约，将增加交易成本。因此，关系伙伴能满足客户的一系列需要，越是复杂，该客户对伙伴的依赖性就越强。

环境波动性指市场和需求变化的快速程度，也就是不确定的动态部分，也可以认为环境推动力（Environmental Dynamism），表现为环境变化的不可预见性。市场不确定性增加了决策的不确定性，产品、价格、产品可得性以及技术都是供给市场潜在的易变要素。从客户的视角看，一个动态的环境是动荡的，使得对趋势和产出的预测变得困难。动态环境的不确定性使得完全契约的谈判、签署和履行需要花费难以接受的成本。因此，环境推动力越大，客户就会越依赖关系伙伴。

就具体的形式而言，环境不确定性包括需求的不确定性（Demand Uncertainty）和技术的不确定性（Technological Uncertainty），前者指企业无法预测合作关系的需求或销售量，后者来源于技术的差异性和技术的快速变化。当面对需求不可预测时，企业对于未来持续合作的感知会使得彼此的适应更加顺利，更倾向于牺牲短期利益以换取长期利益，对未来合作持续性的感知也会增加。在无法预测技术方向的情况下，企业通过松散的联结或较低的关系持续性来回应技术的不确定性，希望保持终止关系的弹性，并且将交易转换到有适当技术能力的合作伙伴上，因此双方不倾向于建立长期的联结关系。当技术不确定性越高时，供应商会降低投资专用资产，而当供应商专用资产的投资减少时，其对于未来合作持续性的预期也就降低。

此外，我们还必须关注其他两种类型的不确定性：一是关系不确定性（Relationship Uncertainty）；二是决策不确定性（Decision-Making Uncertainty，DMU）。关系的不确定性来源于两个方面：一是合作伙伴之间是相互依赖的，针对关系伙伴的行为意向仅有部分重叠，一方不可能完全意识到对方的目标；二是合作企业的资源是不一样的，因为企业内资源的发展是一个历史的和路径依赖的过程，没有一个伙伴能够完全了解对方的资源情况。与对方的合作始终被不确定性所笼罩，行为意向并非总能转化为行动。当合作伙伴用资源进行承诺，并与对方适应的时候，关系的不确定就会减少。当交换关系不平衡和多承诺的一方对机会主义表现出脆弱性的时候，关系的不确定性就高。决策不确定性指渠道伙伴具有足够的信息来做关键性决策，能够预测决策的后果并对决策有信心的程度。决策者越了解自身企业的资源情况，就对自己的决策形势越自信，意味着越低程度的决策不确定性，并引致更高的合作水平。渠道合作受到关系不确定性和决策不确定性的强烈影响，环境不确定性通过关系不确定性和决策不确定性负向作用于合作。

12.4 基于关系导向的渠道管理创新

1. 渠道管理理念创新——以关系营销理念为指导思想

（1）渠道管理理念创新的基础

关系型营销渠道的构建应该从改变传统的思想和理念开始。这是因为：首先，厂商关系本来就是一个唇齿相依的整体，而不是被割裂的两个利益主体。对企业来说，分销商不仅仅是企业的交易对象、企业商品的销售者，它们更是企业的发展战略伙伴，帮助你的分销商和企业共同发展将会使企业获得更大的竞争优势。其次，传统的交易营销强调将尽可能多的产品或服务提供给尽可能多的顾客，因此片面重视吸引新顾客而忽视老顾客，企图保持稳定趋升的市场占有率。然而，实践证明，开发一个新客户的成本要比维系一个老客户的成本高得多，而且轻“老”重“新”极易导致新的一个对手，老的一片丢光，最终一无所获。再次，传统的渠道关系是“我”和“你”的关系，即每个渠道成员都是一个独立的经营实体，以追求个体利益最大化为目标，甚至不惜牺牲渠道和厂商的整体利益，追求交易结果的最大化。而在关系型分售渠道中，厂家与经销商由“你”和“我”的关系变为“我们”的关系，由油水关系变为鱼水关系。这种厂家与经销商一体化经营，实现厂家对渠道的集团控制，使分散的经销商形成一个整合体系，有利于渠道成员为实现自己或大家的目标共同努力，追求双赢（或多赢）。因此，进行渠道管理创新，构建关系型分销渠道，树立关系营销理念是其前提。

（2）培育渠道关系应该从新产品的上市就开始

传统的渠道中，由于渠道成员关系的松散性，渠道成员在渠道合作中寻求的是各自利益的最大化。这表现在对所经销或代理的产品上，分销商都愿意代理名牌、畅销的产品，而对存在一定市场风险的新产品不感兴趣。这正是企业重塑渠道系统的良好机会，企业可以通过这个新产品选择有合作潜力的分销商，力求就这一新产品建立起一个全新的渠道关系，然后再将这种关系逐渐向整个系统进行推广，剔除不合适的分销商，引进具有合作潜力和价值的分销伙伴，使整个渠道系统实现从传统关系转向伙伴关系。

（3）开展多种形式的合作形式和合作关系

用关系营销理念改变传统的交易型渠道关系，构建新型的关系渠道，需要生产商与各经销商开展多种形式的合作方式，并且在合作经营中选择和发展适合双方的关系类型。在渠道关系营销中，厂家与经销商合作的形式很多：① 联合促销。厂家与经销商共同进行促销，如合作广告——经销商发布广告，厂家给予一定金额的补贴（从货款中扣除或凭单据报销）；陪同销售——厂家派销售人员协助经销商向其下级客户销售；销售工具——厂家为经销商提供样品、POP 等。② 专门产品。厂家为经销商提供专门产品既可以增强销售网络凝聚力，也可以减少消费者购买时对价格的比较。如厂家对大的零售商专门生产某一产品，以及经销商买断某一品牌经营等。③ 信息共享。厂家与经销商共享市场调查、竞争形势、消费者动向等方面的信息。④ 培训。厂家为经销商提供销售、产品、管理和营销等方面的培训活动，以提高经销商的销售和管理水平。

在实践中，有以下几种方式来组合厂家与经销商的关系。

1）合同式体系。在厂家与经销商之间，经销商与经销商之间，以一定的合约为约束，在一定的利益基础上，把渠道中各个独立的实体联合起来，形成一个合同式的营销体系。特许经营就是一个典型的合同式体系，通过特许权，将生产到经销的各个环节连接起来，形成一个完整的直达终端的经营体系。

2）管理式体系。一些厂家依靠自己的市场声誉、产品创新能力及其他力量，成为整体流通渠道的主导成员，从而将销售渠道中的不同成员联合成一个体系。

3）所有权式体系。厂家以入股的方式来控制销售渠道，如格力空调西南销售公司就是由格力集团与经销商共同入股组成的。所有权经营体系的整合水平最高，厂家与经销商的联系最为巩固。在这一体系中，渠道成员的独立性部分或全部丧失，整个渠道的活动将全部受制于厂家的目标，渠道的经营能力也大大提高。

（4）支持分销商

从传统的渠道交易关系向伙伴型关系过渡，首先需要发展双方的相互信任，使分销商觉得你是一个可以信赖和依赖的合作伙伴。所以，也许企业首先应该表现出合作的诚意，支持你的分销商与企业共同发展，针对企业和分销商的关系进行必要的投资，以逐步起建立与分销商之间的“双边锁定”。如宝洁中国公司投资 1 亿元人民币用于其经销商信息系统和运输车辆的配置。

国内企业通过人力资源和销售制度建设，对经销商的支持一样可以取得良好的效果。娃哈哈的分销系统走的是一条“联销体”路线。每年开始，特约一级批发商根据各自经销额的大小打一笔预付款给娃哈哈，娃哈哈支付与银行相当的利息。然后，每次提货前结清上一次的货款，娃哈哈保证在一定区域内只发展一家一级批发商。同时，公司还常年派出若干位销售经理和理货员帮助经销商开展各种铺货、理货和促销工作。在某些县区，甚至出现这样的情况：当地的一些批发商仅仅提供了资金、仓库和一些搬运工，其余的所有营销工作都由娃哈哈派出的人员具体完成。从表面上看，批发商帮娃哈哈卖产品却还要先付一笔不菲的预付款给娃哈哈，甚至在某些大户，这笔资金达数百万元；而在娃哈哈方面，则“无偿”地出人、出力、出广告费，帮助批发商赚钱，二者明确的分工与协作体现了长期共同发展的思想。相对于生产商自己招聘人马、全资编织市场网络而言，娃哈哈的联销体模式似乎更为经济和高效。各级大大小小的经销商一方面可以使娃哈哈迅速地进入一个陌生的市场，大大降低市场的导入成本，更重要的似乎还在于，这些与娃哈哈既为一体又非同根的经销商团队，是保证市场创新、增长和降低风险的重要力量。

（5）建立有效的客户关系管理系统

我国企业推行客户关系管理（CRM）最大的问题是不运用客户资料为管理和营销服务，而且大多数企业连客户档案都难以建立，因此企业目前最重要的是建立健全以分销商为主体的客户关系管理系统，并在此基础上逐步建立真正意义上的 CRM 系统。目前应着重从以下几个方面入手。

1）对现有分销商进行分类管理。首先，根据其态度和能力将分销商分为可用的和不可用的，对后者坚决淘汰。其次，将可用的分销商分为必须培训的和必须改造的，对于前者要求无条件接受培训，反之予以淘汰；对于后者的工作重点是帮助他们建立业务队伍，提升其管理和信息功能。同时如需要，可依据经营能力重新确定其业务区域或细分市场。

2）重新确定客户档案。将客户档案作为对客户、对市场的管理手段和管理工具，客户档案的内容要从客户资料、客户信用情况扩展到客户销售情况、客户价格管理情况、客户费用和利润管理情况、区域竞争对手资料、消费者意见反馈、下游分销商意见、客户策略等，全面、系统、专业化地对客户进行全方位的管理。此外，应将客户档案从总经销商扩大到所有分销商，建立全面的分销商和零售商档案，从上游到下游逐步完善，使企业的管理幅度逐步向最终用户延伸。

3）建立信息中心，形成一套较为完善的信息收集、反馈、整理和处理运作体系，及时为公司决策层的决策和业务部门制定营销策略提供依据。企业必须首先完成信息的收集工作，而收集工作的关键在于客户资源的积累和共享。国内中小企业客户资源私有化的问题相当突出，集中与共享客户资源在现实当中受到相当大的抵制，解决这个问题需要企业领导下很大的决心，同时也要调整利益分配等相关部分。否则，CRM 的实施在这个阶段就会停滞不前。其次，收集到的信息并不都是有用或可用的，需要予以甄别、提炼，形成有价值的客户知识和市场知识。只有建立起企业内部的知识管理系统，才能真正地、最大限度地发挥信息对营销和竞争的作用。大规模销售的企业如果不运用现代信息技术建立完善的信息系统，那么保持渠道的通畅和高效几乎是不可能的。

中国企业目前最重要的任务是建立健全以分销商为主体的客户关系管理系统，并在此基础上逐步建立真正意义上的 CRM 系统。

2. 渠道管理方式创新——以企业文化管理为手段

（1）渠道管理方式创新的背景

我国市场经济经历 30 年的发展，许多消费品市场已经进入成熟阶段，随着市场环境的变化对渠道管理模式与管理方式提出了新的要求，竞争的现实促使企业在技术推广、管理方面的不断创新。然而，在销售渠道方面，大多数企业依然使用传统的制度和契约式管理模式和管理方式。在国美、苏宁现象之后，国内企业越来越明显地感觉到这种渠道管理方式已经软弱无力，而国际品牌企业利用其自身企业文化的力量管理渠道，不仅成本低，效果也显著和持久。所以，我国企业在渠道管理方面也应该使用人本管理的最高层次——文化管理。通过文化的渗透和交流，为建立伙伴关系扫清思想和观念障碍。

（2）渠道文化管理的含义

文化管理就是通过企业文化的培育、管理文化模式的推进，使员工形成共同的价值观，共同的行为规范。那么，渠道的文化管理就是通过企业文化和管理文化对渠道工作人员和经销商的渗透与传播，使其形成与企业一致的价值取向和行为规范。建立信任文化，是渠道文化管理的基础。离开信任，渠道工作人员不易接受企业文化，也不可能见到文化管理的实效；经销商与企业互不信任，也不可能很好地合作，所以，应该在相互信任的基础上，对渠道工作人员和经销商进行企业文化的渗透与传播。渠道文化管理主要体现在对销售渠道工作人员的企业文化渗透和向经销商传播企业文化两个环节上。

（3）对销售渠道工作人员的企业文化渗透

对渠道人员的管理是渠道文化管理的首要环节。企业销售渠道的工作人员 70%以上离开办公室，战斗在第一线，企业很难对他们进行直接控制，而且较为重复单调的工作容易使他们厌倦。所以对渠道工作人员的企业文化渗透有着重要作用：① 使渠道工作人员明确目的，步调一致。② 提高销售渠道工作人员的自觉性、积极性和主动性。③ 能够使渠道工作人员有效影响经销商。将企业文化融入渠道工作人员的日常行为中，从而有效影响经销商，以使他们对企业产生依赖感和忠诚度。企业对销售渠道工作人员的企业文化渗透主要表现在以下几个方面。

第一，塑造一支优秀的队伍。优秀的渠道工作队伍是有效进行渠道文化管理的保证，这支队伍必须由一流的人才组成。所以，必须吸纳一批优秀的人才，而优秀的人才是出自企业杰出的培训，而非限于高学历或是行业精英。因此，企业就必须重视对渠道工作人员的内部培训，管理上也要制度化，通过定期培训及制度、价值观的影响等手段来传递、落实企业文化的要求，塑造价值取向和行为上与企业相一致的渠道管理队伍。没有杰出的培训，渠道工作人员就不可能充分的接受和理解企业文化。

第二，帮助渠道工作人员学习，推动其进步。经过培训，销售渠道人员进入工作状态以后，对这支特殊的队伍还要求他们为人诚实和好学上进。在这些新员工的管理中，领导者首先要了解每一个人具体的情况，然后，为其制定学习工作计划，促进学习，提高综合素质。在新手的学习过程中将企业文化渗透在其工作行为中，发挥其积极作用。企业对员工学习和锻炼的重视并给予及时的指导、肯定和规范，意义不仅在于提高员工的素质，工作技能和成熟感的提升，主要是是强化和促进员工对企业文化对管理精髓的理解和贯彻，促进企业文化对管理工作重要作用的发挥，从而促进企业文化对员工潜移默化的指挥和管理。在对新手的学习和工作的指导时，应尽量激发他们的工作潜能，同时消除他们的自满心理，使他们融入企业文化的大氛围。

第三，建立良好的激励制度。企业的激励制度包括人才发展计划、晋升制度、薪酬制度和福利制度等。这些制度体现了现代企业文化中的“对人的个体的尊重”这个中心。通过企业对工作人员的个人详细发展、培训计划，满足其自我价值实现的需要，并针对他们的技能给予培训和训练，提高他们的综合素质和工作技能。同时还给一定的晋升机会，使他们看到在企业中的发展前景，从而调动其工作热情。晋升制度在营销管理中就是提拔基层工作佼佼者出任总部销售和市场部的经理人员。这样，一方面，利于经理人员与一线人员的沟通和理解，对一线工作情况掌握得更到位；另一方面，由于经理人员是从基层一步一步成长起来的，他们对企业文化的价值和对企业文化与销售渠道管理工作的结合领会的较为深刻和独到。企业通过他们的言传身教，企业文化的作用也会更有效和直接。

（4）向经销商传播企业文化

企业对经销商进行文化管理，必须向他们传播企业文化，利用企业文化的有效影响，使经销商在价值取向和政策理解方面与企业达成一致，从而达到合理、有效的控制。具体向经销商传播企业文化，可以从培训、帮助经销商解决问题、与经销商联合开展促销活动、完善管理制度、培养经销商的忠诚5个方面进行。

第一，培训。我国现有的经销商队伍是以个体户为基础发展起来的，整体素质不高。因此，需要对经销商进行培训，这是厂商双方建立关系长存，利益共享的基础。这种对经销商培训的投入是建立伙伴关系的重要方面：一方面，通过培训可以提高经销商的整体素质，以与企业的发展相适应；另一方面，通过培训向经销商注入企业文化，可以保证双方战略上的一致。

当企业内部员工培训的时候，要经常邀请经销商参加，尤其是进行企业文化的培训，借培训的机会向他们传播企业文化，使他们形成与企业一致的价值取向和行为规范。通过对企业发展历史、现状、远景规划、基本制度、文化特征等的讲述，使他们看到与企业合作的美好前景，从而培育出他们对企业的信任和荣誉感。除了邀请他们参加文化培训外，还请他们参加营销培训，对一些营销理论与技能进行详细的讲解，还可以针对某个经销商的具体案例来讲解。这样，通过培训，提高了各级经销商的经营管理水平，从而提高网络成员的经营稳定性与安全性，也提高企业渠道的稳定和安全。

通过培训还能改变一些经销商员工的人生观，使他们变得爱学习，改变以往靠打牌、赌钱等消磨业余时间的生活习惯。从而赢得经销商“老板”们对企业的感激，增加与企业合作的诚意和决心。然而培训时间的安排是个难题。为了解决这个难题，也为了降低培训成本，企业可以向经销商发行一些内容包揽企业知识、产品知识、行业和竞争知识、营销知识和技能管理知识和技能等多方面知识的企业刊物及手册，供他们阅读和学习。

第二，深入经销商企业帮助解决问题。渠道工作人员经过深度访谈之后，了解经销商企业中存在的问题，尽量帮助他们解决；如同意的话，还可以借用企业策划部，帮助他们解决一些企业内部的严重问题，提高分销产品、开拓市场的能力。渠道工作人员都经过了严格的培训，所以对营销知识和技能都有一些了解，要主动帮助经销商出主意，处理生意困难，推荐好销的产品，精打细算，降低成本，有要求立即做出反应，树立一种可依赖的企业形象和员工形象。在这些员工的言谈举止中，向他们传递企业的行为文化，以自身的行动来引导和示范，使经销商更好地理解和贯彻，达到企业文化对他们潜移默化的影响作用。

第三，同经销商联合开展促销活动。为提高企业的经营业绩，往往要协同其他部门根据各地经销商的不同情况共同设计促销方案，使他们感到企业对他们的重视，同时还能够得到他们的足够支持，确保活动的顺利进行并起到预计的效果。这一方面能够使企业文化在与企业人员一起工作时向他们传播，使他们更准确地认识、理解和贯彻企业文化；另一方面还能提高经销商的经营和策划能力。让经销商在与企业人员共同工作中体会到文化的魅力，从而有更深刻的领悟。

企业在促销活动中，实际上也在向社会传播企业文化。以产品作为企业文化向社会传播的载体，通过促销活动与消费者进行心理沟通，向消费者传达企业精神和价值观念。在联合促销中经销商也在帮助企业传达这些精神的价值观念，在无形中也使他们接受、理解企业文化。而且，企业还可以借此机会，充分展示企业的组织能力和策划能力，让他们对企业产生信任，使他们感到企业能为他们带来利益，增强合作信心和决心 。

第四，完善制度管理。企业要把一年一度的经销商联谊会办成一种研讨、培训会议。对一些限制经销商“活动自由”的市场管理制度如辖区管理政策，窜货处罚政策等都在会议上进行详细的讲解与研讨，从而使经销商能一致拥护企业的市场管理政策。在其中规定了双方的权利与义务，对于出现的违约行为，必须严肃处理，绝不手软，把问题及时查清，做出处罚决定，以免影响其他成员的不良行为，只有这样才能使渠道在规范的秩序下进行。事实上，培训是解决观念上的问题，制度则是要求“你该这样做”。一般认为制度是企业文化的中层文化，是执行企业文化的保障，所以向经销商传播企业文化，就要先制定严格的制度以规范其行为。

第五，培养经销商的忠诚。能够真正获得经销商的忠诚，就必须让他们完全接受、理解和贯彻企业文化，使他们形成与企业一致的价值趋向，同时也不能忽视他们所需要和希望的利润率。为了达到经销商对企业的忠诚，所有企业都在采用各种各样的方法，但是，又有几家企业将企业文化向经销商传播、运用文化管理来赢得经销商的忠诚呢？所以，在渠道问题越来越多，管理越来越难的营销环境中不妨运用文化管理这一利器。

3. 渠道组织模式的选择机制创新——以服务产出水平一定渠道总成本最小化为选择标准

（1）渠道组织模式的选择标准

一个完整的分销渠道包括制造商、批发商、零售终端及一些支持分销功能的专业企业等渠道成员。分销渠道的主要功能是产品的销售与服务的传递，具体包括：对市场营销环境的调研、寻找潜在的市场、传递与产品或服务有关的各种信息、组织产品的储运、货款的回收等，而且这些功能的执行是向目标顾客提供有用的服务产出组合过程必不可少的。不同的渠道组织模式就是这些功能在各个成员间的具体配置，但由谁来执行各种渠道任务的问题是一个有关效率和效益的问题。由于渠道成员企业各自所拥有的资源存在差异，造成一些企业在完成一些渠道功能或在提供一定的服务产出水平时成本较低，而完成另一些功能则没有优势，那么将后一些功能交由有成本优势的渠道成员来完成的话，就会实现渠道功能在成员间的最优配置，从而降低整个渠道的总成本。所以企业渠道组织模式的选择最根本的出发点，也是渠道模式的选择标准就是在服务产出水平一定的情况下渠道总成本（包括平均成本和边际成本）最小化或者在渠道总成本一定的情况下服务产出最大化。传统的渠道组织模式选择标准由于受交易营销观念的影响更偏重于渠道的市场覆盖率和分销量，这种选择机制不仅导致渠道管理和经营成本的扩大，而且易造成渠道冲突，给企业带来一系列的财务和管理问题。

（2）从交易费用的视角看渠道组织模式的选择

交易费用理论指出利用价格机制进行的交易活动是有成本的，其中最明显的成本就是发现相对价格的成本。交易费用理论这样提到：在市场运作过程中，作为一个经济组织的企业存在的原因就是为了节约交易费用，即用费用较低的企业内部交易替代费用较高的市场交易，企业规模的大小被界定在这么一点上：企业内部交易的边际成本等于市场交易的边际成本，或等于其他企业内部交易的边际成本。具体地说，企业组织取代市场交易只有在企业的管理费用低于它所取代的市场交易费用的情况下才有意义。用交易费用理论来指导企业的渠道建设最终的落脚点是渠道战略组织模式的选择取决于渠道的市场营销功能是由企业或企业内部成员来承担和由其他渠道成员（主要是中间商）来承担，这两种形式所要付出的费用孰高孰低。而这两种形式所对应的渠道组织模式分别是“刚性”纵向一体化组织体系和“柔性”垂直整合组织体系。“刚性”组织中以制造商自建渠道网络和制造商通过控股等形式掌控其他渠道成员并在此基础上共建渠道两种模式最具代表性，“柔性”组织中则是直接采用经销商制度。下面就结合交易费用理论对这三种渠道组织模式进行具体分析。

科斯的交易费用包括三个部分：第一，交易准备阶段的费用，即所有发现相对价格的成本；第二，交易活动进行时的费用，包括谈判与签约的成本；第三，交易活动进行后的费用，即监督签约者的成本，当签约者不承担义务时，强制其执行合约，并发现所造成的损失等方面的费用。具体地说，在企业的分销渠道中，交易费用也相应地表现为三个方面：第一，买卖双方互相寻找和比较产品质量、厂商信誉等过程中引发的调研活动费用；第二，买卖双方商定供货条件的谈判签约及相关活动的费用；第三，协商和监督执行协约的费用。上述三种渠道组织模式在渠道建设中不同的发展阶段其交易费用是各不相同的。具体如表

12-3 所示。

表 12-3　不同渠道组织模式在不同交易阶段所发生的费用比较

	制造商自建网络	掌控分销商合建渠道	直接采用经销商
交易准备阶段的费用	较少	适中	较多
交易进行时的费用	较少	适中	适中
交易进行后的费用	较多	适中	较少

对照以上三种渠道组织模式：在交易准备阶段中，企业由于自建营销网络，本身企业的零售终端就是自己的内部资源，它在搜寻零售商中所花费的调研费用就较少。而与大批发商合资建立的销售公司，它就必须对这些批发商进行选择，在寻找和比较批发商综合实力时就会增加交易费用，所以在交易准备阶段所花费的成本就比较适中。相比之下，由于采用经销商制度，企业产品的销售就非常倚重经销商，经销商管理水平的高低，经营的成败将决定企业产品是否能在激烈的市场竞争中获得生存，所以企业就必须花费巨额的成本对经销商进行精挑细选，在交易准备阶段的花费就表现得较多。在交易活动进行时发生的谈判和签约等交易费用，就取决于各个渠道中制造商和分销商双方能力的对比程度。像海尔这样能自建营销网络的企业，它们资金雄厚、管理能力强，产品在市场上的品牌地位高，它们在渠道中与分销商讨价还价的筹码就多，在交易进行时阶段花费的成本相对较少；而采用合资公司或经销商制度渠道模式的企业，其综合实力都较为一般或差，这样就会增加交易成本。到了交易活动进行过后的阶段，自建网络的渠道模式在管理上难度较大，因为渠道中众多产品的配送，促销活动的开展及有效的售后服务等市场营销功能都得要制造商去执行和协调，这会大大增加企业的运营成本。在建立合资销售公司的渠道中，次级网络产品的配送、市场的开拓、售后服务等功能由合资公司负责，制造商本身只有监督的职能，这时制造商就因只需完成部分的渠道市场营销功能而使费用相对较少。而采用经销商的模式中，交易进行后的大部分工作都由经销商承担，也即制造商由于不作为承担渠道市场营销功能的主体而显得成本是最小的。

（3）渠道组织模式的选择还应考虑企业自身的优势和劣势

通过对以上三种分销渠道组织模式在交易的不同发展阶段所发生的交易费用分析，我们可以知道，企业在渠道建设中应根据具体情况选择交易费用较少的组织模式完成渠道市场营销功能的有效配置，提升整个渠道的综合竞争力。具体如下：首先，分析企业自身的技术与管理水平的优势和劣势、企业的目标以及外部环境对本企业的威胁和机遇等客观情况，通过界定清晰的产权关系和建立良好的信用制度，选择交易费用较少的渠道模式。像海尔这样的行业龙头企业，由于处于行业的领导地位，企业本身具有技术领先、管理水平高等优势，可以使制造商独立承担整个渠道的市场营销任务的可能成为现实，这时企业内部交易的边际成本低于通过市场交易的边际成本，所以这类企业选择自建网络的渠道组织模式可以使交易总成本达到最小。像格力和广东志高空调这种类型的制造商，由于企业自身实力的限制，很难成为市场的领导者，这时市场交易的边际成本就要低于企业内部交易的边际成本，通过各种方式掌控比自己更具专业化的分销商或完全采用经销商的模式来完成渠道的各种功能，让社会的优质资源部分或完全地成为承担渠道功能的主体，可以有效地降低渠道运作的总交易成本。相反，如果企业不结合自身实力及外部环境等具体情况，盲目地选择渠道组织模式，就有可能造成渠道功能不能在各个主体间进行合理配置，使交易成本过高，最终损害企业的整体效益。例如，广东志高空调如盲目地采用自建网络的模式，企业有限资源就会分散在渠道建设中，不能集中力量发展生产，这时企业内部交易的边际费用也会大于市场交易的边际费用，这必然会降低企业的综合竞争力，这对于一个处于成长期的企业来说显然是不可取的。另外，在选定适合本企业情况的渠道组织模式后，企业应针对交易成本在渠道发展中的最高阶段，设计出合理的方案，努力提高管理水平，力求降低整个渠道的总交易成本。

4. 渠道管理流程创新——以渠道成员关系管理程序为管理流程

（1）选择并评价交易伙伴

建立伙伴型营销渠道的第一步，是对现有的交易伙伴按照一定的标准进行评价，只有合乎制造商标准的分销商才有可能发展成为企业的分销伙伴。要建立长期合作的伙伴关系，对分销商的评价除了常规的标准外，要着重对分销商的分销商的信用和财务状况、分销商的声誉、分销商的企业文化与价值观、分销商的管理能力及其连续性、分销商的销售能力与销售绩效五个方面进行评价。

（2）构建共同远景目标，发展相互信任

通过一系列的考察、了解之后，企业会确定一个可以进一步发展合作关系的名单，接下来的工作就要在双方共同合作意愿的基础上发展双方的共同愿景和相互信任，为建立伙伴关系打好基础。

首先，构造共同愿景。在构造伙伴关系共同远景目标的过程中，要遵循的一个基本原则是要把目标与价值观结合起来。因为企业的价值观决定了企业的经营方式以及关于合作伙伴的很多方面，如应对变化的态度、对待合作伙伴的态度、如何考虑合作的价值等。共同远景目标的构建可以通过企业间互派联络员或确定企业不同层次部门的领导和员工定期的正式或非正式的会面制度来培养双方的共同语言，进而在企业发展规划、市场前景等方面达成共识，形成双方的共同长远目标。

其次，发展相互信任。在构建关系型渠道系统的过程中，企业可以从考察双方交易的历史经验、考察分销商的声誉、考察关系建立过程中和建立之后，关系特定型投资的规模三个方面来寻求建立双方的信任关系。

（3）制定明确的合作协议

伙伴关系双方在发展了共同远景目标和相互信任的基础上，就应对合作中的一些具体问题共同做一个详细的计划，以便于合作各方在以后的协作中遵循。这些计划包括明确双方的权利和义务、建立共享分配机制、确定决策和协调程序几个方面。

（4）关系网络的运行与磨合

当准备工作充分以后，关系网络可以投入运行，在运行中不断发现问题并及时协商解决，使伙伴关系网络不断完善。在运行之初，可以采用互派联络员或分销伙伴助理的方式，在联合促销、联合库存管理支援、有目的的培训等方面打破组织间的界限，互相协助开展工作，逐渐达到组织之间各个层次的整合，提高伙伴关系网络的运行效率。

（5）在关系运行和发展中适当激励经销商

对中间商给予适当的鼓励，目的是促使双方友好合作，互惠互利，融洽感情。鼓励的方法主要有：① 给中间商提供适销对路的优质产品。这是对中间商的最好鼓励。② 给予中间商尽可能丰厚的利益，以提高经销的积极性。③ 协助中间商进行人员培训。④ 授予中间商以独家经营权。⑤ 双方共同开展广告宣传，或给中间商以广告津贴和推销津贴。⑥ 给成绩突出的中间商一定的奖励。总之，一个精明的企业必须要认真研究目标市场的情况，客观地衡量本企业与中间商双方的得失，共同议定销售策略，建立休戚与共的长期伙伴关系。

（6）合理解决渠道冲突，巩固伙伴关系

由于双方合作制度和机制内容规定的不完备性，以及渠道成员利益、经营战略和策略的变化，制造商和中间商在渠道合作各环节中往往会发生矛盾冲突和争夺对渠道的控制。渠道冲突有两种：厂家与其渠道以及渠道各环节之间的纵向冲突和不同渠道之间的横向冲突。

有效解决渠道冲突，一般可采取以下对策：① 力争在一整条产品系列中占主导地位，以增强厂商在渠道较量中的实力。② 厂家应针对不同市场，打出包含高中低档的品牌系列。③ 投入巨资利用广告宣传进行品牌识别，并使消费者确信这种品牌的确与众不同。④ 削减渠道，保留精干而得力的渠道。⑤ 加强沟通，加大对对方的关心和支持力度。

（7）实现并保持渠道满意

渠道满意是渠道研究的前沿问题，也是渠道关系质量的重要体现。完整意义上的渠道满意应该是生产商对中间商、中间商对生产商的“双向”的满意，在这里我们主要强调中间商对生产商的满意程度。

在渠道的满意度评估方面，一直都沿用服务质量的评价方法，在实际操作中存在着很大的设计难度和评价难度。有专家提出用柔性、可靠性、价格和质量四个指标来描述顾客满意度；也有学者在此基础上改进了评估方法，从顾客等候时间、出行距离、商品选择范围和售后服务水平四个指标的消费者角度来评价顾客价值。一般使用的反映中间商满意程度的调查用表如表 12-4 所示。

表 12-4　渠道满意度调查表

	子项目	得　分	权　重	得　分
产品柔性的满意度	性能		0.1	
	外观		0.1	
	稳定性		0.1	
	产品线数量		0.1	
服务的满意度	维修时间		0.15	
	维修质量		0.15	
	订货反应速度		0.15	
	订货数量变化能力		0.15	
	送货的及时性		0.15	
价格体系的满意度	同比价格优势		0.2	
	给各级代理的价格构成		0.2	
	对价格体系的维护		0.2	
	对破坏价格体系者惩罚		0.2	
促销支持的满意度	广告支持		0.2	
	人员支持		0.2	
	促销活动支持		0.2	
运作体系的满意度	渠道信息系统		0.2	
	渠道商务系统		0.2	
	渠道物流配送		0.2	
渠道支持满意度	培训		0.15	
	产品宣传页		0.15	
	技术支持		0.15	
	管理		0.15	
小结				

国外学者提供的经销商满意调查表如表 12-5 所示。

表 12-5　经销商满意调查表

议　题	说　明	重要性（1~5 分）	供应商评比（1~5 分）			评　语
			本公司	竞争 A	竞争 B	
产品创新	真正的提升，不仅是“我也有”的产品					
产品可得性	准时交货					

续表

议　题	说　明	重要性 （1~5 分）	供应商评比（1~5 分）			评　语
			本公司	竞争 A	竞争 B	
	最小订货量					
	正确送货					
负责	快速回应询问					
产品知识	供应商的员工有整体的产品知识					
支持	妥善处理退货					
	有效的产品保证					
	高品质的分销培训					
	有效的促销支持					
	联合业务拜访					
	理想的退货政策					
交易便利性	订单核查便利性					
	容易找到工作人员					
定价	定价统一					
	合理的获利					
总分						

注：a．讨论每一个议题，根据重要性（第 3 列）给予 1 ~ 5 分的评分，1 是最低分、5 是最高分。

b．选择另两家供应商，在“竞争供应商”下列出公司名。

c．将本公司与指明的两家供应商根据每一议题的表现评分，给予 1 ~ 5 分的评分，1 是最低分，5 是最高分。

（资料来源：琳达．哥乔斯，等．渠道管理的第一本书．陈瑜清，等．北京：中国财政经济出版社，87.）

实务训练

如何卖出 400 套包装设备

2011 年 5 月 15 日，在北京大学光华管理学院老楼的 102 教室，建技机械有限公司（Techgen Machineries Ltd.）销售总监张立女士做了一场颠覆性讲座：19 年来，她在中国销售的进口包装设备共有 400 多套，每套设备的售价达几十万欧元、几百万欧元。她的客户包括中石化、中石油、英国石油、雪弗龙，日本出光、可口可乐、百事可乐、雪花啤酒、青岛啤酒、海天酱油、娃哈哈、中粮、康师傅、汇源果汁、强生、宝洁、雕牌纳爱斯、立白、蒙牛和伊利等著名企业。行内人称这位纤细女子为“销售女皇”，他们说：“全中国没有一个人没有用过她销售的设备包装出来的产品。”然而，她是代理销售；一个在中国知名度并不高的品牌；更让人惊奇的是她成功的秘诀之一是从不行贿。

1. 从采购到销售

张立，20 世纪 60 年代出生在哈尔滨，父母是普通国家机关干部。她 1983 年毕业于中国人民大学贸易经济系商品学专业。那个时代的大学毕业生都是天之骄子，毕业后她被分配到中国石油化工总公司从事原材料进口采购工作。踏实肯干的张立很快成为业务骨干，她每年负责采购的金额都在几千万美元以上。8 年中，她享受着如众星捧月般的工作氛围。但她为人平和，非常体谅销售人员的辛苦，也很尊重和欣赏那些有能力、有闯劲的销售人员。当时的她肯定没有意识到，这些都埋下了自己之后转行做销售工作的伏笔。

1991 年，为了家庭，终于万般不舍地辞去了这份干了 8 年令人羡慕的工作，南下深圳与丈夫团聚。扔了铁饭碗的张立，在深圳找到了一份销售代表的工作。她就职的单位是一家美国公司的办事处。该办事处的其中一项业务，是代理意大利北部地区的一家生产包装设备的公司 LULU，独家在中国市场的销售，但由于没有合适的人，这项业务一直没有开展起来。这家美国公司的总裁认为，张立在石化的工作背景可能会帮助该公司打开这项业务，于是，让对包装设备毫无任何经验和知识的张立试着开展这项业务。LULU 公司有 50 多年的历史，专门研发和生产黏稠液体（润滑油、食用油、啤酒饮料和洗涤用品）的灌、装包装生产线，产品线包括灌装、包装、码垛和仓储运输机械设备。

一开始，张立对 LULU 的产品和使用完全没有概念，大学所学的知识和 8 年的石油产品进口贸易工作，同这类机械产品没有任何关联。更难的是，张立连个师傅都没有。公司总裁只告诉她，公司的要求是：Leagle，Honest，Highstandard。剩下的就要全部靠她自己。

刚开始的几个月里，张立能做的就是熟悉产品资料，当意大利的厂家来中国开展会的时候，她过去搭把手帮着做宣传。

几个月后，张立拿到了第一张订单。原来，几年前，北京石化公司的一个工厂曾直接从 LULU 买了一套包装设备，天津一个工厂也看中了这套设备。天津工厂详细考察了在北京工厂的 LULU 设备，双方之间了两次面，便洽谈成功签了合同。

这一单签得太容易了，张立用磕磕巴巴的英语很轻松地完成了任务。因为客户已经比较了解 LULU 的产品。看着不能张口讲英文的天津用户，同英文讲得不好的意大利销售代表，双方手脚并用、连说带比画地就谈完合同，张立明白了，要想做好这个生意，不懂设备和技术是不行的。

回到深圳后，她开始想方设法熟悉产品性能和技术，了解潜在客户信息。很快，她得知锦西有家石化工厂要上灌装设备，她马上打电话过去，问清楚工厂的名称、具体什么项目和负责人情况。

当时的长途电话还不能直拨，几经转接后，张立才找到负责人章经理。听完张立的自我介绍，章经理告诉她，有家深圳贸易公司也是代理 LULU 的灌装线，而且已经联系过他们了。

张立一头雾水，马上要找意大利工厂 LULU 理论。可她英文太差，8 年的外贸采购都有专门翻译的，她也没在英文上下过工夫。没办法，她先用中文写下自己的质疑——既然双方签了独家代理，LULU 就不该再找其他的代理商，再翻着汉英字典把她的质疑译成英文，然后电话打到意大利 LULU，照着写好的英文与对方理论。

张立大致听懂了对方的回复：你们公司的代理业务一直没有什么进展，LULU 也不能一棵树上吊死！再说深圳那家贸易公司也想做 LULU 的代理生意，并且与锦西的客户的关系很好，已经约好要带他们和客户见面，如果张立愿意参与也可以一起过去看看。

张立没有别的选择，只能比深圳那家贸易公司做得更好才能保住自己独家代理的地位。可是要想做得比别人更好，她只能从了解客户的需要开始。她一遍遍地拨锦西客户的长途电话，了解情况。她很快了解到，LULU 从深圳那家贸易公司得到的信息完全不是事实。实际上，锦西客户已经非常倾向于一家新加坡公司的设备，其代理商已经在帮他们办理去新加坡考察的签证，一个月后成行。

张立更难了，看来光是比深圳那家贸易公司做得好还远远不够，她还必须比新加坡厂家的销售代理做得更好。

张立又开始一遍遍地拨打长途电话，当时老式的转盘电话机要一圈一圈地拨数字，几天下来，张立的手指头都拨肿了。她同锦西客户负责这个项目的所有相关人员取得联系，想方设法了解客户最具体的信息。

她先把这些信息整理后写成中文，再翻着字典译成英文发传真告诉 LULU：锦西客户目前的意向是想用新加坡某公司的设备，理由是该设备在国内已经有了好几条参考线，最重要的是，新加坡的那款设备要便宜很多；锦西工厂只有一个副总倾向于选用 LULU 的设备，但其他相关人员都觉得 LULU 的设备太贵，认为这个副总有点贪大求洋；深圳那家贸易公司的负责人曾在锦西这家公司工作过，确实与个别负责人私交很好，但他反馈的乐观信息是不客观的。

同时，张立还列出锦西项目的具体要求、新加坡竞争对手的情况，要求 LULU 根据这些具体信息详细解释：LULU 的设备为什么贵这么多？它到底比新加坡厂家的设备好在哪儿?

针对同一个客户，远在意大利的厂家 LULU 得到的是完全不同的信息：从深圳那家贸易公司得到的只是乐观：与某项目负责人私交很好，可以尽快安排和客户见面，对方承诺一定会用我们的设备。而张立虽然还没有见过锦西客户一面，但反馈回来的信息却是非常具体：客户的具体要求、具体进展、具体意见等。有着生产制造背景的意大利人是务实的，他们开始认真对待张立的信息，按照张立的要求尽快用传真回复她的问题。

张立再翻字典把她卖的意大利设备为什么贵、贵在哪里、为什么比新加坡厂家的设备更值得买的原因，翻译成流利易懂的中文，再传真给锦西客户。

半个多月里，张立拨了无数长途电话，也发了不知多少份传真。锦西客户被她的那种工作能力和执著认真的态度所折服，开始认真考虑并最终认可了她的观点：虽然LULU的设备比新加坡那家公司的贵很多，但工作效率高，维护费用低，算下来性价比更划算。客户再也不认为选购LULU是“贪大求洋”，还推迟了去新加坡的考察，开始认真思考LULU的设备了。

然而，还有最重要的一关没过：价格。到现在为止，张立和锦西客户都很清楚，他们之间还有一个巨大的障碍，那就是意大利设备LULU的价格对他们来说实在太贵了：认同该设备LULU的性价比并不意味着掏得起这份钱。张立非常理解客户的处境，一再要求客户好好商量一下，试着给出一个可能购买的最高价位。可当张立把客户的把报价信息传给LULU时，意大利人气急败坏地告诉她：这个价格低于制造成本，那是绝不可能的生意！

是啊，赔本的生意当然不能做。犹豫几天后，张立还是不甘心，她把想到的LULU应该接受这个价格的理由一条一条列出来，然后她把这些理由整理出来，再传真给 LULU，并用电话说服 LULU。张立特别强调的是，这一款设备在中国还从来没有用过，如果这次客户选用，从此这种机型就在中国有了参考线，这比来中国开多少次展会都有说服力，算算每次展会的成本，这次投入还是很划算的。

在数不清的长途电话和传真之间，两个多月的时间很快过去了。张立终于签下那张订单。之前几乎毫无销售经验的她终于成功了，摸着拨电话拨肿了的手指，她的内心充满了被承认的满足感。

2．第一次失败

张立不仅是个做事非常认真和追求完美的人，她的责任感也往往让朋友们感到哭笑不得。1990年年初张立刚到深圳时，看到刚到城市的打工仔打工妹逆行骑自行车时，她会立在马路边，大声教育人家。人的性格不可能不在职业上体现出来，一个客户曾对张立说，她同客户沟通的传真比对手多1倍还多。锦西项目之后，张立开始找到了做销售的感觉。

天道酬勤。市场没有辜负她超出一般人的付出，她又陆陆续续签了几张订单。然而1994年的一次失败，让她重新认识了销售这份工作。

那是北京一家石化工厂要上的一条灌装线。这家工厂曾在十几年前从意大利直接进口过LULU的灌装线，所以张立对这个项目非常有信心。按照积累了几年的成功经验，她非常认真地准备了招标的每一个环节。不料，还没到正式讨价还价，她就被正式通知：下面的投标过程你们不必参与了！她一下子懵了，完全不能相信这个事实。自己满怀希望，可是还没真正开始，就出局了！就像一个运动员临近比赛却被取消了比赛资格。

十几年后，张立依然记得听到客户通知这一消息时的痛苦感觉：一个人躲进卫生间失声痛哭，那种弥漫全身的痛一直深入骨髓！耳畔不断重复的是客户给她的冰冷理由：我们之前确实是用过你们的设备，但这家意大利厂商服务不好，设备也很一般，我们很不满意。

痛定思痛，她开始明白了：客户需要的不仅仅是一台设备，而是需要几十年的正常生产和整套的系统服务——包括售前的方案设计、售中的安装和培训，以及售后的设备维护等系列服务。合同签署那一刻才是她和客户真正合作的开始，她必须保证客户选了自己的设备不后悔；否则，今后的销售之路只会越走越窄，她不能容许这样的不满意再次发生。

然而，这样的系统服务不是她单枪匹马一个人就能完成的，也不能完全指望意大利生产厂家，还需要中国的本土团队。此时，张立已经赢得了公司总裁的信任，她开始拿出精力物色和培养中国本土团队成员：她需要有了解客户信息的、有能现场调试和维修的、有给客户提供技术培训的、有能按合同进度收款的……

随着这些团队成员的加入，也开始有了不同的声音，其中就包括：行贿是不是更有利于我们的生意？这提醒了张立，她想起被客户通知出局的前不久，曾有一家自称采购代理的公司找上门要与张立合作。这家公司说可以帮她搞定客户，当然拿到订单后要提一定比例的费用。当时，张立一口回绝了这个要求。张立跟对方说："对不起，我就是代理了。LULU 给不出再请一个代理的费用。"但事后，她听说拿到订单的竞争对手——代理的是另一个意大利品牌 Sgama，答应了这家采购代理公司的要求。张立心里犯嘀咕：我被那么早通知出局是不是也有这个原因？

3．为什么不行贿？

她和她的团队开始郑重考虑到底行不行贿的问题，经过激烈的争论和慎重的思考，张立和她的团队最后还是统一了认识——只能坚持不行贿的原则。

一是，公司对这个问题的态度十分明确，公司不能做违法的事。

二是，张立胆子非常小，哪怕撒个小谎，心跳会加速，脸也会通红。她说：

"我的心理素质不强，承担不了违法的事，我从小到大没做过违规的事，连排队加塞都没有做过。"张力是家里老大，哈尔滨冬天需要储备大白菜，每家都要派人早早排队买菜，张立永远是最早排队，却是最后买到菜的人。

三是，如此胆小的张立，在竞争的压力下，也曾背着公司，自己花钱给一个潜在客户的关键人物买过一款最新的日本相机。可惜，张立的相机不仅没有帮她拿到订单，且成为"肉包子打狗"之物。从此，张立知道行贿也是需要竞争的，这种竞争显然不适合于她。

四是，LULU 的设备本来就没有价格优势，其生产和组装全在欧洲，价格常常是国内产品的 5～10 倍，为了提高竞争力，他们的利润已经降至最低了，根本也无法增加行贿的预算。

五是，张立相信，即使是受贿的人，也有把工作做好的愿望。如果 LULU 的价格已经这样高，还行贿，只会让客户怀疑你的设备是暴利。反过来，会对我们的质量、功能更挑剔，并进行更狠的压价。

六是，张立和她的团队明白了，她们只能用其他武器与行贿的对手竞争！要想把 LULU 的设备卖出去，就必须把 LULU 的设备做到性价比最高。什么是性价比高？就是顾客支付的高价钱，换来的是高品质的产品和高品质的服务！然而，这个道理讲起来容易，听起来明白，做起来就难了。每个供应商都宣称自己的产品是高性价比，怎样才能让客户在付钱之前就明白 LULU 的设备是高性价比？

张立的答案是：因为我们不用行贿，自然会有更多的时间和精力。因此，我们必须在所有其他方面比对手好！我们要比竞争对手更用心地了解客户的需求。

更详细地了解自己的产品和对手的产品：更有效地教育客户，因为很多客户是第一次接触这类设备；更有效地教育 LULU 工厂，因为意大利的生产技术人员对中国客户的需求始终不如张立的团队清楚；还要更好地为客户提供售后服务。

紧接着，中石化系统在各地的工厂都要新购灌装线。北京石化项目的失败要求她在后面的角逐中更不能有任何懈怠。她经常教育下属和鞭策自己的一句话就是："每一个项目都是一次奥运比赛，选手都不弱。因此，任何一个细节都要全身心地投入，才有可能拿金牌！"北京石化项目失败后，张立带着深深的挫败感第一时间赶往大连的一家石化厂。当时，她的心理压力非常大：中石化系统内务家工厂之间交流频繁，北京这家石化厂又是全国石化系统的排头兵，她刚从北京败下阵来，紧接着还要与同一竞争对手再次遭遇，她的胜算在哪里？

先不说那些名气更大、价格却贵不了多少的德国设备。刚从北京石化拿到订单的恰恰是那家 Sigama 意大利公司。Sigama 的产品在当时的知名度和价格都比 LULU 更有吸引力。不仅如此，从阵势上的反差也很明显：作为 LULU 的代表，她只身一人来了，而且是个外形纤细的女人；而对方是一个整齐的团队，虎视眈眈。对方还有曾提出要帮张立沟通客户的采购代理助阵，客户凭什么选择她？

张立是一个只要有一丝机会就必须百分之百去努力的人。带着忐忑不安的心情，她开始和大连石化厂接触。结果第一次见面就让张立败下阵来。

4．背着打印机的女人

一见面，项目负责人翻了翻她的方案，就毫不客气地扔了回来说："你的方案表达方式完全不符合我们的程序要求。"张立匆匆扫了一眼对方提供的参考目录，深深吸了一口气，要符合对方的要求，她的方案必须全部调整一遍。

张立是昨天晚上才准备好方案，今天赶到大连的。她庆幸自己早有准备，专门从深圳背来了打字机和专用的打印纸，这下正好派上用场了。因为设备投标经常要临时修改文件，背着打字机旅行已成为张立的习惯。19 年这样的旅行工作让张立右肩已有些变形，因为 90 年代初的打印机挺重的。

回到宾馆已是下午 5 点，张立吃完路上买的方便面，用刚学会的打字法笨拙地敲完重新调整的方案，再用带来的专用打字纸打印、装订，完成时已是第二天凌晨 6 点了。

不能睡了，早上就要汇报。洗漱完毕，张立还认真地化妆——她的第一份工作就是同外商打交道，因此，很早就养成同客户见面一定要化妆的习惯！

早上 8 点，张立带着整洁美观的方案书准时出现在客户面前，客户项目经理很意外，翻了翻张立重新调整后的 50 多页方案，盯了张立足足两分钟，说："你还真做出来了！"那一刻，张立明显地感觉出来，客户团队里的几个人都对她有了好感，不再像昨天那样冷冰冰和不屑一顾了。

将心比心，即使是受贿者也会佩服和欣赏这样努力、勤奋和坚持的人；特别是这种超出一般人的努力、勤奋和坚持体现在一个体重不超过50公斤，如此专业、斯文和知性的女子身上！她就是用这种勤奋和绝不言弃的精神给自己争取到一丝机会。

大连项目进展顺利，并最终拿到订单。设备验收时，客户项目组的一个人告诉她：按理说，对手的实力应该比你强，而且北京石化厂已经选了它，刚开始我们认为他们很有优势。但你给我们讲得更多更明白，连我们自己没考虑的细节你都考虑到了，你表现出来的实力比竞争对手更强，用你的设备我们更放心。

虽然过程千辛万苦，她总算是扳回一局。可还没等喘口气，LULU 正在参加的新疆一家石化厂的招标结果出来了，LULU 落选了，她的直接对手 Sigama 签了合同。不过，这家石化厂马上还要上一个更大的生产线——这条生产线的规模是当时石化系统里最大的，张立又要马不停蹄再次奔往新疆的沙漠腹地。

同一家客户连续两次招标同一种设备，LULU 在第一次招标中又刚刚失利，加之客户所在地条件又非常艰苦，LULU 的意大利支持人员扔给张立一句话后，就再也不肯陪她去新疆，他说："我都来好几次了，这家客户的操作很不规范。我的判断是客户不可能选我们的设备。你要不肯放弃，就自己去吧。我可不陪你再去白受罪了！"

也许上一次投标失利有很多理由，但张立只认准其中一个理由：她认为是自己的工作没做足，因为刚刚开标的新疆石化项目与大连石化项目在时间上相冲突，她不能同时兼顾，所以新疆石化第二次招标她一定要补上该做的功课。

背上打字机和专用打印纸，张立只身赶往新疆，参加她的又一个奥运比赛。不管压力多大，她只全身心做一件事：了解客户的需要，提供更好的解决方案！她争取每一个机会与每一个相关的部门接触：帮助技术部门了解她的设备性能优势，帮助生产部门打消设备操作复杂的顾虑，帮助采购部门评价性价比，帮助决策领导评估投入产出比……，她把客户问到的所有问题都认真整理、回答和解决，不清楚就打电话或是发传真咨询 LULU。

张立会给涉及设备采购和使用的每个部门提供不同分析报告，而这些报告大都是完全在客户的意料之外。张立很自豪她的中文功底，她说客户不仅没想到我会提供那些报告，更没想到这些报告完全是站在他们部门的角度去阐述和分析。经常有客户在给上级提交汇报材料时，会参考，甚至全文引用张立所提供的数据和分析。

在新疆期间，除了和客户的工作接触外，张立整天一个人躲在招待所用功。竞争对手又来了五六人，还和张立住在同一个招待所。张立经常听到和看到他们和客户热热闹闹地去吃喝玩乐。面对这种情况，张立每每心里也会想，客户是不是已被他们搞定了？他们和客户这样熟络和融洽，我还有机会吗？

但张立总是马上压住这一瞬间的杂念，提醒自己：我是在参加奥运比赛，不可以有任何分神。既然早就有了结论——我们没有这项预算，也没精力去做那些事，就只能把所有的精力放在我能努力的事情上：了解客户更具体的需求，为客户提供更好的解决方案，让客户理解她推荐的方案。

张立经常说自己真是太幸运了，她只是埋头做了她能做的，客户却给了她更多的回报。她不仅拿到了新疆这家石化厂的第二张订单——那是当时石化系统最大的生产线，还在接下来的两三年里拿到了全国石化系统新上的所有六条灌装线，当初让她倍感压力的竞争对手——Sigama的代理商，从此在这个行业里销声匿迹。

5．敲开可乐的大门

一晃几年过去了，业界开始注目张立的业绩：她把一个在中国几乎没人听说过的意大利设备做成了中国石化行业熟知的知名品牌。她从心里感谢那些认可她的工作并选用了她的设备的客户。

虽然北京石化项目的失败是一段痛苦的经历，但这家石化厂20年前进口的LULU灌装线，在当时毕竟是这个行业里难得的一条参考线，她可以带客户去参观考察。正是拜它所赐，她才打开了石化行业这个市场。随着石化行业包装设备的饱和，张立知道必须去开拓新的行业了；而打开新的行业最有效的方法，就是要想方设法建立这样一个桥头堡。

张立一一搜索那些适合LULU设备特点的黏稠液体的行业，这些行业包括饮料、啤酒、矿泉水、食用油、奶液、洗衣粉、酱油等，它们都可能用LULU设备。所以张立开始关注处在这些行业中领先地位的那几家公司，她的电脑里开始有了这些行业的文件夹，里面开始积累越来越丰富的这些行业和企业以及他们目前包装设备的主要供应商的详细资料。

擒王要擒头！张立此时心里已不惧怕任何竞争对手和任何显赫的客户。

可口可乐是张立最关注的几家公司之一，能打进可口可乐就一定能开启一片新天地。她开始利用一切可能的机会和国内各可口可乐工厂接触：打电话、发邮件和顺便拜访：想尽一切办法，找到准备新上包装项目的负责人。

经过两三年的跟踪和努力，张立终于见到了华南地区最大的一家可口可乐工厂的项目负责人王总，这是可口可乐当时在中国最大的一家工厂，之前所有的生产线，包括灌装线全都是全球总部统一配置并采购最好的德国设备。王总对张立的意大利设备完全没有兴趣，只是出于礼貌见个面而已。

张立很认真地告诉王总：可口可乐全球总部把全套生产线委托给这家德国公司，而这家德国公司并不生产全部的设备，有些设备是需要采购其他厂商的。最初采购的都是一些德国厂商的，后来也开始采购其他国家的设备，包括LULU的包装机，近些年还采购过中国生产的一些设备。经过多次分包环节后，可口可乐工厂最后得到的价格和服务都不是最好的，每条生产线的总价都在1亿欧元之上，这里面可做的文章肯定不小。

张立带来的新思路完全在王总的意料之外，事先约好二三十分钟的见面时间延长到了两个小时，并相约保持联系。

华南这家可口可乐开始正式考虑放弃原来把整个生产线打包给德国公司的做法，决定分别招标，张立仔细衡量了自己的情况后，没有投标整条灌装线，而只是参加了包装机的竞标，因为可口可乐的生产线曾配备过 LULU 的包装机，单独投标包装机的胜算最大。

张立用几年的时间争取到了进入可口可乐的机会，也同时把这一机会给了更多的竞争对手。这家可口可乐每次一发布招标信息，都会有十几家公司前来竞标。张立面临着非常激烈的竞争，特别是德国的竞争对手。虽然德国的设备比她的设备贵 10%，但客户一直用得非常满意，对她代理的意大利设备的质量有所担心。

她反复对比 LULU 的设备和德国的设备在其他国家的使用情况，并得出结论：LULU 并不差，只是在一些细节上确实不尽如人意，所以整体声誉稍逊于德国公司的产品。她带着客户的意见频频飞往意大利，要求 LULU 改善它的设备，并要求 LULU 的技术，人员亲自向客户演示改进后的产品，慢慢改变客户对意大利产品不够一流的看法。

反复多次几近吹毛求疵的改进，弄得 LUU/老板和工程师们烦不胜烦：意大利人忍无可忍地告诉张立："我们的产品就是菲亚特，你不要当成法拉利。我就是如大象一样笨重，别指望我像快速列车一样奔驰。"

可张立就是不服输，就是要不断推动 LULU 工厂精益求精地改进每一个不足，难怪她身边的人都劝她："你这不是皇上不急太监急吗？明明是一份工作，你都快做成自己的生命了，至于嘛！"

张立的辛苦耕耘得到了情理之中的回报，这家在中国最大的可口可乐厂开始选用她的高速包装设备——每分钟 70 箱的包装速度，而且所有包装过程全在行进中完成：在行进中输送带上，把每 12 瓶分成一组，按照 3×4 的排列码好，然后垫进一块裁好的纸板：折叠、喷胶、粘好，一整箱可乐下线。

看着输送带上每一个完美的动作依次完成，张立把几年来的委屈全都抛到了九霄云外。为这条线，她已不记得哭过多少次。LULU 的人向她咆哮她的过分：苛刻时，她忍不住哭了；客户坚持她的技术人员必须在大年三十安装调试，她也曾为难地哭了；最惊险的是，原来的设计是针对平板式的包装材料：等他的同事大年三十赶到现场时才发现，客户的包装材质已经改成波浪形的了，两位负责调试的同事愣是在春节假期泡在现场完成了设计修改。她为此也感动得哭了。

张立的第一条高速包装机在这家可口可乐成功运行后，这条参考线一时成了业内标杆。几年下来，可口可乐、百事可乐的订单忙得她都喘不过气来，仅是这家可口可乐工厂就前后买了下五六台这样的包装机。

进入任何一个新的行业，都必须面对惨烈的竞争：和高端品牌拼质量和拼技术，和低端品牌拼价格。张立和她的团队明白，他们必须能够站在客户的角度选择最适合的方案，挖掘其设备在性价比上的优势。

中国有句老话："买的没有卖的精。"说的是卖方总是对产品了解更多。张立努力做到的就是不遗余力地把自己的设备全方位地展示给客户，让客户对设备的了解和自己一样多。幸运的是，张立发观每个有事业心的客户在购买设备之前都非常有兴趣了解更多的信息，这给张立和她的团队争取客户的机会，他们用点点滴滴的努力赢得了客户的认可。

6．受贿不仅是道德问题

为了提高技术服务的能力和质量，张立的本土技术服务团队在不断扩大，只要客户需要，不管时间多么的不合理，她都要求他们保证按时解决客户的问题。

然而，设备调试和服务现场情况：千变万化。有些客户的观场调试人员，偶尔会故意刁难张立的技术服务人员，于是，关于行贿的话题又再次提起："我们不靠行贿做生意。但同客户吃吃饭、送些礼品拉近关系总行吧。"张立知道下属只有从内心被说服，他们才能真正执行这条纪律。说实话：绝不靠行贿做客户，不仅仅是公司的要求，也确实有张立自己心理的原因。张立说：只要想到要给客户送礼、行贿，就如做贼般浑身不自在。她相信，收贿的人也会有不自在的感受。如果行贿和受贿双方都有这种不自在，又怎么可能做到开诚布公的沟通？而每一套设备从谈判到落地，是一个双方相互教育的过程，如果没有有效的沟通，怎么可能达到教育的目的？

张立也有被别人行贿的经历。20 世纪 80 年代，张立在石化做进口采购工作时，她经常出国考察各地厂商。有一次，张立到日本考察几家设备厂商，其中一家厂商不仅非常积极地招待她，在她去洗手间的时候，让一个女职员跟着她进了厕所，交给她一个信封。她很奇怪，回房间一看，里面竟装着一大沓美元。张立吓坏了，赶紧退还对方，并从此再不愿意和这家厂商打交道。那种感觉在张立的心中至今留下了深深的烙印。张立坚持不行贿的原则也深受这件事的影响。她能体会到受贿人的那种忐忑。

张立多次问自己：也许现在形势变了，真像有的同事说的那样，很多行业买卖双方都认为行贿，特别是请客吃饭是太正常的事了。如果大家可以很自然地行贿受贿，她为什么还要如此固执地坚持不行贿呢？

每次让张立说服自己和她的团队原因，不是行贿对不对的道德理由，而是行贿是否有利于一个人和一个生意的长远发展。

她用她做过的项目一一举例，不管是国企、民企还是外企，客户购买设备是天天用来生产的，决定采购的一定是一个团队，而不是两个人。有负责技术的，有负责采购的，有负责生产管理的，你搞得定一个人，你能搞定所有人吗？如果你费尽心思和精力去琢磨每个人的心理，试图搞定每个人，还不如把这些心思和精力放在你所能控制的事情上——更好地了解设备和客户需求。

而且，所有管理者的第一需要是职业上的不断进步，即使是受贿的人，也有稳定和向上的职业需求；一个好的销售人员和工程服务人员是要帮助客户的管理者做好他的本职工作，在职业上不断提升。张立举出很多活生生的例子，说服同事。很多客户的项目负责人在张立的帮助下，因为设备选型正确，安装顺利，运作稳定，都获得公司嘉奖，甚至提升。为此，张立比自己受了嘉奖还要高兴。因此，张立教育她的团队成员，我们的使命不仅仅是卖设备，还要帮助我们的客户在职业上晋升！想把工作做好的找我们，想赚黑钱的找别人！

最重要的是，你一旦有了行贿的暗示，客户的心态也会发生变化：不愿意受贿的可能会远离你，有受贿想法的人，为了掩人耳目还会对你吹毛求疵，于是，你和客户的精力都开始偏离最重要的东西——用最合适的价钱，选择最合适的设备。客户是要靠优良的设备赢得市场，一个好的销售人员应该把所有的精力和资源都放在设备上。

张立明白，她不行贿并不意味着少花钱和精力，可能会更多，只是花的地方不同。比如，为了让客户从老板到车间主任都能了解自己的设备，她经常想尽各种办法用各种手段来展示自己的产品，包括逼着同事加班和委托动漫公司把产品运行做成动画、拍成录像；客户有任何要求，张立都马上调动从欧洲到香港的同事全力配合修改方案。

她曾近距离地接触和观察过那些擅长"客户关系"的竞争对手。一个普遍的现象是，一旦公司允许行贿，销售人员就开始把精力放在向公司申请更多的钱打通关系上，如果没拿到订单就抱怨行贿的"炮弹"不够多，关系不够好，而不反思自己没把工夫用到工作上。张立告诉她的团队：那些抱怨因为没搞定客户关系而丢单的销售人员，实际上是为自己的能力和工作投入不够找借口而已。

7．张立跳槽了

16 年的时间里，张立在中国包装市场上把 LULU 从无人知晓，做成了无人不知。以前她们要自己到处搜索客户需求信息，而现在是很多客户会发函邀请他们参加投标。

强将手下无弱兵。不行贿的张立，带出的团队成员也个个是业务上的精兵强将，她的销售人员能在电话里就把客户信息了解得八九不离十；她带领出来的技术人员给客户做技术指导和操作培训的水平，已经达到国外生产厂家同样的水平，以至于客户愿意付给他们与国外生产厂家同样的培训费；她的行政人员总是能把方案书做得比对手更准确而精美。

张立的团队极其注重细节，哪怕就是一张设备布置图，她们都会给客户提供一大一小两张，方便客户在不同的情况下翻阅。不仅如此，他们一定要争取当面解释的机会：设备为什么这么布置，其中的考虑细节是什么。

就这样，张立带着她的团队，用了十几年的时间，硬是把这个在中国市场默默无闻的 LULU 设备打造成与德国产品一样的知名度。不仅打开了更多像可口可乐这样的新行业，还开始代理新的包装设备品牌，包括美国、德国和意大利的包装类设备。她的团队也从当初一个人发展到后来的十几个人。

这么多年挖张立的公司太多了，但她从未真正动过心。张立是个过来人，她知道熟悉一个产品容易，可是熟悉一群人，并能在一起并肩作战可太难了。

然而，2008 年张立终于跳槽了。她加入了几年来一直游说她的一家香港公司。张立易主这家香港公司的原因除了不能拒绝的高薪外，更主要的原因是她认为国产设备的质量已有了长足的长进。这家香港公司有着比较强的产品成本优势和比较宽的产品线。这家公司除了代理国外几个品牌的包装设备之外，还在中国还有自己的工厂，生产自己的品牌。

交代好 LULU 的业务，张立离开服务了 16 年的公司，一个兵没带，只身跳槽了。那家美国公司和 LULU 都拼命地挽留张立。美国公司的老板甚至提出把 LULU 的代理业务一分钱不要送给张力，他说："这完全是你自己开拓的生意，我们只需要一个名声就可以了。"张立是一个一旦打定主意就绝不回头的人，她婉言谢绝了和她共事 16 年的老板的好意。

2008 年年底，张立正式加入新公司。还是原来的工作，还是原来的客户，只是不同的品牌。张立和新公司的很多人并不陌生，多年来他们经常竞标同一客户的订单。很多同事听说来的新领导就是被业内誉为销售女皇的张立，都热切盼望张立能带来什么销售秘诀。

然而，张立给他们传授的秘诀却没有半点新奇的内容，简直就是教科书上的原话："把我们所有可能的精力全部用在研究客户需要上，用在熟悉产品性能上，帮助客户选择最适合他们的产品！"

有同事开始直奔主题："你真的从不给客户送礼？"

张立在给新同事介绍过她的经典案例后，总爱讲她非常喜欢的一个寓言：一个老婆婆有两个儿子，一个晒盐一个卖伞，雨天老太太为晒盐的儿子没有生意而哭泣，晴天老太太为卖伞的儿子没有生意而哭泣，所以老太太每天都在哭泣。有人就劝她：雨天应该为卖伞的儿子有生意而高兴，晴天应该为晒盐的儿子有生意而高兴，这样你就可以每天都高兴了。

人面对的世界是一样的，有丑陋，也有美好。我们无法改变世界，但我们可以选择用什么态度和方法去面对！张立用十几年和 400 套设备的销售经历告诉大家：你如果用微笑面对每一天，你一定会遇到更多笑的人。你用不行贿的方式去销售，就会遇到更多不受贿的客人；受贿的客户总是极少数，在中国不行贿也可以成功！

然而，让中国人相信在当代中国销售 400 套设备没有行贿不是一件容易的事。新公司老板也将信将疑地说："要不，你做你的；需要给客户送礼的事，我们绝不让你出面。"

张立对此苦笑不已，她说："我们认识这么多年，我真是没有行过贿，不仅如此，我甚至都没有请过客人大吃大喝！也从来没陪客人唱过卡拉 OK。我的确碰到过明示和暗示索要回扣的客户，但真是极少数。碰到这种情况，我会诚实告诉他们我们真没这个预算。我也碰到因此刁难我的人，但我会绕过他们找到别人，或者干脆放弃这样的客户！"

张立的故事不仅中国人不理解，就连跟她打交道十六年的意大利人也不理解。一次她同 LULU 老板的太太聊天时，女人对女人话题更直接，老板娘突然问起："听说中国的客户就喜欢两样东西，一个是钱，另一个是女人。"张立很吃惊，好半天才反应过来怎么回答，她盯着那双地中海的黑眼睛说："我代理你们 LULU 十几年，在中国市场上成功地买了 400 套设备，我从没在客户那里用过你说的任何一种！"

8. 作茧自缚

然而，2009 年一个项目让新老板和新同事终于相信了张立。

2009 年年初，西北地区一个可口可乐公司联系她，要继续采购 LULU 的码垛机，客户在电话里和她开玩笑说：张立呀，你这回可要作茧自缚了！2006 年你费那么大工夫劝我们选LULU的码垛机，我们实在没理由拒绝，就同时选用了一台台湾的、一台LULU的做对比。事实证明，LULU虽然贵，但确实值。今年我们新上的码垛机预算就直接提高到LULU的价格上了。没想到，你现在又销售国产的设备了。

这家可口可乐厂是按80万元人民币一台的预算，准备买一家台湾品牌的设备。当时LULU在中国的工厂刚投产，价格尽管大幅下降，但也要130多万元。张立艰苦地游说客户应该提高一下预算，试一试LULU；同时，又说服LULU再进一步降价，赔钱也要做成这台中国生产的参考线。最后，双方各让了一步终于成交。3年后，事实证明，张立是正确的：太原可乐要继续选用LULU的设备。

张立完全可以像之前经常做的那样告诉客户，我现在代理新的品牌，不符合你们的品质要求，等我们改进到符合你们要求的时候，我一定会再联系你。

但这个客户太熟了，从2000年的包装机到2006年的码垛机，她都以实力和敬业赢得了客户的信任，张立不愿意放弃这个宝贵的机会：她要拿新公司的设备与LULU竞争。

她要来客户新设备的信息，整整9张大表，密密麻麻地写着9台码垛机的详细参数。她拿着这9张表找到新公司的技术总工问：我们能不能以LULU的机械式码垛机的价格，做出机器人式的码垛机？

总工看着那9张表的技术参数直摇头：机器人式的码垛机是最先进的技术，我们见都没见过，更不可能做了。

张立不甘心，找到老板说："如果我们能通过这家可口可乐的项目开发出机器人式的码垛机，我们在行内的地位一定会得到很大的提升。再说机械手部分反正都是日本人生产的，我们可以同日本人一起开发这个设备。我和这家客户有多年的信任，放弃这个机会太可惜了！"能做可口可乐的设备供应商当然是梦寐以求的事，新公司马上挖来技术高手，专门配合张立为太原可口可乐项目做研发设计。

张立也非常坦诚地告诉她的客户：我现在的设备是国产的，有成本优势，我想给你们做出机器人式的码垛机，这样会更适合你们的场地；不仅如此，价钱比LULU的机械式码垛机高不了多少。但我们确实是第一次做，价格低是一方面，付款上还可以做最大优惠，使用3个月后，你们认可，就付钱；不认可，我们拆走。

机器人式码垛机是这个行业的发展趋势，有着明显的优势，不仅节能环保、搬运精度高、维护成本低，最重要的是占地小。这家可口可乐的码垛车间本来是人工的，地方小，机械式的码垛机需要一大段输送带，会使空间很拥挤。但好品牌的机器人码垛机又太贵，对他们来说，选用机械式的LULU码垛机是退而求其次的选择。

她的方案很难拒绝，加之以前的信誉又非常好，客户决定让她试一试。签订合同时，张立手里只有一张设备设计图。

从设备安装调试那天开始，对张立的折磨也开始了。

公司第一次生产技术含量这么高的设备，客户的要求又非常高，每一个修改意见都超出了公司的技术能力。客户抱怨设备质量不好，提出的修改意见又多又难；技术人员抱怨这么低的价格能买到机器人式的码垛机已经很好了，客户凭什么还这么挑三拣四？

看着摇摇晃晃的机器人式码垛机，张立的心也紧了。客户要求把控制点由三个改成一个，以提高稳定性。然而，技术人员告诉张立这根本做不到，因为机器人臂是日本人生产的，本身就是三个控制点。没办法。张立又去找业内专家了解情况，找机器人的日本供应商寻求解决办法，让机器人供应商直接参与修改设计。只要能满足客户要求，张立都会使出浑身解数去说服各方去做。

机器人码垛机的机器人手臂大多由日本三大厂家制造，但抓手需要根据客户的具体需求由张立的团队自己设计。太原可口可乐的要求是：要把包装好的几捆可乐，按照特定的形状堆成几摞，然后机器人手臂的抓手正好扣住确定的受力点，提起、转动、放到确定的位置。控制抓手的软件设计必须非常精确，需要根据现场的具体操作进行改进，而张立的技术人员却在关键步骤的编程上卡壳了。

张立心急如焚，表面还要很平静地鼓励工程师，张立经常的口头禅是：你已经很棒了，连机器人都没见过竟然能做到这一步，放松一下，再回去试试，你一定行的！类似的难关已经不知道攻克了多少，可是头两次的测试还是没有过关。客户等不及了，要求张立把设备拆走。

她的同事埋怨客户太挑剔、有畏难情绪。张立就鼓励大家：客户有这么好的机会帮我们开发新产品，还给钱，哪找这样的好事啊！财务经理急得都要跳起来了：你要花这么多钱进去，这一单我们赔死啦！即使把钱收回来，本都不够。

张立和他们算账：如果在我们自己的工厂做研发需多少钱？况且，即使研发完成，上哪去找这样高端的客户给我们做测试呢？

机器人码垛机终于通过了第三次测试，公司上下都非常振奋。公司不仅有了行业领先的拳头产品，还锻炼出一个行业领先的技术队伍。

成功地拿到几个订单后，新公司的同事们终于彻底相信张立真的是从不行贿了。他们的问题又变成了另一个：我们这么辛苦地投入当然不需要给客户行贿了，但如果行贿可以轻轻松松地拿到订单，我们为什么不呢？

张立反问道："我知道有人靠行贿确实拿到了订单。可是如果靠行贿拿下这单之后，我们的产品质量会提升吗？我们的能力会提高吗？如果我们的产品和能力都没有提高，下一单我们靠什么？"

有同事和她开玩笑说：我们现在申请给客户送瓶酒都很难了，老板会毫不客气地回绝道："把你的心思全放到正事上，想想怎么帮客户做出更好的方案，不要老去想这些旁门左道。"

9．结束语

在张立看来，行不行贿从来不是一个简单的道德问题，而是一个战略选择。一个生意人和一个公司如果想把自己的生意做强、做大和做长久，就不应该选择行贿。因为一旦选择了行贿，你的精力和资源就会偏离你的员工，质量、技术、成本和服务，这些保证做强、做大和做长久的必要因素上。于是，这两种战略会逐渐形成不同的执行能力。

有人可能会说："如果一个公司两者兼做，岂不更好？"这是理想主义的说法。一心不可二用，殊途不能同归。

谁见过一个既能察言观色，又能把业务做到像张立这样一丝不苟的人？

液体包装行业是中国的新兴行业，在过去 20 年经历了爆炸式的增长。很多和张立同时进入这个行业的人和公司，很多也取得了骄人的成绩。有的，转行做别的生意了；有的，退休了；有的，移民了；有的，喝酒喝得中风了。然而，像张立这样依然活跃在这个行业第一线的，几乎没有！

张立笑称自己在中国这个行业是"师奶级"的人物，她说："过去 19 年，星期一到星期五，我每天习惯只睡四五个小时，每年飞行超过 100 次。我就是再笨，也比现在绝大多数竞争对手对这个行业要熟悉。我现在碰到的对手经常是有五六年行业经验、三五个项目经历的人。因此，我至少比他们给客户讲得清楚，再加上我们服务好，不骗人，有口碑。所以，客户真想买一条安心使用的设备，自然而然就选择我。"

（资料来源：李飞. 营销教学案例. 北京：经济科学出版社，2012.）

问题

1．你赞成张立的做法吗？为什么？

2．中国关系式营销框架的思考。

讨论形式

开放式讨论，同学们根据案例提供的资料和数据，围绕着前述的两个讨论题进行讨论，一般会形成多种选择观点，让他们充分说明自己的观点。

参考文献

[1] 庄贵军．营销渠道管理（第 2 版）[M]．北京：北京大学出版社，2012.
[2] 科兰，等．营销渠道（第 7 版）[M]．蒋青云，等，译．北京：中国人民大学出版社，2008.
[3] 弗里德曼．创建销售渠道优势[M]．北京：中国标准出版社，2000..
[4] 卜妙金，张传忠，常永胜．分销渠道管理[M]．北京：高等教育出版社，2007.
[5] 胡春．市场营销渠道管理（第 2 版）[M]．北京：清华大学出版社、北京交通大学出版社，2012.
[6] 周峰，杨春富．营销渠道管理（第 2 版）[M]．南京：东南大学出版社，2012.
[7] 伯特·罗森布罗姆．营销渠道管理（第 7 版）[M]．宋华，等，译．北京：机械工业出版社，2006.
[8] 郑锐洪，等．分销渠道原理与实务[M]．北京：中国水利水电出版社，2011.
[9] 胡介．分销渠道管理[M]．大连：东北财经大学出版社，2012.
[10] 李飞．营销教学案例[M]．北京：经济科学出版社，2012.
[11] 倪跃峰．渠道运行管理[M]．北京：清华大学出版社，2012.
[12] 余伯明，陆弘彦，分销渠道实训[M]．大连：东北财经大学出版社，2011.
[13] 管理世界（2010 年以来各期，下同）.
[14] 南开管理评论.
[15] 财贸经济.
[16] 经济管理.
[17] 北京工商大学学报.
[18] Journal of marketing.
[19] Journal of marketing research.
[20] Journal of marketing channels.
[21] Journal of retailing.
[22] The academy of marketing science.